拉扯大的孩子：
民间养育学的文化家谱

Dragging Up the Children：
Historical Memory and Cultural Pedigree of Folk Pedagogy in the Past Century

安 超 著

社会科学文献出版社
SOCIAL SCIENCES ACADEMIC PRESS (CHINA)

图书在版编目（CIP）数据

拉扯大的孩子：民间养育学的文化家谱 / 安超著
. -- 北京：社会科学文献出版社，2021.7（2025.1 重印）
（中国社会科学博士后文库）
ISBN 978 - 7 - 5201 - 8226 - 3

Ⅰ.①拉…　Ⅱ.①安…　Ⅲ.①家族 - 文化研究 - 山东
Ⅳ.①K820.9

中国版本图书馆 CIP 数据核字（2021）第 065982 号

·中国社会科学博士后文库·

拉扯大的孩子：民间养育学的文化家谱

著　　者 / 安　超

出 版 人 / 冀祥德
组稿编辑 / 谢蕊芬
责任编辑 / 胡庆英　庄士龙
责任印制 / 王京美

出　　版 / 社会科学文献出版社·群学分社（010）59367002
　　　　　地址：北京市北三环中路甲 29 号院华龙大厦　邮编：100029
　　　　　网址：www. ssap. com. cn
发　　行 / 社会科学文献出版社（010）59367028
印　　装 / 唐山玺诚印务有限公司

规　　格 / 开　本：787mm × 1092mm　1/16
　　　　　印　张：23.5　字　数：395 千字
版　　次 / 2021 年 7 月第 1 版　2025 年 1 月第 8 次印刷
书　　号 / ISBN 978 - 7 - 5201 - 8226 - 3
定　　价 / 128.00 元

读者服务电话：4008918866

序　言

　　博士后制度在我国落地生根已逾30年，已经成为国家人才体系建设中的重要一环。30多年来，博士后制度对推动我国人事人才体制机制改革、促进科技创新和经济社会发展发挥了重要的作用，也培养了一批国家急需的高层次创新型人才。

　　自1986年1月开始招收第一名博士后研究人员起，截至目前，国家已累计招收14万余名博士后研究人员，已经出站的博士后大多成为各领域的科研骨干和学术带头人。其中，已有50余位博士后当选两院院士；众多博士后入选各类人才计划，其中，国家百千万人才工程年入选率达34.36%，国家杰出青年科学基金入选率平均达21.04%，教育部"长江学者"入选率平均达10%左右。

　　2015年底，国务院办公厅出台《关于改革完善博士后制度的意见》，要求各地各部门各设站单位按照党中央、国务院决策部署，牢固树立并切实贯彻创新、协调、绿色、开放、共享的发展理念，深入实施创新驱动发展战略和人才优先发展战略，完善体制机制，健全服务体系，推动博士后事业科学发展。这为我国博士后事业的进一步发展指明了方向，也为哲学社会科学领域博士后工作提出了新的研究方向。

　　习近平总书记在2016年5月17日全国哲学社会科学工作座谈会上发表重要讲话指出：一个国家的发展水平，既取决于自然科学发展水平，也取决于哲学社会科学发展水平。一个没有发达的自然科学的国家不可能走在世界前列，一个没有繁荣的哲学社会科学的国家也不可能走在世界前列。坚持和发展中国特色社会主义，需要不断在实践和理论上进行探索、用发展着的理论指导发展着的实践。在这个过程中，哲学社会科学具有不可替代的重要地位，哲学社会科学工作者具有不可替代的重要作用。这是党和国家领导人对包括哲学社会科学博士后在内的所有哲学社会科学领域的研究者、工作者提出的殷切希望！

中国社会科学院是中央直属的国家哲学社会科学研究机构，在哲学社会科学博士后工作领域处于领军地位。为充分调动哲学社会科学博士后研究人员科研创新积极性，展示哲学社会科学领域博士后优秀成果，提高我国哲学社会科学发展整体水平，中国社会科学院和全国博士后管理委员会于2012年联合推出了《中国社会科学博士后文库》（以下简称《文库》），每年在全国范围内择优出版博士后成果。经过多年的发展，《文库》已经成为集中、系统、全面反映我国哲学社会科学博士后优秀成果的高端学术平台，学术影响力和社会影响力逐年提高。

下一步，做好哲学社会科学博士后工作，做好《文库》工作，要认真学习领会习近平总书记系列重要讲话精神，自觉肩负起新的时代使命，锐意创新、发奋进取。为此，需做到：

第一，始终坚持马克思主义的指导地位。哲学社会科学研究离不开正确的世界观、方法论的指导。习近平总书记深刻指出：坚持以马克思主义为指导，是当代中国哲学社会科学区别于其他哲学社会科学的根本标志，必须旗帜鲜明加以坚持。马克思主义揭示了事物的本质、内在联系及发展规律，是"伟大的认识工具"，是人们观察世界、分析问题的有力思想武器。马克思主义尽管诞生在一个半多世纪之前，但在当今时代，马克思主义与新的时代实践结合起来，愈来愈显示出更加强大的生命力。哲学社会科学博士后研究人员应该更加自觉坚持马克思主义在科研工作中的指导地位，继续推进马克思主义中国化、时代化、大众化，继续发展21世纪马克思主义、当代中国马克思主义。要继续把《文库》建设成为马克思主义中国化最新理论成果的宣传、展示、交流的平台，为中国特色社会主义建设提供强有力的理论支撑。

第二，逐步树立智库意识和品牌意识。哲学社会科学肩负着回答时代命题、规划未来道路的使命。当前中央对哲学社会科学愈发重视，尤其是提出要发挥哲学社会科学在治国理政、提高改革决策水平、推进国家治理体系和治理能力现代化中的作用。从2015年开始，中央已启动了国家高端智库的建设，这对哲学社会科学博士后工作提出了更高的针对性要求，也为哲学社会科学博士后研究提供了更为广阔的应用空间。《文库》依托中国社会科学院，面向全国哲学社会科学领域博士后科研流动站、工作站的博士后征集优秀成果，入选出版的著作也代表了哲学社会科学博士后最高的学术研究水平。因此，要善于把中国社会科学院服务党和国家决策的大智库功能与《文库》的小智库功能结合起来，进而以智库意识推动品牌意识建设，最终树立《文库》的智库意识和品牌意识。

第三，积极推动中国特色哲学社会科学学术体系和话语体系建设。改革开放30多年来，我国在经济建设、政治建设、文化建设、社会建设、生态文明建设和党的建设各个领域都取得了举世瞩目的成就，比历史上任何时期都更接近中华民族伟大复兴的目标。但正如习近平总书记所指出的那样：在解读中国实践、构建中国理论上，我们应该最有发言权，但实际上我国哲学社会科学在国际上的声音还比较小，还处于有理说不出、说了传不开的境地。这里问题的实质，就是中国特色、中国特质的哲学社会科学学术体系和话语体系的缺失和建设问题。具有中国特色、中国特质的学术体系和话语体系必然是由具有中国特色、中国特质的概念、范畴和学科等组成。这一切不是凭空想象得来的，而是在中国化的马克思主义指导下，在参考我们民族特质、历史智慧的基础上再创造出来的。在这一过程中，积极吸纳儒、释、道、墨、名、法、农、杂、兵等各家学说的精髓，无疑是保持中国特色、中国特质的重要保证。换言之，不能站在历史、文化虚无主义立场搞研究。要通过《文库》积极引导哲学社会科学博士后研究人员：一方面，要积极吸收古今中外各种学术资源，坚持古为今用、洋为中用；另一方面，要以中国自己的实践为研究定位，围绕中国自己的问题，坚持问题导向，努力探索具备中国特色、中国特质的概念、范畴与理论体系，在体现继承性和民族性，体现原创性和时代性，体现系统性和专业性方面，不断加强和深化中国特色学术体系和话语体系建设。

新形势下，我国哲学社会科学地位更加重要、任务更加繁重。衷心希望广大哲学社会科学博士后工作者和博士后们，以《文库》系列著作的出版为契机，以习近平总书记在全国哲学社会科学座谈会上的讲话为根本遵循，将自身的研究工作与时代的需求结合起来，将自身的研究工作与国家和人民的召唤结合起来，以深厚的学识修养赢得尊重，以高尚的人格魅力引领风气，在为祖国、为人民立德立功立言中，在实现中华民族伟大复兴中国梦征程中，成就自我、实现价值。

是为序。

王京清

中国社会科学院副院长

中国社会科学院博士后管理委员会主任

2016 年 12 月 1 日

序 家国变迁中的读书点滴

在社会转型时期，个体生命如何与社会结构进行互动、个体如何能动地参与到社会变革和历史发展过程中来，一直是中国社会学关注的重要问题。1999年，我在《生命的历程：重大社会事件与中国人的生命轨迹》一书中专门介绍了西方生命历程研究的历史发展、分析范式和理论应用。生命历程研究一般有两个范式，一个是用定量方法中的"事件史分析"来追溯群体的生命轨迹；另一个是用质性方法中的口述史、生活史、民族志等方法来回顾和反思个体与族群的生命故事。安超的《拉扯大的孩子：民间养育学的文化家谱》就是用质性方法对一个乡村家族中的子弟100年来"长大成人"的生命历程的书写，写出了不同于精英教育学的"民间养育学"。她的一个重要发现就是，无论在哪个时代，乡村社会都存续着一种对于"读书"的纯粹精神、一种"立志"的功德意识，而支撑平民子弟最终实现社会流动和文化超越的，并不是"读书改变命运"的功利性的急迫态度，而是民间社会内在的对"读书"、"学习"和"家国"观念的道德信仰。安超的写作也让我重新回忆了自己读书和成长的历程。

爱学习是一种骨髓里的理念

我出生于一个读书世家，但是回想起来，从小没有任何人教我专门学什么东西，我也没怎么认真读书。我的外公是一位大考古学家，我从小在外公家长大。我的父亲当时在重工业部也就是后来的冶金工业部工作，是一位冶金专家，工作特别忙。因为当时国家建设需要技术人才，全国各地那么多工业项目，他需要常年出差，一会儿从长沙回来了，一会儿从广州回来了，经常能带回好吃的。我的母亲就在家带着我们，但她照顾一大家子人特别忙，也没有专门的时间教育我。

我对读书的浓厚兴趣是1963年考进北京四中读初中后培养起来的。北京四中当年是北京最好的中学，它把一帮极有读书兴趣的人聚集到了一起。进了四中我一看，这帮人太厉害了。我父亲虽然会很多门外语，但他没有教过我任何一门。一到四中，我发现同学们的英语都说得顶呱呱，有的同学连微积分都学过。我就非常吃惊，他们简直是无所不知啊！后来我仔细一想，原因可能是，1957年很多知识分子被打成了"右派"赋闲在家，不像我父亲天天出差，他们就把所有的精力都用在教育孩子上了。我觉得同学们都太厉害了，跟他们在一起学习，我不读书、不拼命不行啊。从1963年到1966年，我真的是非常刻苦，基本上天天就是学习。四中的学习氛围，就是让你从内心里觉得，读书是一种乐趣。

1966年我读到初三，准备考高中，正在为这个目标奋斗，每天早上念英文。有一天早上念英文的时候，同学们就围过来跟我说："你傻啊，听广播了没？"我仔细一听，原来是高考取消了。我一下就发蒙了，心里就嘀咕，难道从此天下就没有考试了？一开始学校确实有一点儿混乱，大家不考试就看报纸，看各种大字报，但孩子们对这些运动不感兴趣。1966年底全国大串联，学生走到哪里都不花钱，就到全国去玩，跟疯了一样。但串联需要有介绍信，出身好才行。我父亲虽然在冶金工业部，但他属于知识分子，既不是"地富反坏右"的黑五类，也不是红五类。我属于中不溜的，没有人理你，就变成了"逍遥派"。"逍遥派"就不是特别关心运动，主要就是玩，一帮孩子到处去探险。

虽然考试取消了，但是对四中的学生们来说，爱学习已经变成他们骨髓里的理念了。1967年，当时我们去工厂劳动，就去了北京第二通用机械厂，住在石景山的鲁谷中学里。那时候整个社会流行"读书无用论"。"破四旧"的时候，很多书要扔、要卖。市面上一律不收外文书，外文书只能当废纸卖。石景山那里有个图书馆被砸了，无数的书被扔得到处都是，那可是宝库啊！四中的学生们很爱学习，我们就把有意思的书拿回来看。那时全国经济建设大受影响，父亲在部里的工作也没那么忙了，总待在家里。我家离冶金工业部不太远，父亲就从部里借当时最流行的书给我看，也就是在那个时候，我自由阅读了大量的书籍。

1967～1968年，我基本都是在玩半导体。当时社会上流行半导体，我们一帮小孩儿就迷上了做半导体收音机。做半导体并不简单，需要懂数理化的基础知识，得熟悉关于电子、电路、晶体管的知识，把原理搞清楚。我们用万用表测量电阻，测量电感应，测量三极管的β值。那时候大部分东西都是自己做的，线圈都是自己缠的，但电容啊、磁棒啊这些做不出来，需要想办法去买。

那时候北京不是工业城市，经常买不到半导体的元件。但是北京西四有条街，可以换到元件。我有这个东西，你有那个东西，咱俩用万用表测好了，就可以换。人家的元件好，给人家补点儿钱。有时候我们还搭车去天津买元件。当时天津是工业城市，从天津来北京的运输车都停在前门那里。我们一帮孩子经常涌到那里，先推一个女生去跟司机打招呼："师傅，我要去天津，能带我们去一趟吗？"师傅一看是女生，就说可以。一听"可以"，我们一帮男生就呼地全上去了。师傅也不好意思说让我们都下去，就给我们拉到天津去买半导体元件。

那时候读书，是因为有兴趣、有需要啊，不懂原理做不出这个东西。到现在很多知识和操作我都能记得。兴趣和热爱，是最为纯粹和深刻的学习动力。这种学习的质量是最高的，能够跟着人一辈子。

煤油灯捻子下的夜读岁月

1968年7月，我听从学校安排"上山下乡"，坐火车、汽车一路颠簸，花了3天时间辗转来到了黑龙江边境距离乌苏里江上的珍宝岛不远的地方，这里在编制上是沈阳军区黑龙江生产建设兵团的一个连队，其实就是一个村庄，在那里我一待就是9年。当地的冬天一般是零下20摄氏度，寒冷的时候是零下40摄氏度。夏天就是蚊子太厉害，一个老牛走过去，蚊子就

"嗡嗡"扑过去，再飞起来就是一片红色的，能遮住一面墙。一个从小生活在城里的青年，父母一直在身边，虽然也下乡劳动过，但没有去真实的村庄独立生存过。突然有一天，没有父母了，就你一个人被扔到村里面，心里面特别震撼。

黑龙江的冬天长达半年，当地人把熬过冬天叫"猫冬"，生活很枯燥，我最苦恼的事就是没书可读。当时我们也带了一点儿书，但带的书都被我们迅速读光了。其实我带的不多，同学们带的书挺多。因为我父亲的书都是写着各国文字的书，以及关于采矿的各种专业书，我也看不懂，所以带的书不多。有个同学叫张弦，他带的书很多。其中有一本年代久远的线装本、插画版《聊斋》，我们都特别喜欢。但是这些书很快就被我们读完了。怎么办呢？后来，我们发现了村里的一个"读书宝库"。以前村里有个图书馆，"文革"期间被砸了。村里的文书叫路国企，他特别聪明，就把这些书都藏在了家里，这使得这些书幸免于难。我们就不断从路国起那里借书看，但很快也都看完了，知青们就想方设法找书看。

那个时候，北京知青相互都很有同情心，也都非常渴望读书。1969 年我去东北的时候，在黑龙江边境的迎春火车站等火车，迎面遇到一个年轻人，就说起话来了。他说他叫郑也夫，是北京八中的。我们就这样认识了，成了很好的朋友，到现在已经 50 多年了。当时他被分派到离我的连队 30 多里的种畜站工作，我有时就搭车去他那里。郑也夫也是读书无数的人，是个很纯粹的文人，我就常去他那里借书。

但是僧多粥少，一本书好多知青轮流阅读，在手里最多也就是两三天，因为后边还有很多人排队等着呢。当时我们白天劳动，晚上就点着煤油灯就着微弱的灯光读书。那时很少有电，我们拿一个小罐头瓶，棉花捻子伸到油里去，灯点起来只有豆大点儿火光。我们只能在晚上拼命地读，因为白天要劳动，经常是读完之后直接累得躺在地上就睡着了，不眠不休实在太困了。

从 1968 年到 1979 年，读书情况大体上是这样的。每个人都拼命看、拼命读，开卷有益，什么书都读，也不分类型，只要是本书就行。今天读《卓别麟——不朽的流浪汉》，明天可能就是《安娜·卡列尼娜》，后天可能就是《电工原理》什么的。读什么书不是由你的兴趣决定，而是由有书和没书来决定，那时候的书实在是非常非常宝贵。

1969年，我的父母也被打倒，下放到云南蒙自县（现蒙自市）草坝的冶金工业部"五七"干校。当时邮政是通的，村里有邮递员，一般两三天来一趟。但写一封信寄给父母，要半个多月才能到。那时还有一些报纸在发行，为了学习英文呢，我还想办法订到了《北京周报》的英文版 *Peking Review*。我的英文底子好，那个阶段的阅读功不可没。

1971年前后，市面上出现了大量的"灰皮书"，都是国外译著，比如《第三帝国的兴亡》等，封面上印有"供批判使用""内部发行""供内部参考"等字样。这些书在王府井胡同里一个隐秘的小店中能够买到。这个店没有门面，大部分人不知道里面有什么，但很多北京人都知道，我们就托北京的家人朋友买书寄过来。尼克松访华后，政策就宽松了很多，很多外文书就公开卖了。这些"灰皮书"是时代的特殊产物，也曾经是我们很多知青的启蒙读物和精神食粮。

从公交车售票员到大学老师

1977年，我27岁时终于回到了北京，我的父亲也平反了，从此全家团聚了。回来之后，我没有工作，等着街道分配，也没有任何好工作。那时候信息不畅，我不知道高考恢复的事，就错过了一次考试。当时我有一个亲戚在北京人民汽车一厂，他说你来我这里开车吧。我去了以后才知道，要从售票员开始做，但什么时候能让你学车、开车不知道。我就在320路公交车上当售票员。卖票卖了两个月，到四五月的时候，听说又有高考了，我就去准备考试了。7月考试，语文、数学、政治、外语、历史、地理6科考了3天。那时候复习没有参考书，只能拿着笔记本东打听、西打听，到处去找题、抄题来练习。尤其是数学题，你自己编不出来，得看人家编的题。当时考试我外语考得最好，在北京市是前几名，可惜的是外语成绩只作为参考分，不计入总分。就这样，我考上了当时中国人民大学的国际政治系。

我在人大读书的时候，当时人大图书馆的藏书还不多。我就经常跑到北海公园旁边、当时藏书最多的北京图书馆（现为国家图书馆）去借书。我跟郑也夫频频在北京图书馆碰到。我自己能申请到一个借书证，我父亲也可以办一个，一个借书证一次可以借走 3 本外文书。这样，我用两个借书证，一次能借走 6 本外文书，一个月读完还了再借。从人大到北海公园南门，还是很远的，春夏秋冬、周而复始，我就这么看书。

刚上大学的时候，我学的还不是社会学。1979 年，当时东四的北京美术馆（现为中国美术馆）正在展出大量改革开放之后的进口书籍，展会上有一架一架的外文书。我当时看到有一架书的归类是"sociology"，一翻书，图文并茂，觉得太有意思了。慢慢地，我对社会学产生了极大的兴趣，阅读了很多社会学著作。9 年的下乡经历让我对广阔的农村社会有了更多的"参与式观察"，也让我深切体会到了中国社会的广袤和复杂。我于 1982 年本科毕业，接着念了 3 年研究生。毕业之后，机缘巧合，我在郑杭生老师的邀请下，留校从事社会学的教学和研究工作。可以说，正是我求知若渴的读书经历和特殊年代的生活经历，让我逐渐与社会学结缘，"亦余心之所善兮，虽九死其犹未悔"，之后我一直在这条路上辛勤耕耘，学习不辍。

我们这一代人生活的历史时期和碰到的历史事件太特殊。我们的读书经历，是与新中国的发展交织在一起的。在动荡而艰难的岁月里，求之不得、如获至宝的读书经历是我个人成长中最浓重的笔墨，是我命运发生转变的关键点，也是整个国家和民族从"读书无用论"到尊重知识、笃信好学的态度之变迁、之发展、之成长的缩影。

李　强

2020 年 12 月

前言　何以长大成人？

　　"我一把屎一把尿把你拉扯大，还反了你了，养了个白眼狼！"这句话一直伴随我从小与母亲斗智斗勇的成长过程。每次母亲气急败坏地撂下这句话，我也只能偃旗息鼓，虽然心里很不服气。那时候，我一点也不理解"拉扯孩子"的意思，心里默默嘀咕，不就是洗洗尿布吗？由于父母工作非常忙，我和弟弟的童年大多是在农村跟着爷爷奶奶度过的，与母亲并不"亲"。

　　来到城里上小学后，我对母亲的管教又恨又爱。在农村野惯了的我，恨她坚持让我剪短发像个假小子，恨她不给我穿漂亮裙子，恨她学费不能及时交上让我被老师羞辱，恨她不让我看闲书，恨她不让我带好朋友来家里玩，恨她总是冷冰冰地责备我……可是，懂事后的我也很心疼她。母亲是个瘦小的南方女性，从小家庭条件优越，作为备受疼爱的小女儿，没怎么吃过苦，高中毕业后在当地的事业单位上班，属于"坐办公室"的人。1998年事业单位改革的时候，母亲为了赚更多的钱来养活一大家子人，停薪留职从单位里出来"下海"做起了买卖。父亲在几十公里以外的地方工作，爷爷奶奶有很多地要种但收入微薄，还要照顾年幼的弟弟。母亲就独自承担了进货、摆摊、售卖、收摊、算账的生计活，洗衣、做饭、打扫的家务活，还有亲戚走动、人情来往的家族事务。在忙碌的间隙，她才能顾得上我，偶尔回农村看望老人和弟弟。

　　每次放学，我都会到母亲窄小杂乱的衣服摊子旁边，支个小凳子，与母亲一起吃附近饭摊上买到的饭菜。母亲总是飞快地扒拉几口饭，或者吃几口就要停下来应付来来往往的顾客。

母亲眼光好、口才好，因此生意格外的好。生意越好，母亲就越吃不上几口热饭，因此落下了胃病。我要帮一下忙，母亲就不耐烦地摆摆手，赶着我去温书、写作业，语气生硬地对我说："你别伸手帮倒忙，做好你自己的作业就行！"我缩在摊子的角落里，看她与三教九流的人打交道。衣服卖得好或遇到老主顾的时候，母亲的眉头就舒展一些；遇到难缠或者找麻烦的主顾，母亲就需要小心翼翼地赔不是；遇到来收保护费的凶神恶煞，母亲就不得不低三下四、忍痛割爱。有时候，母亲周转不灵，保护费无法及时给，摊子就被坏人砸得乱七八糟。我几次撞见母亲默默扶起东倒西歪的架子，她偶尔会坐在椅子上长久地沉默或叹息，但她从没为这些事情当着我的面流过一滴眼泪。

无论遇到什么事，母亲都不让我吱声，只让我待在角落里做功课，或者让我走开。渐渐地，母亲攒钱租到了门面，后来又买下了一个门面。我藏缩的角落也越来越好，从衣服堆旁边的小凳子，到一个楼梯间改造的试衣间边上逼仄的一角，再到一个明亮宽敞的门面入口处的收银台底下。始终不变的是，母亲瘦小的身影挡住了一切，人来人往的热闹处有一个安静的小角落，我在"市井中的孤岛"上洞察却无法陪着母亲尝遍人间冷暖。后来听夏林清老师讲到一个劳动家庭里的父亲，他是给领导开车的，作为司机，他养成了一种"在场而又不在场"的能力，这种时刻在"自我流放"、在孤独与想象中游走的生命体验，我心有戚戚焉。

父亲远在外地工作，我们一家团聚的机会总是很少。偶尔团聚，父母的交流也缺少温情。柴米油盐、鸡毛蒜皮充斥着谈话和生活。想起来，我与父亲的互动记忆非常少，但家里到处散落着父亲读过的书。父亲年轻时长得高大、帅气，是个极爱读书的人，写的字也极好。假期无聊的时候，家里寂寥无声，反复翻阅父亲的藏书成了我的消遣，就连父亲在医科大学进修时枯燥无味的厚厚教材《内科学》《外科学》都被我翻得卷了边儿。我无数遍地模仿他书上龙飞凤舞的钢笔签名，当然很多时候是为了代替家长签字。渐渐地，我的字越来越像他写的字，虽然他从来没有手把手教过我写字。偶尔，我也翻翻家里珍藏的老照片，父亲年轻时穿着白大褂、戴着听诊器的模样英俊极了。可惜，父亲的脾气总是很暴戾、冲动，对待孩子不苟言笑，对待母亲不够温柔体贴。我更多的是通过父亲的物件、书籍来敬仰父亲的才华，但在现实生活中却常埋怨他对母亲和我们照顾太少。

直到我生下了自己的孩子，从一个女儿变成了母亲，看着孩子逐渐长大，自己在学业和家庭中痛苦挣扎，才感受到母亲当年说"上有老、下有小""拉扯大孩子"的切肤之痛。我试着去体会父母是如何在时代大潮中抓住任何一块浮木，又拖着拽着嗷嗷待哺的幼儿或横眉怒目的叛逆少女，保护孩子们每天不会冻着、饿着。他们已经尽了最大努力，但是，这种反身性的思考，并不能消解我在成长过程中对他们累积的怨念。人们常说"至近至远东西，至亲至疏夫妻"，亲子关系又何尝不是如此呢？母亲离我很近，但精神上离我很远；父亲离我很远，但精神上离我很近。我对他们又恨又爱，而这两种感情又是无法通约的。

这种中国式的复杂亲子关系和亲职实践，是我博士学位论文写作的思考起点。一开始，我想写的是"拉扯大的孩子：文化互嵌时代的养育实践"。我的研究对象是像我这样的三代抚幼家庭。这时候，我天天斗智斗勇的对象已经换成了导师康永久教授。康老师毫不留情地怼我："你的研究问题呢？你的理论对手呢？"我也毫不客气地跟他翻白眼，之后马不停蹄地偷偷用功，争取下次能跟他吵个平手。在这个时期，我阅读了大量与养育相关的书籍，对我聚焦问题启发最大的是阿利埃斯的《儿童的世纪：旧制度下的儿童和家庭生活》、拉鲁的《不平等的童年：阶层、种族和家庭生活》、哈里斯的《教养的迷思》、林耀华的《金翼：一个中国家族的史记》、许烺光的《祖荫下：中国乡村的亲属、人格与社会流动》、李银河、郑宏霞的《一爷之孙》、景军主编的《喂养中国小皇帝：食物、儿童和社会变迁》、河合隼雄的《孩子与恶》、萨洛韦的《天生反叛》。书看得津津有味，但离找到一个明确的理论对手还差很远。开题的时候，我甚至引用了康老师的理论，好歹证明一下师承关系嘛！不出意外地我又被康老师骂了，"我看见学生引用我的东西就脸红""你就这点出息吗""老师的东西不是用来引用的，是用来给你们当垫脚石的""要站在巨人的肩膀上"。

书看的挺多，但我的论文迟迟没有进展。我的副导师（学部实行双导师制）也是我的女性主义启蒙老师郑新蓉教授着急了。她常常替我们这些迟迟无法毕业、带着拖油瓶的女博士们发愁，希望我们不要总是"输入"，不要总是"消费"，更要"生产"。她希望我跳出自己这一亩三分地，看见更多的普通女性、普通母亲。为此，郑老师带着我们一起精读了《斗室星空：家的社会田野》，这本书成为我由关注孤立的个体家庭转向关注家族和历史的关键。我第一次从这本书中看到了与我同样有着痛苦经历，但最后实现经验回溯、叙事疗愈、结构反思和文化超越的"同伴"们。我开始觉得没那么孤独，开始感到自己的选题在走出了个体家庭的局限时，还有一点时代共通性。我试着走出女儿的角色，从一个知识女性的角色去看待父亲、母亲和自己。我的论文开始于一个自我研究，但最终又不是一个自我研究，或者说，真正的"自我研究"绝不拘囿于自我。

这个时候，我刚好在"康门"读书会导读了布迪厄的《区分：判断力的社会批判》、泽利泽的《给无价的孩子定价：变迁中的儿童社会价值》。最初，我是作为布迪厄和泽利泽的"迷妹"、带着粉丝崇拜大神的敬仰之情来导读的。怼天怼地的康老师又忍不住了，他认为布迪厄最终没有突破结构决定论，而泽利泽最终也未能走出儿童的经济价值决定论。一众同门迅速分为两派唇枪舌剑，最后谁也没能说服谁。但关键的是，康老师打碎了我对布迪厄和泽利泽的"滤镜"，敦促我完成了对布迪厄理论的再反思，最终我在《"文化区隔"与底层教育的污名化》一文中，开始了对"布迪厄神"的批判，也找到了关键的理论对手。

沉默而敏感的我，天生适合在社会田野里撒欢儿、打滚儿，做了母亲的我又多了几分体物入微的本领，听故事讲故事已变成"长"在我身上的能力，但还没有内化为一种使命。彼时，家族的大爷爷还健在，接近百岁高龄。我抚着他干枯如虬枝的手，听他模糊不清的吐字，看他眼角冒出的眼泪，不知不觉间已动容、动心。大爷爷说："灵芝（我的小名），等我死了你烧给我。"他是想说，我等不到你毕业了，如果有一天，你写成书了，就在坟上烧给我。后来我毕业的时候，大爷爷已经去世了，始终未看到他的故事成文。生命与时间，哪一样都不等人。

就在与老一辈人谈天说地的过程中，文化生命的流转让我叹息、扼腕、沉醉、爱慕、神往。每次我哄孩子入睡后，起身披衣，儿子睡眠的鼻息在侧，我在电脑上整理录音稿的时候，有如夜灵附身。对，我爱上了这件事，我爱上了这样的我。很快，我的田野资料已逾 40 万字。跨越百年的历史，几十个不为人知的生命故事，我要怎样去呈现？我怎样才能完成他们对我的信任和托付？文字之爱是一回事，文字的理性是另一回事。

我只好从这些故事和热爱里暂时抽身，再一次"自我流放"。独学而无友，必孤陋而寡闻。接下来的一整年，我辗转于北大、清华、北师大的课堂，听渠敬东老师的《论法的精神》精读课、李康老师的西方社会学史、陈建翔老师的家庭教育课，雷打不动地参加康永久、陈向明、郑新蓉老师的读书会。这段时间一点儿都不轻松，我头脑里各种观念在打架。尤其是在"技术""自然""资本""市场""劳动""焦虑"等关键概念上，康老师是自恋乐天派，郑老师是悲天悯人派，陈建翔老师是自然佛系派，陈向明老师是温和行动派。他们也天天在"吵"，君子动口不动手，知识分子的天职就是天天吵架。这些恩师观念、立场各不相同，我精神上受折磨极了，经常为此怀疑人生。但本质上，是我自己的观念根本没有生长出来，所以只能当理论的"墙头草"，觉得谁说的都有道理。

突破口在哪里呢？那个时候，我突然意识到，传说中幽深的柏拉图洞穴，接近洞口的地方，一定是岔路丛生的。选择恩师走过的，或者指给我的任何一条理论之路，都可能会通向出口。可是，我想自己刨一条路出来。原因是，我的读书之路已经太过于倚仗师长了，而我需要一次精神上完整的分离，来完成一个完全由我独立制作的艺术品，哪怕是笨手笨脚地只能雕刻一个"丑陋的小板凳"呢，哪怕就这一次呢！我要完成一个久违的精神成人礼。不过，虽然屏蔽了老师们的"唠叨"，这个突破依然是站在前人的肩膀上实现的。康老师带领我们阅读了《道德情操论》和《善恶的彼岸》，向明老师带领我们阅读了《教育的美丽风险》，这时，我的学业生涯恰已步入尾声。这三本书出现的刚刚好，帮助我完成了对底层社会一套基于"匮乏"的底线性教养和道德性敬畏的总结性思考。同时，我也看到了几代乡村读书人在为了"不在地里刨食"的奋斗过程中，在被无数精英称为"内卷"的焦虑社会中，所存续的一种基于天性之爱、基于心灵托付、基于投身阿伦特意义上"言说与行动"之人性实践的纯粹目光。这一次，母亲的、父亲的……很多人佝偻的身躯和高昂的头颅终于在模糊的历史中，和我的文字合而为一。那些与我一起共同完成这些文字的人，还活着的或已经逝去的，他们的面孔也在此时一一清晰起来。当然，对于民间养育学的思考和书写还有很多遗憾，那些没有完成的，亲爱的读者们，还会在你们的理解上继续完成。

安 超

2020 年 12 月于清华大学明斋

摘　要

　　学界对于平民养育学一般有三种定位：一种是源自卢梭的乌托邦式或田园牧歌式的浪漫化理解，一种是人类学视野中内生的地方性文化深层结构或"小传统"，一种是条块分割的阶层教育学的类型化阐释，这些研究都无法很好地呈现中国社会变迁过程中真实而复杂的平民生活和养育逻辑。本书以山东省泰县鲍村安氏家族为个案，采用口述史和民族志的方法，研究了安氏家族100多年来，在传统农耕时期、集体化时代、市场经济时代三个历史时期的养育实践和五代人的个人成长史，意图借助社会变迁过程中平民家族养育实践的深描，揭示民间养育学的深层结构。

　　在传统农耕时期，安氏家族主要采用顺应天命、顺其自然的教养方式。物质的匮乏和苦难的无常孕育了族人勤劳本分、自我节制、体恤他人的美德；个人性和公共性的闲暇性活动中包含着"说谅""圆成"的教育传统。苦难激发了人们对神秘的、难以接触的世界的向往，族人由此对文字、读书、教师所承载的"天道"产生了朴素的道德敬畏，对情爱之永恒痛苦有着宿命性的体悟，各种或基于恐惧或基于恩情的祭祀活动带给乡民"举头三尺有神明"的神圣性体验、集体联结的情感与自律性的道德精神。

　　进入集体化时代，族人的生计形式和劳动价值发生了等级分化，吃"国库粮"成为族人的主要职业期待。乡土社会的生产活动、闲暇活动和儿童的学业生活被频繁的政治活动所取代，读书和教师的神圣性价值跌落了。"铁饭碗"被打破后，族人对学校教育的功利性态度增强，产生了"教育改变命运"

的强期待。父辈的高期待和社会竞争的激烈，催生了 70—80 后的苦修性情。70—80 后只能从师生互动、爱情实践、文学作品等领域寻找精神滋养，并在与父辈的情感冲突和对单一学业生活的抵制中，酝酿了以青春文学为代表的反学校文化。

在市场经济时代，80—90 后通常在同一个家庭中产生了"并蒂花"式的社会分层——知识无产阶层和新工人阶层，其经济收入和社会地位均处于中下阶层，在生活上仍依靠父辈的经济和情感支持，并与父辈组成了三代抚幼家庭。年轻父母在缺乏传统育儿经验的境况下，主要以科学知识为武器来育儿和平衡家庭关系。从表面上看，父亲的传统教育角色衰落，成为"陪玩"角色，但这种角色有助于松弛核心家庭紧张的亲子关系，无形中成为现代家庭和高压教育的安全阀。祖辈在育儿的过程中实现着艰难的再社会化。两代人对子代绵密而细致的爱、对于学业的狂热关注、对于文化补偿的热情、对于网络和文化消费的依赖，使得教育经历着一场深刻的分离——身体与心灵的分离、劳动与快乐的分离、亲密关系共同体成员的貌合神离。更为严峻的危机是，"巨婴"和"小大人"在封闭的家庭中陷入了互相依附的状态，基于情感、文化匮乏而生长出的"爱"缺乏公共精神。

总体来说，在历史变迁过程中，安氏家族形成了主体性的文化洞察和养育智慧，并在几代人之间继承和保留了下来。首先，民间养育学形成了勤劳本分、自我克制、体恤他人的底线性教养；其次，形成了对读书、学校教育的纯粹精神，对于职业、成就的功德意识，对于生育、生命、一般社会准则的道德敬畏。民间养育学主要通过"以事教""以喻教""以礼教"三种教育方式来实现，是"身教"、"言教"和"不言之教"的有机结合，均不可或缺。

基于对民间养育学美德形式和局限性的分析，笔者提出未来的民间养育学将主要包含三个方面：旨在帮助儿童形成独立面对世界的能力和意愿的"立"之劳动教育，旨在促进身心放松和差异性理解的"玩"之闲暇教育，旨在满足超越性需要、为凡俗生活赋予神圣性品质的"谜"之神圣性教育。历史越是向前，劳动教育、闲暇教育、神圣性教育三者之间的区隔越明显，在未来社会，这三者之间将会有越来越多的重叠。然而，这三者的理论区分仍非常有必要。现代教育中劳动的异化，使得公共闲暇活动严重缺失，神圣性教育渐趋衰落，每一种教育都未能发育成熟。忽视了任何一种教育，现代教育的危机都难以跨越。

关键词：民间养育学　文化家谱　生计教育　闲暇性教育神圣性教育

Abstract

This paper taking the An's family in the Bao village in Tai City of ShanDong as the case, using oral history and ethnographic methods studys the historical changes of rearing and educational practice and personal growth history of four generations in three periods of the traditional agriculral era, the collective economy era and the market economy era. Based on a deep description of the above this study has the following findings:

In the traditional agriculral era, the An Family mainly adopted a natural way of education. Material deprivation and suffering bred virtues of diligence, moderation, and sympathy. The individual and public leisure activities included the educational tradition of understanding and mediation. Suffering inspired the clansman's yearning for mysterious and inaccessible world, thus they have created a simple moral awe of pure spirit of writing, reading and the teacher, and a fatalistic understanding of the eternal pain of love. Sacrificial rites based on fear or gratitude brought the sacred concept of "May the Force be with you", collective emotional connection and the moral spirit of self-discipline.

Entering the collective economy era, the value of livelihood and labor differentiated in a hierarchical way which "Eating state grain" have become the main occupational expectation of people. The productive activities, leisure activities and children's academic life were replaced by frequent political activities consequently with sacred faith of reading and teachers dropped. After the broken of "iron rice bowl", the the utilitarian view of knowledge and school education increased resulting a strong expectation of "Education Can Change Fate". The high expectations from parents and the fierce competition led to the hardship spirit of 70 – 80s generation. They exerted themselves to seek spiritual nourishment from teachers, love and literature. The value conflict between the young people and their parents finally led to the anti-school culture represented by Youth Literature of 70 – 80s generation.

During the market economy era, the 70 – 80s generation have stratified into knowledge-based proletariat class and the new working class like twin lotus flowers in the same family both of which ranked in the middle and lower class because of lower economic income and social status as a result that they have still relied on their parents' economic and emotional support and raised their children together with their parents. In the absence of traditional parenting experience, young parents mainly use scientific knowledge as a weapon to foster children and balance family relationships. The fathers' traditional educational role have declined and changed into playing a role of playmate, nevertheless helping to relax the tension of parent-child relationship and becoming the safety valve of modern family. Grandparents have experienced a difficult resocialization in the process of childcare. The meticulous love from two generations for the only child, the the overconcern for academic achievement, the enthusiasm for cultural compensation and the over-dependence on network and cultural consumption have made education undergo a profound dissimilation which led to the separation of body and mind, the separation of labor and happiness, and the separation of famliy intimate relations. The more serious crisis is that "the giant baby" and "the small adult" have fallen into a state of mutual attachment with each other in closed families and the love based on which lacks in public spirit.

In summary, this study draws the conclusion that three cornerstones of folk education are labor education based on livelihood, leisure education based on leisure and entertainment, and the sacred education based on the need of spiritual transcendence. During the traditional agricralral era, labor education accounted for the mainstream while the leisure education could be available after the livelihood was satisfied and only a few people could get the secret of the sacred education. In the collective economy era, the value of the labor education appeared class differentiation and political activities replaced the individual and public leisure activities while the sacred education went to the irrational political belief and idolatry. In modern society, the value of labor has differentiated in stratum as a result that the children are excluded from public labor lacking the self-supporting labor education. The leisure education concentrates on a private or organized commercial way with carefully watched. The sacred education has declined with the disappearance of rites and development of the network. After the sanctification of children's emotional value, they are faced with a new alienation.

In the process of historical changes, the An family have formed its own cultural insight and educational wisdom which inherites and retains among generations. First ly, the folk education has formed the baseline cultivation of diligence, self-restraint, and sympathy. Secondly, it has formed the pure spirit of reading and school education, the merits of the profession and achievement, and the moral awe of childbirth, life and general social norms. The folk education mainly has three kinds of educational methods: "teaching by things", "teaching by metaphor" and "teaching by rite" which are organic combination of teaching in words, example and without words, all of which are indispensable.

Based on analysis of virtues forms and limitations of folk education, the study comes to conclusion that the folk education in the future will mainly include three aspects: the "standing" labor education aimed at helping children to form an independent ability and will, the "playing" leisure education aimed at promoting physical and mental relaxation and differential understanding and the " " mystery" sacred education aimed at satisfying needs of spiritual transcendence and making secular life sacred.

The more the history goes forward, the more obviously sepration between the labor education, leisure education and sacred education, while in the future society, there will be more and more overlap between the three aspects. However, the theoretical distinction between the three aspects of folk education is very necessary because of alienation of labor in modern education, the serious lack of public leisure activities, and the decline of the sacred education each of which has not well developed. Ignoring any kind of that, the crisis of modern education can hardly be transcended.

Keywords: folk pedagogy; cultural pedigree; the labour education; the leisure education; the sacred education

目　录

Content

第一章 童年建构：拉扯孩子与长大成人

　　家乡的老百姓通常把养孩子称为"拉扯大""拉巴大"孩子，一言参与养育的成员很多，二言把孩子养大是件很不容易、需要花费很多精力的事情。关于儿童衣食住行、吃喝拉撒的事，往往过于"琐碎"，且多属于生活的私人领域，无法轻易被捕捉到，故而社会学家和教育学家都很少将注意力放在这些"卑微、无势力、没有留下什么痕迹的人与事上"[1]，普通儿童的身影常常隐没在历史中。自阿利埃斯《儿童的世纪：旧制度下的儿童和家庭生活》问世以来，童年经验和微观养育实践进入了社会历史学家的视野，儿童开始有了自己的历史，尽管由成人为其立传。"每一首童谣稚语，每一个深埋尘土之下的玩具游戏，都是一颗可显现另一个世界的沙粒，可以透视宇宙一刹的永恒露滴"[2]，微观养育实践蕴含着复杂的社会事实，拉扯孩子这件事绝非孤立的、封闭的私人行为，而是连接着个人、社会和历史，暗藏着"海天相接"的广阔天地。

第一节　摇篮曲中的三种童年

　　时运交移，质文代变；歌谣文理，与世推移。儿歌、童谣、玩具、游戏几乎伴随着每个人的童年生活，往往被视为童年的"专利"，作为一种与成人世界分离的儿童文化，代表着成人憧憬而不得的"无忧无虑"的

---

① 熊秉真：《童年忆往：中国孩子的历史》，广西师范大学出版社，2008，第1页。
② 熊秉真：《童年忆往：中国孩子的历史》，广西师范大学出版社，2008，第1页。

世界。这种对于童年世界的认识，忽视了儿童的成长是在家庭中通过与成人的互动来实现的。童年文化的物质和符号形式，构成了儿童与成人日常生活的背景，是社会群体共享的、世代相继的"生活方式"，反映了特定时代的集体道德观念或者某种社会情境的影响。以儿歌为例，吾儿浩然自降生以来，虽然属于现代人，但听过的儿歌却包含了三个时代的文化特征。

一、粗鄙的民谣与纯真的童谣

我的婆婆常将爱孙环抱膝前、轻拍慢哄，喃喃而语广东乡村民谣，若逢我爱人在侧，他也熟练地哼唱相应。作为一个客家话的"门外汉"，我听了很多遍才明白婆婆和我爱人哼了些什么内容："有钱娶个娇娇女，没钱娶个麻子婆……"我百思不得其解，广东乡村为何将"娶老婆""捉老婆"的世俗之事放在童谣里传唱。以我略带女权的眼光来看，这首儿歌还带有阶层和性别歧视意味，不过望着一家子你唱我和、其乐融融的模样，我只好哑然失笑。

> 拍大腿，唱山歌，人人笑我没老婆，提起心肝①娶番个（娶一个），有钱娶个娇娇女，没钱娶个麻子婆，豆皮婆，食饭食得多，屙屎屙两箩，屙尿冲大海，屙屁打铜锣。
>
> 大肥婆，卖菠萝，卖到新加坡，卖完菠萝跌落河，比（被）人执（捉）去做老婆。

婆婆的乡村民谣韵味悠长，略显粗鄙却柴米油盐味道十足。比起婆婆的信手拈来，我的童谣储备捉襟见肘、干瘪单薄。"小兔子乖乖……""两只老虎……""小老鼠上灯台……"，这些都是很多人从小就会的儿歌。我最爱给孩子唱"小星星"和"外婆桥"，再"高级"一点只好用唐诗三百首救急。童谣储备量更少的是出身于工人阶层大家庭的我母亲，她很少给孩子哼唱儿歌，而且对抱着孩子边唱儿歌边摇晃的哄睡方式嗤之以鼻——"惯（宠）坏孩子"。母亲反复嘱咐我："越这样惯着孩子以后越难哄，大人格外费劲。"我母亲带孩子的方式基于现实的考虑，就少了

---

① "提起心肝"，意为全身心地投入做某事。

一些温情和爱抚，盼望着孩子早点独立让大人省心。

　　出身于小县城工人家庭的我初为人母，颇有"现学现卖""亡羊补牢"的狼狈与窘迫。我的朋友如嫣是个全职母亲，她当母亲则显得从容很多。如嫣出身于书香门第，多才多艺，"十八般武艺"样样精通。她从小给孩子看英文绘本、唱英文儿歌。自己教孩子的同时，她专门开通了一个有关绘本育儿的微信公众号。虽然我也偶尔照葫芦画瓢地唱给儿子听，但五音不全的唱法和中国式英文的发音，怎么听都难掩东施效颦之态。如嫣花费了更多的精力、财力在孩子的语音、语义、语感、乐感的培养上，教育内容的难度、准确度、精细度、审美度都更上一层楼，这让我望洋兴叹。

　　传统童谣来源于日常生活，每一代人在养育过程中自然而然地习得这些曲调，又自然而然地通过日常生活传递给下一代。我婆婆的民谣固然有些粗俗，一点也不忌讳世俗生活尤其是吃喝拉撒甚至性话题的日常坦露，但却天真、质朴，而且有劳动人民对于人情、金钱、等级、婚姻观念的深刻洞察和戏谑表达。

　　我所吟唱的歌谣无疑是近现代学校大规模兴起、科学教育观念普及后的产物。这些儿歌简单、直白、朗朗上口且充满童趣，与传统民谣的烟火味道相比，经过成人的精心筛选，完成了从"民谣"向"童谣"的过渡。成人很容易意会到儿歌里包含的"天真无邪"的童趣，并努力保护这种"天真无邪"。伴随着童谣内容的"净化"，成人和儿童的文化世界有了截然不同的区分。我婆婆哼唱的民谣逐渐成为偶尔提起的传统民俗，而在日常生活中逐渐消弭。

　　与乡土社会的"下里巴人"和城市中产的"学校倾向"相比，上层社会有更为苛刻的、高标准的认知和审美要求，我所熟悉的歌谣被如嫣视为"庸俗、幼稚"之物。不同的妈妈、不同的歌谣，体现了不同的儿童观和养育方式。母爱何以被赋予不同的等级和意义？为何我婆婆的乡村童谣听起来粗俗，却让我内心生出一种天然的亲近感？为何如嫣的绘本教育和英文儿歌显得如此高大上，让我自惭形秽的同时又生出向往和艳羡之情？我的个体经验和感受是否具有普遍意义呢？

二、传统与现代力量的交织

　　我对传统儿歌中的粗鄙内容一方面在理性上有"排斥"的心理，另一方面在情感上有亲切感和怀旧感，传统儿歌让我怀念乡村的童年时光。葛孝亿认为，现代人的怀旧是一种社会流动中的"时光追溯机制"，是对"我们失去的历史性"以及"正在经历的历史可能性"的积极建构，正是由于历史变迁和广泛的社会流动，才会让人们怀念那些逝去的社会关系和永恒失落的"美好时光"。[①] 尽管中国正处于价值观和生活方式巨变的历史过程中，但人们的情感和价值观尤其是家庭情感、养育观念非常依赖传统，并不像川剧里的"变脸"表演，翻过一个脸谱便是另一个脸谱，传统和现代观念常常交织在人们的日常养育实践中。景军在 1989—1992 年针对甘肃省大川村儿童养育和消费的研究发现，大川村的育儿观念和实践交织着三种不同的"文化权威力量"[②]：国家和政府推动的科学力量，比如免疫运动、优生科学、儿童补钙计划等；宗教力量，比如供奉寺庙、求神拜佛等，尤其是在儿童疾病的治疗方面，夹杂着神巫之术、老一代人的育儿经验、药膳和传统中医等各种方法；市场力量，来自电视、网络等。这几种力量形成合力，既互相冲突又奇妙地相融。

景军以德芳为例，描述了新手妈妈是如何在几种力量的夹击下做出育儿决策的。德芳 6 个月的儿子生病了，外祖母建议她去寺庙上香，嫂子建议她给孩子断奶改为奶粉和米粥喂养，孩子的父亲反对断奶而且建议去看西医，外祖父建议用中医偏方治疗。面对亲属们激烈的争论，德芳无所适从，最终妥协听从每个人的建议，因为所有建议都有"道理"。

> 村医有治疗我孩子的方法，神佛能够保护他，奶粉是对母乳很好的补充，父亲的食疗法可以增强宝宝的健康。但我实在不知道如何为怀里大哭的孩子一下子做完所有的事情，所以最后我决定先带他去县医院，然后再与妈妈一起拜当地的神庙。现在我也用奶粉和父亲的药

---

① 葛孝亿：《社会流动的教育机制探究》，博士学位论文，华东师范大学，2014，第2—3页。

② 景军采纳了历史学家 Paul Starr 对"文化权威"的定义，即一种通过影响人们思维方式进而影响他们行为方式的力量，包含了将某一对社会现实特定的阐释解释为合理解释的可能性，具有无须凭借规范或命令就可形塑、改变人们的观念、价值和态度的潜能，在现实生活中，通过特定的群体或代理机构来行使，其表现形式通常是某种群体或机构对专业知识的掌握和运用（景军主编《喂养中国小皇帝：食物、儿童和社会变迁》，钱霖亮、李胜译，华东师范大学出版社，2017，第131—132页）。

膳喂孩子。①

　　德芳的故事算是有圆满的结局，她融会了几种育儿策略，也没有影响到家庭和谐。但并非所有家庭冲突最后都能有皆大欢喜的结局，因为现代家庭的养育结构、代际关系已发生了明显变化。跨代育儿组合不仅面临养育文化的博弈，而且面临家庭成员内部权力的冲突与平衡：代际文化的互动——儿童、成年父母与祖父辈三代的互动；城市文化与乡土文化的互动；传统与现代、习俗与科学的互动等。这注定了养育实践呈现多彩纷呈的复杂特征。文化冲突的解决并不是一蹴而就的事，成人和儿童处在这种张力的"拉扯"中，这对儿童发展到底有何影响，成为我研究问题的起点。

三、平民教育叙事的缄默

　　起初，我对于育儿实践的关注主要集中于现代家庭，尤其是像我家这样的三代育儿家庭。适逢安氏家族重修族谱，我作为家中文化程度较高的子代，承担了一部分族谱的整理工作，也通过这个机会了解到了整个家族不同世代的生活历史。然而，族谱只记录男性成员的名字，在公共领域中学历较高、功绩较为显赫的男性才会出现在家族历史中，女性和儿童的身影始终在家族历史中阙如。女性成员不仅未在族谱中出现，其在家族历史中的故事、功劳更是无文字可稽考。女性和儿童对家庭经济、情感生活，乃至在不同历史时期对战争、革命、国家建设的贡献，无法形成一种集体叙述被自己的家族所铭记，同样得不到彰显的是对于个体成长和社会发展极其重要的家庭教育。由于家庭教育的日常性、世俗性、潜移默化性，其一直处于科学的、系统的教育研究之外。

　　比起成人，儿童是更为缄默的存在，作为"未成年人"，他们更没有资格有自己的"历史"，乡村的童年生活也伴随着这种缄默和现代化进程成为永远的过去。比如，很多族人无比怀念儿时在田野中奔跑的童年：春天的草地、夏天的麦地、秋天的玉米地、冬天的雪地……任儿童驰骋；树枝上的知了、草丛间的蚂蚱、麦垛里的蟋蟀、小溪中的蝌蚪……任儿童嬉

① 景军主编《喂养中国小皇帝：食物、儿童和社会变迁》，钱霖亮、李胜译，华东师范大学出版社，2017，第129页。

戏；清酥的槐花摊煎饼、喷香的烤麦子、甜韧的地瓜干、香糯的煮玉米……供儿童朵颐。我的童年也在乡村度过，田野的宽阔、奔跑的自由、赤脚的不羁、风吹麦浪的舒坦，融在我的血脉里，一定程度上造就了我的善良、淳朴、带着原野力量的粗韧……这种东西，是原初的生命力。我清晰地感受到了这种童年的力量，然而，这种童年的价值却未能在现代社会被确认和整合到新的社会实践中。平民在经济和政治上的双重弱势身份，使得他们缺乏有效的文化资源来记录、表达自己的价值观念、思想情感和生活历程，其家庭教育和童年生活往往缺乏文字、图片、影像的记录而湮没在历史和精英话语中。对于传统童年消逝的感慨和怀念，说明关涉着童年的另一面被忽视了，与生计、自然相连的平民儿童，他们在历史中存在何种价值，他们可以为我们理解儿童和现代教育提供哪些多样化的理解和新的可能性呢？

郭于华认为，底层是一种缺失的叙述，不在官方话语的讲述之列，补充这段叙述，或者提供新的叙述，是底层研究的认识论要务：从中生产出新的知识，并使之成为独立的、进行知识积累的一个领域。这一知识领域的生成，在很大程度上要仰仗普通人对自身经历的讲述，而不是依靠历史学家代为讲述。[①] 我作为劳动家庭的后代，虽然远离了乡村，但并没有完全与传统的乡土文化决裂。尽管平民的养育经验和文化并非全部都值得称赞，但社会结构与个体微妙的互动需要我们超越局限性的家庭之爱，进行历史性的反身理解，将个体家庭经验通过学术知识的生产置于公众视野，转化为公共话题。在整理族谱、了解家族历史的过程中，我的研究兴趣从现代家庭内部的养育互动转向养育实践的历史变迁，以及家族在近百年社会变迁过程中的实践智慧和文化局限。

第二节　作为问题的民间养育学

历史是容易被遗忘、被遮蔽的，尤其是普通人的记忆，由于充满了"陈芝麻烂谷子"的琐碎之事，常常被视作无关紧要的回忆而被贬损、被

---

① 郭于华：《作为历史见证的"受苦人"的讲述》，《社会学研究》2008 年第 1 期。

遗忘甚至被自我贬低。自 20 世纪 70 年代以来，政治学、社会学、历史学、人类学、教育学等各个学科开始反思和批判宏大叙事和精英主义史观，日益关注普通人的生存问题、生命体验、生活历史，试图把文明的转型、社会的变迁与普通民众的日常生活经历和社会常识建立起联系，贯穿个人记忆与社会记忆，为普通人发声。

本书梳理了国内外学术界对于民间养育学的三种理解：第一，由卢梭提出的自然主义、浪漫主义的生活与教养方式；第二，一种本土性的、民俗性的、情境性的文化传统和养育方式；第三，一种有缺陷的、落后的、需要被改造和解放甚至抛弃的"贫穷文化"。

一、卢梭式的教育乌托邦

出身于社会底层，未接受过正规学校教育，从事过各种下层职业的卢梭，在启蒙时代对城市文明和传统教育投出了锋利的匕首，是现代教育绕不过的理论巨擘。卢梭认为城市是坑害人类的无底深渊，主张让儿童远离城市，在未受到文明"玷污"的乡村接受自然主义教育，经由教育建立小国寡民、人人相对平等的理性王国。卢梭的童年观和自然主义教育观影响深远。现代学者包括平民主义学者经常援引卢梭的思想来批判城市文化对人性的扭曲、学校教育对儿童的异化，憧憬卢梭描绘的自然主义乌托邦，怀念逝去的田园牧歌式的乡土生活。

1. 二元对立的自然主义理解

卢梭在《爱弥儿：论教育》的开篇[①]便提出了一种人为实施的"刻意地教"充满了偏见、权威、需要、先例等扼杀天性的因素，认为扰乱自然秩序、违反事物天性是使人堕落的开始，明确提出了一种尊重事物天性的自然主义教育观念，其核心是"回归自然"。"自然"不单单是指人在原始社会中的"自然状态"，更侧重指人的天性，这种天性存在于纯洁的自然状态之中。只有"归于自然"的教育、远离城市喧嚣的教育，才有

---

① 卢梭在《爱弥儿：论教育》中写道："出自造物主之手的东西，都是好的，而一到了人的手里，就全变坏了……他不愿意事物天然的那个样子，甚至对人也是如此，必须把人像练马场的马那样加以训练；必须把人像花园中的树木那样，照他喜爱的样子弄得歪歪扭扭……偏见、权威、需要、先例以及压在我们身上的一切社会制度都将扼杀他的天性。"（详见卢梭《爱弥儿：论教育》（上卷），李平沤译，商务印书馆，1978，第 6 页）

利于保持人的善良天性。因此，卢梭主张把妇女送到乡村去分娩，把婴儿送往乡村去养大，儿童 15 岁之前的教育必须在远离城市的乡村中进行。①卢梭的思想存在明显的自然与社会、乡村与城市的二元对立观念。自然是善的，社会则是恶的。然而，卢梭又是矛盾的，因为其"自然教育"的目标，并非培养一个原始意义上的自然人、"一个生活在旷野中的野蛮人"，而是要将爱弥儿培养成"城市中的野蛮人"②。

卢梭能否在爱弥儿身上弥合这种二元割裂，最终在乡村环境和自然状态中培养出既可以适应社会生活又不为社会所"玷污"的人，这值得仔细考量。事实上，卢梭最终打破了他亲手建立的教育乌托邦。在他未完成、未发表的《爱弥儿：论教育》的续篇《爱弥儿和苏菲，或隐士》中，爱弥儿和苏菲这对年轻情侣一接触到巴黎的堕落世界，就被社会"恶"的风气所影响，双双移情别恋，最终婚姻破裂，走向了悲剧的结局。③ 在《爱弥儿：论教育》的结尾中，爱弥儿和苏菲在一个荒岛中再续前缘，只能作为远离世俗世界和社会生活的"孤独的人"而存在，这意味着，卢梭的乌托邦难以弥合两个割裂的二元世界。

这种二元对立和矛盾在卢梭的思想中经常出现。爱弥儿的家庭教师让·雅克代表"自然神"，以一种无处不在的遥控状态（消极教育）教育着爱弥儿。他温柔而坚定地把爱弥儿带离城市，细心地为他挑选可以交往的人、能够阅读的书，为他推荐合适的伴侣，用一种"从远处支配的自由"培养爱弥儿。康永久认为，这种"被强迫的自由"，确立了一种高踞于个人、儿童之上的自然主宰，最终结果是个人丧失对自己命运的主宰，由个人出发导致理性主义或集权主义。所以卢梭在强调自然发展的时候，又提出了一种由国家管理的教育体系④，由国家设立一个最高行政院作为教育的最高管理机构，决定校长、教师的人选和升迁，尽量建立一个完全免费的公家教育⑤，这表现出了专制倾向。

尽管卢梭对乡村生活的浪漫向往、对城市文明的批判看似充满平民主

---

① 卢梭：《爱弥儿：论教育》（上卷），李平沤译，商务印书馆，1978，第 48 页。
② 卢梭：《爱弥儿：论教育》（上卷），李平沤译，商务印书馆，1978，第 307—308 页。
③ 乔伊·帕尔默编《教育究竟是什么：100 位思想家论教育》，任钟印、诸惠芳译，北京大学出版社，2008，第 77 页。
④ 康永久：《教育学原理五讲》，人民教育出版社，2016，第 59 页。
⑤ 吴式颖主编《外国教育史教程》，人民教育出版社，1999，第 209 页。

义情结，但事实上卢梭并不认可真实的乡村生活和文化。卢梭笔下的乡村是一个被精心安排的"自然环境"，远离真实的乡村日常生活。在爱弥儿的乡村生活中，既没有辛苦劳作的农民身影，也没有打闹嬉戏的乡野儿童，真正的乡村文化被遮蔽了。事实上，卢梭认为乡村人是爱弥儿生活的"外人"，乡村人的语言粗笨、腔调太高亢，他们不善于选词，这也是爱弥儿必须要避免的。

> 一般平民和乡村居民走上了另外一个极端，他们讲话的声音之高，往往超过了实际的需要……他们的语音过于粗笨，他们的腔调太重，不善于选择词……只要老师从他一生下来就同他一块儿生活，一天一天地逐渐不让外人同他在一起，就可以用自己正确的语言防止和消除乡下人语言的影响。①

对于卢梭来说，穷人是不需要受什么教育的，因为穷人的环境教育是带有强迫性的，不可能受其他什么教育，穷人是能够自己成长为人的。真正要受教育的是富人，要教富人如何变贫穷，而不是教育穷人发财致富。② 从某种意义上来说，卢梭的自然主义教育思想是远离真实乡村生活的，"是防止理性时代滥用理性而矫枉过正的产物"③。卢梭的自然主义教育只能作为一种教育理想，给人以启迪和鼓舞，而不能作为平民生活的真实体现和教育样板。

2. 田园牧歌的精英怀旧

自《爱弥儿：论教育》出版之日起，卢梭的思想就一直备受争议，一方面被批评为乌托邦主义、极权主义、性别歧视等，另一方面也极受推崇。他的儿童观，是现代儿童观的启蒙，是后来蒙台梭利、杜威等教育家思想的源头，是人们批判现代教育理性化、异化、扭曲人性的思想武器。尤其是在现代社会，越来越多的学者接受了卢梭的强批判立场，反思童年的多样化状态被打破，感叹传统童年的逝去，为现代儿童普遍患上了"城市病"而忧心，怀念田园牧歌的乡野风光和无忧无虑、天真烂漫的童

---

① 卢梭：《爱弥儿：论教育》（上卷），李平沤译，商务印书馆，1978，第73页。
② 卢梭：《爱弥儿：论教育》（上卷），李平沤译，商务印书馆，1978，第73页
③ 康永久：《教育制度的生成与变革——新制度教育学论纲》，教育科学出版社，2003，第21页。

年生活，呼吁卢梭提倡的自然主义教育回归。

卢梭把童年看作一个特殊的人生阶段，认为童年应该有其独特的价值，这是现代童年观的开始。然而，现代童年观演变至今，儿童渐趋受到特殊对待，儿童与成人有了本质的分界。本尼迪克特认为，美国文化就是典型的把儿童世界与成人世界分离的文化，特别是工作和性。儿童世界由游戏和学习组成，他们很少注意成人世界，同时，他们必须恪守有关的性禁忌。此外，儿童要服从成人的权威。一旦他们性成熟，具备足够的自信和自主能力，他们就要工作。儿童角色和成人角色之间的割裂，使得过渡充满了痛苦和困难。①

自成人世界与儿童世界分离、学校诞生和大规模普及后，传统童年的状态就消失了。梅珍兰认为，童年在现代学校教育的压迫下日趋消亡，在应试教育的大背景下，学生的学业负担越来越重，课余时间越来越少，休息、自由活动和同伴交流的时间被挤占了……孩子变成了卢梭笔下的"老态龙钟的儿童"，不仅失去了天真无邪、淳朴、无所顾忌的孩子气，而且从小就知道见风使舵、察言观色、讨好大人……患上了严重的"城市病"。② 王友缘、李燕认为，现代童年是被普遍主义、工业生产、成就取向、职业分化等现代工具理性所支配的"标准化"童年，传统的、乡土的童年消失了，童年的多样化生态被打破了。③

从学者们对现代教育和童年观的反思中，我们可以发现一个有意思的悖论。卢梭提出"在人生的秩序中，童年有它的地位，应当把成人看作成人，把孩子看作孩子"④，这种观念确立了儿童的天性善和主体地位，把儿童和童年看作"天真无邪"的对象加以呵护，并伴随着家庭和学校的出现被进一步强化。然而，为了保护儿童的"天真烂漫"，儿童一方面在生计、生活上远离了成人的真实世界，另一方面又在教育和文化上被置于了成人、学校的强控制、强干预中。每一次对儿童的"发现"，几乎都伴随着对儿童的进一步"控制"。儿童从经济资产变为情感资产，作为"未来的资源"成为父母的心肝宝贝，但却依附于家庭，被阻隔到了自然

---

① 马克·赫特尔：《变动中的家庭：跨文化的透视》，宋践、李茹等译，浙江人民出版社，1988，第265页。
② 梅珍兰：《童年的意义、困境与出路》，《全球教育展望》2013年第3期。
③ 王友缘、李燕：《学校教育下标准化童年的生产》，《全球教育展望》2015年第4期，第6页。
④ 卢梭：《爱弥儿：论教育》（上卷），李平沤译，商务印书馆，1978，第82页。

和生活之外。

正是在这个过程中，卢梭真正向往的、只有在乡村生活中才能实现的"自然"童年反而永远消失了，现代学者不得不再次像卢梭那样呼吁一个传统的、田园牧歌的乡村童年来医治儿童的"城市病"。这种不可解决的内在悖论，意味着人们对于"自然"、对于传统生活的理解发生了偏差，在乡村与城市对立、自然与社会对立、儿童与成人对立的文化观念中，无论偏向哪一方，都是在一种二元对立的观念中打转。这也意味着学者笔下的乡村儿童和自然，并不是现实生活中真实的儿童和自然。真实的平民生活绝非田园牧歌，而是与物质匮乏、苦难相连。真实的底层儿童绝非无忧无虑的，他们除了在田野上奔跑，也要参与辛苦的生计劳作。平民的生活是复杂多样的，是多重叠加的。在一个二元对立的框架中去理解自然、理解儿童、理解平民教育，最终只能走向内部冲突。要解决这个内部冲突，我们需要呈现平民养育的真实生活逻辑，反映他们对于生活的复杂理解和实践智慧。

3. 自然与社会的通融

自然与社会、传统与现代、乡村与城市对立的观念必然妨碍我们理解平民生活和教育的真实逻辑，忽视二者之间的联系。首先，自然与社会无论是过去还是现在都并非毫无关联、各自孤立存在的。康永久指出，卢梭所描绘和憧憬的史前教育的"自然状态"（自在性教育），不仅具有自然性，也具有社会性；不仅受制于人与人的自然联系和差异，也与人们所处的生存环境及文化机制相适应。他提出，史前人类在长期的亲族生活中逐渐积累、凝结而形成了一套自在性教育制度。这套制度"体现原始社会关系的平等性质，具有教育规则意义的自发惯例、习俗、规范、信仰和形式"[1]，包括儿童养育习俗、亲族生活规范、原始宗教仪式等。这体现了自然法则和社会法则的集合。他没有将自在性教育中自然与社会的因素理想化、浪漫化、孤立化。

此外，卢梭极力批判的、与自然教育相对的"强制教育"或者说"人为地、刻意地教"，以及现代学者对学校教育"压迫性""异化性"的批判，忽视了强制性教育制度与自在性教育制度之间的关联性。康永久

---

① 康永久：《教育制度的生成与变革——新制度教育学论纲》，教育科学出版社，2003，第167页。

发现，以学校教育制度为代表的强制性教育制度[1]与自在性教育制度并非对立的关系，在一定程度上，从自在性教育中寻找合法性基础，可以起着保存传统价值观念，比如社会习俗、礼仪、神话和道德惯例的作用，同时可以预防利益冲突的发生，帮助人谋取合法利益。[2] 不过，强制性教育制度的理性、效率、规训、强制性导向使其自身经历了现代性的危机并饱受批判[3]，其对现代教育的强批判立场，容易构建出一种新的"群体性对立"，比如阶层、城乡对立等，也容易陷入前文提到的卢梭悖论。

另一方面，"基于传统的教育学"[4] 并没有在现代社会消失。"那未经理性和经验科学的证实，甚至不能由系统的观察和逻辑证实的实质性传统，往往被当作科学理性的对立面和社会进步的绊脚石对待，但那些崇尚过去的成就和智慧，崇尚蕴含传统的知识，把过去继承的行为当作有效指南的思想倾向，比如对宗教和家庭的感情、对祖先和权威的敬重、对家乡的怀恋之情，属于实质性传统，不会随着现代化进程而消亡"[5]，传统与现代也不是截然对立的。

自然与社会、传统与现代复杂的互动关系，意味着平民教育在日常生活中的真实逻辑可能是复杂多样的。陈建翔借鉴道家思想，提出了"相拥而舞"的概念，指出万事万物是不同因素的叠加状态，宇宙是相拥而舞的世界，"自然是一场地老天荒的舞会，世界就是一个巨大的舞场，宇宙万物都在两两相拥、结伴而舞"[6]。我们需要借鉴这种通融性的眼光来看待事物之间的联系，突破二元对立的确定性思维的限制，注意到日常生

---

[1] 强制性制度是具有道德理性和工具理性，对人有客观、单向制约关系的制度，包含学科规训制度、学校等级制度和教育集权体制，这种制度在帮助个人谋取教育利益方面起到了推动作用（康永久：《教育制度的生成与变革——新制度教育学论纲》，教育科学出版社，2003，第234页）。

[2] 康永久：《教育制度的生成与变革——新制度教育学论纲》，教育科学出版社，2003，第271页。

[3] 康永久：《教育制度的生成与变革——新制度教育学论纲》，教育科学出版社，2003，第292—304页。

[4] 康永久区分了"基于传统的教育学"和"专业教育学"：在共同体中，比如家国同构的传统社会，随着经验的积累，一套基于实践智慧的清晰的纲领和行动指南——规范教育学成为教育的主要形式，这套纲领和行动指南主要还是依靠身教而非言传，依靠权威、身份、地位、合法性、可靠性来传递，从根本上来说是"基于传统的教育学"。近代以来，随着传统亲密关系共同体被打破、学校教育的产生、科学的发展，强调科学化、要求遵循客观规律行事的理性主义教育学——专业教育学大行其道，专业教育学适合学校、遵循规律、寻求确定性、关注认知、追求高效，忽视了教育者和儿童双方的需要、兴趣和意愿。

[5] 康永久：《教育制度的生成与变革——新制度教育学论纲》，教育科学出版社，2003，第229页。

[6] 陈建翔：《相拥而舞：〈道德经〉教育美学探微》，《教育研究》2016年第2期。

活世界的教育既有符合天性、自然的一面，也有文化上规范性、制度性的
一面。

二、内生性的文化传统

童年人类学家开创了养育研究的另一个传统，就是关注儿童的社会文
化情境及日常生活实践，"儿童人类学基于这样一个前提：不同族群之间
在童年形成的条件及其模型上千差万别，如果没有详尽的、系统的社会文
化背景知识，是很难理解这些差异的"[1]。人类学家的研究代表了对民间
养育学的另一种理解，就是一种地方性的、内生性的文化传统。

早期人类学家关注的是原始部落整体的生活方式，儿童养育只是作为
家庭生活的一部分呈现，比如马林诺夫斯基的《澳大利亚土著家庭》
（1913）、玛格丽特·米德的《萨摩亚人的成年——为西方文明所作的原
始人类的青年心理研究》（1928）和《三个原始部落的性别与气质》
（1935）等。他们通过对原始部落整体生活方式的探究，指出养育方式取
决于大的社会文化背景。中后期的人类学家致力于考察文化尤其是童年经
验对于集体性人格养成的影响，比如林顿和卡丁纳经过大量研究得出结
论：虽然社会中有许多不同的家庭，每个家庭中的儿童教养方式不完全相
同，但是不同社会成员受整体文化的影响却有相似的儿童教养方式。[2] 这
个时期涌现了大批阐释养育文化差异的经典研究，比如鲁思·本尼迪克特
的《菊与刀：日本文化的类型》（1946）、阿特丽斯·怀廷和欧文·柴尔
德的《儿童教养与人格：一个跨文化的研究》（1953）、许烺光的《美国
人与中国人：两种生活方式比较》（1953）等。他们的研究主要想说明的
是，养育方式是整体性文化深层结构的体现。

在这些研究中，人类学家最经典的知识遗产是区分了两种最为基本的
养育方式——独立训练与依附训练，区分了两种差异明显的养育文化——
个人主义养育文化和集体主义养育文化，提出了三种文化类型——前喻文
化、并喻文化、后喻文化。

---

① Levine, R. A., "Ethnographic Studies of Childhood: A Historical Overview", *American Anthropologist*, Vol. 109, No. 2, 2007, pp. 247-260.

② 转引自许烺光《文化人类学新论》，台湾联经出版公司，1979，第 39 页。

1. 依附训练与独立训练

阿特丽斯·怀廷和欧文·柴尔德区分了两种具有根本差异的儿童养育方式——依附训练（顺从）和独立训练（独立），这种分类长期主导着养育方式的文化差异研究。依附训练（dependence training）是一种以强调培养儿童的顺从性，鼓励个体留在群体内部为目标的养育方式，在以自耕自给的农业为经济基础的社会里最常见，一般与扩大家庭结构有关。独立训练（independence training）强调个人的独立性、自力更生和个人成就，一般鼓励个人去寻找帮助和关心，而不是给出帮助和关心；这种养育方式一般与工业社会和后工业社会的核心家庭而非大家庭有关。我总结了两种养育方式的基本特征和差异（见表1-1）。

表1-1　依附训练与独立训练的基本特征和差异

养育方式	社会、家庭结构	养育目标	养育策略	亲子关系
依附训练	以农业经济为主的传统社会的大家庭	顺从 个人依赖群体	纵容口头满足（比如长时间喂奶） 惩罚攻击性和有性意味的行为	存在破坏性的紧张关系（等级制）
独立训练	工业社会和后工业社会的核心家庭	独立 个人成就、竞争取向	鼓励个人活动、游戏、竞争 不鼓励即时的口头满足（比如按时间表喂奶） 容忍攻击性行为和带有性意味的行为	相对民主
依附训练与独立训练结合	某些特殊情况，比如寻食社会（捕猎）	支持人际上的依赖 鼓励生存上的独立	鼓励人际合作，劝阻竞争，因此婴儿得到长期照料包括即时口头满足 鼓励个人生存上的自力更生，方便觅食成功	视情境而定

依附训练的家庭类型一般是扩大家庭，由同一家户内的几个丈夫 - 妻子 - 孩子的单位组成，这种家庭需要为耕作土地、照料饲养牲畜及其他经济事务提供大量劳动力；在亲子关系上，这些大家庭内部存在某种潜在的破坏性紧张关系，例如，成年人中的某个人代表性地做出重要的家庭决策，所有其他家庭成员都必须服从这一决策。

在养育策略上，依附训练常常采用支持和惩罚两种方式来实施控制。在支持方面，对年幼的孩子加以纵容，特别是以长期的口头满足形式加以纵容，潜在目的是为鼓励孩子在家庭内部寻求支持。在传统社会，婴儿通常与他们的父母睡在一起。母亲对婴儿的哭叫或吵闹一般在数秒钟之内做出反应，通常是给婴儿哺乳，喂奶持续几年时间，而且实际上孩子有要求就给予满足。例如，在南非卡拉哈里沙漠传统的朱瓦西人那里，婴儿 1 小时约被哺乳 4 次，每次 1—2 分钟。15 周大的朱瓦西人婴儿与母亲密切接触的时间约占 70%，与美国家庭占 20% 的时间形成鲜明对照。[①]

　　另外，为了集体的福利，家长会给稍大一点的孩子分配一些照顾幼儿和料理家务的任务，因此，家庭成员必须积极工作、相互帮助和支持。在惩罚方面，那些在成人看来具有攻击性的以及性意味方面的行为最容易遭到竭力劝阻，成年人往往坚持要求孩子完全服从，使个人从属于群体。支持、纵容和劝阻、惩罚相结合，顺理成章地造就了顺从的、维护的、与世无争以及具有责任心的人，他们不敢越雷池一步，不做任何具有潜在破坏性的事情。他们的"自我"从属于社会整体，而非源于单纯的个人存在。[②]

　　独立训练的家庭类型一般是核心家庭，其养育策略主要包括鼓励和劝阻。独立训练不重视长期的口头满足，喂奶与其说是儿童需求推动的，不如说是时间表推动的。孩子们会被剥夺一系列的刺激，包括与父母一起睡觉时会得到的抚摸、气味、运动和温暖，这也剥夺了他们整个晚上经常得到照料的机会。在独立训练方式里，儿童的集体责任感得不到鼓励，孩子们经常被鼓励去完成游戏任务而不是对家庭福利做贡献；侵犯行为和性行为表现反而会受到鼓励，至少会比以依附训练为惯例的社会里得到更大限度的容忍。在家庭和学校，竞争被强调，甚至在美国走向极端，婴儿期的生物学功能——吃、喝、拉、撒、睡、哭、叫，转变为父母与子女之间的竞争。[③]

　　依附训练与独立训练两种基本养育方式虽明显不同，但在某些特殊情况下，两者会取不同的要素"合二为一"，所以这种理论分类虽然简单却解释力很强。比如在寻食社会里，分享一切是日常的秩序，与合作精神相抵触的竞争行为被劝阻，因此，婴儿从成人那里获得许多积极的、充满深

① 威廉·A. 哈维兰：《文化人类学》，瞿铁鹏、张钰译，上海社会科学院出版社，2006，第 131—134 页。

② 威廉·A. 哈维兰：《文化人类学》，瞿铁鹏、张钰译，上海社会科学院出版社，2006，第 131—134 页。

③ 威廉·A. 哈维兰：《文化人类学》，瞿铁鹏、张钰译，上海社会科学院出版社，2006，第 131—134 页。

情的照料，得到长期的口头满足。但是因为自力更生的人往往在寻食活动中最成功，成人也会鼓励个人寻求更多的支持和帮助，个人成就和独立性也会得到鼓励。

此外，这些研究揭示了一些很有价值的细节，譬如长期和即时的口头满足、身体照料（如长期、随时哺乳）有助于培养个体对于群体的依附感、顺从感，却也容易成为一种控制手段，因此了解哺乳和断奶的时间点与方式是很有趣的切入点。依附训练里的顺从背后隐藏着一种破坏性的紧张关系，独立训练里的独立背后也隐藏着相对松散和疏离的亲子关系。对带有攻击性和性意味行为的容忍度往往成为区分两种养育方式的关键特征，对于研究微观养育实践非常具有启发性。

2. 个人主义与集体主义教育

20 世纪 80 年代，荷兰马斯特里赫特大学教授吉尔特·霍夫斯泰德和格特·扬·霍夫斯泰德开展了一次迄今为止世界上最大规模的文化价值观调查研究，并提出了我们今天广为使用的"个人主义－集体主义"文化差异理论框架。他们将不同文化群体的核心价值观分为个体主义和集体主义两大类，并列举了两种价值观在认知和行为上的一系列区别（见表 1－2）。

表 1－2　集体主义与个人主义价值观的区别

集体主义	个人主义
人们出生于大家庭,群体始终提供保护,成员以忠诚作为回报	儿童成人后只照顾自己及其核心家庭
群体可以干预个人生活	每个人都有隐私权
小孩学习用"我们"来思考	小孩学习用"我"来思考
努力保持和谐,避免正面冲突	直言不讳,为人诚实
人们用高语境的方式进行交流	人们用低语境的方式进行交流
资源应该与亲人共享	资源归个人所有,即使孩子也不共享
教育的目的是学会如何"做"	教育的目的是学会如何学习
文凭为进入上流社会铺平道路	文凭提供经济方面的价值和/或自尊
耻感文化,过失会导致自己和群体蒙羞	罪感文化,过失会导致负罪感及自尊受挫
平等优先于个人自由	个人自由优先于平等

资料来源：吉尔特·霍夫斯泰德、格特·扬·霍夫斯泰德：《文化与组织：心理软件的力量》（第二版），李原、孙健敏译，中国人民大学出版社，2010，第96—113 页。

注：高语境（high-context）和低语境（low-context）这对概念是美国文化人类学家爱德华·霍尔提出来的。高语境是指人们在交际过程中不直截了当地表达自己的意思，而是与交际时的语言文化环境结合在一起，含蓄地表达出来；低语境则正好相反，人们有什么就当面直接地表达出来，不兜圈子。

　　长期以来，个人主义与集体主义的概念被广泛用来解释东西方文化和养育方式的差异。比如东方文化倾向于采用集体主义的、依附训练式的养育方式，更为专制；西方文化倾向于采用个人主义、独立训练式的养育方式，更为民主。在两种养育文化的养育目标、养育策略、亲子关系等方面，哈维兰、许烺光、本尼迪克特提供了丰富的田野资料。

　　《祖荫下：中国乡村的亲属、人格与社会流动》是研究中国传统家庭集体主义教育方式的经典之作，其民族志材料来源于许烺光1941—1943年在云南大理喜洲镇的田野调查。许烺光指出，喜洲镇家庭教育和社会教育建立在一种强有力的观念之上——所有活着的人是生活在"祖荫之下"的，以父子轴为核心的权威关系由死去祖先的祭拜仪式得到加强，教育的核心内容是模仿和实践成人的生活方式——儿子模仿父亲，女儿效仿母亲。[①] 在养育方法上，父母让孩子身体力行、亲身体验，模仿成人的生活，不重视口授和讲道理，只要孩子不超越前人生活模式的框架，大人们便不加管教，但稍有越轨行为便会遭到严厉斥责。孩子的生活是连续性的，渐渐进入家庭和乡村生活的，不会突然有人告诉他们已经长大成人的一天。婴儿的哺乳时间比较长，可长达2—3岁，甚至4岁。因为哺乳期越长，孩子的情感进入成年人世界的时间越晚，但是，在行为上，父母却希望儿童较早进入成年人的世界。[②]

　　同样是集体主义的养育方式，中国和日本存在很大差异。许烺光的研究说明喜洲镇的儿童养育具有"连续性"，而本尼迪克特在《菊与刀：日本文化的类型》中提出，日本人育儿具有"不连贯性"，因而造就了在"耻感文化"里长大的日本国民既有"菊花"的温柔善良，也有"军刀"的凶狠残暴之矛盾性。

　　　　学龄前的儿童集团相互之间毫无拘束，在西方人看来，他们有许多游戏是毫不害臊地干一些猥亵事情，孩子们有性的知识，是因为大人随便谈论……他们深深地记得有这样一个时期，那时他们在自己的小世界里就是神，可以纵情恣意，甚至攻击别人，一切欲望几乎都能

---

① 许烺光：《祖荫下：中国乡村的亲属、人格与社会流动》，台湾南天书局有限公司，2001，第8页。

② 许烺光：《祖荫下：中国乡村的亲属、人格与社会流动》，台湾南天书局有限公司，2001，第184—189页。

得到满足。①

六七岁以后，"谨言慎行"、"知耻"，这类责任逐渐加在他们身上，而且背后有强大的压力；如果有过错，家庭就会反对他……小学毕业后立刻进入激烈的中学入学考试竞争，承担"对名分的情义"的责任，而他们并无逐渐积累的经验，因为在小学和家庭里都是尽量把竞争降低到最低程度的。②

所谓"不连贯性"，其实是依附训练里纵容和惩罚之间的"不衔接性"。日本儿童在婴幼儿期享有来自家人充分的"纵容"和"特权"，但六七岁以后，突然面对道德责任和家庭压力以及动辄得咎的严厉惩罚，儿时的纵情无虑、处处受人宽容的经验与后来动辄关系到自身安危的种种束缚，让日本人的性格有内在的二元性和紧张感。

个人主义养育方式的典型例子是美国。为了从小训练儿童的"独立自主"性，美国人一般断奶早，不与儿童同睡。在哺乳方面，母亲们喜欢尽可能地制订一些时间表，而且给婴儿喂奶不长时间后就开始给他们喂食物，甚至试图让他们自己吃。人们在孩子出生后就尽快给他们自己的私人空间，使他们与父母分开来。婴儿一般并不与父母同睡，而是被放在他们自己的房间里。在美国，一个母亲在与出生15周的婴儿接触的20%的时间里是温柔亲切的，其他时间就让婴儿或多或少地独自一人待着。人们把这些做法看作重要的一步，这使儿童成为个人、他们自己及其能力的"所有者"。③

上述几种养育文化的差异并无优劣之分。在本尼迪克特看来，人都是平等的，没有种族上的高低贵贱之分；文化是人类行为可能性的不同选择，无等级优劣之别；文化的所谓原始与现代的区别，也并非意味着落后与先进之评价，各文化都有自己的价值取向，有自己与所属社会相适应的能力。④

---

① 鲁思·本尼迪克特：《菊与刀：日本文化的类型》，吕万和译，商务印书馆，1990，第187—201页。
② 鲁思·本尼迪克特：《菊与刀：日本文化的类型》，吕万和译，商务印书馆，1990，第198—191页。
③ 威廉·A.哈维兰：《文化人类学》，瞿铁鹏、张钰译，上海社会科学院出版社，2006，第131—134页。
④ 转引自王润平《当代中国家庭变迁中的文化传承问题》，博士学位论文，吉林大学，2004，第32页。

3. 现代养育的文化互嵌

人类学家提出的独立训练和依附训练，跨文化研究者提出的个人主义和集体主义养育方式，这些养育方式区分中有着内在的统一性联系。作为民族文化深层结构的体现，这几种养育方式具有很强的稳定性，但并非截然对立，也无优劣之分。在现代养育实践中，这几种养育方式也出现了交叉现象。Wang 和 Tamis-Lemonda 发现，台湾地区母亲在"成就"（经济独立、学业有成）上强调"独立"，在情感上却又强调依赖。[1] Keller 等对中国、哥斯达黎加、墨西哥和印度等 8 个国家婴儿母亲数据的分析发现，60% 以上的母亲的养育方式是"成就自主-情感依赖型"。[2] 这说明现代养育实践的复杂性增强了，但相关研究对这种复杂性的揭示非常欠缺。

对于人类学家的养育研究，有人提出了不同的观点。Hoffman 认为除了文化传统，养育方式还受到社会结构、经济水平的影响。在农业社会中，父母重视儿童的经济价值，故培养子女的顺从性来确保子女成为可靠的经济资源和养老支持；在发达工业社会中，子女的经济价值下降，情感价值上升，父母更多地期望子女"独立自主"。[3] Levine 也持类似观点[4]，在生产力不发达、物资短缺的文化群体中，以农业或手工业为主的社会都强调对长辈经验和权威的顺从；父母会培养子女的顺从性以确保子女成年后能够谋生；如果儿童的生命健康能够得到保障、谋生能力能够得到提高，父母便会根据每个孩子的潜力实现其他文化价值，例如威望、对宗教的虔诚、个人独立和自我实现。[5] 这意味着，日常生活的养育实践不是铁

① Wang, S., Tamis-Lemonda, C. S. "Do Child-Rearing Values in Taiwan and the United States Reflect Cultural Values of Collectivism and Individualism?", *Journal of Cross-Cultural Psychology*, Vol. 34, No. 6, 2003, pp. 629-642.

② Keller, H., et al., "Cultural Models, Socialization Goals, and Parenting Ethnotheories: A Multicultural Analysis", *Journal of Cross-Cultural Psychology*, Vol. 37, No. 2, 2006, pp. 155-172.

③ Hoffman, L. W., "Cross-Cultural Differences in Child-Rearing Goals", In R. Levine, P. Miller, M. M. West (Eds.), *Parental Behavior in Diverse Societies: New Directions for Child Development*, San Francisco: Jossey-Bass, 1988, pp. 99-122.

④ Levine 是研究养育文化差异的早期代表性人物，他在比较非洲部落文化和西方文化的基础上提出了不同社会群体中的父母养育孩子的三种水平，首先是确保婴幼儿的存活，其次是培养子女谋生的能力，最后才是培养与文化相符的美德。

⑤ Levine, R. A., "Parental Goals: A Cross-Cultural View", *Teachers College Record*, Vol. 76, No. 2, 1974, pp. 226-239.

板一块，而是会根据社会情境、家庭经济水平的变化而变化，尤其是在社会和文化变迁剧烈的现代社会。

玛格丽特·米德已经注意到文化变迁对教育的影响，她在《文化与承诺：一项有关代沟问题的研究》中根据成人与儿童文化之间的互动关系将文化分为：前喻文化（老年文化）——晚辈主要向长辈学习；并喻文化（过渡文化）——晚辈与长辈都主要向同辈人学习；后喻文化（青年文化）——长辈反过来向晚辈学习。①

按照米德对于传统社会前喻文化的描述，在儿童与成人生活不分离的时代，前辈的过去就是晚辈的未来，"他们的父辈在无拘束的童年飘逝之后所经历的一切，也将是他们成人之际将要经历的一切"；教育就是长者原封不动地将生存技能、对生活的理解、公认的生活方式、简拙的是非观念传递给下一代，儿童"只能是长辈的肉体和精神的延续，只能是他们赖以生息的土地和传统的产儿"，因此这种教育缺乏"疑问、变革和自我意识"。②

并喻文化是前工业化时代的特征，在此时期，长辈的权威性降低了，长辈控制子辈已十分困难，保留传统中可以教育子女的信念也十分不易，这种文化中的亲子关系最为紧张。当长辈和晚辈同时把目光投向同龄人，互不妥协，青少年文化也就应运而生，大行其道。③

后喻文化是现代变革社会的特征，在这一文化中，代表未来的是晚辈，而不再是父辈和祖辈。新生活的挑战激发了年轻一代前所未有的活力，"他们像推土机那样，以摧枯拉朽之势，彻底清除大地上的树木和废墟，为建设新的社会创造条件"④。米德非常乐观地表示，未来的文化必然是后喻文化，长辈和子辈都会接受后喻文化的现实，愉快地、勤勉地为前途未卜的世界哺育前途未卜的后代。

周晓虹在米德的后喻文化的启发下，最早提出了文化反哺的概念，指

① 玛格丽特·米德：《文化与承诺：一项有关代沟问题的研究》，周晓虹、周怡译，河北人民出版社，1987，第7页。
② 玛格丽特·米德：《文化与承诺：一项有关代沟问题的研究》，周晓虹、周怡译，河北人民出版社，1987，第69—70页。
③ 玛格丽特·米德：《文化与承诺：一项有关代沟问题的研究》，周晓虹、周怡译，河北人民出版社，1987，第69—70页。
④ 玛格丽特·米德：《文化与承诺：一项有关代沟问题的研究》，周晓虹、周怡译，河北人民出版社，1987，第91、96页。

出在变化迅疾的中国，文化反哺是中国新型代际关系的典型特征，是对传统代际关系前所未有的颠覆，将传统社会中教化者与被教化者的关系整个颠倒了。① 不过，现实更为复杂。李银河和陈俊杰的研究发现，就代际关系而言，虽然亲子关系轴已被夫妻关系轴取代，但亲子关系轴只是重点发生了转移，家庭资源从亲代转向了子代，变为"子－亲"轴。② 马春华等的研究发现，现代社会的年轻人在经济上、劳务上缺乏足够的独立性，十分依赖父母，即使在建立家庭后也与父母保持双向密切的经济来往和日常生活的照料。③ 这意味着，在中国社会变迁的复杂背景下，长辈和子辈之间存在着经济和文化上广泛、密切的互动，并非后喻文化、文化反哺可以概括的。中国现代社会的文化互动并非以任何一种文化为主导，而是前喻文化、并喻文化、后喻文化共存即文化互嵌的时代。

事实上，祖辈与子辈在现代社会并不是必然的"敌人"，"传统的保持和现代化的要求之间并不必然相冲突，现代化对传统观念有一定的依赖性，并且经常需要传统观念的支撑，在这个过程中，传统也是可以变化和富有弹性的"④，对于平民养育的研究需要看到现代养育实践是多种文化共存和嵌套的事实。

三、"先天不足"的底层文化

在漫长的儿童养育史中，各种养育方式最初并无高低之分，只有情境之别，比如独立训练与依附训练、民主教养与权威教养、个人主义与集体主义式养育等各有其文化生成的土壤。然而，随着家庭、私有制和阶级的产生，养育的阶层分化越来越明显。学术界开始了阶层与文化再生产关系的研究，养育的阶层差异研究代替了文化研究成为学术界主流，并逐渐形成了以布迪厄⑤为代表人物的阶层教育学派。布迪厄、伯恩斯坦、拉鲁、

---

① 周晓虹：《试论当代中国青年文化的反哺意义》，《青年研究》1988 年第 11 期。
② 李银河、陈俊杰：《个人本位、家本位与生育观念》，《社会学研究》1993 年第 2 期。
③ 马春华等：《中国城市家庭变迁的趋势和最新发现》，《社会学研究》2011 年第 2 期。
④ 马克·赫特尔：《变动中的家庭：跨文化的透视》，宋践、李茹等译，浙江人民出版社，1988，第 260 页。
⑤ Pierre Bourdieu，学术界常用的翻译有布尔迪厄、布尔迪约、布迪厄、布丢，本书采用"布迪厄"的译法。

帕特南、Chilman 等的研究占据了学术界的半壁江山，国内学者余秀兰、王金娜、张建成、陈珊华等延续了阶层解释的路径，阶层区隔成为解释养育文化差异的最重要因素。在阶层教育学的话语体系中，平民教育与中上阶层教育的差异越来越大，而且其逐渐被定义为一种先天不足的、落后的、与现代社会和学校教育不相适应的，需要弥补、改造和解放的"底层文化"和"贫穷文化"。

1. 阶层教育学的滥觞

父母的社会阶级如何形塑父母的养育方式，又如何影响子女的成就与发展，长期以来受到社会学家的关注。布迪厄认为，养育方式的阶级差异来源于资本、品味、秉性的代际传递和阶级关系的再生产。安妮特·拉鲁的《不平等的童年：阶层、种族和家庭生活》、伯恩斯坦的《社会阶级、语言与社会化》、罗伯特·帕特南的《我们的孩子：处于危机中的美国梦》、Chilman 的《在贫穷中生长》、泰洛特的《父贵子荣——社会地位与家庭出身》、三浦展的《阶层是会遗传的：不要让你的孩子跌入"下流社会"》等众多研究延续了布迪厄的解释框架，无一不在阐释教育与阶层出身的强关联。

布迪厄认为，处于不平等社会地位的个体通过不同的社会活动适应了不同的社会生活，通过提供背景性经历为儿童以及成人提供了一种感知，让他们感到什么对于自己是舒服自然的，这种感觉亦即惯习。惯习塑造了个体所拥有资源（资本）的数量和形式，并在个体面对公共场域时得以利用。[①] 因此，个体的社会地位并不是通过勤勉或智力这样的个人特征来获得的，而是因为有特权的家庭用来教养孩子的标准与占统治地位的公共机构推举的标准之间有着密切的兼容性。[②] 布迪厄在《区分：判断力的社会批判》《继承人——大学生与文化》《再生产——一种教育系统理论的要点》等一系列著作中用不同的实证数据，反复言说等级分化的秘密：始于家庭、经由教养、成于趣味、通向学校的"文化资本"的最大化渗透，是家庭教育和学校教育共谋的一场历史性的、具身化的惯习之争。

---

① 转引自安妮特·拉鲁《不平等的童年：阶层、种族和家庭生活》，张旭译，北京大学出版社，2010，第270—271页。

② 转引自安妮特·拉鲁《不平等的童年：阶层、种族和家庭生活》，张旭译，北京大学出版社，2010，第270页。

拉鲁继承了布迪厄的批判视角和理论框架，对中产和底层家庭的养育方式进行了类型化的总结——中产阶层的"协作培养"和贫困家庭的"自然成就"。两种养育方式在日常生活的组织、语言的使用、与公共教育的互动关系和教育结果上存在明显差异。中产阶层养育方式是协作培养式的，家长参与是主动积极、全方面、精心设计的；是个人主义、民主、鼓励的；教养语言是协商式、精致化的；与公共教育机构是联系紧密的；能够培养孩子天生的优越感。贫困家庭的养育方式是自然成就式的，家长是无暇照管、消极放任的；是集体主义和权威倾向、鼓励顺从和听话的；教养语言是指令性的、生活化的；依赖公共教育却又疏于、惧于沟通；容易使孩子生出局促感、不自在感。拉鲁认为，社会各个层面都渗透着专业人士提出的一套如何培养孩子的占主导地位的文化配置，中产父母会遵从专业人士提出的标准来培养孩子的认知技能和社交技巧，而底层父母在经济负担和养育压力下，需要不断地为孩子的衣食住行等基本生活必需品辛苦劳作，在有计划、有组织地培养孩子的特定技能方面力不从心。[①]

伯恩斯坦基于不同社会阶层儿童语言形式的分析所提出的精致型编码和封闭型编码呼应了拉鲁的研究。他指出，平民儿童的日常语言是大众化的限制性语言，语言文法简单，描述不深入、不精确，高度依赖肢体语言、音调等其他辅助方式；中上阶层的儿童倾向于正式的、精致的、学校化的语言。伯恩斯坦认为，语言沟通类型不仅与阶层相关，也与家庭类型相关。他按照家庭成员、家庭事务界限的清晰度和分类强度把家庭分为地位中心型和个人中心型。地位中心型家庭的成员之间地位明确、分工清楚，维护传统的权威结构，倾向于采用封闭型编码；个人中心型家庭的成员之间关系松散，比较独立，以自我为中心，成员角色是建构和创造而非规定和维持，倾向于采用精致型编码[②]。

罗伯特·帕特南指出，美国为人父母的规范已经表现出了普遍的阶级差异：富裕、高知的父母教育孩子，其关键词是培养、慈爱、温暖、主动关怀、讲道理、培养子女的情商与交往能力，高知父母致力于培养自主、独立、有自我反思能力的下一代，要让子女自尊自强，有能力做

---

① 安妮特·拉鲁：《不平等的童年：阶层、种族和家庭生活》，张旭译，北京大学出版社，2010，第1页。

② 巴兹尔·伯恩斯坦：《社会阶级、语言与社会化》，载张人杰主编《国外教育社会学基本文选》，华东师范大学出版社，2009，第345页。

出积极向上的选择，与子女有更平等的关系，更愿意与孩子讲道理。相反，底层家长往往把目光投向纪律与服从，要求孩子严格遵守家长定下的各种规矩，贫困的父母承受过度的经济压力往往成为棍棒教育的信徒，形成迟钝并且粗暴的教育风格，在教育孩子时缺乏技巧，也没有关心和耐心，更容易采用严苛的态度、体罚的手段来达成管教的目的，动不动就是一顿抽打。[①]

日本学者三浦展在《阶层是会遗传的：不要让你的孩子跌入"下流社会"》一书中论证了孩子成长与家庭因素的关系，认为没有富爸爸就没有富小孩。他分析了学习成绩好的孩子的父母的特征，认为富有、负责任、关怀、陪伴等特质对孩子的成长以及孩子获得或维持中上阶层地位具有重要作用，而底层家庭往往缺乏这些特质。[②]

Chilman 对美国各阶层养育方式的差异进行了综述，非常详细地罗列了中低阶层养育方式的差异，几乎概括了这方面研究所有重要的观点。

中产阶层强调探索、自由；底层由于拥挤、危险的环境因素强调安全。

中产儿童在父母保护下从小接受最大范围的感觉器官的各种刺激；底层儿童在父母管制下对未知事物恐惧、不信任，过着压抑的生活。

中产阶层强调有目标的活动，相信自己具有从事长远目标获得成功的潜力；底层是宿命论的、漠然的生活态度。

中产阶层强调独立性；底层倾向于突然过渡到独立，小时候不管孩子。

中产父母有高成就需求，较高的教育－职业成就，是孩子的楷模；底层父母通常有较低的教育－职业成就，倾向于认为职业成功依赖于个人。

中产阶层的口头交往有灵活的概念风格，强调听与说；底层口头交往少，缺乏互动、概念化、灵活的交往。

---

① 罗伯特·帕特南：《我们的孩子：处于危机中的美国梦》，田雷、宋昕译，中国政法大学出版社，2017，第134、138、147页。

② 三浦展：《阶层是会遗传的：不要让你的孩子跌入"下流社会"》，萧云菁译，现代出版社，2008，第1—5页。

中产阶层看重学术成就；底层不看重学术成就。

中产阶层对学校持合作态度；底层害怕、不信任学校制度。

中产阶层持民主的抚养态度；底层持专制的抚养态度。

中产阶层强调抽象事物的价值；底层强调实用、具体的价值。[①]

尽管 Chilman 的笔触是尽量客观、冷静和克制的，并没有对两种养育方式做出价值判断，但我们还是可以感觉到他笔下中上阶层养育方式的"优越感"：前者是自由的、丰富的、独立的、长远的、灵活的、合作的、民主的、高成就导向的，而底层的养育方式是压抑的、不信任的、刻板的、不合作的、专制的、功利化的、低成就导向的。与中产阶层的养育方式相比，底层的养育方式仿佛一无是处。

国内主流研究者对于教育和阶层关系的研究基本上延续了布迪厄等人的逻辑，他们将底层定义为一种经济、社会、文化资本匮乏的阶层，认为底层文化存在"先天不足"的缺陷，底层教育是一种需要被弥补、帮助、扶持的教育方式。

张建成和陈珊华通过实证研究发现：在生涯管教方面，中上阶层家庭多采用积极介入式的管教方式，教育比较有计划和准备，家长参与子女教育的质量较高，更重视子女的自由与发展，促使其形成内在自律；底层家庭多采用消极被动的管教方式，教育方式比较随缘、无为，管教行为倾向于权威化和压制性，促使其顺从外在纪律，家长参与子女教育时花费的精力比较少，孩子的未来也必须考量其自身及家庭的能力，更多的时候是自求多福。[②]

余秀兰认为，"农村孩子在学校教育中处于文化上的劣势"[③]，"农村家庭为儿童输送的文化资本远不如城市家庭，突出表现在父母的文化水平、家庭的文化耐用品、文化参与、教育期望以及家庭社会化模式等"[④]。

① Chilman，C. S.，"Growing Up Poor"，*Social Service Review*，Vol. 5，No. 1，1966. 转引自王晓阳《国外关于不同阶层家庭教养方式的研究》，《北京师范大学学报》（社会科学版）1993 年第 5 期。

② 张建成、陈珊华：《生涯管教与行为管教的阶级差异：兼论家庭与学校文化的连续性》，《教育研究集刊》2006 年第 1 期。

③ 余秀兰：《文化再生产：我国教育的城乡差距探析》，《华东师范大学学报》（教育科学版）2006 年第 2 期。

④ 余秀兰：《中国教育的城乡差异》，博士学位论文，南京大学，2002，第 223 页。

王金娜认为，农村学生、城市下层学生因文化资本数量少、质量低下而处于不利地位。[①] 孙文中认为："农村大学生由于家庭文化资本的匮乏，他们从出生那一刻起就接受了'先天不足'的教育，在学校系统的层层选拔中处于不利位置。"[②] 类似研究不一而足，都认为中上层家庭养育方式优于底层家庭养育方式，对子女的学业成绩和未来的影响优于底层家庭，底层的养育方式被打上了"文化资本不足""缺乏文化资本"等简单的标签，在社会实践中被污名化了。

欧文·戈夫曼把污名定性为"受损的身份"，污名就是社会对这些个体或群体的贬低性、侮辱性的标签。在教育社会学家看似客观区分的实证主义研究中，基于理性主义的科学育儿方式被认为是更"专业"、更好的教育形式，在科学技术合法性外衣的包装下，其成为众多学者竞相称颂的养育方式；底层的育儿方式倾向于专制、放纵，在相关研究中被证明与低学业成就、情绪障碍等强相关而被贴上标签。不考虑文化适切性的"价值中立"反而使得被"科学"证明为"正确"的养育方式成为最有"价值"和"霸权"的文化形式，平民父母在传统养育中基于个人魅力的天生的教育知识、基于经验的实践性知识被忽视了。

2. 养育作为区隔工具

在现实的社会中，中产阶层的养育方式代表着楷模式的主流文化，底层养育方式所培养的儿童在社会竞争中越来越处于劣势，底层家庭的教育被普遍认为无法为子女获得"文化资本"，或者"文化资本数量少、质量低下"。这种阶层文化差别是如何转变为现实差距的呢？按照布迪厄的观点，不同的趣味代表不同阶层的惯习和性情，表达了社会主体在客观分类中的位置，那么这种社会差别是如何合法化的呢？阶层差异、等级区分是从儿童在家庭内部接受全面的、早期的、不知不觉的教育而开始的，并被以这种教育观念为前提和主流价值的学校教育所延长，这种教育与针对中下阶层的快速的、系统的教育不同，它赋予合法继承人以自信和自如的品质——"自信与保持文化合法性的信心相关，而自如

---

① 王金娜：《高考统考科目的"文科偏向"与隐性教育不公平——基于场域－文化资本的视角》，《教育发展研究》2016 年第 10 期。

② 孙文中：《教育流动与底层再生产——一种大学生"农民工化"现象的研究》，《广东社会科学》2016 年第 4 期。

被等同于卓越"①，文化资本的获得方式是润物细无声的，是最不易觉察、最不可见的。

> 资产阶级文化是通过很早进入一个有修养的人、实践和物的世界而形成的。置身于一个不仅听音乐而且演奏音乐的家庭，产生一种与音乐更密切的关系，有别于一些人与音乐疏远的、静观的关系……这是一种与有趣味的事物即刻熟悉的关系，是隶属于一个世界之感，是一种被纳入习性最深处的直接赞同……体现在日常用品，体现在奢华与简陋、高雅与平庸、美与丑的社会关系，通过身体经验强迫人接受，这些身体经验与天然羊毛可靠而柔和的触感或裂开的刺目的漆布的冰冷而粗劣的触感，漂白水刺鼻、浓重、强烈的气味或一种不易让人觉察的芳香一样，都是深刻而无意识的……这些选择处于学校教育制度的干预之外……更直接的依靠早期训练，尤其是一切明确的教育活动之外完成的训练。②

拉鲁也指出，协作培养的养育方式更容易成为文化资本从而获得社会利润，而学校和社会通过标准化考试等制度化手段奖赏和鼓励中产阶层的沟通结构和养育方式。布迪厄和拉鲁通过探讨家庭教育和学校文化一致性的关系，打开了阶层再生产的"暗箱"：学校教育构造出一套"普遍性价值"，通过"分数""考试"等公平性竞争手段，制造出了学生在学术文化上的表面平等，由家庭承继而来的"文化资本"经由学校隐秘地确定了下来，表面平等的制度化选拔程序掩盖了家庭出身（由经济条件所导致的知识、趣味的准备状态）的不平等。

> 精英文化与学校文化是如此接近，工农子弟只有很刻苦才能掌握给有文化教养的阶级子弟的东西，如风格、兴趣和才智等。这些技能和礼仪是一个阶级所固有的，因为它们就是这个阶级的文化。对一些人来讲，学到精英文化是用很大代价换来的成功；对另一些人来讲，

① 皮埃尔·布尔迪厄：《区分：判断力的社会批判》，刘晖译，商务印书馆，2015，第110页。
② 皮埃尔·布尔迪厄：《区分：判断力的社会批判》，刘晖译，商务印书馆，2015，第127、131、132页。

这只是一种继承而已。[①]

中上阶层要利用学校这种合法化的形式掩盖经济和文化继承的不平等，底层需要学校来实现阶层跨越——这是最合法化的捷径。各个阶层加入了学历竞赛中，学校因此成了阶级竞争的赌注，家庭教育配合学校而沦为了阶层区隔的工具。这种阐释与学术界对中国当代家庭和学校教育场域上演的静悄悄的阶层暗战、全民教育焦虑、教育军备竞赛等现象的批判暗合。

以布迪厄、拉鲁、伯恩斯坦等为代表，国内学者普遍援引和追捧的阶层教育学对教育和阶层的再生产有很强的解释力，看上去很容易与经验事实对号入座，仿佛养育文化差异与阶层有一一对应的关系。然而，我反复阅读了布迪厄、拉鲁等人的原作并考察了其写作背景和研究方法后发现，他们的研究只具有特定的适用情境，用来解释更为复杂的中国经验事实仍显不足。

首先，布迪厄的理论更适合社会稳定、阶层分布趋于平衡、身份和等级文化突出的时代。布迪厄（1930—2002）的理论是基于法国经验而提出的，他所生活的时代，尤其是其阶层区分和再生产理论的提出时期[②]，法国早已进入稳定的工业社会阶段，阶层结构已相对固化，阶层流动机会大大减少，基于身份、荣誉、地位文化而形成的等级区分更为明显。而中国当下却处于急剧的社会变迁过程中，阶层几经更迭，阶层流动还有很大的空间，还未形成稳定的阶层群体和文化差异。

其次，拉鲁的养育方式分析主要适用于核心家庭结构，对于养育文化的差异源于阶层还是种族差异语焉不详。《不平等的童年：阶层、种族和家庭生活》主要基于对 12 个有 9—10 岁孩子的家庭[③]的研究而

---

① P. 布尔迪约、J.‐C. 帕斯隆：《继承人——大学生与文化》，邢克超译，商务印书馆，2002，第 28 页。

② 《继承人——大学生与文化》出版于 1964 年，《文化再生产：谈论一种关于教育体系的理论》出版于 1970 年，《区分：判断力的社会批判》出版于 1979 年，《经济的社会结构》出版于 2000 年。

③ 这 12 个家庭中有 6 个白人家庭、5 个黑人家庭和 1 个混血家庭。

写成。① 拉鲁提到这些家庭的结构主要是核心家庭和单亲家庭——中产阶级黑人和白人的孩子都和亲生父母一起住，但所有参与研究的贫困家庭的白人和黑人儿童都没有和父亲一起住，虽然有一些儿童会与父亲保持联系。工人阶级家庭介于两者之间。② 这些研究对象没有涉及祖辈充分参与育儿的家庭结构。而且，由于涉及众多黑人家庭，基于美国有历史悠久的种族歧视的传统，教养差异到底是因为阶层还是因为种族，拉鲁没有解释清楚。

最后，伯恩斯坦意识到"社会阶级群体显然不是同质群体，两种代码之间的分野也过于简单"③。中产阶层如果是地位中心型家庭，也会采用封闭型编码；而底层家庭如果是个人中心型家庭，也可能会采用精致型编码。而且，单一家庭的类型可能是变化的，"如果一个家庭由地位中心型家庭向个人中心型家庭转化，那孩子可能会处于潜在的代码转化阶段"④。伯恩斯坦没有注意到一点，若中产和底层都存在这两种家庭类型，那么中产的个人中心型家庭与底层的个人中心型家庭有差异吗？中产的地位中心型家庭与底层的地位中心型家庭有差异吗？

总的来说，布迪厄、拉鲁、伯恩斯坦所得出的"阶层与养育文化/语言强相关、强对应"的结论，前者基于阶层流动趋于缓慢、等级文化突出的法国社会；后两者基于工业化时期核心家庭成为主流，而种族差异仍然顽强存在的美国社会。中国的社会变迁更为复杂和动态，家庭结构和关系发生了极大的变化，即使在同一个家庭中，也会出现不同阶层、不同代际的文化参与。由于不同代际的人带着不同时代社会文化的印记走向同一个孩子，孩子一出生就处在一个多元文化共存的养育环境中，"跨代育儿组合"已成为一种常见的养育方式。就像我的家庭，既不同于自然成就式，也非协作培养式；在家族内部，既有个人中心型家庭，也有地位中心型家庭，家庭之间也经常交流养育经验，基于情境进行灵活选择，很难被类型化。对每种养育方式的适用

---

① 安妮特·拉鲁：《不平等的童年：阶层、种族和家庭生活》，张旭译，北京大学出版社，2010，第8页。
② 安妮特·拉鲁：《不平等的童年：阶层、种族和家庭生活》，张旭译，北京大学出版社，2010，第257页。
③ 巴兹尔·伯恩斯坦：《社会阶级、语言与社会化》，载张人杰主编《国外教育社会学基本文选》，华东师范大学出版社，2009，第344页。
④ 巴兹尔·伯恩斯坦：《社会阶级、语言与社会化》，载张人杰主编《国外教育社会学基本文选》，华东师范大学出版社，2009，第346页。

情境、独特价值和互动关系的研究，阶层教育学派还未充分涉及。

　　事实上，拉鲁曾简略提到中产家庭协作培养的劣势和底层家庭自然成就的优势，伯恩斯坦也强调两种沟通结构各有价值。拉鲁用更多笔触描述了中产家庭的协作培养作为"文化资本"的积极作用和底层自然成就的养育方式在社会竞争中的劣势，简略提到了前者的暗面和后者的积极影响。比如，中产家庭的协作培养会给孩子带来很大压力，使得孩子不会安排自由时间，不会和自己的兄弟姐妹建立深厚、正面的关系，"兄弟姐妹都更倾向于敌对，与家族中的亲戚之间没有紧密的联系"[1]；而底层家庭通过自然成就养育的孩子会自娱自乐，"孩子的玩耍是孩子的事情"[2]，他们能在自由安排休闲娱乐时展示出"更多的创造性、自发性、快乐和直觉"[3]，并且注重与亲戚和其他家庭成员之间的情感互动。可惜的是，拉鲁对每一种养育方式双面性的研究浅尝辄止，没有进一步揭示每种养育逻辑内在的独特价值和负面影响。

　　伯恩斯坦特别指出，两种编码类型各有优缺点，编码理论并不能成为底层缺陷或差异理论的根据，言说编码是表现层次（performance），而非能力层次（competence），同一种语言具有产生各种不同编码的能力，不同编码代表言说的不同形式，并无孰优孰劣之区分。[4]

　　　　精致型编码提供了获得选择现实性的机会，但也带来了某种潜在的异化：理性与情感的异化，他人与自我的异化，以及角色责任感与个人信念的异化。

　　　　封闭型编码提供了获得大量潜在的意义、大量潜在的文化精华、文化形式的敏锐性以及多样性之机会……提供了获得一种独特的审美观的机会。[5]

---

① 安妮特·拉鲁：《不平等的童年：阶层、种族和家庭生活》，张旭译，北京大学出版社，2010，第38页。

② 安妮特·拉鲁：《不平等的童年：阶层、种族和家庭生活》，张旭译，北京大学出版社，2010，第82页。

③ 安妮特·拉鲁：《不平等的童年：阶层、种族和家庭生活》，张旭译，北京大学出版社，2010，第8页。

④ 周利敏、谢小平：《从"权力再制"到"文化再制"：教育实践中的符码逻辑》，《广州大学学报》（社会科学版）2008年第4期。

⑤ 巴兹尔·伯恩斯坦：《社会阶级、语言与社会化》，载张人杰主编《国外教育社会学基本文选》，华东师范大学出版社，2009，第346、347页。

伯恩斯坦的研究无疑更加深入、细致和动态。可惜的是，伯恩斯坦对封闭型编码在以学校化、精致化、专业化语言为主流的现代教育场域中对儿童发展有什么价值，如何避免劳工阶层的自然成就的教育方式在进入学校系统时不被浪费、不被污名化等问题没有明确的回答，也没有论述当一个家庭同时存在两种编码时，二者的冲突和互动关系如何。

3. 重新发掘不同养育的价值

人们在关注拉鲁和伯恩斯坦的时候，往往盯着他们对养育方式和沟通类型的分类，而轻易放过了他们语焉不详却极有价值的东西。事实上，不同的养育方式在不同的文化情境中产生的育儿结果并不相同。比如说，西方的研究往往青睐民主型养育方式，然而跨文化的研究发现，专制型养育方式在量表上的高得分在欧美文化群体中对应着消极的育儿效果，在东方群体中却少有消极影响，反而产生了积极效果。[①] 在东方文化中，专制型父母与强调"顺从"的集体主义文化配套，不会出现很多不适应的个体；在西方文化中，专制不代表主流文化对个体的要求，往往与父母的病态人格等消极因素相联系，只有专制才会使儿童产生发展障碍和社会不适应。以上现象说明，"任何特殊的儿童养育系统都不比其他的系统更好或者更糟，关键在于该系统在特定的社会中是起作用还是不起作用"[②]，育儿方式与结果之间的关系离开了对具体文化情境的考察，容易得出过于简单和武断的结论。

此外，学术界对于中产阶层协作培养的批评和反思，对于自然成就、村落共育之现代价值的发掘非常少。许敏认为，中产阶层的协作培养隐藏着巨大的伦理风险，父母教育孩子从自我出发，以实现自身利益的最大化，帮助孩子在未来的竞争中抢得先机，从根本上背离了教育伦理解放的使命，使个体囿于"个人主观的自由"的泥沼中无法自拔，以"市民社会"的原则将个体引入了"原子式"存在的不归路。[③] 郑新蓉认为，群育能够消解现代社会儿童"权利索取的理所应当"，能够逐渐恢复传统家庭文化中朴实的伦常关系、仁爱之心，帮助儿童在群体生活中形成合乎道德

① 刁钟伟等：《父母养育目标的文化差异》，《心理科学进展》2008 年第 1 期。
② 威廉·A. 哈维兰：《文化人类学》，瞿铁鹏、张钰译，上海社会科学院出版社，2006，第145 页。
③ 许敏：《美国中产阶级"协作培养"家庭教育方式的伦理风险》，《道德与文明》2014 年第 1 期。

的智慧和应对能力。①

可惜的是，这些论述都散见在学者们论述其他教育问题的文章中，作为一种附加的建议或观点出现，尚无系统地讨论不同养育方式文化适切性、价值和劣势的研究。尽管很多研究者出于"同情"或者"关怀"弱势群体的目的从事研究，但由于对底层教育的文化偏见，或者仅仅借助阶层、家庭类型等简单的理论工具来解剖底层家庭，未能真正发掘底层的主体性教育智慧，而后者才是支撑平民子弟成长的主要力量。

综上所述，我认为，在理论上，已有研究经常把学术界建构的概念化、类型化的养育方式作为简单的标签贴在不同的社会阶层、家庭类型上，而忽视了社会和家庭结构的变迁，互动实践的历史性、复杂性、多样性、情境性，既缺乏宏观的历史分析，也缺乏微观的主体观照；在实践上，忽视了除了核心家庭之外的复杂家庭类型，轻视了个体的主体能动性，从根本上忽视了"养育"是身体化、直觉性、情感性、道德性、传承性的，人为地将传统与现代对立起来，从而贬抑了人类社会生活史中出现的其他养育方式，忽视了社会、家庭背景、文化传统和个体处境的不同。民间养育学的研究被笼罩在"类型""差异""差距""阶层"的话语网络中，迷恋于对教育与其他因素之关系的客观性解释，过分执着于"差距""再生产"等概念，走上了过度类型化、结构化、阶级化的道路，使得养育研究变成只有"阶级"，没有"教育"的学问；只有"结构"，没有"主体"的学问；只有"斗争"，没有"融合"的学问；只有"区隔"，没有"普遍人性"的学问。

第三节　书写"文化家谱"

"有裂隙的地方，光才能照进来。"平民研究的突破，需摆脱对自然、社会、阶层、教育之客观解释和二元对立的观念；需回归教育生活史的传统，看见中国社会变迁的影响，考察历史的发展；需借鉴文化人类学的田

---

① 郑新蓉：《"二胎政策"引发新教育生机》，《中国德育》2015 年第 8 期。

野方法，对微观养育实践进行深描，以重新发掘不同养育方式的价值，寻求平民教育的真义。

一、问题的聚焦

中国自晚清以降，几经政权更迭、文化变迁、阶层流动，传统和现代文化既呈对峙之势，又有融合之趋。历史变迁中的文化转型、冲突、融合和互动，是如何影响普通人的生活和教育方式的；人们又是如何回忆和评价这段历史，并在社会互动中生长出个人能动性的，这些问题需要我们落实到平凡人的日常生活中去，把普通人琐碎的个人记忆与宏大的社会记忆贯穿起来。对于普通人的历史和日常生活的关注，其根本意义在于，"每个人的经历都是历史，每个人的苦难都有历史的重量，每个人的记忆都弥足珍贵，人作为目的不可以随意泯灭于无形，人的历史不可以轻易忘却"[①]。基于以上论述，我把目光投向平民的日常生活，并选取了历经百余年的泰县安氏家族作为研究对象，研究家族百年的养育变迁和微观的养育实践。

1. 探寻民间养育学的真实逻辑

我认为，既有研究对于民间养育学的关注过多地使用了经济学、社会学用来表达客观经济地位和社会位置的"阶层""家庭"等理论工具，缺乏对底层主体性教育智慧和真实生活的关注。综观学术史，对平民教育的研究始终没有摆脱二元对立的思维模式，故而形成了养育方式与社会结构、家庭结构、文化模式、阶层等因素一一对应的客观解释链条，而忽视了个体的能动性：卢梭的自然主义理解忽视了自然和社会、传统和现代之间的联系；文化人类学家找到了"文化深层结构"的万金油，但文化深层结构仍然是地理环境、社会结构、经济水平的客观反映，忽视了即使在同一种大文化下，每个家庭的养育方式也是不同的；阶层教育学将人们的文化属性固定在社会结构中的某一位置上，只能看到阶层对立和区隔，看不到阶层文化融合和人性的普遍性特征，这让人心生悲观。

弗洛伊德让我们责怪父母给我们的所有缺点，马克思告诉我们责

---

① 郭于华：《社会记忆与人的历史》，《中国社会科学报》2009 年 8 月 20 日，第 7 版。

怪社会上层阶级，但唯一能责怪的只有你自己……你的生命是你自己行为的果实，你不能怪别人，只能怪自己。①

学术界对于"底层"的定义往往作为一种经济客观结果的位置表达，是抽象的理论概念，而忽视了从历史中发展又面对具体情境的个人，所以很难看到理论背后个人文化再生产的复杂面向和情感特征，"中国社会的条块分割在计划体制下登峰造极，现在仍然有很多隔阂，以至于不同背景的人经常被打上不同的身份标签，导致他们本身在这个过程中被遮蔽了"②，因而很容易坠入文化偏见的陷阱。所谓成见，"不是那种使人们对某些事物愚昧无知的东西，而是那种使人们对自己愚昧无知的东西"③。舍勒指出，很多暗含阶级利益和对立的学术知识，都不是"反思性知识"，而且极容易造就学术场域"崇拜偶像的社会学学说"，是一种"更加强有力、更加难以对付、难以控制的欺骗"，而且极易引发谬误。舍勒亦反复强调，"从原则上说，每个个体都能够克服其阶级态度"，"属于一个阶级的任何一个个体，都既能克服各种阶级偏见，也能克服与这些偏见的形成过程有关的种种形式法则"。④ 导师不断提醒我，"探索的过程必然带着原罪和痛苦，因为揭露真相，不是服从于既有真理、既有的因果关系，而是要创造意义"，要超越这种偏见，需要回到哲学、回到元反思、回到个人的真实处境。

无论是对民间养育学乌托邦式或田园牧歌式的浪漫化理解，还是对整体性文化深层结构的探索，乃至对条块分割的阶层教育类型化的研究，或者是对底层文化或污名或同情的价值立场，都未能很好地呈现和揭示真实的平民生活和教育逻辑。人们在生活世界中受到的教育是人类最本原意义上的教育。就具体的养育行为而言，它属于生活世界的范畴，自然而然地具有生活性的特征：未分化的、情境的、不言而喻的、非征服的、示范的、效仿的等。⑤ "养育"带有强烈的身体化特征，养育经验常常是日用

① 约瑟夫·坎贝尔、比尔·莫耶斯：《神话的力量：在诸神与英雄的世界中发现自我》，朱侃如译，万卷出版公司，2011，第205页。
② 康永久：《教育学原理五讲》，人民教育出版社，2016，第391、395页。
③ 孟德斯鸠：《法论的精神》，张雁深译，商务印书馆，1995，第39页。
④ 马克斯·舍勒：《知识社会学问题》，艾彦译，译林出版社，2014，第232、234页。
⑤ 赵石屏：《试论家庭的教育关系——基于现代文化变迁的视角》，《教育研究》2012年第11期。

而不自知的、缄默性的实践性知识，而非显性知识。更重要的是，父母或者说抚养者具有先验的善意，具有对于世界的本质直观能力，具有身体性的直觉。这种基于魅力、基于实践的养育学尚未引起人们的关注，所有这些，我们需要诉诸教育生活史才能发现。

本研究的第一个问题，是了解普通人的日常生活，比如与自然和土地的互动、生计劳作、身体与健康、性别分工、生育、抚幼与养老、爱情与婚姻、邻里活动、农闲与祭祀活动、国家政策、学校教育等如何与日常教育相联系；民间养育学在不同的历史时期基于不同社会情境、生活处境形成了哪些日用而不自知的教育常识、教育策略，形成了哪些主体性的实践智慧，又有何局限性。

2. 深描养育文化的多元建构

中国正处于韦伯所说的"技术、经济的变革时代"，还未形成稳定的阶层分化和等级文化。阶级与等级是不同的，韦伯认为阶级（class）更依赖财富和权力，等级（status）则依赖社会荣誉和文化地位。[1] 民间养育学研究要考虑社会变迁的复杂性，看到阶层、家庭等因素在中国历史和现实中的多样性，避免陷入涂尔干所称的"习惯于抽象、概括和简化"的"过度简化的理性主义"，将现象"分解为极为简单清楚的要素……令人一目了然……却看不到不同于其组成部分的整体的独特性、复杂而深刻的人性、多样甚至无限丰富的现实"[2]。

李强、李春玲、刘精明、周晓虹等的研究表明，中国阶层是否固化以及随之而来的文化等级分层是否明显，根本没有定论。城镇居民居住空间、社会交往和认同维度虽然开始出现结构化的倾向，但生活方式、文化品位等阶层化的趋势比较模糊。周晓虹认为，中产阶层还未能成为社会主流，今后的几十年间，传统意义上的工人阶层的增长速度会大大超过中产阶层，大批农民会源源不断地补充进产业工人的队伍。[3] 洪岩壁和赵延东的研究表明，各个阶层还未形成稳定的文化性情和养育观念，他们针对全国 286 个城市调查数据的分析，发现在子代教养方面，中产阶层父母在经济资本投入上有显著优势，但在家庭教养态度、惯习上却和底层父

① 马克斯·韦伯：《经济与社会》（下卷），林荣远译，商务印书馆，1997，第 260 页。
② 转引自王楠《现代社会的道德人格——论涂尔干的道德教育思想》，《北京大学教育评论》2016 年第 4 期。
③ 周晓虹：《中国中产阶级：现实抑或幻象》，《天津社会科学》2006 年第 2 期。

母无甚差别，阶层固化主要是经济资本构筑的壁垒而已，不同阶层尚未在内在性情上呈现显著区隔。① 在阶层成员还未稳定、阶层的集体意识尚未形成的时候，要考虑家族中不同家庭复杂的阶层构成，不仅要考察阶层的差异性，更要考察不同阶层的共性。

除此之外，我们也要看到核心家庭之外的复杂家庭类型。人们常常以为核心家庭是整个社会的主流和现代化的趋势，忽略了核心家庭结构以外的家庭类型。托夫勒预测，在第三次浪潮到来时，单一的家庭结构将被打破，核心家庭将不再是社会仿效的理想形式，我们将生活在一个由包括独居、离婚、单亲、多父母、同居等各种文化构成的多样化家庭结构的社会中。②

国内的研究发现，中国正经历家庭类型多元化的趋势。邹强将中国家庭结构的变化趋势总结为"家庭规模缩小，家庭类型多样化，家庭生育功能削弱，家庭关系民主化"③。沈崇麟通过对大连、上海、成都、南宁四个城市大样本的实证研究，得出结论：中国现在的家庭结构类型处于核心家庭和主干家庭并存的格局。④ 王跃生基于 2010 年人口普查数据发现，中国的核心家庭比例出现明显下降趋势，城市中"抚幼"型三代直系家庭比例上升，直系家庭尤其是三代直系家庭比例反而略有增加（尤其是在农村），只是当代直系家庭并不再固守过去严格的同居共财的管理方式。⑤ 王跃生考察了1982 年以后的家庭结构变化趋势，发现全国各地城乡核心化水平峰值出现在 1990 年。之后，城市家庭核心化趋势变弱，农村出现了逆转——多省份核心化水平降低，直系家庭比例上升。⑥ 杨善华认为，中国家庭的生命周期和美国人强调 18 岁就必须离家的生命周期不同，中国的家庭在每个阶段——孩子出生、结婚、配偶死亡等时期，父母都有

---

① 洪岩璧、赵延东：《从资本到惯习：中国城市家庭教育模式的阶层分化》，《社会学研究》2014 年第 4 期。
② 阿尔温·托夫勒：《第三次浪潮》，朱志焱、潘琪、张焱译，生活·读书·新知三联书店，1984，第 273—291 页。
③ 邹强：《中国当代家庭教育变迁研究》，天津大学出版社，2011，第 79 页。
④ 沈崇麟、李东山、赵锋主编《变迁中的城乡家庭》，重庆大学出版社，2009，第 37 页。
⑤ 王跃生：《中国城乡家庭结构变动分析——基于 2010 年人口普查数据》，《中国社会科学》2013 年第 12 期。
⑥ 王跃生：《当代家庭结构区域比较分析——以 2010 年人口普查数据为基础》，《人口与经济》2015 年第 1 期。

不同程度的参与，这使得主干家庭一直存在，而且保持稳定的、相当的比例。① 家庭史研究的新发现以及中国家庭结构调查的新数据也打破了"核心家庭"的神话。马春华等认为，传统大家庭的亲属关系在现代并未消失，亲情网络在社会转型期仍然承担着物质支持和非物质支持的情感交流等重要功能，与核心家庭保持着密切的互动，只是失去了对核心家庭的控制和支配权力。②

这意味着，核心家庭在现代社会并非一统天下，在核心家庭以外存在各种各样的家庭结构和养育方式。家庭结构单一化的现代态度，使得我们过分关注核心家庭和中产阶层的养育文化，忽略了一个家庭在不同生命周期中的具体变化。比如，中国的新生儿家庭往往出现（外）祖父母的暂时回归，家庭成员的数量和结构出现短暂变化，从核心家庭又回归到主干家庭，从而忽略了传统家庭和核心家庭外的复杂家庭结构所具有的养育特征。

从安氏家族的情况来看，其历史变迁中的阶层、家庭类型的构成非常复杂：晚清至民国，安氏家族以耕读传家，后代中有一二子弟为士绅、秀才，多数家庭专事农耕；新中国成立初期，大部分人仍靠农耕得食，有的子女因参加革命而走上仕途，有的子女凭借联姻而寻得进身之阶；"文革"之后，家族内又掀起读书热潮，很多底层家庭子女通过上大学改变了命运成为"城里人"，跃身至大城市的中上阶层；改革开放以后，有些家庭或通过家族关系，或开辟新道路比如外出经商、经营家庭手工业等方式实现了经济富裕。整个家族在阶层的构成方面十分复杂：有大城市的中上阶层（商人、中层干部），有大城市的中下阶层（企事业、高校普通职员），有中小城市的中产者（医生、教师、普通公务员），有中小城市的底层（失业工人、再就业工人、城市流动工人等），有农村的中产者（小生意人），更多的是乡村的底层（进城务工者、传统农民）。尽管阶层分化复杂，但各支脉仍保持着较为紧密的联系，存在互助和竞争，"家族内的阶级差异与亲情错综复杂地纠缠在一起，并不像理论分类那样简单整齐和边缘清晰"③。

---

①　杨善华：《中国当代城市家庭变迁与家庭凝聚力》，《北京大学学报》（哲学社会科学版）2011 年第 2 期。

②　马春华等：《中国城市家庭变迁的趋势和最新发现》，《社会学研究》2011 年第 2 期。

③　李银河、郑宏霞：《一爷之孙——中国家庭关系个案研究》，内蒙古大学出版社，2009，第 166 页。

在家庭结构的变化上，整个家族分化出了独立的核心家庭、网络化的核心家庭、三代直系家庭、四代同堂家庭、单亲家庭等各种各样的家庭类型。在养育问题上，跨代育儿组合已成为非常普遍的形式，但与传统的"祖辈协助抚养"的实质已全然不同：在代际关系上，夫妻关系、婆媳关系、亲子关系都经历了非常大的变化。由此，本研究提出的第二个问题是，在社会变迁过程中，平民家庭所形成的包含不同阶层、不同家庭类型、不同代际的跨代育儿组合在阶层属性、家庭类型、文化背景不同的情况下，在养育实践中如何进行互动，如何处理文化冲突，又如何达成平衡。

3. 发掘传统教育的现代价值

涂尔干认为，现在是过去的传人，现在源自过去，并且构成了过去的延续。在任何新的历史处境与此前的历史处境之间，并没有什么固定的鸿沟，相反却有着熟悉而密切的关联。但是现代人只是将自己与前辈分离开，而对于与传统的共同之处却比较茫然。这种态度会使得我们过高地估计当下种种激情、欲望、愿望的重要性，而牺牲了真正根本和关键的迫切需求。摆脱这种狭隘和看清现在纷繁复杂、含混不清的要素，唯一的办法就是借助历史，深入探究这些要素是通过什么样的方式一步步聚合在一起的，又是如何组合并形成有机关联的。历史的考察会赋予我们感受力，使我们捕捉到种种具有同等正当性的需要与必要性之间的差异，对现代的激情和偏向构成制衡。[1] 尼采认为，人类善与恶的价值判断往往是在历史中建构的。他在《道德的谱系》中试图诉诸历史来回答一些人性的基本命题：

> 人类是在什么条件下为自身发明了善与恶的价值判断？而这些价值判断本身又有什么价值？迄今为止，它们是阻碍还是促进了人类的发展？它们是否仍是生活困顿、贫乏与蜕化的标志？还是恰恰相反，在它们身上反映出的是生活的充盈、强力与意志，抑或是生活的勇气、信心与未来？[2]

---

① 埃米尔·涂尔干：《教育思想的演进》，李康译，商务印书馆，2016，第25—30页。
② 弗里德里希·威廉·尼采：《道德的谱系》，梁锡江译，华东师范大学出版社，2015，第51页。

这些追问依然适合我们对当下各种教育观念的反思。或者说，我们需要诉诸历史，对当下的教育抛出同样一连串的追问：我们对于教育形成了哪些纷繁复杂的共识或冲突性观念？这些共识或冲突性观念是符合人性的还是反人性的？是促进了儿童和历史的发展，还是一种倒退？有哪些教育传统、经验、习俗被保留，又有哪些出现了断裂？哪些局限性被突破或者未能克服？传统还有没有延续的价值，抑或以一种我们无法知觉的方式在日常生活中体现？每一种养育文化，对儿童发展和家族命运、历史的推进到底有何影响？对未来教育有何启示和借鉴意义？

4. 问题、目的与意义

根据以上研究论述，我最终确定问题：平民家庭在不同的历史时期，基于不同的社会情境最终形成了哪些对于日常生活和教育的经验判断、文化洞察、集体常识和行动策略？其子问题包括以下几个方面。

第一，平民生活和教育的真实逻辑是怎样的？比如，平民家庭的生计劳作、身体与健康、性别分工、生育、抚幼与养老、爱情与婚姻、邻里活动、农闲与祭祀活动、国家政策、学校教育等如何与日常教育相联系？平民家庭在不同的历史时期基于不同生活处境形成了哪些日用而不自知的教育常识、教育策略，形成了哪些主体性的教育智慧，又有何局限性？

第二，在社会变迁过程中，在阶层、代际、文化互嵌的复杂情况下，平民家庭所形成的包含不同阶层、不同家庭类型、不同代际的跨代育儿组合在养育实践中如何进行互动，如何处理文化冲突，又如何达成平衡？

第三，在历史发展过程中，安氏家族有哪些教育传统、经验、习俗被保留，又有哪些出现了断裂？哪些局限性被突破或者未被突破？

本研究的目的是通过勾勒养育实践的家族历史谱系图与对微观养育实践的共时性和历时性分析，以探索民间养育学的特征、价值和局限性，发掘个体在养育中的主体性实践智慧。在我看来，一切书写对于书写者来说都有内在的意义，即使在别人看来"无意义"；意义是在过程中生成的，而且有无限可能性，读者的参与程度决定了最终意义的解释和创造，而这是书写者无法预见也很难控制的。本研究的意义声称如下。

第一，"儿童发现"与"儿童控制"之度，有助于儿童观与养育观的立场澄清。每一次儿童的发现都意味着对儿童进一步控制的可能，为何去发现和发现后的立场很重要，我们如何看待"儿童"和"教育"本身比关于儿童的客观知识更重要。对历史的追索和现实的刻画，有助于成人反思自己的价值立场。

第二，"养育"与"教育"之度，有助于厘清家庭教育和学校教育的关系。家庭教育和学校教育在不同历史时期的地位、功能是不同的，尽管它们在很多方面有交叉。本研究回到日常生活中去发现"养育"对于父母、儿童和社会的意义，并重新思考现在流行的一些教育说法，比如"家庭教育需要以学校教育为模版""家庭要与学校通力合作""学校教育是家庭教育的进一步延伸""学校教育最终会消失"等。

第三，"家庭"与"文化"之度，有助于突破阶层和文化再生产理论的"统治"地位。中国文化素有"富不过三代，穷不过五服""王侯将相，宁有种乎"等打破等级壁垒的流动思维，阶层、文化等概念就像当下中国的现实一样——"流动性"特别强，发现情境中社会事实的复杂性，有助于理论的突破。

第四，"母性"与"父性"之度，有助于亲职教育的提倡和两性关系的重塑。两性关系是社会中的本原关系，男性与女性自开天辟地以来，一直是合作者也是竞争者，是情人也是敌人，二者能否"相拥而舞"关系着家庭教育的质量和儿童生活的幸福，每一次反思和探讨都会让我们和对方更近一步。

二、对理论框架的争论

理论就像黑夜中的探照灯，照亮我们研究的前路，让那些看不到的事实呈现在我们面前。不过，质性研究设计是否需要一个前期的理论框架，学术界并未形成一致性意见。支持者认为，没有前期理论的研究，只是基于个人困扰无以形成真正具有理论价值的话题，研究者不是脑袋空空如也地进入田野的，根本没有"无理论前见"的研究，扎根理论也不能避免。反对者认为，理论是在田野过程中发现的，过早地形成理论框架，会导致"偏见"，限制田野调查的自由性，因而不需要在田野调查前提出理论框架。导师康永久教授一直反对我一开始就形成理论框架。反复斟酌后，我认为质性研究不必要在前期形成确定的理论框架，但要坦白自己的"理论前见"。

　　我曾在开题时借鉴巴赫金的"外部权威性话语"和"内部说服性话语"理论①，以及康永久的教育制度理论（自在性教育制度、强制性教育制度、自主性教育制度），形成过一个"话语－行动"的理论框架。最初的研究预设是，在平民养育实践中，养育者内心存在三种话语——"原初的自然话语"（对应直觉教育的层面）、"外部权威性话语"（对应专业教育的层面）、"内部说服性话语"（对应经验养育的层面）的互动；外在制度与自我话语、行动之间也存在不一致性。最初的研究框架关注儿童如何在不同的话语之间和话语－行动的"拉扯"中长大，以及养育者如何构建自主性的养育实践等问题。然而，在田野调查的过程中，这个理论框架逐步呈现它的局限性：这种条分缕析的教育分类并不利于日常生活细节的挖掘，在预调研中，我越来越发现民间养育学是混合物，而且处于不断变化的过程中，很难用一种教育类型来界定某一个特定情境下的教育方式。企图用一个理论框架解释所有的事实或者从不同的事实中生产出一个宏大的理论，不仅是徒劳无功的，也忽视了现实的复杂性，最终我放弃了这个相对单一的理论框架。

　　然而，我很快淹没在几十万字的调研资料中，迫切需要一个更具宽纳性的理论框架来分析资料。此后，在广泛的理论阅读中，涂尔干对于人类生活领域的划分和阿伦特、马克思、恩格斯对于人类实践活动的划分给了我很多启发。涂尔干把人类生活划分为两大领域，一个领域包括所有凡俗的事物，另一个领域包括所有神圣的事物。在凡俗世界中，人过着孤单乏味的日常生活；而在神圣世界中，他和使之兴奋得发狂的异常力量发生联系。两种生活依据各自民族和文明的规则相互交替，正是这种定然的交替过程，才把人们引入到连续的、同质的绵延中去。② 涂尔干主要论述了神圣生活的构成，其包括信仰、神话、教义和传说，神圣活动不仅表达了神圣事物的性质和赋予事物神圣品性的力量，还表达了神圣事物与凡俗事物

---

① "外部权威性话语"一般来自国家意识形态和社会主流文化，具有专制性、支配性和定调子的作用，是一种"超自我"的语言。"内部说服性话语"来自个体自己，是在个人选择的基础上对他人话语包括外部权威性话语的再创造，它的意义结构是开放的，能够唤起个人独立的思考和独立的新话语。二者在人的话语实践中是交织的（转引自陈向明《搭建实践与理论之桥：教师实践性知识研究》，教育科学出版社，2011，第218页）。

② 埃米尔·涂尔干：《宗教生活的基本形式》，渠东、汲喆译，上海人民出版社，2006，第43、404页。

之间的关系。神圣生活的目的是促进社会成员之间的心灵联合。心灵联合构成了人们的观念、感情和集体表现，这是由世世代代的经验和知识长期积累而成的，与个体表现相比，具有无限的丰富性和复杂性。① 不过，涂尔干对世俗生活的着墨不多。

马克思和恩格斯对于人类实践活动的划分有助于我们理解人的日常生活。恩格斯说："劳动是一切财富的源泉……它是整个人类生活的第一个基本条件……劳动创造了人本身。"② 马克思提出，人的生产活动主要包括物质产品的生产与精神产品的生产，物质产品的生产主要是广大劳动人民所创造的，而精神产品的生产在过去则主要是由剥削阶级中的一部分人所创造的，当然也有很大一部分是由生产物质产品的劳动者所创造的。人们通常根据物质产品的生产与精神产品的生产之区分，把劳动划分为体力劳动和脑力劳动。

马克思和恩格斯不仅论述了劳动的重要性，也论述了闲暇的重要性。马克思在《资本论》中指出，人的"自由时间"包括"受教育的时间"、"履行社会职能的时间"、"进行社交活动的时间"、"发展智力的时间"、"自由运用体力和智力的时间"以及"休息时间"③，并区分了三种"自由时间"的层次：休息时间、娱乐时间和个人应在艺术和科学方面取得发展的活动时间④。马克思没有把人的社会活动尤其是政治活动排除在闲暇领域之外，没有将劳动和闲暇、个体自由和公共自由对立起来。相反，他认为劳动解放的核心不仅在于减少劳动时间、增加闲暇时间，还在于使劳动本身成为目的、成为消遣。⑤ 根据马克思和恩格斯的论述，我把人的日常生活划分为基于生计的劳动生活和基于休闲、娱乐、创造的闲暇生活。

受涂尔干和马克思对人类生活领域论述的启发，我将平民家族日常生活的基本领域划分为基于生计的劳动领域，基于娱乐、休闲、创造的闲暇领域，基于神秘生活的神圣领域（见图1-1），并在研究中重点考察民间养育学在不同的历史时期和不同的领域——劳动、闲暇、神圣领域中最终

---

① 埃米尔·涂尔干：《宗教生活的基本形式》，渠东、汲喆译，上海人民出版社，2006，第43页。
② 《马克思恩格斯文集》（第9卷），人民出版社，2009，第550页。
③ 《马克思恩格斯选集》（第3卷），人民出版社，2012，第306页。
④ 宁全荣：《马克思休闲理论及其当代价值》，《哲学动态》2017年第6期。
⑤ 陈学明：《"西方马克思主义"命题辞典》，东方出版社，2004，第284页。

形成了哪些主体性的文化洞察，又有哪些局限性，这三个领域在养育过程中是如何体现的。

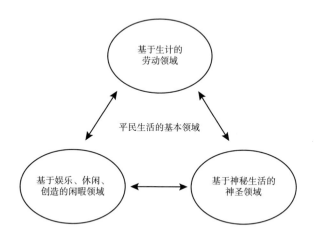

图1-1 平民家庭日常生活的基本领域

这个具有"并列结构"的理论框架在我后续的写作中为我组织和分析几十万字的原始资料起到了很大作用。这个理论框架产生于本研究的中后期阶段，并非完全从经典理论中脱胎，也是建立在我对大量原始材料理解和初步分析的基础上的，是在理论阅读和田野资料对话中形成的。不过，康永久老师认为这个理论框架还是妨碍了本研究生成更为宏大的、扎根性的、原创性的理论，但我没有完全接受这个看法。在最后的书稿里，我保留了这个理论框架思考和取舍的过程。不同作者甚至同一作者在不同时期基于相同资料扎根出的理论不尽相同，也难以完美，我选择忠实于彼时彼刻的自己。

三、概念界定

"命名"是我们理解、适应世界的日常方式，对事物的每一次命名都可能意味着创造新的现实，每一次命名都是理解、解构、创造现实的机会。

1. 民间养育学

对民间养育学的定义离不开学界对"民间教育学"概念的考察。最早提出民间教育学概念的是布鲁纳，他认为民间教育学能够反映出某种"根深蒂固"的人类倾向，反映出我们对于"心灵"某种深层的文化信念，反映出人类的心灵是如何随时随地工作，还可以为儿童的心灵是如何学习的以及怎样才能使他们得到发展的问题提供一些观点。[①] 托尔夫提出了两种教育学，一种是由学校提供的学科专业教育学，另一种是基于缄默知识、个人直觉的民间教育学。[②] 康永久认为这是一种"深藏在教育参与者的人格魅力、学科智识和与之相适应的人际关系结构之中"的"深层教育学"，用来表达那种深藏在普通人日常生活实践之中的教育常识，关注与心灵运作有关的日常直觉是如何影响我们与他人的互动的。[③] 这些理解都强调了民间教育学与"心灵""直觉""人际互动"等缄默性文化特质有关。

另外一种对民间教育学的理解是"教育民俗"或"民间教育智慧"。石中英认为，教育民俗是广大城乡劳动人民在长期的教育活动中所创造、传承和享用的谚语、故事、诗歌、仪式、符号、习惯、笑话、建筑等复杂的集合体，是民间的教育文化，表现着绵延不绝的民间教育理想和教育智慧。[④] 班华认为，民间教育学是非官方的，未进入科学化的理论体系和制度化的教育实践系统的，以观念形态或实践形态存在的教育学知识，是流传在民间原初的、朴素的教育观念、教育方式，是广大劳动人民在长期的教育活动和社会生活实践中形成的教育思想与教育经验。[⑤] 这些理解主要把民间教育学理解为传统、习惯和实践智慧。

民间养育学的概念比民间教育学更为宽泛，因此，本研究提出，民间养育学是一套根植于普通人身体直觉、经验判断、文化洞察和集体共识的

---

① 杰罗姆·布鲁纳：《布鲁纳教育文化观》，宋文里、黄小鹏译，首都师范大学出版社，2012，第160—161页。

② Torff, B., "Tacit Knowledge in Teaching: Folk Pedagogy and Teacher Education", In Sternberg and Horvarth (Eds.), *Tacit Knowledge in Professional Practice: Researcher and Practitioner Perspectives*, London: Lawrence Erlbaum, 1999. 参见李乃涛《自上而下的力量：道德教育的民间立场》，博士学位论文，北京师范大学，2016，第18页。

③ 康永久：《回归生活世界的教育学》，《教育研究》2008年第6期。

④ 石中英：《教育民俗：概念、特征与功能》，《教育理论与实践》1999年第5期。

⑤ 班华：《略论学习"民间教育学"》，《教育学报》2011年第1期。

教育常识，包含如何看待儿童成长，如何生、养、教的信念系统，以及实践性知识和日常养育行为。

2. 养育实践

（1）养育文化

迄今为止，人们对"文化"的概念并无统一定论。1952 年，美国人类学家克罗伯和克拉克洪在《文化：关于概念和定义的探讨》一书中列举了他们所能搜集到的 1871—1951 年 80 年间关于"文化"的定义共 161 个，可见"文化"的复杂性。①

英文中的"culture"源于拉丁文"cultura"，是指"耕种出来的东西"，是与"自然存在的东西"对应的"人造物"。格尔茨认为，"文化就是由人自己编织的意义之网"②。梁漱溟认为，"文化乃是人类生活的样法"③。费孝通认为，"文化就是共同生活的人群在长期的历史当中逐渐形成并高度认同的民族经验，包括政治、文化、意识形态、价值观念、伦理准则、社会理想、生活习惯、各种制度等……具有浓厚情感、心理、习俗、信仰等非理性的特征……必须最大限度地注意到'人文关怀'和'主体感受'"④。陈向明认为，"文化是某一传统中一个特定人群所共享的价值体系和行为规范，是这一群体中大多数成员所表现出来的中心倾向，为他们个人所体验，并有心理上的意义"⑤。

我找出了这些经典定义的共通点：第一，文化的核心内容是一套"理解结构"，包含一套价值体系和行为规范；第二，文化具有心理特点，关涉个体的情感体验、非理性经验；第三，文化的载体倚赖一套"符号系统"；第四，文化的功能是通过形成动机、指向目标、意义解释等方式促进人际互动、提高社会效率；第五，文化的传播倚赖"教育"，其过程就是"化人"。综合以上共通点，本研究对文化的本土性定义是：文化是群体和个体对于世界所形成的一套具有差异性的理解结构，包括价值体

① 转引自陈向明《旅居者和"外国人"：留美中国学生跨文化人际交往研究》，教育科学出版社，2004，第 315—316 页。

② 克利福德·格尔茨：《文化的解释》，韩莉译，译林出版社，2008，第 5 页。

③ 梁漱溟：《东西文化及其哲学》，商务印书馆，2004，第 60 页。

④ 费孝通：《费孝通论文化与文化自觉》，群言出版社，2007，第 285、247、369、438 页。

⑤ 陈向明：《旅居者和"外国人"：留美中国学生跨文化人际交往研究》，教育科学出版社，2004，第 316 页。

系、行为规范和情感体验。就养育文化而言，群体的理解结构包括社会传统、法律规定、政策文本、专业知识等文化权威话语，它们规定了养育的合法性、合理性内容，比如如何照顾婴儿，孩子的哪些品质会被赞许，某些养育行为（如体罚）在何种情况下可以被接受或禁止，孩子什么时候断奶比较合适，是否应该进行性教育等。个体的理解结构包括，个人对于文化权威话语的解读，与其他个体互动时所形成的经验以及个体发乎内心、直觉的原初话语。

（2）养育方式

最早系统论述养育方式的人是弗洛伊德，他划分了父母的角色，父亲负责提供规则和纪律，母亲负责提供爱与温暖，并提出成年人的心理疾病可归因到童年经验，与父母的养育方式有关。[①] 早期心理学家把童年经验与父母养育紧紧地绑在了一起——养育方式对儿童人格乃至各个方面的发展起到了关键性作用。心理学家沿着这个传统前赴后继地投入到父母养育方式和童年经验的研究中来，并形成了一些对父母养育方式的类型化总结。Baumrind 把父母养育方式划分为三种类型：专制型、放纵型和权威型。[②] 他发现，权威型父母培养出的儿童适应性最好，具有高自尊、高能力、内控性强的特点；专制型父母培养出的儿童通常情绪低落、易怒、不友好、缺乏目标；而放纵型父母培养出的儿童则较冲动、攻击性较强、以自我为中心、独立性差、成就不高。Macccoby、Martin 在 Baumrind 的研究基础上将父母养育方式划分为四种类型：专制型、民主型、溺爱型与忽视型。

中国从 20 世纪 80 年代开始关注父母养育方式的研究，90 年代在介绍西方理论的同时开展实证研究。林磊将父母的养育方式分为极端、严

---

① 茱蒂·哈里斯：《教养的迷思》，洪兰、苏奕君译，台湾商周出版社，2000，第 12 页。

② Baumrind 指出，专制型父母常常对儿童有很多严厉的规定和要求，采取惩罚、强制等粗暴的措施使儿童服从，很少向儿童解释为什么要服从，对儿童的需要不够敏感，较少给予儿童关爱。在这样的家庭中，父母对儿童的敌对情绪认识不足，通常认为儿童应该将他们的话视为准则，尊重他们的权威。放纵型父母对孩子高度接受但对孩子要求相对很少，他们允许孩子自由地表达感情和冲动，却对孩子的行为很少加以监督、约束。权威型父母对孩子的规定和要求则是合理的，在要求孩子服从时父母会向孩子详细解释原因，并且确保儿童能够服从这些规定和要求；对孩子的观点有回应并予以接受，处理家庭内部问题时也寻求孩子的参与，父母实施控制的方式是理性和民主的，他们认可并尊重孩子的看法（Baumrind, D., "Current Patterns of Parental Authority", *Developmental Psychology*, Vol. 4, No. 1, 1971, p. 2.）。

厉、溺爱、成就压力和积极型[①]；杨丽珠将父母的养育方式划分为溺爱型、民主型、放任型、专制型和不一致型。之后，研究者们着重探讨了养育方式对儿童人格、社会化、学业成就的影响。[②] 这些研究结果基本没有超出 Baumrind 和 Maccoby 的结论，那就是民主型父母教育出的孩子无论是在幼年、青少年还是大学阶段都呈现更强的社会适应能力、更高的学业成就和更健康的心理，不良的养育方式导致了儿童不同程度的心理问题、情绪障碍和较低的学业成就等。

从中西方父母养育方式早期研究的梳理情况来看，这种类型化研究的基本假设是，家庭是儿童初级社会化的主要场所，父母的养育方式对儿童的人格养成和社会化起着关键性作用。然而，这个假设背后隐藏着科学实证主义早期的单向度思维。这种去情境化的理论倾向忽视了父母的养育情境是不断变化的，其对待不同孩子的养育方式也是不同的，民主型、专制型、权威型、放纵型等模式化的分类过于简单化，并且忽略了家庭外部其他因素对于父母和儿童的影响。

费孝通在《生育制度》中把养育活动分为生理性抚育和社会性抚育。生理性抚育包含生殖行为、喂养、对生活的供养、提供生理和亲密情感的需要，主要由母亲负责；社会性抚育是社会知识、经验、行为方式的传递，主要由父亲负责。[③] 涂元玲在考察北京乡村的本土养育时，把养育实践分为生理性养育、情感化养育、道德化养育和礼仪、规范化的养育。[④] 日本教育学者中内敏夫指出，日本传统中的“教育”一词等同于“养生”，同时包含了养智、养德、养身、养财四个方面。养生包含了智慧的传递但不包含知识的传授，持有养生观点的人对“知育”并不关心，不刻意系统地传授知识，而是通过劳动让小孩自然学习掌握农业、商业的方法。到了近代，处于旧中产阶层位置的一些农家和商家还重视这种养生论，新中产阶层却把养生简单地理解为“只关注保养身体”，并推崇学校教育，至此，日本传统生活中的“养生”“养智”被新中产阶层学校的

[①]　林磊：《幼儿家长教育方式的类型及其行为特点》，《心理发展与教育》1995 年第 4 期。
[②]　杨丽珠、杨春卿：《幼儿气质与母亲教养方式的选择》，《心理科学》1998 年第 1 期。
[③]　费孝通：《生育制度》，商务印书馆，2009，第 49—50 页。
[④]　涂元玲：《一个西北村庄传统儿童玩耍和游戏活动的教育人类学研究》，《湖南师范大学教育科学学报》2009 年第 4 期。

"养知"（知识传授）取代了。[1]

综合以上学者对于养育和教育的论述，本研究把平民养育分为养身（生理教育）、养智（智识教育）、养闲（闲暇教育）、养德（情感和道德教育）、养信（信仰教育）五个方面，把养育观念和实践分为养育价值观、养育期待、养育行为三个层次。养育价值观是人们对养育孩子所持的信念、态度、儿童观、亲职观等。养育期待是抚养者在育儿活动中所强调和鼓励的、期望子女能够具备的品质或能力。养育行为是父母在教育过程中所采取的具体手段、策略，比如喂养方式、养育和教育的角色分工、亲子之间的沟通语言、文化资源的获取和使用（玩具、书籍、补习班、培训班、兴趣班等文化产品的购买等），以及与学校和教师的沟通等。

3. 家族记忆

（1）家族与家庭

林耀华在《义序的宗族研究》中详细描述了家庭、家族进而到宗族的发展阶段。宗族为家族的扩展，同姓的子孙，称为宗族，即为聚居一地的血缘团体。家庭是最小的单位，家有家长，积若干家而成户；户有户长，积若干户而成支；支有支长，积若干支而成房；房有房长，积若干房而成族，族有族长。[2] 家庭为"由婚姻、血缘或收养关系所组成的社会生活的基本单位"[3]。就家庭结构而言，其可分为核心家庭、直系家庭、联合家庭、单人家庭、残缺家庭等。[4] 新中国成立以后，以明确的世系和制度维持的宗族组织瓦解了，足以规范和制约家族成员的伦理系统、制度和社会关系不存在了，然而，人们对于家族共同体的情感仍然残存。

本研究所选取的家族包含各种家庭类型：标准核心家庭、网络式的核心家庭、三代直系家庭、四代同堂的扩大家庭。各种家庭之间仍存在实质的经济和情感互助，但已无传统宗族里统一的伦理规范和价值系统，也没有集体认可的家族长老主持家族事务，因而不是传统意义上的家族，而是现代社会里有血缘联系的、跨地域的、包含各种家庭类型的

---

[1] 转引自贺晓星《作为方法的家庭：教育研究的新视角》，《教育学术月刊》2014 年第 1 期。

[2] 林耀华：《义序的宗族研究》，生活·读书·新知三联书店，2000，第 73 页。

[3] 《中国大百科全书·社会学》，中国大百科全书出版社，1991。

[4] 王跃生：《中国当代家庭结构变动分析》，中国社会科学出版社，2009，第 1—13 页。

互助联合体。

（2）阶层

学术界对"阶层"的使用和分析往往基于客观指标，比如财产占有量、受教育程度、职业声望、收入多寡、劳动过程的支配性等，采用传统的、经典的阶级分析方法，社会学研究称其为理论阶级或客观阶级。除了社会学研究常用的客观阶级分析以外，社会个体还能够自我认同个体的阶级归属或社会地位归属，阶级认同在很大程度上还是一个心理学问题。"认同阶级"概念的提出，充分考虑了社会个体的主观能动性：个体的主观感受不同，对自己未来命运的预期不同，对自己所处社会位置的心理认同与评价就会不同，受这种心理认同与评价的影响而做出的社会行为也就存在区别。①

本研究按照陆学艺在《当代中国社会阶层研究报告》中的分类②，将安氏家族的客观阶层分为中上阶层、中中阶层、中下阶层和底层，每个阶层的职业分布如下。

中上阶层和中中阶层：企事业单位中低层领导干部、专业技术人员、办事人员；高等院校教师及中层行政管理人员；中小学教师；个体工商户。受过高等教育的个体大部分属于此阶层。

中下阶层和底层：体力劳动者、商业服务人员、工人、农民、失业和半失业者、无业者。未接受过高等教育的个体大部分属于此阶层。

本研究中的主观阶层指的是社会个体心理上自我认同的阶级归属或社会地位归属，其可能与客观阶层一致，也可能不同，视个人情况而定。

（3）个人记忆与集体记忆

历史记忆一般包括个人记忆和集体记忆。哈布瓦赫认为，"过去"是人们在谈话中、交流中，以及在回顾每个人的经历时，形成的我们称为"过去"的那种共同的相关领域。通过共同交流，人们构建了各种不同的群体记忆，如家庭记忆、学校记忆、战争记忆、流亡者们的记忆等。③ 个人记忆是个体对自己经历过的往事的记忆，是群体记忆的一部分或一方面。哈布瓦赫强调，个人记忆具有公共性，是一种社会建构，并不存在只

---

① 张翼：《中国城市社会阶层冲突意识研究》，《中国社会科学》2005 年第 4 期。
② 陆学艺主编《当代中国社会阶层研究报告》，社会科学文献出版社，2002，第 8 页。
③ 哈拉尔德·韦尔策编《社会记忆：历史、回忆、传承》，季斌、王立君、白锡堃译，北京大学出版社，2007，第 90 页。

能在个体记忆内部加以保存的回忆，一旦一个回忆再现了一个集体知觉，它本身就只可能是集体性的了；对于个体来说，仅仅凭借他自身的力量，是不可能重新再现以前的东西的，除非他诉之于所在群体的思想。① 集体记忆是社会成员通过文字或其他记载方式获得的，可以通过公众活动，如庆典、节假日纪念而得以保持的记忆。历史记忆之所以重要，是因为它是一个民族经过岁月汰洗以后留下的"根"，是一个时代风吹雨打后所保存的"前理解"，是一个社会走向未来的反思基点。②

哈布瓦赫指出，过去不是被保留下来的，也不是根据个体记忆的简单累加而构建的；回忆是在现在的基础上被重新建构的，很大程度上取决于人们现时的需要、观念和利益。在我们理解、解释我们的集体记忆时，"理解"是每一代人的理解，"解释"也是每一代人的解释。③ 邓晓芒认为，历史的意义是人赋予的，这是一个不断生长的、有机深化的过程；历史本身是有生命的，它可以自行生长，因此需要不断地解释。④ 这意味着，"史料"不会自动说话，研究者必须重构史料，对历史材料进行表态。

本研究的"家族记忆"所包含的个人记忆包括个体的口述史、个人日记等；集体记忆包括记载家族世系繁衍和重要人物事迹的家谱、家史、家训等。无论是个人记忆还是集体记忆，诉说者和研究者都参与了再解释和再创造，这是一种有限的真实。我不打算做一个训诂学家，埋头史料再谱一个编年史，"一切历史当它不再被思考，而只是用抽象词语记录，就变成了编年史，尽管那些词语曾经是具体的和富有表现力的"⑤，对家族教育经验进行历史社会学的分析，有助于我勾勒出不同于"资料呈现"的历史。"一切历史都是当代史"，所有"此时"对于历史的书写都参与了历史的创造，其意义更在于书写历史的过程内在地改变了个人世界，同时，在未来的某时某刻也会被后人再阐释和再创造。

---

① 莫里斯·哈布瓦赫：《论集体记忆》，毕然、郭金华译，上海人民出版社，2002，第284页。
② 王岳川：《后殖民主义与新历史主义文论》，山东教育出版社，1999，第53页。
③ 孙峰：《从集体记忆到社会记忆》，硕士学位论文，华东师范大学，2008，第15页。
④ 邓晓芒：《哲学起步》，商务印书馆，2017，第71页。
⑤ B.克罗齐、田时纲：《一切历史都是当代史》，《世界哲学》2002年第6期。

四、以"家谱"为方法

本研究采用了书写社会生活史的方法，以历经百余年的泰县鲍村安氏家族作为研究对象，关注家族的养育变迁和日常生活中的养育实践。

1. 口述史与生活史

家族历来是社会学最重要的研究对象、研究领域和解释路径之一，尤其是在对中国传统和乡村社会的研究中，对与家族相关的意识形态、制度、关系、伦理等的研究具有无可替代的特殊地位。[①] 葛孝亿指出，在家族研究中，运用历史学与人类学对家族进行个案研究是一个比较普遍的研究范式，自20世纪初就形成了家族研究的历史传统，并涌现了大批家族研究的经典著作[②]，从地方家族的历史形成、家族组织的结构与功能、家族村落的经济生活、地方宗族与国家政权、家族文化的地方特色、社会变革与家族组织的弱化等方面进行了探讨。在家族教育研究方面，丁钢教授主编的《近世中国经济生活与宗族教育》论述了宗族教育虽不是教育的主角，但却是重要的配角，对于传递中国文化发挥了不可替代的作用。党明德、何成主编的《中国家族教育》探讨了家族教育的内部结构，重点考察了族学、家训、家族文化、师法传统等内容。葛孝亿探讨了近百年来湖南某毛氏家族的社会流动和教育机制，发现学校教育取代了宗族教育成为家庭阶层流动的主要方式。[③] 这些家族研究主要是从人类学角度来考察的，偏重于研究宗族结构的经济生活、政治结构、亲属关系等，对于教育的介绍略显不足；在家族教育方面，主要集中于某一个历史时期，对历史变迁的研究比较少；在对象选取方面，主要针对名门望族，对于平民家族的研究较少。

[①] 陈映芳：《国家与家庭、个人——城市中国的家庭制度（1940—1979）》，《交大法学》2010年第1期。

[②] 这个时期涌现了大批家族研究的经典著作，比如葛学溥的《华南的乡村生活——广东凤凰村的家族主义社会学研究》、科大卫的《皇帝和祖宗：华南的国家与宗族》、林耀华的《义序的宗族研究》《金翼：一个中国家族的史记》、弗里德曼的《中国东南的宗族组织》、庄孔韶的《银翅：中国的地方社会与文化变迁》、王铭铭的《社区的历程：溪村汉人家族的个案研究》、景军的《神堂记忆：一个中国乡村的历史、权力与道德》等。

[③] 葛孝亿：《社会流动的教育机制探究》，博士学位论文，华东师范大学，2014，第20—21页。

20 世纪 70 年代以后，西方历史学界受法国年鉴学派的影响，兴起了新文化史的运动，批判传统史学中社会史和结构史的支配地位，并出现了三个趋势：人类学的转向、政治的回归和叙事的复兴；在研究范式上，强调历史研究的叙事化和田野化，关注普通人和微观历史。① 本研究以家谱作为口述史与生活史的切入点，关注普通家族的日常生活，通过修订家谱进入研究情境，并展开访谈和参与式观察，意在书写一份不同于姓氏家谱的教育家谱。家谱作为隐喻，代表了一个家族养育方式的历史变迁，对于本研究来说，其既是切入点，也是过程和结果。

口述史是历史研究者为了解决历史疑惑而主动激发出来的被研究者的历史记忆。② 口述史研究最重要的途径是叙事——叙述自己的生活历史。按照费孝通先生的观点，乡土社会是天然不需要文字的，对于缺乏文字记录传统的乡土社会来说，口述几乎是唯一的记载、研究、传递底层民众集体记忆的途径。另外，个体也可以在挖掘自己记忆的时候实现对历史的重新认识和对个人的反思。

生活史研究最早出现在 1918—1920 年，美国芝加哥学派的 W. I. Thomas 和 F. Znaniecki 将其运用于波兰移民的研究中。他们认为，"生活史研究就是收集有关研究对象生活经历的文献，特别是信件、报纸等'活材料'，让外来移民讲述自己的生活故事"③。Gary Becker 认为，"生活史方法更加贴近人们脚下的大地，它并不在意那些附庸风雅的趣味，却着力于真实地再现被研究者的经验，并解释他所生活的世界"④。生活史强调对个体生命历程的关注。但并非生命历程中的所有事件、所有人都会对个体的发展产生影响，基于此，我将通过"关键事件"和"重要他人"作为阐明生活史的研究重点。

教育生活史是在特定社会历史的情境下，根据教育参与者自身经历的事件，通过他们的所见、所闻、所思，以"跨界视角"体现个体的价值生命，呈现教育生活的鲜活内容。日常生活史研究领域宽泛，衣食住行、

① 梁景和、黄巍：《西方新文化史述略》，《首都师范大学学报》（社会科学版）2010 年第 3 期。
② 王铭铭：《口述史·口承传统·人生史》，《西南民族大学学报》（人文社科版）2008 年第 2 期。
③ 李强：《生命的历程——重大社会事件与中国人的生命轨迹》，浙江人民出版社，1999，第 4—5 页；包蕾萍：《生命历程理论的时间观探析》，《社会学研究》2005 年第 4 期。
④ 转引自 James Mckernan《课程行动研究》，朱细文、苏贵民、赵南译，北京师范大学出版社，2004，第 115 页。

人际交往、职业与劳动、生与死、爱与憎、焦虑与憧憬、灾变与节庆等，都属于日常生活史的研究内容。[1]

本研究所指涉的历史时期主要包括1958年以前的传统农耕时期、1958—1998年的集体经济时期、1998年至今的市场化时期。这个时间分段与传统教科书的历史分期并不完全相同，主要原因是"国家史是行政时间，但共同体、家庭具有独自的、与行政时间不同的变化节律"[2]。时间节点选在1958年和1998年，一是因为这两个时间点是重要的历史转折点，二是因为这两个时间节点是安氏家族众人普遍认可的生计方式、养育方式发生变化的转折点。1958年人民公社化基本完成，农民从传统农耕过渡到集体劳动。虽然1980年家庭联产承包责任制已经施行，但安氏族人在1998年全国国有企业改革、传统单位制度解体时才觉得集体经济时代结束，这一点在书中也会具体解释。

家族成员的口述史内容包括：个人的被养育经历、成长经历、工作经历，以及养育子辈、孙辈的经历，影响个人成长和养育实践的关键他人、关键事件，国家政策和地区政策对生活的影响，个人所了解的其他家族成员的故事等。生活史的资料来源包括家（族）谱、家族生活照片、歌谣、房屋摆设、日记、儿童作品、玩具、藏书、家书等涉及研究对象生活的各个方面。口述史是"主观真实"，生活史是"客观事实"，口述史能对碎片化的历史材料做补充，生活史能给口述的故事补充细节、提供印证，二者相互补充，不可或缺。

马林诺夫斯基提出了民族志的四个原则：学习本土语言并用本土语言工作；和本土人们居住在一起，尽可能地参加他们的活动；通过实际的个人观察搜集大量的资料；准备开展长期的田野工作和处理实践问题。[3] 就具体的方法而言有三种：强调个人主观经验的叙述、就研究对象的行为及利害关系进行参与观察、对深藏不露的生活体验做将心比心式的诠释。[4] 按照这四个原则、三种方法，我的研究路径如下。

第一，进行参与式观察，参加家族成员的节日聚会、生产和娱乐活动、仪式典礼等，比如儿童的满月酒、抓周活动、入学酒、婚礼、游戏等。

---

① 周洪宇、李艳莉：《教育身体史：教育史学新生长点》，《教育研究》2017年第1期。

② 贺晓星：《作为方法的家庭：教育研究的新视角》，《教育学术月刊》2014年第1期。

③ 转引自涂元玲《村落中的本土教育》，山西教育出版社，2010，第20页。

④ 转引自阎云翔《私人生活的变革》，上海书店出版社，2009，第16页。

第二，"任何实物都是一定文化的产物，都是在一定情境下某些人对一定事物的看法的体现，因此这些实物可以被收集起来，作为特定文化中特定人群所持信念的物化形式进行分析"①，本研究收集的实物主要包括家谱、家庭生活照片、书信、书画作品、家庭成员日记、家庭账本、家庭藏书等。对于80后到00后的部分家庭成员，我邀请他们撰写了教育自述，最后共收集了6篇教育自述。

第三，通过开放式访谈法了解相关成员在儿童养育、教育方面的观念，收集的资料内容包括：儿童日常生活的各个方面，比如婴幼儿的哺乳、断奶时间、辅食、穿衣打扮、大小便训练、日常看管、活动范围、游戏的内容、童谣、家庭中的藏书、喜欢看的电视节目、手机和电脑的使用等；儿童道德教育和情感教育方面，比如就餐礼仪、社交礼仪、家庭规范等；家庭与学校的互动情况，如时间、频次、内容等。

本研究访谈了安氏家族四代人，分别有安伯田、安叔田、安季田、安仁持、安仁盈、安仁恒、安仁守、安仁金、安仁玉、安仁贤、安仁和、安仁珍、安仁智、安仁义、安仁渊、安仁礼、安仁湛、安德利、安德禄、安德玉、安德婧、安德美、安德嘉、安德明、安德贤、安德勇、安德慧、安德民、安德宁、安德然、安德欣、安乐蕾、李乐昊、张乐睿、王乐琪、安乐瑶、安乐硕等人以及他们的家人，每人访谈1—3小时，访谈时间共计102小时，经过被访者同意的录音时长约50小时，我转录、追记、整理的访谈资料有20多万字。此后，我对田野资料进行了类属编码，书中出现的访谈成员均按照"姓名-出生年份-性别-学历-职业"来编码。文中所有访谈成员的姓名均为化名。

就资料分析的技术而言，本研究主要采用类属分析法与情境分析法。类属分析法是对资料中反复出现的现象、概念、词汇进行归类和提炼，生成本土概念，再通过寻找本土概念的关系得出部分结论。情境分析法主要是把握研究对象叙事、行动时所发生的情境，避免类属分析法将资料拆解和分裂为字段、句段来寻找相似和不同点而带来的碎片化结果，避免资料分析沦为技术上的文字组合游戏。

---

① 陈向明：《质的研究方法与社会科学研究》，教育科学出版社，2000，第257页。

2. 家族素描

本研究所选取的研究对象是安氏家族，涉及的田野地点是泰县鲍村，以及北京、南京等地。之所以选择此家族，是因为安氏家族历经百余年，家族各分支大部分仍聚族而居，处在同一村落或邻近村落，仍然保持着一定程度的传统习俗。改革开放后，70后到90后有部分年轻人接受高等教育后移居城市，在现代化进程中，为家族注入了新的文化血液。传统和现代的冲突与融合在家族中表现得非常明显，这是天然的社会变迁观景窗。我在修订家谱的过程中，发现家族仍然谱系清楚、支脉分明。家族已故长者均在祖坟地埋葬，坟地已颇具规模，且墓碑记载的姓氏、亲属关系比较清楚。

（1）地理位置和居住情况

安氏家族自曾祖安振盛出生到1960年前后，大部分时间生活在山东省泰县鲍村。泰县坐落在鲁中腹地、泰山东麓，地处泰山与蒙山连接地带、黄河与淮河流域分界处，北依五岳独尊的泰山，南临孔子故居。鲍村为春秋时期齐国大夫鲍叔牙故里，位于泰县东南部、柴汶河上游，地处205国道、G2京沪高速公路附近，交通较为便利。

山东农村普遍采用坐北朝南的四合院居住形式，以村中仅存的一间50年的老屋——安季田家的房屋为例：正北方向为大堂屋，为主人坐卧和接待客人处，堂屋正中必摆八仙桌、太师椅、条山几（一种石头做的长案）；太师椅一般会给家中最为年长的男性、女性或客人坐；堂屋进门正面挂有各种祈福或表示吉祥的图画、摆设，老一辈人通常会挂毛主席像（见图1-2）。泰县有将堂屋同时作为主卧的传统，主人的床就放在堂屋东侧，毫不避人，主床作为主人睡觉休息之地，白天也作为待客的"沙发"，尤其是过年过节串门的时候，主床都坐满了人（通常为女性和年纪轻的客人）。

四合院中间有一口比较大的天井（见图1-3），天井中有汲水处（水井和压水工具），汲水处附近有槐树或石榴树、葡萄架等。东侧房屋用于住人，西侧房屋作为柴房和茅房，茅房通常与养鸡、养猪的场所并用，在茅房门口都贴有"六畜兴旺"的春联。南侧房屋作为厨房和储藏室，比较贫困的家庭不修南屋。随着生活的富裕，虽然村民大都翻盖了新屋，但院落的基本结构仍然与传统无异。

（2）家族世系基本情况

2016年夏至2017年夏，我重新整理了安氏家族的族谱。族谱原本已

图 1-2　安季田家的堂屋正中（传统的八仙桌、太师椅、条山几）

图 1-3　安季田家的天井（南屋一角、西屋、堂屋一角）

在"文革"中失佚，1996 年修订一次后再无人关心，且仅存一本。我从其家中一长者处寻得后再续 1996 年后的世代。安氏家族世代可考至清朝咸丰年间第 7 世，至今已至第 22 世。家庭成员谱系见图 1-4 和图 1-5（均为化名，方框代表男性，圆框代表女性）。

族谱最早由第 5 世祖安善编纂。据清朝光绪版《新泰县志》记载，安善于成化年间（1465~1487 年）考取贡生，"官上海主簿"（掌管文书的佐吏）。族谱编纂之初，第 5 世祖安善作序，留存至今，因纸张年久变黄，很多字已不可辨认，经我多方询问，誊录序言内容如下：

今夫前辈创垂原，期贻留族孙于后人继述亦光辉耀乎。

祖宗以故春露秋霜后宜适及前代，

皆以水源木本前以己启乎后昆久矣。夫莫为之，前虽美不彰莫为之后，虽盛弗传矣。

吾鄉安氏族其宗族原籍里不可考。

夫宗族者遵也为先，族主也族者聚也，有聚会之道焉。

其在礼曰，遵族故敬宗。敬宗，收族宗族之义，由来舊矣。当其初聚为一族，迫其后散处四方，族间瓜绵椒衍生殖，竞有以他鄉寄居，迁延良久，族上人親面而不相识者皆以碑碣之，书立谱系之明故耳。

安氏五世　善　祖任上海将士郎諱善者自淄博始来新邑择大协庄而居也焉。其时登仕籍列膠庠者，按谱以稽，班班可考有。

善之五孙世孙，世孙鄉诚举人任泗水训导諱萬年其三子庠生諱吉之子諱彦者复迁鲍叔故里即於村南建新莹也，迄今历有年所未修石刻。其后務经術遊泮水者俱伎伎焉，即其不业诗书者亦皆恪守庭训，敦本尚实，克绍前烈宜其子子孙相引於勿替也。今彦之岚、峯六世孙等懼失世谱则后代无传适念。

先人舊莹一在新城南里许，一在大协东南此地。独无纪序非所以示后人也因将先人所制古碑未及刻勒者急为整立而详载焉。后之览者见其夹若列眉瞭如指掌分派别友秩然不紊，庶世远年湮永免親面而不相识矣，志即成向彦於余。

深嘉安氏后裔之善为继述　不忘舊德也。因为书其始末，誌其缘起如此。

鄉眷邑增生房焕然沐手拜题。

大清咸丰拾壹岁次辛酉梅月下澣（1862 年 2 月）

安善的儿子安鼎于明正德年间（1506—1521 年）任新泰县丞（明清时期为正八品官，辅佐县令，典文书及仓狱）。安鼎生有三子，分别为安宇、安宙、安寰。据明天启版《新泰县志》载："安宙，好善乐施，居世禄家而能由礼。嘉靖四十二年，煮粥食流民之饥者，全活过多，两院嘉其义，旌之棹楔，以子选中戊子科，抚按给冠带而荣之。"安宙生子名为安选。据康熙二十二年（1683 年）版《新泰县志》记载："安选，戊子科，春秋魁。周府右长史。"安选是明天启版《新泰县志》的主要编纂人之一，其中收录了他撰写的《重修儒学记》《重修关圣帝君祠记》《邑侯路公生祠碑记》《重修察院记》等八篇文献。康熙二十二年版的《新泰县志》收录了安选的《儒学创浚泮池记》。乾隆四十九年（1784 年）版《新泰县志》收录了安选的《创设学田记》。清光绪十七年（1891 年）版《新泰县志》收录了安选的《修泮池记》《创设学田记》。[①]

安选生有五子，分别为安万方、安万民、安万年、安万邦和安万国。安万年考取举人功名，任泗水训导[②]。安万年生子安贞、安平、安吉。本研究所涉及的家族成员为第 10 世安吉、第 11 世安彦、第 12 世安守道、第 13 世安景信、第 14 世安坤、第 15 世安其位、第 16 世安嵒、第 17 世安立伦、第 18 世安振盛一支的后代。

晚清时期，山东省泰县鲍村农民——安氏家族第 18 世安振盛，与本村农妇李氏共育有 5 个孩子：安伯田、安蓝田（女）、安仲田、安叔田、安季田，他们分别在 1918 年、1921 年、1924 年、1930 年、1936 年出生，生育间隔为 3—6 年。

安氏家族第 19 世田字辈 4 位兄弟的初婚年龄分别为 17 岁、20 岁、25 岁、20 岁，初育年龄分别为 18 岁、22 岁、26 岁、21 岁，第 19 世共育有子女 19 人（男 8 人，女 11 人，安蓝田的子女未在父系家谱中出现，所以未计入），男少女多，但男女比例较为平衡。其中 11 人在 1936—1957 年出生，8 人在 1958—1971 年出生。安伯田育有 3 子 1 女，安仲田育有 3 子 4 女，安叔田育有 1 子 2 女，安季田育有 1 子 4 女。第 20 世中年龄最大的在 1936 年出生，最小的在 1971 年出生。第 19 世中最小的孩子安季田恰与第 20 世长子安仁持同年，二人虽以叔侄相称，但一起长大。从人口的繁衍来看，祖辈一代平均育有 4.75 个孩子，生育间隔一般为 3—6 年。

第 20 世仁字辈兄弟 8 人，共育有 17 人（男 11 人，女 6 人），每人平均生育 2.1 个孩子。第 20 世所生子女中 8 人出生在 1958—1975 年，9 人出生在 1979—1990 年。从数量上可以看出，男性是女性的约 1.8 倍，男女比例在计划生育政策的影响下处于逆转和不平衡状态。

第 21 世德字辈已婚者 16 人，共育有 17 人（男 13 人，女 4 人），每人平均生育 1.1 个子女。所生子女中，6 人出生在 1985—1998 年，11 人

① 此处资料由山东省作家协会会员、《新泰文史》主编阿滢考证。
② 清代儒学设此官，在府学，为教授之副，从八品；在州学，为学正之副；在县学，为教谕之副。其负责训导启迪学校学生，并帮助学政评定学生品行优劣。

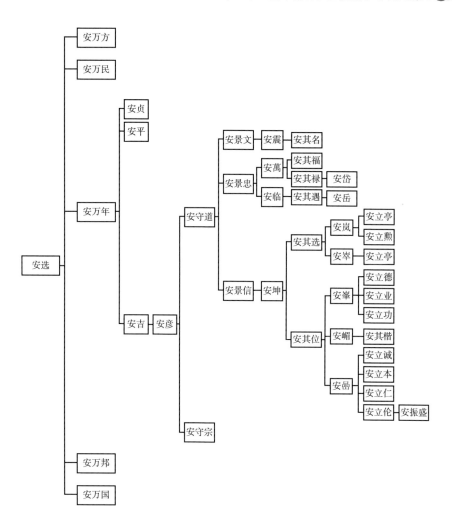

图 1 - 4　安氏家族第 8—18 世谱系

注：其他支系未记录于此，女性在旧族谱中未被记录。

在 2000 年后出生。第 22 世的男性数量是女性的 3.25 倍，男女比例继续保持高度不平衡状态。第 21 世这一代人的初婚、初育年龄都迟于祖辈和父辈，其中，本科及以上学历的父母平均生育年龄为 30 岁，专科学历以下的父母平均生育年龄为 24.8 岁。除 1 人因离异再婚生育了二胎之外，其他人均没有生二胎的意愿。

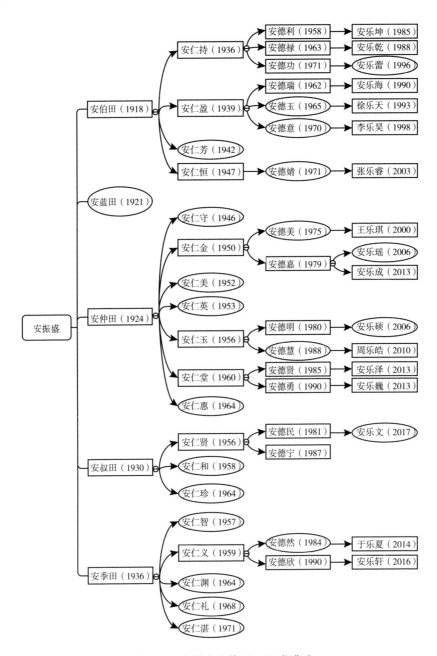

图 1 - 5　安氏家族第 18—22 世谱系

注：第 20 世后仁字辈女性成员的子孙未计入家谱，本书也未涉及；图中数据统计截至 2018 年。

　　平民家庭在社会流动和社会分层的主流研究中常常被直接贴上"底层""寒门"等简单的标签。事实上，自晚清以降，社会几经变迁，家族成员的社会流动跨度很大，甚至经历过颠覆式的更迭。新中国成立初期，各个阶层进行了自发和强制性的大融合。在改革开放的浪潮中，很多平民家庭借由市场经济、学校教育向上、向外（城市）生长出了新的枝丫。总而言之，整个家族的生态是复杂多样的，个体的命运是支脉相连又相互冲突的，情感是流动多变的，"中产""底层"或"寒门"难以定论一个家庭或家族的社会位置。安氏家族经历了五代人的时间，生存空间逐渐扩大，由农村到乡镇再扩展到城市。其生存空间的扩展，一方面离不开几代人的努力与奋斗，另一方面也与我国的城市化进程相契合。第19—22世家族成员的年龄、学历、职业情况见表1-3、表1-4和表1-5。

表1-3　安氏家族第19—20世学历、职业情况

第19世	第20世	学历	生计方式
安伯田 务农	安仁持	小学	新汶陶瓷厂临时工转正式工，妻子务农
	安仁盈	初中	当兵退伍后为陶瓷厂合同工，后相继任镇武装部干事、副部长、部长，镇党委副书记、党委书记等 妻子为陶瓷厂职工
	安仁恒	高中	参军，退伍后任xx市军备区干休所卫生队队长 其妻为工农兵大学生，xx市xx局局长
	安仁芳	初中	女，务农
安仲田 镇党委书记	安仁金	初中	煤矿工人，退休时由合同工转为正式工 妻子务农
	安仁玉	高中	农村大队会计，镇敬老院会计、副院长 其妻务农
	安仁堂	初中	当兵退伍后被招工到农药厂当中级锅炉工 其妻务农
	安仁守	初中	女，县供销社售货员，后务农
	安仁美	初中	女，镇计划生育办公室主任
	安仁英	初中	女，务农
	安仁惠	初中	女，煤矿正式工

续表

第 19 世	第 20 世	学历	生计方式
安叔田 供销社合同工 后务农	安仁贤	高中	顶替父职当供销社合同工,后入镇办事处转为正式工 其妻为民办老师,后务农
	安仁和	初中	女,农民合同工
	安仁珍	初中	女,务农
安季田 务农 兼职裁缝	安仁义	高中	当兵退伍、煤矿、农业机械厂合同工,自考大专后在化工厂任办公室主任,90 年代破产后自谋生计 其妻为农业机械厂、报社印刷厂正式工
	安仁智	高中	女,村小民办教师,后去乡镇企业任裁缝合同工,90 年代破产后自谋生计
	安仁礼	初中	女,务农
	安仁渊	高中	女,毛纺厂合同工,90 年代破产后自谋生计
	安仁湛	初中	女,毛纺厂、食品加工厂合同工

注：表中数据统计到 2018 年。

表 1－4　安氏家族第 21 世年龄、学历、职业情况

第 21 世	学历	生计方式	子女
安德利(1958)	初中	煤矿工人,合同工 妻子务农	安乐坤(1985)
安德禄(1963)	初中	煤矿工人,合同工 妻子务农	安乐乾(1988)
安德功(1971)	初中	当兵转业,后任镇武装部干事、镇 xx 办公室科员,公务员 妻子务农	安乐蕾(1996)
安德瑞(1962)	高中	当兵、××警卫局武警,公务员 妻子为工人	安乐海(1990)
安德玉(1965)	中专	女,中学教师,正式工 丈夫为工人	徐乐天(1993)
安德意(1970)	中专	女,镇医院医生,正式工 丈夫为县公务员	李乐昊(1998)
安德婧(1971)	博士	女,上海某医院医生 丈夫为医院医生	张乐睿(2003)
安德美(1975)	初中	女,务农 丈夫为企业工人	王乐琪(2000)

续表

第 21 世	学历	生计方式	子女
安德嘉（1979）	初中	当兵退伍，政府基层公务员 妻子为企业销售人员	安乐瑶（2006） 安乐成（2013）
安德明（1980）	专科	青岛某企业基层工人 妻子为企业职员	安乐硕（2006）
安德慧（1988）	初中	女，自由职业者，全职妈妈	周乐皓（2010）
安德贤（1985）	本科	广州某企业基层技术人员 妻子为企业职员	安乐泽（2013）
安德勇（1990）	初中	企业工人 妻子务农	安乐巍（2013）
安德民（1981）	博士	南京某大学讲师 妻子为大学讲师	安乐文（2017）
安德宁（1987）	本科	出国留学在读	未婚
安德然（1984）	硕士	女，北京某大学基层职员 丈夫为企业中层技术人员	于乐夏（2014）
安德欣（1990）	初中	泰县某医院合同工 妻子为医院合同工	安乐轩（2016）

注：表中数据统计截至 2018 年。

表 1-5　安氏家族第 22 世年龄、学历、职业情况

第 22 世	年龄	学历和职业情况
安乐坤（1985）	33 岁	本科，上海某企业基层工人，未婚
安乐乾（1988）	30 岁	初中，高中辍学，保险销售人员，已婚未育
安乐海（1990）	28 岁	大学毕业，自由职业者
徐乐天（1993）	25 岁	大学毕业，银行职员
安乐蕾（1996）	22 岁	女，某师范大学文学专业在读
李乐昊（1998）	20 岁	某大学临床医学专业在读
王乐琪（2000）	18 岁	高中生
张乐睿（2003）	15 岁	初中生
安乐瑶（2006）	12 岁	女，小学生
安乐硕（2006）	12 岁	女，小学生
周乐皓（2010）	8 岁	小学生

续表

第 22 世	年龄	学历和职业情况
安乐泽 (2013)	5 岁	幼儿园
安乐巍 (2013)	5 岁	幼儿园
安乐成 (2013)	5 岁	幼儿园
于乐夏 (2014)	4 岁	幼儿园
安乐轩 (2016)	2 岁	婴幼儿
安乐文 (2017)	1 岁	女，婴幼儿

注：表中数据统计截至 2018 年。

曾祖安振盛于 1890 年出生，生育田字辈[①]5 人，4 子 1 女。长子安伯田务农，次子安仲田是唯一上过私塾的孩子，参与过抗日战争，新中国成立后为泰县某局局长；三子安叔田务农，后经营小卖部；四子安季田务农，辅以裁缝为生。四人皆忠厚老实，"忠厚传家"是家族的准则。在 20 世纪 60 年代各兄弟翻新的老屋里，印着"忠厚传家"四个字的瓷砖镶在大门楣上，几十年没有变过。事实上，村里很多人家门口都镶着这几个字。"忠厚"是村里老一辈人比较看重的传统。

第 20 世这一代人的生活空间已经由鲍村扩展到乡镇。在第 20 世仁字辈中，1 人为小学学历，12 人为初中学历，6 人为高中学历，每个人都有机会读书识字。男性一般都会参军，退伍后去当地乡镇企业、煤矿当农民合同工。女性大多结婚后务农或为临时工。仁字辈的很多男性都在叔叔安仲田的帮助下当临时工，有一半在自己的努力或亲戚帮助下转为正式工，还有一半或因机缘或因资质仍为农民合同工。无论是农民合同工还是正式工，他们都在 90 年代的企业破产大潮中下岗或提前内部退休。

第 21 世这一代人的生活空间已经由乡镇扩展到城市，生活空间扩展的途径主要是学校教育。在第 21 世中，初中学历 8 人，高中学历 1 人，中专学历 2 人，专科学历 1 人，本科学历 2 人，研究生学历 3 人，呈现多样化趋势。从职业来看，他们中有一半为企事业单位合同工，从事基层技术、服务工作，职业流动性大；另一半为企事业单位正式工，从事基层、中层技术、管理工作，职业相对稳定。不管是考上大学有正式工

---

① 第 19 世的字辈为"田"，起名时为了方便，放在了第三个字的位置。

作，还是初中毕业后在外打工，安家第 21 世不约而同地选择离开农村谋生路，有的是在大城市苦苦支撑，有的是在小城镇辛苦讨生活，他们都不愿意再回到农村。

从受教育程度来看，五代人的受教育程度呈现逐渐上升的趋势，从祖辈的小学、初中学历上升到父辈的初中、高中学历（以及成人自考大学），再过渡到孙辈的本科、研究生学历，已经抵达我国学历体制的最高端。家庭成员的职业获得，一方面与其受教育程度有关，另一方面又受到社会环境变迁的影响。从职业来看，家庭成员的职业从祖辈的农民或村干部转变为父辈的个体户，再过渡到孙辈的企事业单位工作人员。

从五代人的社会流动路径可以发现，农村家庭主要采用生育策略和教育策略来实现社会阶层的跃升。祖辈实现家庭成员社会流动的策略以生育策略为主，教育策略为辅；祖辈通过生育策略实现家庭人力资源的最大化，在教育策略方面则是模糊地意识到读书对个体发展可能带来好处。父辈这一代则有所变化，教育成为实现家庭成员社会流动的主要策略；在生育方面，家庭虽然不再依赖通过多生孩子来实现家庭人力资源的最大化，但仍明显地表现出"男性偏好"，延续了传宗接代的"香火"观念。

3. 方法论反思

（1）伦理辩护：局内人与局外人

本研究面对的最大伦理困境是，我是家族成员之一。一般来说，民族志的研究者是作为"外来人""他者"进驻的，为的是保持研究的相对客观性。我是"半熟人"，而且与部分家族成员之间有着血缘和情感联系，这势必会影响资料收集的真实性。由于身处同一个家族，有时族人会有一些顾忌，无法敞开心扉跟我诉说真实的想法；有时我会对他们的故事过分感动或投入，无法悬置这种感情而思考；有时我会站在自己的立场上不自觉地说出自己的建议和意见，这些都会影响我们既有的关系，同时影响研究结果。然而，以研究者的身份进入到家族场域中会让我们互相以新的身份重新审视和反思日常熟视无睹的生活细节，达成新的意义建构。反复衡量下，我做出以下伦理辩护。

第一，由于"流动"是现代化的典型特征，几乎每个人都是自己家乡、家庭的"异乡人"，是可以作为"他者"存在的。我自小离家外出就学，对家乡和族人已非常不了解，亲属关系基本搞不清楚，属于自己家族的"异乡人"，在一定程度上符合人类学家"他者"的身份，而不完全是熟人，既有做研究的便利，又可以保持旁观思考的立场。

第二，资料收集的真实性，可以通过具体的方法来相互验证。由于本研究采取了访谈、参与式观察、实物分析等多种途径，而且研究对象众多，三角验证的渠道多元而通畅，很大程度上保证了资料的真实性。

第三，保护被访者的隐私。以上所有研究活动开展的时间、方式和地点严格遵守自愿原则，均由被访者自己决定。我会就访谈是否录音征求被访者意见，若被访者不接受，则会采用纸笔记录的方式。访谈主要记录被访者的语言，也包括其表情和形体动作以及我自身的反思。所有被访者的名字在书中呈现时均为化名，有的应被访者要求隐去了年龄、性别、职业等个人信息，仅用字母代替。书中出现的照片均获被访者同意方呈现。

此外，我对家族历史充满了敬畏感，对于书写家族史充满了使命感，研究也是一种道德责任。阎云翔认为，"田野调查对于研究者本身来说是一次道德参与过程，在调查中考验自身的道德观念，研究者越是频繁下到田野，与研究对象相处越是深入，便越感到有责任在研究中如实地反映他者的道德体验，结果是，研究本身也就越严谨"①。也就是说，研究者的道德和情感参与并不一定会损害研究的严谨性、真实性。

（2）个案代表性和普适性

个案的代表性、典型性、普适性一直是质性研究争论不休的问题。利奇认为，对于村落等小型社区的研究，"不应自称任何代表意义上的典型，也不是为了阐明某种一般性的论点和假设，意义就在于本身"②。我认为，追求个案的代表性是量化研究思维在质性研究中的刻板移植。

"麻雀虽小，五脏俱全"，个案就是一种特殊的总体，是一种独特地进入总体的方式。个案研究的目的是激活，而不是推广。个案研究是激活新现象、新问题、新思想的过程，往往基于过程性、差异性发问而不是基于普遍性发问。个案研究是一个动态性研究。我认为，应该用个案的"整体性"代替"代表性"来思考问题。个案不是孤立的个案，而是各因素相互联系的个案，是时空交错的个案，能整体性地呈现、描述、揭示个案中各要素、各结构的分布和互动关系，才是个案研究要追求的目标。

---

① 阎云翔：《私人生活的变革》，上海书店出版社，2009，第16页。
② 王铭铭：《社会人类学与中国研究》，广西师范大学出版社，2005，第30页。

第二章　安身立命的耕读传统

2016 年夏，我回到家乡山东泰县做田野调查，村里的老人们都很热情地与我攀谈、拉呱，他们的讲述很快粉碎了我田园牧歌式的童年憧憬，对于童年和教育的回忆很快变成了"诉苦"。郭于华认为，个体遭遇的困难，看似是主观层面的紧张或冲突，但反映的往往是社会深层的结构性矛盾。如果普通人的命运能够从个体层面进入公共层面，个体记忆就有了超越个体的意义，而具有了一种对历史进行重新理解和建构的力量。[1] 民国到新中国成立前的这一段时期，泰县鲍村安氏家族在风云诡谲而动荡的生活中生存、繁衍下来，一些文化传统和共有的美德形式、人性的闪光之处并没有随着战乱、革命、运动完全消失，而是在个体对日常生活的口述中渐渐浮现。

第一节　生计与养育共同体

1956 年之前，安氏田字辈四兄弟没有分家，祖孙三代同堂住在四兄弟自己一砖一瓦垒起来的破宅子里。这个四合院北面有一间主堂屋和两个小堂屋，东西屋各有四间，南屋有两间。安振盛夫妇住在主堂屋里，大儿子一家住在两间小堂屋里，二儿子一家和三儿子一家各占西屋两间，四儿子一家住在两间南屋里。兄弟妯娌和生养的孩子全都住在一起。在这种同吃同住的大家族中，容中逵认为："举凡五服之内的长辈都是天然的教育

---

① 　郭于华：《作为历史见证的"受苦人"的讲述》，《社会学研究》2008 年第 1 期。

者，无论是从长辈本身对此的意识还是晚辈们对长辈作为教育者地位的认识，都是得到高度认同并自觉予以践行的。"① 一家的孩子生下来就需要慢慢认识所有的长辈，同时所有的长辈都可以教养他。从生到养再到教，母亲和孩子都处于家族共同体的支持和互助中。对生育习俗的重视和对共同体的支持，在劳作中自然养育和自发性的亲缘共育是传统大家族教养的基本特征。

一、"生养为大"：乡土社会的生育信仰

当地老人们常说的一句话是"天大地大，生养为大"。传宗接代是传统乡土文化的重要内容之一。"天地之大德曰生"②，"生"是内在于天地、自然的伟大"德性"，这意味着，"生"不仅是生物事件，也是社会事件，其本身具有"道德"意味。马林诺夫斯基认为："生育除了是一种生物作用外，永远是一个重要的社会事件，往往与宗教有关，许多传统的习惯都聚集在这个事件上。"③ 对家庭而言，生育是个大事件。对产妇而言，生育不仅意味着生理上的变化，更重要的是社会关系与社会角色的变化。"社会需要借助一系列仪式协助家庭成员调整与产妇的关系，帮助她们确立新的身份象征和人生阶段。"④ 鲍村有一套完整的习俗来支撑初产妇和新生儿进入到社会秩序的再生产中。

1. 生育禁忌的实用性和神圣性

怀孕妇女在当地有许多讲究和禁忌，当然也包括男权社会对女性的习俗约束，现代人一般把这些讲究和禁忌看作"封建迷信"或当地人对客观事物真相不了解的"愚昧无知"。村里的老人讲，传统的孕妇有很多行动和饮食禁忌，比如，孕妇不能抱人家孩子；不坐门槛，免得难产；忌吃兔肉，免得孩子长三瓣嘴（兔唇）；不能生气，免得孩子得疝气；等等。

（孕妇）可不能乱抱人家的孩子。肚子小的时候，孩子还不稳当

---

① 容中逵：《百年中国乡村变迁的实践表达》，浙江大学出版社，2010，第39页。

② 语出《易经·系辞》。

③ 勃洛尼斯拉夫·马林诺夫斯基：《两性社会学：母系社会与父系社会之比较》，李安宅译，上海人民出版社，2003，第21页。

④ 罗梅君：《北京的生育、婚姻和丧葬》，王燕生、杨立、胡春春译，中华书局，2001，第55页。

了，容易闪着怀（流产）；肚子大了不方便了，你抱人家的娃娃，一不小心就给人家摔了。（安仁守－1946－女－初中－农民）

（孕妇）不能坐绳子，"坐绳子，缠脖子"，小孩的脐带容易把自己缠住，不是有很多小孩生下来憋得连气都喘不上来，跟紫茄子似的，生下来也很难活。（孕妇）不能打秋千，容易摔着；不能靠着门槛，这么窄，咣当一声就歪倒，怀着当然得找老巴（稳当）的地方坐着。（安仁芳－1942－女－初中－农民）

（孕妇）不能吃兔子肉、狗肉。老传统讲，吃兔子肉长兔子嘴啊。狗肉热，一般人都不吃狗肉，更何况有怀的人。男爷们很多吃了接着就淌鼻子血（流鼻血）。咱们庄里不兴吃狗肉、羊肉、牛肉什么的，容易发热，再说杀牲口也疼得慌，老百姓家哪有吃这个的，以前牛啊还得耕地，羊都是卖的，狗还得看家。（安仁美－1952－女－初中－乡镇干部）

（孕妇）不能动不动就生气，生气小孩容易得疝气。尤其是自己给自己气生，生闷气，气生百病，你别看小孩没生出来，在肚子里什么都能觉着了（感觉出来），你不疝气怎么来的。（安仁智－1957－女－高中－工人）

很多禁忌站在现代人的立场，乍看有很多不合理之处，但村里的老人认为这很有道理和必要。一些"避邪""迷信"的禁忌，其大体原则是，孕妇不宜参加太过热闹的红白喜事，防止喧闹产生的意外和情绪波动影响到生育安全。孕妇的行动和饮食禁忌，看似荒诞不经，其实是提醒孕妇不宜从事不安全的活动，饮食不宜过荤过奇，姿势不宜无依无靠，情绪不宜波动，热闹场合尽量少去。比如坐在容易后仰摔倒的门槛，吃平时不常见的、被传统医学认定为过于寒凉或发热的食物如狗肉、兔肉等，会影响孕妇和胎儿安全。这些理念其实也是现代人的常识，但在传统社会以顺口溜甚至是吓唬人的方式表达出来，主要是因为顺口溜简单易记、易于传播，对于医疗条件落后、无法实现知识大规模普及的乡土社会来说，这对初产妇有直接的约束性，对生育安全来说非常必要。

生育禁忌对于孕产妇和初生儿除了具有提供保护的实用性的一面，还具有神圣性的意义，本质是对神圣事物的敬畏和远离。李洁认为，分娩伴随着人类不可控的血的出现，是一件危险又与超自然力量相联系的事件，产妇和新生儿都处于"人/非人"的模糊状态下，与阴间尚有重重关联，容易受到阴间力量的侵害，还容易影响到接触她的人，故而是神圣世界和凡俗世界的边缘者，既具有神圣性（阴、邪、毒），又具有脆弱性（虚、风、寒），需加以保护和隔离。① 村里的传统认为，孕妇和产妇应不看新娘、不入新房、不坐喜床、不送嫁、不迎亲、不抱别人婴儿、不走孝家、不看死人等，即使亲生父母去世，也不准接近。

> 有怀的人或者生完孩子的妇女不能去看人家结婚，对新娘子不吉利，新娘子会"犯小人"；更不能进人家的新宅子，坐人家的新床，人家知道了烦恶得了不得；肚子大着也不能去别人家看出丧（葬礼）。哭丧的娘们、爷们儿又哭又闹的，都在那里咋呼（意为吵闹），肚子里的娃娃能听见了啊。出丧还得去上坟，肚子里的小孩还不老巴（意为稳固），容易掉了（意为流产），孩子的魂叫小鬼招走了。出丧是肯定不能去，人死了魂还没走，没超度，魂还在呢，都准备着赶紧投胎。这时候有怀的人去，不擎着（意为等着）让小鬼投胎啊。（安仁守 - 1946 - 女 - 初中 - 农民）

因此，我们需要看到传统社会禁忌的关键特性，是基于对边缘者既神圣又脆弱的认识，是对处于阴阳转换时期的产妇和新生儿加以保护和隔离的方式。它固然具有对天、地、人的客观知识和关系无法理性、科学把握的一面，但体现了乡土社会对不可控的神圣世界的敬畏意识，在医疗技术极其不发达的时候，在结果上起到了保护新生儿和产妇的作用。这种朴素的"迷信"包含了人们对"生生之不息"大德的敬畏和保护。

2. 礼物押回的互助本质

虽然在父权社会里，女性的地位并不高，"嫁出去的女儿，泼出去的水"，但传统中有一套女性生育后获得社会支持，并与娘家保持社会联系的习俗。根据村里老人的讲述，我总结了一下村里支撑初产妇安全生产和婴儿长大的习俗，有"催生""报喜""送庚""满月酒""百日""抓

---

① 李洁：《"人"的再生产：清末民初诞生礼俗的仪式结构与社会意涵》，《社会学研究》2018 年第 5 期。

周"等"通过仪式"。孕妇临近产期，娘家妈要带礼物来看望孕妇，谓之"催生"。当地的礼物一般是鸡蛋、红糖、小米、挂面、点心之类的食品，这既是为孕妇补养身体，更是为了稳定产妇生产前的情绪。婴儿出生后，丈夫给岳家、姑家、姨家等亲戚朋友报喜，让亲友感到放心和高兴。产后十二天，岳家要备好补品以及新生儿的穿戴衣服给女婿家，这称为"送庚"，族人俗称给孩子穿"姥姥裤"。主家置办酒席款待亲友，并将煮熟染红的鸡蛋、挂面或喜糖回赠给亲友，以示谢意。满月的时候，亲朋、乡里送鸡蛋、挂面、红糖、面、大米、小米等，俗称"送粥米"或"看月子"，以示祝贺，主家要押回（意为送回）米、面或回赠染红皮的熟鸡蛋。

"催催"：（孕妇）快生的时候，娘家人得去"催催"，意思就是得去看看闺女啊，嫁出去你还真不管了吗。拿着点红糖、鸡蛋、小米就行了，咱这里生完坐月子就吃小米加红糖啊，再有营养没有（意为很有营养），得带一篮子鸡蛋，人家还押回来。富户人家吧，有买着点心、面条的，那都是蹊跷（稀缺）玩意儿，老百姓买不起，哪有吃起白面的。一回生两回熟，（孕妇）第一次生孩子都紧张，当妈的不是去嘱咐嘱咐闺女吗，生之前吃点东西垫垫肚子，有力气；生孩子的时候不能咋呼（喊叫），省着力气，越咋呼越生不出来。（安仁美 - 1952 - 女 - 初中 - 乡镇干部）

"娘家有人"：（孕妇）生完了，得向娘家报喜啊，得预备下红鸡蛋，就是用红纸啊沾点水把鸡蛋都擦一遍，染红了才算好看，红能辟邪啊。十二天的时候，娘家人就来穿"姥姥裤"。姥姥和舅舅一定得来啊。都说"外甥像舅"，舅舅一定得跟着来，以后小孩长大了结婚，舅舅也得给他穿外甥裤或者送嫁。舅舅就是给小孩撑腰的，没有舅，就是娘家没有人啊，闺女嫁出去受欺负了，娘家有男爷们能出面啊。娘家人过去穿"姥姥裤"，其实也是去看看自己闺女嫁过去过得好不好啊。（安仁守 - 1946 - 女 - 初中 - 农民）

满月之后，娘家要把母子接去住满月，临走时要在孩子脸上抹一道黑灰，俗称"黑来白走，活到九十九"。"外甥是姥娘家的狗，吃饱就走""姑姑的鞋，姨婆的袜，姥娘的肚兜，妗子（舅妈）的卦""姑抹姨擦，婴儿强似铁疙瘩"都是来源于这个风俗。民国到新中国成立初期，安氏家族一直延续着这些习俗。不过，灾荒年代粮食短缺，族人在仪式活动中送的东西有时只是象征性的，非常之少。但即使再穷，若干染红皮的鸡蛋是必备品。

> 鬼子进村的时候，家里穷得了不得啊。真是糠都吃不上。鸡都不敢养，养了就得逮了走，你说怎么办啊？哪里来的小米和红糖啊，自己家里都没有。能攒点钱兑获（意为艰难地获得）点鸡蛋很了不起啊。你老老爷有点本事儿，给地主家算账能挣上仨瓜俩枣的钱，换上点鸡蛋。（安叔田－1930－男－半文盲－农民）

在交换仪式里，最重要的两个环节是赠予与押回，这是基本的礼数。亲戚朋友赠礼物，这些礼物"沾了喜气"之后，主家要挑选出一部分礼物让客人带回，这样喜气和福气就会流动起来，否则会被认为"细作儿"（吝啬）、"抠门儿"、"没有礼数"。不仅生育礼仪如此，重大节日亲朋好友交换礼物也按照这个原则来。所以，客人送来礼物之后，尽管小孩子们嘴馋，但都不敢动，一旦在客人没走前把礼物拆乱、偷吃了，小孩会被严厉地批评。一定要等到礼物被押回一部分后，大人才允许小孩随意动、随意吃。

> "押回"：过年过节人家送礼，一定得押回去，这是"礼数"，是一种礼貌啊。你要是不押回去，人人都笑话，说这家子"抠门儿""细作儿""没有礼数"，慢慢地就没有人上门了。咱庄里以前有一家子，关着门过日子，谁也不招，谁也不惹，过年过节也不串门子，别说过富了，连媒人都不踏了家里来。这种人自私，没有人情，村里人都不搭理。（安叔田－1930－男－半文盲－农民）

> "有来有回"：人家送的礼，放那里先得挑好的押回去。人家送来，那是为了好看，表示看重你，两边都有面子，你不能真收，象征性地收点不值钱的就行了。这叫"有来有回"，你要是真收，那就是不懂事理。（安季田－1936－男－半文盲－农民）

交换礼仪不仅为产妇和新生儿建立了广泛的世俗联系，让他们有更多的生命牵挂，把他们"重新聚合入曾归属的家庭、性别群体、邻居等社会群体，确立母亲和孩子的社会地位"①，也对乡土社会的情感联结、道德秩序进行了一再确认。"押"，在字面上有"在文书、契约上签名或画记号""把财物交给人做保证"等意思，所送之物即所"押"之物，其实是一种"凭信"，一种"保证"，一种有节制的（礼物不能全收下）、互助互惠的（交换礼物、共沾喜气）、同舟共济的（共同抵御风险）、崇尚生命和热爱生活的道德形式。

在经济学的交换观念中，人们交换的目的是获得最大利益，然而非经济领域中的社会现象显然不纯粹是功利化取向的。从上面的介绍和分析来看，维持交换关系的力量绝不仅是经济需求，还是基本的社会心理需求。这是基于共同信仰、传统、信任、自愿而形成的互动群体，个体在节日时的实物交换代表着社会群体之间的交换，双方对彼此的行为认同度高、互动次数多，共同遵守并强化一套社会规范，使社会整合和结构稳定成为可能。

3. 生育仪式作为社会支持传统

由于把繁衍子嗣看得很重要，安氏家族在晚清到新中国成立初期动荡、饥寒交迫的环境下仍然保持着每家5个孩子的生育量。在分娩技术落后的传统社会，生育是极危险的事情，"生得过鸡酒香，生不过四块板""生儿好比爬血山，满月才过鬼门关"，生孩子无论是对产妇还是对初生儿来说都如过"鬼门关"。正是理解了生育在实践和文化中的重要性和危险性，泰县的生育传统乃至家族烦琐的生育禁忌和仪式才显得那么必要。涂尔干认为，起源于巫术的禁忌"是行之有效的箴言，是保健和医疗禁忌的最初形式"②。这些关于生育的仪式不仅具有实用性特征，也具有神圣性特征，有助于确认乡土社会的基本道德信仰。关于生育的传统禁忌包含族人对于人、自然、超自然力量关系之朴素的、感通式的理解，"那些看似可笑和落后的习俗背后，混合了各种神秘的、宗教的、伦理的、卫生的以及艺术的因素"③，具有在现实生活中抵御风险的能动力量，也包含了遵循天性、自然的精神性力量。

村里生育习俗中的交换仪式，比如"报喜"和"送庚"仪式，结果

① 阿诺尔德·范热内普：《过渡礼仪》，张举文译，商务印书馆，2010，第34、37页。
② 转引自费侠莉《繁盛之阴：中国医学史中的性（960—1665）》，甄橙主译、吴朝霞主校，江苏人民出版社，2006，第97页。
③ 邱雪莪：《一个村落社区产育礼俗的研究》，硕士学位论文，燕京大学，1935，第9页。

是"接受礼物就是接受与赠予者之结合"①。在此过程中，一种不言自明的道德，比如"同类互惠、异类互惠、包容与被包容互惠、局部与整体互惠、言语与行动互惠"② 等成为大家的默契和共识。此外，这种社会互动将产妇和初生儿置于广泛的父系 – 母系家族的社会联系和支持中，确认了传统的婚姻和生育制度。一系列的仪式对产妇和新生儿的物质与精神支持，引发了广泛的社会联系和互动，成为物质匮乏的乡土社会能够生生不息的文化支柱，这也是安氏家族 1918 年以后在战乱和饥荒中仍然儿孙众多、无一夭折的原因之一。

二、庄稼人的吃苦伦理和劳作本分

"半大小子，吃死老子。"在动乱年代，养活一大家子人非常吃力。安振盛虽然是农民，但略通文字且精通算盘，除了给邻村地主张家种地以外，有时还被地主"重用"当临时的账房先生——算地亩、数银子。据安季田回忆："父亲算地亩的时候，在地主家那个瓦屋里算一整天，有时候晚上不睡觉也得算。"安振盛非常聪明、勤快，舍得"下力"（意为出力），篓粪（意为用篓子背粪）最好，特别会耕地。即使是这样，在常年歉收的灾年，大人孩子也常常挨饿。抗日战争期间连年大旱，安伯田老人回忆说："地里根本不打粮食（意为不收粮食），吃不上饭，村里一半人都跑出去要饭吃，很多人因此都打了光棍，一家一窝子光棍，谁家也不愿意把闺女嫁过来，说不上媳妇。"正是在这种"吃了上顿没下顿"的极度匮乏中，儿童是天然的劳动力，养育也必然地蕴含在生计之中。

1. 无常为常："吃苦是家常便饭"

生活和苦难的无常就是乡土生活的"常"。老人们谈及 20 世纪初的战事和自然灾害，对具体日期的记忆已经模糊，但都表示谋生的艰难，无论是大人还是小孩，有得吃、活下去是头等大事，过得非常"苦"。我查阅了县志，自晚清到新中国成立初期，当地盘踞的势力有晚清政府军、日本的早期殖民军、义和团和大刀会、革命党人、军阀、土匪绿林、国民党

---

① 阿诺尔德·范热内普：《过渡礼仪》，张举文译，商务印书馆，2010，第 24 页。
② 阿诺尔德·范热内普：《过渡礼仪》，张举文译，商务印书馆，2010，第 4 页。

军……连年战火盛燎于新甫之野，"泰安以徂徕山为逃薮，新甫、莱芜尤被荼毒"①。作家连梦青所撰的《邻女语》记载了庚子事变后江苏豪杰金不磨北行过新甫，唯见狼藉一片，诗书不存。

> 土阶茅茨，尘沙横飞，赤地如烧，饥民菜色从无一耕获之乡。老少男女，相率跪于道旁，一见着南来过客，即相与伸手乞食。又有聚三五黄脸村童，脚踏高跷，头簪花朵，满脸上堆着笑，以媚行客，却无一个脸上没有几颗黑麻子。不磨看了，不胜大恸，不料昔日所谓中国衣冠文物之邦，今日竟至零落如此！②

1916—1937 年，当地旱灾、水灾、瘟疫、虫灾、雹灾频发，几乎每年都有，县志均有记载。

> 1917 年春大旱，麦苗槁枯，秋又霪雨。1918 年，伤寒病大流行。1919 年春旱，麦季失收。1924 年，伤寒病大流行。1925 年麦受疸，夏酷旱，秋早霜，麦秋皆失收，夏，小清河决口，田禾淹没。1926 年，张宗昌以山东保安司令兼省长名义……前后发行公债 4500 万元左右。因发行过滥，一再贬值，百姓深受其害。1934 年夏，酷热，温度达 40.5℃，热死数人。1935 年春，黄风自西北至，昼晦如夜，毁屋拔木，继骤雨冰雹，至傍晚渐；5 月，先后遭受虫灾和雹灾，灾荒严重；9 月，连降大雨，大清河水泛滥，黄河下游泄洪受阻，酿成水灾，受灾严重。③

1937 年，日军铁蹄长驱直入，山东军阀韩复榘不战而逃。县志对1937—1949 年的记载，主要集中于游击队的抗日斗争，未找到自然灾害的记录，但据当地老人称，"'鬼子'来了几年，旱了几年"。受访老人安季田在说这句话时语气非常肯定，但是否每年均大旱我未找到史料来证实。安季田老人的肯定语气并不代表记忆的真实性，他是在表达这段自然

---

① 王尹成主编《新泰文化大观》，齐鲁书社，1999，第 46 页。
② 参见晚清文人连梦青所撰《邻女语》第五回《济南军中鹅鹳成列，茌平道上莺燕悲歌》。
③ 参见新泰地方史志办编《新泰年鉴》，方志出版社，2000，第 10—13 页。

灾害仿佛与"鬼子"来了有因果关系，表达对这段苦难的认定和对"鬼子"的痛恨。1945年，"好不容易盼走了'鬼子'"。1946年国共两党达成停战协议，国民党重新占据山东大部分地区，村里的"复仇队"对八路军家属展开了"报复"。安振盛一家挺过了抗日战争，却在1946年这场国民党的报复行动中从村里的小康之家转眼沦落成要饭之家。安仲田是小八路、红小鬼，17岁就在区委当文书，国民党乡政府抓捕八路军家属时，村里的抗战家属被逼上吊死了好几个。安振盛夫妇被关进了监狱，需要700万国民党币来赎人，安家卖粮、卖田、卖牲口筹钱，换回了两条命，但积蓄的田产、财产尽散，后来靠着亲家和村里亲戚朋友接济熬过了个把月。

> "再卖就要卖孩子了"：七月的大热天，你老老爷（曾祖父）在牢里病着，铺了个蓑衣躺着，枕着麦秆儿，半死不活，乡政府要拿700万来赎人。家里不得不变卖田地、畜生，100万卖了一头大牛，每个人都心疼地了不得，小孩巴巴地掉眼泪。50万卖了一头驴，豆子正茂盛的一亩地卖了100万，金子顶上曹家林的一亩地卖了100万，姚家林一亩地100万，跟亲戚借了100万，总共凑了550万送到乡政府。钱不够，托人去乡政府求情，说这家里卖光了，破烂宅子没人买，再卖就要卖孩子了，家里还有十几口子人张嘴等着吃饭呢。就这样好说歹说，把你老老爷和老奶奶赎了出来。（安叔田-1930-男-半文盲-农民）

"留得青山在，不怕没柴烧。"1948年国民党在鲁南战败，撤出泰县，虽然家里没了地，但死里逃生的安振盛跟亲家公借了点钱外出做买卖，卖酒、卖烟卷、卖茶叶。三子安叔田跟着安振盛进货、走街串巷卖东西，维持着全家人的生活。"地就是庄稼人的骨头啊"，安振盛一直对子孙说，"还是要攒钱买地啊"。到1949年，安振盛凭借好头脑又积攒了一些闲钱，买回了两亩地。1956年社会主义改造时期，村里各户加入互助组、成立合作社以前，安振盛一家很快凭着劳力多、勤快能干，又成了村里的小康之家。

"地就是庄稼人的骨头"，费孝通在《乡土中国》中指出，靠种地谋生的人才明白泥土的可贵，土是乡下人的命根，"土地神"是最接近人性的神，管着乡间一切的闲事。① 不过，土地与庄稼人的关系不是外在于自身的乡野美丽风景，不是日出而作、日落而息的田园牧歌般的生活方式，不是城里人以审美的眼光对待它而无须尽任何义务的态度。庄稼人和土地及其衍生物是一个整体，"一分耕耘一分收获"，"上多少粪，出多少活，是有数的，你糊弄不了它"（安叔田 – 1930 – 男 – 半文盲 – 农民）。庄稼人既要对土地负责任、尽义务，也要承担劳作的辛苦、肮脏和自然灾害带来的后果。劳动者和土地是捆在一起的，二者结合才能创造财富。与其说是劳动创造了人本身，不如说是土地和人所形成的共同体借由劳动创造了自身。

2. 儿童是天然劳动力："穷人的孩子早当家"

天灾人祸、人生无常，这种苦难几乎是 20 世纪初三代人的自然必修课，他们需要在维持生计、艰难度日中养大孩子。在苦难中长大的田字辈、仁字辈两代人，也自然而然生出了关于"劳动"和"苦难"的多重道德情感和观念。

第一，"风水轮流转""三十年河东，三十年河西""命里有时终须有，命里无时莫强求""好死不如赖活着""留得青山在，不怕没柴烧"，由于灾祸的不可预计性，每个人都必须在这种"无常"的悲观里生出一种"认命"的坚忍和乐观来，只有这样才能挣扎着活下去。

"不是爷们儿干的事儿"：你老老爷在监狱里的时候，真想一头撞死啊，忙活了一大半辈子了，一下子什么都没有了，叫谁谁心里也难受，不一定想得开，咱庄里不是有好几个吊死的吗。你老老爷平时为人也好，亲戚朋友的都去牢里看他，圆成他，让他想开，"留得青山在，不怕没柴烧"。你老老爷从牢里出来说，不是不想死啊，舍不得老婆孩子啊，自己一抹脖子痛快了，留着老婆孩子受苦，这不是爷们儿干的事儿啊。（安叔田 – 1930 – 男 – 半文盲 – 农民）

大家族里的命运相系、情感相连，让庄户人在苦难中拥有情感支撑，不至于"撒手而去"，留下老婆孩子挨饿。这种"赖活着"包含对于家庭和子孙后代沉重的责任感，也是维系自己精神的力量。正是这种责任感让监狱里的安振盛没有放弃自己的生命，支撑一家人重建了家园。

---

① 费孝通：《乡土中国》，人民出版社，2008，第 2 页。

第二，在生计艰难的时期，"穷人的孩子早当家""技不压身"，"劳作"是每一个人包括儿童的本分。每个儿童都是天然的劳动力，生下来就"见识"了一切劳作的形式和过程，能走能跑就能跟着大人做力所能及的家务活、农活，七八岁便要承担放牛、割草等基础农活和照顾弟妹的养育任务。十七八岁便要成家，绵延子孙，实现劳力的延续和再生产。

> "拿着麻袋篓叶子"：小时候七八岁我就跟着你老奶奶去拾麦渣子，小孩子就舍在家里睡觉。不明天（天不亮）的时候，去地里捡了麦渣弄回来烧火啊，一去就要半黑夜，跟着大人也不知道害怕，那时候又没有炭，只能烧柴火。那时候也不嫌累，拾到快明天（天亮）的时候，也热了，就赶快跟着大人去地里拿着麻袋篓叶子，篓满满一麻袋叶子。我虽然小，但是个子大啊，每次都篓得最多。（安仁守-1946-女-初中-农民）

可以说，劳作的过程就是养育的过程，养育天然地蕴含在劳作之中，因此劳动技能不用"刻意地教"。家家户户都没有什么"偷懒"的孩子，"安家门里没有调皮孩子"，游手好闲、好吃懒做是庄户人深恶痛绝的品性，一旦小孩子表现出这种倾向，便会被严格管教，饿肚子是天然的惩罚。因此，"本分""勤劳""节俭""吃苦""节制"等道德观念深深植根在祖孙三代人的心里。

第三，如果"劳作"是一种本分，那么互助和报恩、"不占小便宜、不偷盗"在动荡年月便是需要付出努力的美德。祖孙三代人每每忍饥挨饿时，仍要教育孩子宁可光明正大地讨饭也不能偷拿别人的东西，一旦生活好了，要还债、报恩。安季田讲了一个灾荒时期向地主家借粮、还粮的故事。

> "我在这里吃饱了，俺爸俺妈在家挨饿"：1939年，地里旱得实在不行，村里一半人都出去逃荒、要饭了。家里也没有粮食了，以前你老老爷在地主家帮忙算账，他就去地主家碰运气，借粮食。村子里王姓一家人也快饿死了，你老老爷看着可怜，就带着王家的小儿子一起去。一进地主家门，张姓地主连忙迎出来说，"你领来的人，不是

外人，咱一起吃顿饭喝个酒"。王家儿子十多岁，就随着一起吃饭，吃着吃着就哭了，"我在这里吃饱了，俺爸俺妈在家挨饿"。张姓地主一听，"别急得慌，临走给你爸妈带着点"。第二年打了粮食，你老老爷先打发我哥把粮食还给地主。

"善有善报"：这位张家地主品性很好，人很好啊，帮过很多人，但是谁也想不到，1947 年被国民党治得不轻，因为他是亲解放军的家庭，被国民党政府罚了 2000 万元（国民党钱），弄到鳌阳阎王店关起来，罚穷了。运动的时候，这个张家地主一直没挨过批斗，这就叫善有善报。（安季田－1936－男－半文盲－农民）

1947 年，安振盛一家落难，靠家族亲戚接济才渡过难关。1951 年初冬，安振盛帮人推一车石灰过河，适逢大风雨，车子从小桥上翻落，石灰在河里都爆炸了。安振盛后来把车从河里推出来安置好，回来差点冻死，冻得手都弯不过来了，家人煮了一大锅姜汤给他喝下他才缓缓醒过来。后来他挣了钱马上还给对方，对方死活不要赔偿，说"人没事就算了"，但安振盛仍坚持要赔偿。正是靠着这些同舟共济、互助互谅的传统，乡里人才得以在连年的天灾人祸中生存下来。

3. 劳作本分："庄稼人不养懒汉"

养育与劳作是不分家的，但养育从来不是特别、专门、刻意的活动，而是劳动时顺便为之的。家里无论是谁看孩子，都是一边哄孩子，一边干活。老人们哄着孩子，可能同时纳着鞋底或者摊着煎饼，总之手里不停活。安季田和安仁持是李氏带大的，她有时候在园里看那七八棵大枣树，看树的时候顺便哄孩子。1937 年之前，很多人家里连菜园都没有，因为没有地、没有井、没有水。安振盛家里有个小菜园，种着甜瓜、西瓜、萝卜、豆角，一整个晚上安振盛都要领着孙子们在菜园里看瓜。大孩子带着小孩子一起割草、放牛，也是乡间常见的景象。没有人手帮忙时，年轻的母亲会用背带将孩子绑在背上，该做饭的做饭，该喂鸡的喂鸡，安叔田老人回忆起妇女们忙家务活的辛苦光景时说：

担挑子给汉子送饭，在田里拾柴捞火，晒麦子、掰棒子，根本闲不着。

妇女的家务活很厉害啊，光做给一大家子吃饭都忙不完。每天晚上摊煎饼都摊不上吃的啊。一吃完晚上饭就得准备推磨，推几个小时到晚上八九点，人都能转晕了。八九点把棒槌糊子（玉米糊）发上（意为自然发酵），早上不明天（天亮）四五点就得起来摊。摊晚了根本不中用，一大盆糊子，早上起晚了不得摊到晌午啊，老婆孩子不够吃的。（安叔田 - 1930 - 男 - 半文盲 - 农民）

"穷人的孩子早当家""庄户人家不养懒汉""没有偷懒的孩子，有偷懒的家里吃不上饭"，孩子们几乎是"看"着父母、亲人的劳作长大的，劳作的本事和意识根本不用教。每个孩子都没有"特权"，都要参与劳作挣一口饭吃，哪怕是读书的孩子。安伯田作为老大，五六岁就跟着父亲割草、放牛、捡柴火，天天都要去坡里帮忙干活。安仲田作为老二，虽然上了私塾，但放学回家"拿起家伙就上坡，根本不用大人催"。老三安叔田说："六七岁的时候赶上日本'鬼子'攻打汶南，又大旱几年，家里想吃麦糠都没有，地里根本不打粮食，家里还有一头大牛、一匹马、一头骡子，牲口也要吃饭，不能看着饿死啊，饿死牲口，第二年田地怎么办？"这一段时间，安叔田和安季田都没有上学，在家帮忙劳动。仁字辈的人为了能吃上饭，都在这个时候去当了兵打"鬼子"。

"在地里刨食太难了"，由于找口粮的艰难，生计和劳动是内在于生命的"本分"，是一种不言自明、不教自有的乡土品质。不劳作就意味着死亡，求生的本能让每个穷人家的孩子早早就能独当一面，而且将劳作作为一种生命的基本品质。不劳动、偷懒，不用别人惩罚和嘲笑，人们自己就会产生羞耻感。在我访谈的时候，所有老人的手都不停活，要么编织草筐，要么拣豆子，要么继续刷碗做饭。劳作不仅是本分，已经是这一代人的"本能"了。

三、自发性的亲缘共育

传统社会中儿童的养育不是依赖母亲或特定的个体的，而是依赖社区的。在儿童的成长过程中，数不清的成人和同伴参与其中。费孝通说，在这个"熟人社会"里，这些成人是生而与俱、无法选择、先我而在的，"每个孩子都是在人家眼中看着长大的，在孩子眼里周围的人也是从小就看惯的"①。夏林清指出，乡村中的儿童，是不需要母亲持续注意及教导的，他们是在许多成人共同参与的社群脉络中，被亲人及其他成人照顾长大的。② 桑代尔将这种超越了家庭范围的喂养现象称为"多样喂养"③。涂元玲调查了北京山涧村的本土教育，发现山涧村里的母亲哺育婴儿时，如果奶水不够，村里其他的妇女也可以喂养他；村里的任何一个儿童，都能在别人家里吃饭④，这是典型的"多样喂养"方式。但是"多样"容易引起歧义，让人觉得这是一种多元化的养育方式，不能概括传统养育的关键特征，因此用"自发性的亲缘共育"更为贴切。

1. "吃百家饭，穿百家衣"：儿童社会化的开端

乡土养育的第一个特征是养育主体众多。安氏家族中，在家看孩子的主要是祖母，母亲、妯娌、兄长、姐姐、外祖母（姥姥）、邻居也广泛地参与到看护和教育中。安季田老人于1936年出生，和他大哥的小儿子也就是他的侄子安仁持同年，两个孩子平时主要由安振盛的妻子李氏照顾，晚上也由李氏搂着睡觉，此时她的身份既是母亲，又是祖母，还同时给两个孩子喂奶。奶水不够的时候，安伯田的妻子王氏也能提供。地里农活特别忙的时候，家里的老人也会抱着孩子去田里让妈妈喂奶。平时大人全都出去干活的时候，稍微大一点的哥哥和姐姐就要帮忙带孩子，由于每个孩子之间的间隔是3—6岁，家里六七岁的孩子尤其是姐姐就要在家看孩子。安仁守七八岁的时候，就在家里带弟弟妹妹。

> 我比大妹妹大6岁，比小妹妹大7岁，我7岁就得带着两个妹妹。大人上坡里干活，我得在家带孩子。那时候村里有耕读小学，教小孩写写字唱唱歌，我要带小孩没办法，就带着俩小孩一起去，抱一个，再背一个，所以我一直没有读书。10岁才读了一年级，学了一年不到，老妈生了一个弟弟，我又没有上学了。
>
> 四个女儿最大的是我，最吃苦的是我，是主要劳动人了，他们小啊，比我小那么多。以前不够吃啊，那个红薯刨了晒干，再煮着吃。吃糠吃得拉不出屎来，疼得哭。两个最小的能喝点糊涂（意为稀

① 费孝通：《乡土中国》，人民出版社，2008，第6页。
② 夏林清：《斗室星空：家的社会田野》，台湾财团法人导航基金会，2012，第27页。
③ 多样喂养（multiple mothering），涂元玲将其翻译为"多级喂养"。
④ 涂元玲：《村落中的本土教育》，山西教育出版社，2010，第48页。

饭），我们就吃红薯。两个小的没怎么吃过苦。（安仁守－1946－女－初中－农民）

俗话说"长兄如父，长姐如母"，家里的长兄长姐往往要承担代理监护人的角色，但通常来说，老大是家里吃苦最多、最能干的孩子。为此，他们也会为大家庭牺牲个人的发展机会，但他们与弟弟妹妹都会结下深厚的情谊，在弟弟妹妹中享有很高的权威，可以代父母管教、惩罚小孩。

兄长、姐姐等大孩子除了是直接的生活照顾者之外，也是成人世界道德观念向下传递的重要中介，是儿童重要的成长力量和信息交流渠道。"长兄如父，长姐如母"不仅是强调哥哥姐姐作为临时监护人之工具上的便利性、情感上的重要性，这种从小相伴的情谊还具有天然的教育力量。有一些大道理由父母来说几乎没有作用，但由哥哥姐姐或同伴来说，就有着不可动摇的力量。尤其是在青少年身体发育阶段，在与性有关的成长问题上，中国父母基本上是"谈性色变"，性教育在中国传统教育尤其是家庭教育中基本上是空白的。不过，这种"空白"的判断很大程度上忽视了乡土社会儿童同伴众多的事实，这一部分教育由兄弟姐妹和同伴承担了。父母羞于启齿，但同伴之间无话不谈，互相交流生理性征的变化、对异性的好感等各种话题，而且还帮忙介绍、参谋对象等，安季田的妻子就是他表哥梅廷介绍和撮合的。

"两个人都看着面善"：我18岁的时候，在村里上速成学校扫盲班，一起上学的表哥梅廷就跟我提到了他亲戚朱灵修家的妹妹。我那时不断地去朱灵修家玩，很投脾气，但从来没见过他妹妹。这么多年轻人我都认得，就他妹妹我不认得。因为老的（父母）不让出门啊，她又不上学，我来来回回从她家大门口走，就是不认得她，平时看热闹的也没有她啊。梅廷跟我说，你不认得我认得，咱约着灵修一起去他家，你见见面不就行了。找了媒人一说，梅廷、灵修约着一见面，坐了一盼子（一会儿），说了一盼子，都看着面善，后来就这么定了。（安季田－1936－男－半文盲－农民）

亲缘共育的另一个特征是"吃百家饭，穿百家衣"。"吃百家饭，穿百家衣"是基于物质匮乏的无奈。如果一家的父母有急事没时间管孩子，可以把孩子托付在亲戚和邻居家吃饭，形成一种互助育儿的传统。至于穿的，老人认为衣服扔掉非常浪费，大孩子的衣服鞋子通常会给弟弟妹妹穿，实在穿不了，会剪成破布当婴儿的尿布或者留着当"布头"（零碎的布料）以备不时之需。

> "补丁摞补丁"：以前的时候，大孩子的衣裳鞋子都不会扔，留给小孩子穿。补丁摞补丁那是很正常的事。我上小学的时候一整年就一条棉裤，还是俺哥以前穿过的。有一次冬天去上学，裤裆裂了，一大早上俺娘给我补棉裤，结果上课迟到了。去到学校里，老师问我干吗去了，我说补棉裤了，班里的同学都笑我。（安仁金－1950－男－初中－工人）

不过，"穿百家衣"不只是物质匮乏的无奈，也是社会习俗中的一种。村里流行在孩子出生后，找以前孩子的旧衣服穿，或者向好几户人家讨要一点小布，颜色、面料都不管，自己缝成衣裳给孩子穿，据说这样可以"借福"，孩子"好养活"，寓意将孩子留在世上，像已经长大的孩子那样健康成长，这对孩子的命运有着保佑的作用。"穿百家衣"，也是寓意让孩子赶紧走出家庭、接触社会，与三教九流的陌生人打交道，这是社会化的开始。对于村里的老人来说，百家衣的人气能留住小孩，"庄稼人越是粗粝粗糙的，越好养活"，"越娇贵，越不担歹坏（意为承担不了风险、坏事）"。

> "粗粝粗糙的好养活"：庄户人家穿衣服哪里有好歹（意为好坏），养孩子越是粗粝粗糙的，越好养活。别的小孩都穿过的衣服，能接人气，能留住小孩。现在的衣服，花里胡哨的，还贵，穿在小孩身上不一定好。你看以前，穿得脏不拉几的，又是跳蚤，又是虱子的，没几个过敏的。现在的小孩越娇贵，越不担歹坏。（安仁守－1946－女－初中－农民）

无论是"长兄如父，长姐如母"，还是"吃百家饭，穿百家衣"，这种亲缘共育的主要特点是自发性、自足性，形成了一个可以互相信任、互相依赖的养育共同体，一起面对养育中碰到的问题和困难。而且，由于父母可能会因为血缘关系而"护犊子"、偏袒自己的孩子，村里人认为，"小孩离了妈，三分规矩"，由别人来教反而能让孩子成长得更好。这也就是家族教育的另一个传统——易子而教。

2. "管料"：经由母教再生产的象征性父权

传统父亲的责任面向所有家族成员，若与儿子过于亲近，会容易导致偏私、溺爱、"舍不得"、"狠不下心"，在一些小事上会妥协或睁一只眼闭一只眼，反而不利于进行一些道德教育，因而失去其在大家庭里的家长威严。村里老人说，当父亲的要在家里"唱黑脸""立规矩""有王法"，让孩子们有"怕性"，只有这样他们才不会无法无天。

> "从小要管料"：家里一定得有个"唱黑脸"的，不能全都好好好、是是是，没有规矩不成方圆，当爸爸的就是要立规矩，一瞪眼孩子就知道自己错了。家里要是没有一个人立规矩，孩子没有王法，天不怕地不怕，敢往天上给你捅个窟窿。尤其是男孩子，三岁看大，七岁看老，"管料"主要就是小时候管，小时候没有规矩，大了就甭想管出料来。（安叔田 - 1930 - 男 - 半文盲 - 农民）
>
> "不能护犊子"：父母一定不能护犊子，尤其是当妈的，天天搂在怀里亲得不行，管不出料来。有些规矩不能跟孩子哼哼哈哈就过去了，大人要拿出样子来。（孩子）不怕父母，怕舅舅、大爷或者叔叔也行，要是对谁也没有怕性，天王老子都不怕，指不定能闯出什么大祸来。（安季田 - 1936 - 男 - 半文盲 - 农民）

父亲在大家族里摆出"公正"的姿态，家族其他人才敢站出来说公道话。举个例子，安伯田在家里帮父母干活，安仲田上私塾，尽管安伯田为家里付出的劳动更多，但安仲田由于读书好、脑子活更加受到父母偏爱。有时候安仲田从私塾放学回家后偷懒不干活，安伯田心里不高兴但也不好意思说。这时候，被哥哥一手带大的安蓝田就会去找姑姑告状，为哥哥打抱不平，由姑姑从中斡旋劝说父母公平对待孩子。几个姑姑会直接跟安仲田讲道理，跟他说哥哥的不易、为了弟弟能上学早早承担起家里的责任等。"易子而教"在大家族道德教育中起着"一杆秤""一碗水端平"的作用。

虽然《三字经》讲"子不教，父之过"，但"远其子""父不亲教"

的传统实际上与此相悖。在平民家庭里，父辈忙于生计，根本无暇管教孩子，仅作为"象征性权威"存在。但这种"象征性"却可以经由女性尤其是祖母、母亲完成。祖母在抚幼的时候会倾向于不断树立自己儿子的威望，母亲有时候也会说起父亲在这个家庭中有多么重要。在婆媳关系中，婆婆很忌讳儿媳妇与儿子当着孩子的面吵架，或者儿媳妇在孩子面前抱怨丈夫的不是。

> "骂骂咧咧不好听"：两口子吵架千万不能当着孩子的面，为了家长里短的事吵吵，让孩子听了去笑话。尤其是有些婆娘扯着嗓子骂自己家的（意为丈夫），骂骂咧咧，不好听啊，得给当爹的留着面子，（当爹的）没了威信，以后孩子就敢骑到你头上拉屎。在孩子面前，（夫妻之间）再多的不是关起门来说，不能当着孩子的面说，这叫留口德，要不孩子都学了去。有些儿媳妇不懂事，老是在孩子面前说家里的（丈夫）怎么着怎么着，孩子跟着一起怨爸爸，以后还怎么教育得好啊。（安季田–1936–男–半文盲–农民）

一方面，祖母、母亲会在孩子面前说男性当家的不易和其对家庭生计的贡献，树立父亲在孩子心中的权威感。另一方面，男性掌握着家庭财务、祭祀、红白喜事等重要家庭事务的话语权和决定权，这会不知不觉在孩子心中树立"杀伐决断"的"象征性权威"。从安振盛和四个儿子的情况来看，女性承担了很多农活和大部分的家务劳作，但在大事上尤其是社会交往、家庭财产收支上都没有太大的决定权。重要的家庭仪式、红白喜事都由男性话事、主事，将女性排除在外。男性虽然不直接参与养育的琐碎事物，但"距离产生美"，他们在重大仪式上的参与和决定权赋予他们一种威严感，让孩子们不敢小觑。

熊秉贞的研究也指出了母教作为中介再生产了父系权威和人伦秩序。她分析了明清时代士子家书、信函、自传的内容，发现中国传统男性在各种写作中都将自己的成就归因于母教而不是父教。因为母亲被局限于家庭之中，需要透过教育和控制子女来传达意见、彰显自我、获得成就感。她们不断地教诲、催促、告诫儿女尤其是儿子奋发向上，并不断提醒孩子自己的含辛茹苦，加诸抚育幼子而结成的紧密的情感关系，促使儿子上进。母亲扮演了双重角色，一方面要养育、慈爱，另一方面要指导、训诲。在这种管教中，她的儿子走向了传统男性的角色。① 也就是说，在易子而教的乡土教育传统中，父亲作为"象征性权威"的角色，是以母教为中介再生产的，并通过对家庭重要事务的掌控权而得以确立。

易子而教是传统乡土教育中的另一个重要特征，是由多养育主体引申而来的最常见的大家族教育形式。同伴教育其实是易子而教的变体。易子而教典出《孟子》②，在中国有很长的历史，因为父子碍于血缘亲情，教而不听则容易动怒，伤害父子感情，造成家族危机。易子而教的养育传统必然鼓励"远其子"的疏远的父子关系。孔子对于孔鲤采用"庭训"③ 的方式，这已成为中国父教的传统。《颜氏家训》中有"父子之严，不可以狎；骨肉之爱，不可以简。简则慈孝不接，狎则怠慢生焉。由命士以上，父子异宫，此不狎之道也"④ 的说法，这种不亲教、不可亲密的观念维系了父辈的家长权威。围绕着易子而教，传统乡土教育"远其子"的父亲的"象征性权威"，母亲作为情感中介对父亲权威的再生产，同伴教育和大家族教养所产生的广泛的社会支持和道德约束等特点都渐渐浮出水面。以上是传统亲子关系的特点，在教育内容和方法上，大家族采取"习惯成自然"的"以事教"的方式，在小事尤其是扫洒应对之事上培养儿童的生活、道德习惯。

3. 饭桌上的教养与道德化的身体

大家族的教育往往从饭桌上开始，"饮之食之，教之诲之"⑤，吃饭礼仪是孩子们最早学会的日常礼仪。吃饭时人多口杂，众口难调，易起纷争，孩子们从小就要知道很多"禁忌"，比如"食不言"，尤其是不能满嘴嘟囔着说话，筷子不能交叉，吃菜不能"扒翻"，只能夹盘子里离自己最近的菜，不能把喜欢吃的菜拉到自己面前，这些礼仪在不分家分

---

① Hsiung, Bing-Chen, "Constructed Emotions: The Bond between Mothers and Sons in Late Imperial China", *Late Imperial China*, Vol. 15, No. 1, 1994, pp. 87 – 117.

② 语出《孟子·离娄》。公孙丑曰："君子之不教子，何也?"孟子曰："势不行也。教者必以正，以正不行，继之以怒。继之以怒，则反夷矣。'夫子教我以正，夫子未出于正也'，则是父子相夷也。父子相夷，则恶矣。古者易子而教之，父子之间不责善。责善则离，离则不祥莫大焉。"

③ 语出《论语·季氏》。孔子在庭，其子伯鱼趋而过之，孔子教以学《诗》《礼》，陈亢退而喜曰："问一得三，闻诗、闻礼，又闻君子之远其子也。"

④ 语出《颜氏家训》。父子之间要保持严肃的关系，不能太亲昵；骨肉之间的亲爱，不能简省而不讲礼数。不讲礼数就做不到父慈子孝，太亲昵就会滋生不敬的想法。从朝廷任命的士人向上看，父子二人都分房而住，这就是不要太亲昵的道理。

⑤ 语出《诗经·小雅·绵蛮》。

灶、孩子众多的家族里，是非常重要的，是避免孩子争吵、大人发生口角的基础礼仪。

> 站有站相，坐有坐相。你站得、坐得松松塌塌的，一看就不精神，不是勤快人啊。一个人有没有出息，看坐相、吃相就能看出来。吃饭不能扒翻，又过来又过去，这个菜谁敢吃啊。咱家里的小孩都不敢这样，从小教育，敢这样扒翻，老的（父母）一筷子对着头就抽上。（安叔田－1930－男－半文盲－农民）

> 吃饭要有吃饭的样子。食不言寝不语，嘟囔着个嘴说话，容易呛着不说，对人不礼貌啊。有些人吃饭唾沫星子横飞，吃相这么难看，懂事的人一看就知道这个人不中用啊。（安季田－1936－男－半文盲－农民）

> 吃饭你得有眼力见儿。勤快的小孩，吃饭之前不用老的说，摆凳子、拿筷子。这种小孩走到哪里都勤快，他有眼力见儿，知道疼人，知道父母的辛苦和不易啊。（安仁守－1946－女－初中－农民）

饭桌礼仪不仅涉及对人的尊重、礼让、公平等基本道德形式，最重要的是让孩子从小在大家族中懂得人情的边界和维持，使其"有眼力见儿"、"眼里有活"、掌握为人处事的分寸。安季田老人就说起他小时候唯一一次挨打的事情：

> "猴急火燎，一点出息也没有"：有一回，奶奶在家里摊煎饼，我6岁了，和我同岁的小侄跟我一起站在鏊子（摊煎饼的大平锅）边上眼巴巴地看着。闻着怪香啊（意为非常香），我迭不哩（意为忍不住、等不及）把刚摊下来的一片煎饼从边上撕下来麻利儿吃了一口。煎饼刚摊出来的时候，边上有一点点焦黄焦黄的煳味，是最香的。我那时饿啊，又馋，结果奶奶一耳巴子（意为巴掌）搧过来。当着小侄的面，我又疼又丑，捂着脸就呜呜地哭了。奶奶说："为什么打你啊，我不疼你吃，你这个猴急火燎的像什么样子！一点出息也没有！这么小就不成才！"（安季田－1936－男－半文盲－农民）

安季田老人小时候的这次挨打是因为他"猴急火燎"的样子看上去

非常"没有教养""没有出息""不像样""没有料"，因不能忍受一时的欲望而失态。可以说，越是在人际关系复杂的大家庭里生活，"节制"或者说"自我克制"的道德越重要，这是互相维持体面和尊严的基础。

在这里，有一个非常重要的概念——"教养"，或者说"料""出息"，这个我们常用而未深思的、与教育和个人品质相关的概念非常值得讨论。我们经常把"教养""教育""养育""礼貌"混用，我们会说一个人没有"教养"，但不会说一个人没受"教育"；即使有些人做出很有"礼貌"的样子，我们也可能觉得他没"教养"。这意味着"教养"是平民社会哪怕是现代社会对于儿童性格、品质的底线性要求。虽然乡土社会对于孩子养成什么样的道德品质没有明确的理性认识，但人们对底线性的道德品质有深刻的洞察和共识性的把握，并在日常的生活实践和人际互动的细节中，去养成儿童的教养。正所谓，教养与贫富无关，而与家庭中养成的做人的一般准则有关。这种道德实践是一种现代教育颇为推崇的"实践取向"的教育方式，不是刻意地去教一种明确的道德准则，而是在小事上通过做有道德的事成为有道德的人。

第二节 游戏、交谈与社会欢腾

尽管物质匮乏时期的生计教育是自然而然的，却不是"自由"的。基于贫穷和活命的生计劳作虽然是本分，但不是充分的"自由劳动"。"靠天吃饭"需要不断将自己的命运交付给外在的自然环境，其中充溢着族人"苦大仇深"的情感体验，劳动在很大程度上等同于"苦役"。生活越苦，稀缺的快乐越珍贵，记忆就越深刻。谈起生计之外短暂的休息、童年的游戏、闲话、民间传说、节日和赶大集的快乐、逛庙会的热闹……老人们的表情都松了下来。生计是为了活着，但活着却不是为了生计，老人们对"苦大仇深"的各种征战、灾难、讨生活的具体时间经常记不清，但对于苦难之外偶尔的闲暇生活却如数家珍、历历在目。这是苦难记忆里少有但极其珍贵的温暖和快乐。不过，村里老人们口中的闲暇是一种混合物，既包含享乐、放松的活动，比如游戏，也包含与生计、劳动、消费有关的公共生活，比如赶集、庙会，还包括制度性的、与祭祀相关的节日和仪式。

一、野孩子：乡土儿童的生命力量

村里的老人们一般把在田间地头玩耍的孩子叫作野小子、野丫头。说"野"的时候，老人们的眼睛是亮的，是半嗔怪半赞赏甚至是憧憬的。"野"对于大人来说，意味着"不娇贵""能自己玩了，不用大人操心""能跑能闯"。安叔田说，"不野的孩子不壮实"。"野"还与身体的健康相联系。现代人对传统教育存在刻板观念，认为中国父母倾向于让孩子要"乖"。事实上，"听话"在农村仅仅只是教育的一面，大人们更欣赏不过分的、带有干劲和生命力的"野"。可以这么说，"乖"不是乡土儿童的内在本性，"野"才是乡土世界的生命力量。

1. 以万物为玩物：传统游戏的广博与分寸感

乡间一般没有什么玩具，孩子们都是有什么玩什么，或者就地取材制造玩具，比如弹弓、毽子、嘎嘎、竹马①什么的。对他们来说，大自然就是最好的游戏场地，万物都可以变为玩具。野孩子们最常玩的游戏是在村里疯跑、踢毽子、藏马猴（捉迷藏）、结伴探险、打土坷垃仗。这时的儿童是不受拘束的，是自在的，大人和孩子甚至会一起玩。

　　小子小妮的都疯着玩，你追着我赶着的。
　　有时候踢球，用粗线缠个球，缠得提溜圆，踢就是，也知不道累。
　　大孩子踢毽子，用小铜钱和线把鸡毛定住，男女老少都踢。
　　男孩子最喜欢打嘎嘎②，"木头嘎嘎两头尖，嘎嘎棒子圆又圆；我是一个神枪手，一投投到线里边；你那嘎板挡不住，叫你输个底朝天"。打嘎嘎需要"眼头准，好手力"。（安仁持－1936－男－小学－农民）

---

① 削竹为马。一般来说，在北方，儿童都是用扫帚苗、玉米秸秆等当"马"来骑。
② 打嘎嘎是两个人或多个人玩的游戏。需要一个嘎，用两三厘米粗、十厘米左右长的木棒两头或一头削尖。还需要一个嘎棒或嘎板，像乒乓球拍子一样。玩法是划一片地为"城"或"郭"。一人蹲在"城"旁，用嘎棒敲击嘎的尖端，敲准的话，嘎就跳起来，趁机把嘎打出去，打得越远越好。另一人在对面接嘎，如果用手接住了嘎，就获得了胜利。打嘎嘎可以锻炼孩子们的击打、投掷、目测能力。

小一点的孩子热衷于捉迷藏，村里到处都是草垛，还有各家各户的茅房、柴房、门旮旯、猪棚，都是可以隐藏的地方。尤其是到了夜幕降临的时候，孩子们就在家附近玩起捉迷藏的游戏，有时候也躲在拉呱的大人堆里，大人就帮着掩护。小孩子们天天藏也不厌倦，要是找到一个新藏身之处，让别人花很久才找到或者干脆找不到，他们会有莫大的愉悦感。有时候找的人找不到，藏的人反而不耐烦了，急于揭晓"谜底"，偷偷从藏身之处潜出来，从背后现身吓人一跳，让人又惊又喜，这时候双方都哈哈大笑。

有的孩子不想玩了，就偷偷地先跑家走（回家）睡觉了，找的那个人迷迷糊糊找半天找不着，才想明白上当受骗了，一跺脚，嘴里骂上两句，"你这个赖皮""我再也不跟你玩了"，也很不甘心地家走。（安季田 - 1936 - 男 - 半文盲 - 农民）

如果说捉迷藏是一种小冒险的话，那么"练鬼胆儿"就是大冒险了。大冒险几乎是大孩子尤其是男孩子成长的必需。传说中农历腊月二十是阎王"放鬼"日，"放鬼"的时候，孩子们尤其是男孩子们故意要约着"见鬼"。大孩子在跟小孩子讲述"见鬼"的时候，小孩子都是一脸崇拜的，恨不得自己快快长大，而大孩子也恨不得添油加醋，仿佛自己是英雄归来。过不了几年，他们就能自己走夜路，经过村外的一大片坟地也不怕了。

平时大鬼小鬼都在阎王殿里管束着，大过年了，阎王爷也要高抬贵手给他们放假，把他们放回去跟家人聚聚。腊月二十以后，大人都嘱咐小孩晚上不能玩得太晚，要不然会遇到鬼。鬼是什么样，谁也没有见过，但肯定长得青面獠牙的，平常都这么吓唬孩子。（安仁金 - 1950 - 男 - 初中 - 工人）

有些胆大的男孩子就想见见鬼是什么样子，就都约着一起出门，经常是自己吓自己啊。黑灯瞎火的，突然从草里钻出个猫啊狗啊老鼠啊的，吓得一身鸡皮疙瘩。男孩回去吧，就吹牛啊，说鬼见了都绕着走了，表示自己很厉害啊。（安仁恒 - 1947 - 男 - 高中 - 基层干部）

打土坷垃仗就是用土坷垃、石头、瓦碴子，捡到啥是啥，有时候往树上，有时候在墙头上竖一个瓶子，有时候在河里，看谁扔得准、扔得远。

这个游戏最危险，"石头瓦块不长眼睛，有时候落到头上，起个大疙瘩，冒个血窟窿，脸上留个疤瘌，还可能把眼睛打瞎"（安仁金－1950－男－初中－工人）。但老人们说，小孩子们很少有打得头破血流的情况出现，因为孩子们一开始的目标都是物，他们早就在打水漂啊、打嘎嘎啊等各种游戏中，练好了准头、力度。目标是人的时候，他们对石头的挑选都很知道分寸，大的尖的一般不挑，这都是在平常游戏中早就练出来的，"不用教，也用不着担心，那些把别人头打破的不是笨孩子，就是'得为'（有意为之）的，肯定要挨'说谅'（意为教训）"（安叔田－1930－男－半文盲－农民）。

2. "说谅"与"圆成"：儿童的伤害豁免权

一般来说，孩子每次出门前，大人都会嘱咐，不要打破了人家的脸，意思就是扔石头不要往人头上扔。如果玩这种游戏的时候，有路过的大人，无论是谁家的，都会故作严肃地顺便提醒一句："看着点扔，不要扔破头啊！"（安仁金－1950－男－初中－工人）庄户人家对小孩出门玩嘱咐最多的一句话就是，"别惹祸啊，打人别打脸啊"（安仁金－1950－男－初中－工人）。别惹祸，就是不能冒犯、欺负别人，尤其是小一点的孩子。小孩子难免打架，只要打得不厉害，不是头破血流，大人也不会管。对于游戏引发的冲突，大人是很少干涉的，即便是被打的孩子哭着回来，大人也只会安慰两句，"噗啦噗啦（用手来回摸摸）就不疼了""没什么要紧的"（安仁金－1950－男－初中－工人）。但有一个原则——不能"打脸"，把脸抓破，那就"破了相"了，这就有损别人的尊严、体面了。一般打架"破了相"，就会有别人的父母上门了，说"你看你家的孩子把俺家的脸都打破了"。一旦有人找上门，这就是小孩"惹祸了"，那时大人们坚决不会"护犊子"，一定会当着别人的面"说谅"自家的孩子，但一般不会马上打，即使打也是打屁股。当着别人的面打孩子这种事并不常见，除非孩子犯了非常严重的错误，比如偷窃或者故意欺负弱小以致很大的伤害，即使是这样家长也大多会"关起门来打孩子"。乡间偶尔会有在街上追着打孩子的情况出现，但村里人会认为这是不会教育孩子的做法。

村里一个妇女，拿着笤帚，天天跟在孩子腚上，骂骂咧咧，"你这个小兔崽子，我让你跑"，村里人都笑话她，"这户人家不会管孩子"。（安叔田－1930－男－半文盲－农民）

　　小孩不是揍出来的。揍啊揍啊，忒难听了。咱安家门里好几辈子了，就是不骂人，也不骂小孩。教育不是揍人。我成天寻思，有的人家骂小孩，这不像个样。××这家子就不懂事，爷爷奶奶的张口就对孙子说，"我这就揍死你"，他就是根本不礼貌。我打小没挨一回"说谅"，没挨一回打，小孩自己懂事，不是揍出来的。（安季田－1936－男－半文盲－农民）

　　不当众打孩子，尤其是不因游戏冲突打骂孩子，是大人们的共识，这与我们对传统教育热衷于体罚的刻板印象是有出入的。大人们的"宽容"也体现了成人对游戏价值的充分肯定和对儿童冲突的充分谅解。因为"儿戏"不能当真，"儿童嬉戏，哪有真事啊"，意思就是大人们对游戏冲突一定不要较真，不要过度惊讶。

　　让娃娃们自己打去呗，一会儿就好了。
　　小孩子的脸，六月里的天，打也是他们，亲也是他们。
　　今天打破头，明天就亲得不得了。（安仁金－1950－男－初中－工人）

　　老人们说教训孩子不用"教训"，用"说谅"。说是讲道理，包含但不限于责备，但同时有"谅"的成分，有"在说的过程中原谅""说开了也就原谅了"等各种意思。"说谅"是比较轻的责罚，成人在"说谅"孩子时，一般不会有人干涉。但当孩子被打骂过分了，出现了被辱骂和殴打的情况，邻居或周边的人听到了声音，一定会去"劝架"或"拉架"，来打"圆场"，这叫"圆成"。一般都是老人先开口，"别把孩子打坏了，'说谅''说谅'、'圆成''圆成'就行了"（安季田－1936－男－半文盲－农民）。这时即使很暴虐的大人也会见势收手，"看在你大爷/大娘的面子上，我就饶了你，下次你敢犯，我就打断你的狗腿！"（安季田－1936－男－半文盲－农民）这种左邻右舍的"圆成"，让事态不至于发展到不可收拾的地步，让孩子不至于被惩罚过度，也让失去理智的大人有台阶可下，适时收手。
　　正是大人对"打人不可打脸"的原则性嘱咐，对孩子冲突的"说谅"，对孩子过分打骂时旁人的"圆成"，让孩子们在玩的时候有一种安全感和分寸感，基本不会出现过分伤人的情况。

3. 儿童的英雄情结和冒险精神

前文描述的儿童游戏是一种非常纯粹的，儿童享有较大自由、支配能力、惩罚豁免权或宽容度的活动，基本上与生计、功利、责任不相关，这种闲暇生活是乡村童年的主调。不过，1937 年之后，这种与生计和责任无关的闲暇局面被打破了，儿童的闲暇时间被充分利用到抗战救亡的事业中。这段时间，大批儿童英雄涌现，歌颂他们的儿童文学空前繁荣，送鸡毛信的海娃、放牛娃王二小、小兵张嘎、小英雄雨来……这些儿童形象不仅影响着当时的儿童，现在也经常出现在语文、历史教科书中，影响着当下的儿童。徐兰君认为，战争的爆发给中国的儿童带来了非常大的影响，主要表现就是儿童在战时被视为国家、家庭及学校的一个联结点，是对中国普通民众进行抗战宣传的一个有效中介，并成为战时教育的核心；抗战文学大众化模糊了儿童文学和成人文学的界限，打破了儿童与成人、都市与乡村以及家庭和社会的一系列界限。这不仅意味着儿童与成人同等地承受战争创伤，更重要的是儿童承担着与成人类似的抗战责任。[①] 战争如何影响儿童的闲暇生活，如何参与了几代儿童的成长，并带来了什么样的影响，仍然是没有被充分讨论的话题。我们可以在追溯抗战期间儿童的游戏中寻找一些蛛丝马迹。

1938 年 6 月 26 日，毛泽东同志在给《边区儿童》的题词中说："儿童们起来，学习做一个自由解放的中国国民，学习从日本帝国主义压迫下争取自由解放的方法，把自己变成新时代的主人翁。" 1938 年 10 月，西北青救会第二次代表大会通过了抗日儿童团的组织章程。[②] 在这种社会背景下，全国各地乡村都建立了儿童团。鲍村的很多老人都是抗日儿童团的生力军，安仲田老人、安季田老人小时候都当过儿童团的团长。几位老人回忆说，儿童团在村里的主要任务是"站岗放哨送情报，严防敌特保安全"，只要不参加农忙，便会轮班在村口放哨，有时手持红缨枪盘查路人，遇到陌生或可疑人物就送到民兵队进行审查，或者还担负着送鸡毛

---

① 徐兰君：《儿童与战争：国族、教育及大众文化》，北京大学出版社，2015，第 8—9 页。
② 团章规定建立儿童团的宗旨是：1. 联合全中国的小兄弟、小姊妹结成好朋友；2. 大家共同学习、工作和游戏；3. 参加救国工作。7 岁以上 14 岁以下的儿童少年都可参加。它的任务是：宣传大家打日本；侦察敌情捉汉奸；站岗放哨送书信；尊敬抗战官和兵；帮助抗属来做事；学习生产不能停。朱德同志也曾在给晋东南武乡县王家峪儿童团的题词中指出："斗争与学习缺一不可。"

信、传递情报的任务，比如在山头哨所竖起"报信树"（在木杆上绑上草），敌人来犯时白天推倒"报信树"，夜晚点燃"报信树"上的草预警。老人们还依稀记得一些关于儿童团的儿歌：

> 小小红缨枪，矛尖光又亮。壮丁带它去查路，儿童带它去站岗。查路放哨要留心，捉住汉奸不要放。如若鬼子进村庄，红缨枪请他尝一尝。别看小小红缨枪，坚持抗战打东洋。
>
> 我们是祖国的儿童团，伸起了臂膀和鬼子干。我们是钢铁的儿童团，不怕那困苦和艰难。我们的狂呼就是刺刀，我们的歌声就是炸弹。唤醒了城镇和乡村，唤醒了同胞千千万。千千万上前线，团结好一齐干。胜利的日子在眼前，胜利的日子在眼前！（安叔田 – 1930 – 男 – 半文盲 – 农民）

除了红缨枪，孩子们还会自己造一些简易的木枪玩具，在晒谷场进行队列和刺杀训练，"一、二、三、四""杀！杀！杀！""冲、冲、冲，大家来向前冲，哪怕飞机大炮迎头轰，我们是抗日先锋队向前冲！"（安仁持 – 1936 – 男 – 小学 – 农民）在这些歌中，"我们的狂呼就是刺刀，我们的歌声就是炸弹"（安仁持 – 1936 – 男 – 小学 – 农民），仿佛儿童自身就变成了尖利的武器，刺向敌人的身体。

儿童的游戏也带着浓厚的军事色彩，比如扔石头瞄准是"练习瞄准"、捉迷藏变成"捉间谍"等。小学教材中包含大量的军事内容。[1] 在打击敌人的特殊时刻，带有攻击性的军事技能和意识通过游戏慢慢渗透到儿童的日常生活中，同时，儿童在情感上越来越憎恶敌人。村里儿童的"愤怒"和"仇恨"除了针对"鬼子"，还针对"二鬼子"（汉奸），他们说起"二鬼子"来都咬牙切齿，深恶痛绝。安季田老人说，鲍村不靠山不靠水无险可依，解放军和"鬼子"都不驻扎在附近，但经常见"二鬼子"折腾村里的人，给"鬼子"卖命、干活。儿童团的主要任务就是盯着"二鬼子"，在他们来村里逮鸡、逮猪之前通风报信，不过也有失手之时。

---

[1] 1936 年国防训练的小学游戏教材就列出了很多儿童游戏项目，如打靶、骑兵过岗、军用电报、输送弹药、侦察敌情、爬高瞭望、偷营、敢死队、海陆空军大联合、收复失地、扮演特务和老百姓等角色……让孩子了解战争，消除战争恐惧心理，培养团体精神和爱国情怀（徐兰君：《儿童与战争：国族、教育及大众文化》，北京大学出版社，2015，第 33 页）。

跟二鬼子斗啊。鬼子不折腾穷汉，最可恶的是二鬼子，咱村里
　　××家就是，给鬼子通风报信，给鬼子跑腿逮猪、逮鸡。越是富户越
　　怕二鬼子，有时候二鬼子领着鬼子来抓人。我们主要是盯着二鬼子，
　　看有什么动向，抓紧跟上面汇报。

　　　　有一年鬼子要猪，派了几个二鬼子，先牵了王家的猪。全村就她
　　家有猪，她卖豆腐，给猪喂豆腐渣，猪长得快。二鬼子抢去扔了不到
　　一半的钱。大婶子说：“老乡啊，老乡，你给俺这些钱太少啊。”二
　　鬼子骂：“哪有这么多钱，皇军公买公卖。”二鬼子还说公买公卖，
　　公买公卖只给一点钱？又不打欠条又不过秤的。（二鬼子）接着就找
　　杀猪的，把猪杀出来，用车推着一会儿就给鬼子送去了。（安季田 –
　　1936 – 男 – 半文盲 – 农民）

　　激发儿童团保持干劲和团结的不仅是“愤怒”和“仇恨”，还有一种
“英雄情结”，一种冒险的魅力和与伙伴共同进退的集体意识。几位老人
提起当儿童团团长集体打“鬼子”的时候仍然很激动、很自豪。儿童团
团长一般是孩子王，平时就是孩子中间的首领，他们聪明、机灵、大胆而
且具有正义感，能保护弱小。他们在与敌人周旋的过程中，被自己和伙伴
们的聪明才智折服，他们不再是被大人庇护的孩子，他们的“战斗”不
是为了自己，而是对大人有用，甚至能保卫和“拯救”亲人、村庄、民
族、国家，这种英雄历险记实实在在发生在自己身上，谁不激动呢？老人
们回忆起在抗灾度荒中，儿童团出动挖野菜，为抗日队伍和自己寻找替代
食物的情形，他们感觉自己为抗日事业做了很大的贡献，而且上山爬树到
处挖野菜、捉虫子也是很有趣的事情。

　　　　到野外摘野草啊，薅树叶啊，只要能吃的就行。爬到槐树上摘槐
　　花、榆树上摘榆钱儿。在坡里挖苣苣菜、刺蓟草、蚂蚱菜、盘蒜苗、
　　芹菜。从地里逮蚂蚱、蛐蛐、知了、虫蛹、豆虫，也不管长得瘆人不
　　瘆人，能填饱肚子就行。（安季田 –1936 – 男 – 半文盲 – 农民）

　　吃昆虫、吃野菜的饮食习惯在经历过战争和饥荒的 30 后到 50 后身上
一直延续。蚂蚱、蛐蛐、知了、虫蛹这些形状怪陋的昆虫一般人是不吃
的，80 年代以后的小孩普遍看见了就怕。在民国以前的历史传统中，吃

的人也不多，但是到了食物充足的 21 世纪，这些昆虫餐还经常在当地的饭桌上出现，老人们都会夹几筷子，有滋有味地嚼着，并顺便讲讲以前的老故事，这是一种战争时期的情感记忆。

"在这个危急时刻，本应被保护和被教育的儿童不仅可以成为教育和拯救成人的小先生，而且在抗战宣传或者边区的劳动实践中，开始获得自己教育自己的可能性"[①]，儿童脱离了自然状态下作为家庭劳动力的状态，走入公共领域发挥力量，并互相见识到了彼此的才智。虽然战时军事化的儿童游戏已经偏离了"闲暇"的纯粹性，带有了实用性特征，但由于儿童的天真属性，消解了其中的愤怒和仇恨色彩。儿童的游戏因其自由意志、冒险精神和伙伴情谊，与战场上实际的刀对刀、枪对枪有本质的区别。儿童参与抗战始终与成人不同，儿童毕竟是儿童，始终抱着一种"游戏"的态度。不过，由于打击敌人的需要，儿童游戏中出现了各种各样的仿军事玩具，游戏中的暴力成分不再遵循平时状态下的"不伤害"原则，而是被大大地宽容和鼓励了。

二、拉呱：世俗交谈的道德意义

日常生活中的儿童游戏具有自由意志、冒险精神和同伴情谊，但主要还是属于孩子们共享的世界。还有一种闲暇生活，属于大人和孩子同乐的公共生活，比如三五成群的闲聊、下棋、打牌，更大规模的集体生活——赶集、庙会和制度化的节日仪式等。

1. 能人和闲人引发的公共交流

"三个臭皮匠，顶一个诸葛亮"，农村不仅有庄稼人，还有很多能工巧匠，比如木匠、瓦匠、石匠、鞋匠、剃头匠……这些手艺工匠已非纯粹的农民，可以说是"农闲工"。虽然每个庄稼人都有自己的手艺，比如编筐、做衣服、纳鞋底、盖房子等，但能工巧匠是有"绝活"的人，受到村里人普遍的尊敬和称赞。这些走街串巷的"能人"是农村通向外界的桥，能带来乡村之外的"新鲜事儿"。每次他们在村里做工的时候，总有一大群人围着，其中不乏好奇的孩子们，比如村里的木匠张继德，他家里总是不缺人，总有大人、小子（男孩）在他做木匠活儿的时候看着。

---

① 徐兰君：《儿童与战争：国族、教育及大众文化》，北京大学出版社，2015，第 10 页。

咱庄里的木工就属张继德家做得好，手艺真是好，做的凳子、桌子又结实又好看，好几个庄的人都找他。他给木板子刨花刨得最薄，技术好也认真。（父母）有愿意让小孩以后当木工的，就打发小孩去看，帮帮忙。要是小孩有兴趣，大了就给他当学徒，没兴趣也不要紧，当玩儿也能学一点，有用啊。我小时候也去看过，看着那个花味溜味溜一圈圈卷着，很好玩啊。很多小子从不要的废木料里捡出好一点的，自己做弹弓、做木枪。继德木匠脾气很好啊，不赶人，小子也能帮着搬搬木头，扫扫木渣子。大人他也不赶，男爷们一边拉呱一边干活，不燥得慌（意为不寂寞）。（安仁持－1936－男－小学－农民）

村里还经常走动着补锅匠、鞋匠、剃头匠。他们在村里一待就是好几个小时。有时手里的活早就干完了，买卖早就结束了，手艺人也不着急走，拿个烟袋慢悠悠点起来，就开始与农村的闲人攀谈，天南海北、帝王将相，五花八门地侃起大山、吹起牛来。有时候他们会跟孩子讲起自己手艺的历史，比如祖师爷的故事，其中不乏神话传说，没有出过远门和爱好听故事的孩子们都会听得入迷。这群孩子们中有的就是手艺人以后的学徒，手艺人也在这种拉呱中有意无意地寻找着对此感兴趣的、有缘的传人。在真正的师徒关系达成以前，情感和信仰上的联结早就形成了。

这里面，孩子们最爱爆米花匠。老式的爆米花机器全称是"大炮手摇爆米花机"，几乎贯穿了 20 世纪 50—80 年代人的童年记忆，现在已经基本绝迹了。孩子们并不是只爱最后香甜的爆米花，他们感兴趣的是整个过程，喜欢最后"嘣"的一声的惊喜。只要爆米花匠来到村口，等爆米花老头坐下来时，早已有一大群孩子翘首等着呢。爆米花老头一边摇，孩子们一边问个不停，这个机器是干什么的，那个机器是干什么的，为什么能爆出米花来。有些好事的大人们也会问来问去，向爆米花匠打听别家村里的事，互通有无。

小子小妮的都愿意吃爆米花啊，这个东西跷蹊啊，不大见啊。那个时候也没有零食，也很少吃糖，一年吃上一两次爆米花。爆米花的老头不常来啊，两三个月也不准来一次，冬天不来，有农活忙的时候不来，一来都新鲜得不得了。爆米花也不贵，几分钱，家家户户的小孩拿着瓢等着，在机器里放上棒槌子粒（玉米粒），出来就是花。最后

"蹦"一声的时候，小孩就捂着耳朵，（爆米花）倒出来还热乎着，有糖精，很甜，吃上几个，心里滋啊（高兴）。（安仁守－1946－女－初中－农民）

除了能工巧匠展示"绝活"时可以给村民们提供拉呱的时间，平时农闲比如夏天晌午不能干活的时候，大人们也会找个凉快处歇歇脚。最常见的活动是下棋，老人们一般会就地取材下"五周"，也就是简化的五子棋，在地上用树枝画个格子，用树叶和小石头当棋子就开始了对战。孩子们就围在一边看下棋，不知不觉就学会了。人们一边下一边东家长、李家短，这些话也全都落到孩子们耳朵里。早先村里家家户户都是破宅子，各家各户之间连院墙、大门都没有，天井连天井，吃完饭大家就聚在一起。熟人社会信任、沟通的秘密全在这里。孩子们去哪里了，根本不愁找，随便问两声，一定会有人看见过。谁家发生了什么事，不出一个时辰，村头村尾全都传遍，所谓"好事不出门，坏事传千里"也是这个道理。在这种社会里，基本没有丢孩子的情况出现，也不用担心孩子发生危险。安叔田的小卖部设在村头大路旁，处于村中的交通枢纽处，小卖部前面有一大块平地和小亭子，还有村里唯一的大石磨，因此这里成为村里最热闹的地方。尤其是夏天的晌午后和晚饭后，村民们都聚集在这里休息、唠嗑、磨糊子（推磨）、玩游戏。

我这个小卖部也就是卖点油盐酱醋，赚不了两个钱，还有赊账的，赊的不多，都是乡里乡亲的，人家很快给送过来。我年轻的时候跟着你老老爷挑着担子当货郎啊，我对这个行当熟悉啊。

咱村里什么事我都知道，没事都在我这里拉呱啊。你看我在前面用塑料支了个篷子，挡风挡雨的，大人小子的都愿意到这里来。这里还是个评理的碾儿（意为地方），经常有人来找我说，"叔啊，你给我评评理，这个事怎么样怎么样"，我就跟他拉拉道理，在这里的人都跟着说说，说着说着也就消了气了。娘们儿凑在一堆儿，也有压碾的，也有看孩子的，说说笑笑的很热闹。

咱庄没有丢孩子的，丢不了。都从这个路口出出进进的，有生人来都知道，小孩跑来跑去的，村里人都看见了。（安叔田－1930－男－半文盲－农民）

小卖部由于所处的位置交通便利，不仅可以卖东西，还给村民提供了拉呱的公共空间，成为鲍村的信息中转站和集散地，成为乡亲们"评理"的场所，承载了村庄公共交流和保障公共安全的功能。费孝通认为，乡土社会是"无讼"的，不提倡打官司，是礼治社会而非法治社会，在人人知礼的社会如果出了"讼事"，说明有人在这种秩序里是败类无疑，打官司是一件可耻的事情，表示教化不够。① 从小卖部负担着评理的功能来看，乡间"无讼"的一个原因是，在打官司之前，公共交流已经起到了讲理和道德审判的作用。安叔田讲了一个村民帮忙评理的事。

> 有个妇女摊煎饼，她小叔子在天井里晒衣服，结果铁绳子断了，正好绳子打在摊煎饼的鏊子上，这个妇女脾气大，张口就骂小叔子，骂得怪难听，小叔子就揍他嫂子，正好当家的从坡里回来看见二兄弟打他的老婆，马上给了二兄弟三劈柴给老婆出气了。这个二兄弟是个愣头青（意为莽撞、蠢笨），不愿意了，约了人准备打他哥。他哥没法治了，夹在老婆和二兄弟中间，数落谁也不行，就来找我。正好有几个年纪大的在我这里坐着拉呱，都圆成这个当哥的，说你三劈柴揍得对啊，小叔子哪有打嫂子的，如果嫂子不对，要跟当哥的说，不能对婆娘动手。这个当哥的就叫我们几个老兄弟们出面调解调解，把这个嫂子和小叔子都说了一顿，都有错啊，又不是大事，不值当的，人人都笑话，说得两个孩子抬不起头来。（安叔田-1930-男-半文盲-农民）

俗话说，"好事不出门，坏事传千里"，熟人社会的舆论传播特点起着道德约束的功能，打架的这个妇女和小叔子如果还要在乡村社会里"抬得起头来"，就必须接受村里公正的旁观者们的调解。费孝通认为，"乡村里所谓调解，其实是一种教育过程"②。这件事成为大家的"谈资"，在一定程度上起到了"以儆效尤"的作用。所以我们看乡村的拉呱，绝不是闲聊这么简单，拉呱作为公共交流的方式，起着道德监督、审判、教化的功能。

---

① 费孝通：《乡土中国》，人民出版社，2008，第66—72页。
② 费孝通：《乡土中国》，人民出版社，2008，第69页。

2. 民间谚语背后的集体良知

孩子们喜欢的另一种拉呱，是听上了年纪的人讲民间传说。每个老人都是一本行走的故事书，肚子里都装着很多民间传说，张口就来，否则这些机械性的劳作时间没有办法打发，小孩也坐不住。村里人的主食是煎饼，摊一家人吃的煎饼通常要一两个小时，还要有人烧火、拉风箱，一般都是小孩拉风箱。安仁盈现在还记得他坐在祖母的旁边，一边"哐当哐当"拉风箱，一边听故事。这些流传民间的故事经过长期的流传、筛选，都天然地具有文学曲折性和道德教化价值，安仁盈还记得一个两兄弟、小狗和摇钱树的故事：

> 很久以前，有兄弟俩，老大富得流油，老二穷得叮当响。春天开始播种了，老二没有牛，去向老大借啊。老大借给老二一只小狗，小狗咋会犁地呢？老二坐在田垄子上发愁。小狗竟然说起人话来了："把我套上吧，我会犁地。"老二半信半疑地给小狗套上，没寻思着小狗耕得又快又好。老大听说了，又把小狗要回去，指挥小狗给他干活。小狗就是不听话，老大气得跺脚，把小狗揍死了。老二听说了，非常伤心，把小狗埋了，给他修了个坟。坟头上长出了一棵树，开着黄花，风一吹哗啦啦地响。老二一摸，从树上落下来很多金元宝，原来是一棵摇钱树。老大又听说了，跑来问老二是咋回事，老二老老实实跟老大说了。老大听了，赶紧跑到小狗坟前，用力摇晃那棵树。哗啦啦一阵响，从树上落下无数石头把老大砸死了。（安仁盈 - 1939 - 男 - 初中 - 基层干部）

这个故事讲的不是兄友弟恭，而是在讲为富不仁、恩将仇报、人心不足蛇吞象、善有善报的因果报应，其主要观念是节制贪欲、善待他人，包括动物。俄国诗人、作家普希金（1799—1837 年）写的童话《渔夫和金鱼的故事》，曾在 20 世纪 80 年代入选人教版小学语文教科书，这个故事就是小狗和摇钱树的另一个版本。很多民间故事有普遍的教育意义，在不同的时代和国家用不同的方式讲述着。

老人们喜欢讲的第二种故事是与脚下这片土地相关的历史故事，比如鲍村的由来。鲍村是春秋战国时期大贤人鲍叔牙的故乡，管仲和鲍叔牙当年分金子的地方，就在村旁的金子岭。老人们讲起家乡的历史时，脸上洋溢着自豪，仿佛与有荣焉。管鲍之交的典故①几乎是当地人所共知的历史故事，对当地的传统大有影响。一代代人从小听这个故事长大。我问老人们对这个典故的理解，他们也说不出个所以然来，只是想要借助新的叙事来表达对贪小利而忘大义者的嗤之以鼻、对以德报怨者的赞不绝口。比如村里王姓夫妇非常吝啬，就像"皮笊篱不露汤"，从来不会借给别人任何东西，肥水绝不会流外人田，恨不得一根头发也不会便宜别人，包括自己的兄弟姐妹。后来，夫妇二人遭遇意外，一个瘫痪在床，一个骨折住院，又没钱请护工，在王家碰过钉子的弟弟和弟媳妇以德报怨，主动照顾兄长，村里人劝弟媳妇，"你好好伺候你兄弟，一家子人，打断骨头连着筋，平时鸡毛蒜皮的事不当什么，不用放心里，知道你觉得委屈、窝囊，窝囊归窝囊，伺候得伺候"（安叔田－1930－男－半文盲－农民）。

老人们朴素的道德信念，就是"噶骨头（吝啬的人）过不富""不孝顺的人过不富"，兄弟之间"打断骨头连着筋"，平时仇恨是仇恨，人命关天的时候不能坐视不管。这些俗语表达的道德观念，不是利害相关的功利性道德，比如"我现在对你不好，以后有事了你也会对我不好""帮你是为了让你以后对我好"，而是涉及本性良心、大是大非的"天理"，对别人不好的人，不用等别人来惩罚，自己就会惩罚自己，上天也不会善待他，"皮笊篱虽然不漏汤，但也捞不到好东西，这就跟捞饺子似的，汤漏下去才能留下饺子"（安仁盈－1939－男－初中－基层干部）。老人们对"舍"与"得"、"义"与"利"的关系有情境化的理解。对于他们来说，管鲍之交不是发生在过去的事，它就是现在的事。尽管老人们从来没有说出"君子喻于义，小人喻于利"②这样文绉绉的词，但他们用情境化的、活生生的语言——"皮笊篱不漏汤""噶骨头过不富"来表达，在讲这些的时候，他们已经有了共同的道德实践，"人们的共识就在他们使用的语言之中，这并不是意见上的共识，而是生活形式上的共识"③。

---

① 《史记·管晏列传》确有记载此事。仲曰："吾始困时，尝与鲍叔贾，分财利多自与，鲍叔不以我为贪，知我贫也。吾尝为鲍叔谋事而更穷困，鲍叔不以我为愚，知时有利不利也。吾尝三仕三见逐于君，鲍叔不以我为不肖，知我不遭时。吾尝三战三走，鲍叔不以我怯，知我有老母也。公子纠败，召忽死之，吾幽囚受辱，鲍叔不以我为无耻，知我不羞小节而耻功名不显于天下也。生我者父母，知我者鲍子也。"

② 语出《论语·里仁》。

③ 路德维希·维特根斯坦：《哲学研究》，陈嘉映译，上海人民出版社，2005，第134页。

3. 神话传说寄托的道德想象

木心说："文学在于玩笑，文学在于胡闹，文学在于悲伤。"[1] 在所有拉呱闲谈的故事里，大人最爱讲的、孩子们最爱听的就是开天辟地、石破天惊的神话，风云诡谲、乱世草莽的演义和余音袅袅、荡气回肠的爱情悲剧。前面记述的故事不免正经了些，大人孩子津津乐道的都是"不正经"的故事。比如老人们都特别喜欢给孩子讲孙猴子、哪吒、水浒好汉的故事。这些故事里的主人公通常出身离奇，譬如"孙猴子是从石头里蹦出来的""哪吒是莲花的化身"。他们经常出没在安稳的农村社会的边缘或者非人类的世界，比如荒郊野地、深山老庙、天宫海殿等；他们的行为往往离经叛道，时常与既得利益者和道德权威发生冲突，比如孙猴子大闹天宫、哪吒闹海把龙子扒皮抽筋；他们的命运也常常比较悲惨，比如孙猴子被压五行山，哪吒削肉还母、削骨还父等。"想象一种语言，就是想象一种生活形式"[2]，这些事情是他们平静的生活里绝无可能发生的，他们通过语言过另一种生活。

> 孙猴子就是厉害啊，天王老子、王母娘娘他也不怕，火也烧不死他，会七十二变，你不小孩都喜欢他！唐僧窝窝囊囊的，不好，不是靠孙猴子，早就叫妖精吃了。猪八戒又笨又懒啊，成事不足败事有余。（安仁持－1936－男－小学－农民）

> 水浒一百零八将里我就喜欢武松。武松打虎啊，能喝酒，是咱山东人。你说谁见过虎啊，哪有老虎啊。都是老虎吃人，现在人把老虎打死了，你说厉害不厉害。没见过讲着才好玩，小孩就愿意听这个。（安仁金－1950－男－初中－工人）

> 宋江这个人不行，耳朵根子软，说投降就投降，把弟兄们都害了。在山上当山大王，天高皇帝远的谁也管不着，你想着当官，就得服人家的管，服人家的软。（安季田－1936－男－半文盲－农民）

说起这些故事来，老人们一下子来了劲儿，他们的好恶非常明显，对

---

① 据陈丹青对木心生前的回忆，"你晓得吗，你跟我讲过多少笑话？"，陈丹青问木心。木心却回答道："文学在于玩笑，文学在于胡闹。"躺在病床上的木心喘了一口气，又缓缓地说，"文学，在于悲伤"（转引自陈涛《木心：一个美学的倒影》，《中国新闻周刊》2012 年第 1 期）。

② 路德维希·维特根斯坦：《哲学研究》，陈嘉映译，上海人民出版社，2005，第 13 页。

代表正义和反叛的一方，比如孙悟空、哪吒、武松有强烈的同情，对懦弱、懒惰、不讲义气的人如唐僧、猪八戒、宋江等表示嫌弃。虽然这些故事我也早听过不知道多少遍，听他们眉飞色舞地再讲一遍的那一刻，我还是觉得很有意思，都忘了我在做访谈。讲的人和听的人都超越了日常生活，即使手头上仍在"劳作"，在精神上也进入了"着迷""闲暇"的状态。讲故事和听故事的人被主人公的个体命运打动，他们的内心和生活可能发生微妙的变化，这是理性的道德教育所不具备的力量。

如果说充满反叛和越轨精神的演义在乡村生活中是不可能发生的，那么远古神话就代表着一种生活的可能，比如盘古开天辟地、女娲补天、大禹治水、愚公移山等。提及盘古开天辟地，村民们会觉得自然山川都是祖先骨肉的化身，人会得到祖先的保佑，从而加深对自然的联系和热爱；"哪怕是天塌下来，也有补的"，人类因为有一个永远庇护着他们的母亲而有了本体性的安全感；大禹治水这个故事离村民就很近了，鲍庄的邻村叫禹村，传说是大禹以前治水经过的地方；愚公移山的故事代表了"心诚则灵""众人拾柴火焰高""子子孙孙不断"，有一种说不出的内在生命延续的力量。"叙事，不只是讲述曾经发生过的生活，也讲述尚未经历过的可能生活。一种叙事，也是一种生活的可能性，一种实践性的伦理构想。"[1] 族人在祖先开天辟地的力量中得到鼓舞，这种力量是神圣性的、不可言说的，他们在历史中找到与远古祖先的精神联结，并生发一种理解和创造新生活的想象力。

　　"不做亏心事不怕鬼叫门"：杞人忧天就是讲咱这里的故事。我们这里以前是杞国的都城，你说这个人还怕天塌下来？天塌下来还有个子高的人顶着来！以前天破了洞，还有女娲娘娘补来。害怕这害怕那的，什么事也干不成。什么人才害怕啊，贪官啊，做贼啊，不做亏心事不怕鬼叫门，你不做坏事，天打雷劈都轮不到你。

　　"治水是大功德"：大禹治水也经过这里，你不旁边就叫禹村。（传）说以前咱这里都是山，还有个大汪（汪洋），玉皇大帝就让大禹来治水。大禹来了以后，见东面地势忒高，就在西南边柴城那个地方，凿了一条大河道子，水都往西淌，绕着道儿走。打这以后，才有

---

① 刘小枫：《沉重的肉身》，华夏出版社，2015，第4页。

向西淌的柴汶河，大禹治水住的碥儿（地方）就是禹村。治水是大功德，子子孙孙都记着。（安季田－1936－男－半文盲－农民）

"关键你得有诚心"：愚公移山啊，这是老三篇①里的，以前天天背啊，都知道。（愚公）移了两座山，一个是封建主义，一个是帝国主义啊。封建主义就是地主，帝国主义就是日本鬼子啊，都叫老百姓打跑了，众人拾柴火焰高啊。愚公不愚，心诚就灵啊，光靠自己你怎么搬得动啊，再多人也搬不动，他是感动了老天爷。人就是这样，事做成做不成不要紧，关键你得有诚心。（安仁金－1950－男－初中－工人）

当你实实在在地理解了老百姓心中神话的意义的时候，你才会理解神话对乡土文化、对人的重要性，正如尼采所说，"正是依赖神话的救济，一切想象力，一切梦境的幻象，才得免于漫无目的的彷徨。神话的形象，必须是肉眼不见，但无所不在的护守神灵，在神鬼的庇佑下，年轻的心灵逐渐长成，明白艰难的生存和斗争的意义"②。神话是来自祖先和鬼神的指点与无条件的庇佑，是人们在无常和苦难世界里的精神故乡和情感归属。

三、乡村闲暇生活的公共性

亚里士多德认为，友爱是一种德性，与交谈和共同生活有着最为自然的联系，"若不交谈，许多友爱会枯萎"，"分离会妨碍其实现活动……那些相互客客气气但不共同生活的人，所具有的是善意而不是友爱"③。乡土文化和道德教育不仅借助日常生活中的"交谈"和"叙事"得以传递，也经常发生在其他公共生活领域，比如集市、庙会和节日。

1. 赶集与庙会：货、艺、祀、神并举的交往生活

对于小孩子来说，没有什么比"赶大集"凑热闹更好玩的了。在通常意义上，赶集作为一种民间经营和消费活动，与生计和现实生活密切相关，与闲暇颇有些不搭边。实际上，卖的人要有"剩余物品"才可以去

---

① 老三篇是由毛泽东同志写的三篇短文，即《纪念白求恩》《为人民服务》《愚公移山》。
② 弗里德里希·威廉·尼采：《悲剧的诞生》，周国平译，三联书店，1986，第100页。
③ 亚里士多德：《尼各马可伦理学》，廖申白译，商务印书馆，2003，第227、237页。

交换；买的人要有闲心逛，还要有"闲钱"买。赶集和逛庙会是一种兼具生计和闲暇功能的公共活动，从来都是乡村社会交往、文化交流的重要活动。人们逛庙会的目的除了买卖货物，还有游山玩水、休闲娱乐、问姻求子、烧香拜佛等，庙会是货、艺、祀、神并举[①]的地方。

村里老人们说，村里一般是三天一小集，五天一大集，到了开集的日子，人们各自到"约定俗成"的摊位上，或吆喝叫卖或待价而沽，热闹极了。小孩子们碰到赶集，一定要缠着赖着去，碰上大人高兴的话，嘴里有甜头吃，说不定还能买个玩具。大人一般会给小孩买纸老虎、咕咕鸡，孩子们拿到就新奇得不得了。卖家为了吸引顾客，使出浑身解数，想出各种吆喝的花样来。很多人专门为了欣赏卖家的几嗓子吆喝，会停驻下来应上几句，捧个人场。

有几位老人只要手脚还能动弹，一般不会错过赶集。每到开集，他们就起个大早，把要卖的青菜、萝卜什么的弄得整整齐齐的，推着小车子，走半个多小时的路去赶集。很多时候，老人们卖不了几个钱，青菜、水果通常都是半卖半送，但他们乐此不疲，为的是去集市上跟老朋友拉呱聊天。每个卖家都有自己的老主顾，老主顾哪天不来，他们可能会念叨几句；隔壁摊位的老朋友没来，也会嘀咕几句，"怕是有什么事吧"，打听一下，没有什么事就放下心来。"买卖不成仁义在"，集市和庙会不仅是自由交换的场所，而且是充满人情味的地方，它的价值就在于老百姓看到自己付出心血的劳动产品有人欣赏和买走，在于乡里乡亲间打招呼、讲价钱，在于"聊着天临走时塞上两把菜，这次零钱没带下次再补上"。

"多少攒个烟钱"：年纪大了也得赶集啊。菜园里种的也吃不了，烂在地里或者扔了也是瞎了、败坏了，你白送给人，人家也不要啊，家家都有啊。去集上卖一点，城里人下班的，路上买上一斤两斤的，多少攒个烟钱，有个零花的，遇上个事方便，不用跟孩子讨要，孩子也都不容易。（安叔田－1930－男－半文盲－农民）

"拉拉呱气就顺了"：有空就去（赶集），不去心里不得劲儿

---

① 货、艺、祀、神并举，包含购物、游冶、娱乐、祭祀、朝圣、迎神赛会等多种民间活动（董晓萍：《说话的文化》，中华书局，2012，第87页）。

（不舒服）。老兄弟们都在那里，凑在一堆儿拉拉呱，气就顺了。老兄弟们谁要是哪一天不去啊，心里就挂挂的慌（挂念），寻思着是不是家里出了什么事啊，没出事不该不来啊，都给你留着摊子来，谁在哪里基本都是有数的（固定的）。（安季田 - 1936 - 男 - 半文盲 - 农民）

"不能叫城里人看扁了"：都是老主顾，不卖烂的东西，好的随便挑，卖东西还能把差的卖给人吗？这叫没有信用，下回人家就不擦（不来）你这里，卖东西不能看眼前。你别看天天泥巴腿子，我出来卖东西，打扮得立立正正的（整整齐齐的），我卖的菜也码得整整齐齐的，不能叫城里人看扁了，做什么就有个什么样子。（安仁金 - 1950 - 男 - 初中 - 工人）

一年才办一两次的庙会就更热闹了。当地最大的庙会是徂徕山庙会，一般在阴历四月十八，相传这天是泰山老母碧霞元君的诞辰。每到这天，人们扶老携幼，纷至沓来，顺便登高望远、踏青探春或会朋交友、赏景抒怀。明末清初张岱在《岱志》中记述："东岳庙……阔数百亩。货郎掮客，错杂其间，交易者多女人稚子。其余空地，斗鸡、蹴鞠、走解、说书，相扑台四五，戏台四五，数千人如蜂如蚁，各占一方，锣鼓讴唱，相隔甚远，各不相溷也。"在这一天，大人也会格外宽容，满足小孩子吃的玩的各种愿望。

"带着孩子去见见世面"：没有比庙会热闹的。（大家）都去拜泰山奶奶，都得拜啊，拜拜保佑一家人健健康康的，许个愿，这是个念想。很多妇女去求生小子（男孩）的。一年也出不了几次远门，就带着孩子去见见世面，热闹热闹，唱歌的、跳舞的、演杂技的都有。小孩就是爱看耍猴子，骑拉在大人脖子上，都围着看啊。那些小猴子都很精（聪明），逗得人嘻嘻哈哈的，别处哪有见猴子的，以前连电视都没有。（安仁金 - 1950 - 男 - 初中 - 工人）

"累啊苦啊就忘了"：年纪大的都爱听个戏，庙会上人家演员一板一眼的，演的就是好，还有翻好几个跟头的，那是真功夫，唱得好有喝彩的、捧场的。手里有两个小钱儿，也舍得给啊，这么远都来了，还舍不得这几个小钱啊。现在年纪大了看电视长了也不行，电视都太花、太亮，看长了头疼，离不开收音机，干活累了就听戏啊，有时候听着听着就睡着了，也忘了关。还是爱听以前的戏啊，包黑子铡陈世美、二郎神开（劈）山救母，都是小时候听的，我就是不会唱，内容啥的我都懂。听听戏，什么累啊苦啊就忘了。（安季田 – 1936 – 男 – 半文盲 – 农民）

安叔田、安季田老人给我讲，庙会上有各种艺术表演，比如"讲古场"（说书）、快板、扭秧歌、搭台唱戏、耍大刀、杂技等。地方戏一般有《铡美案》《劈灵棺》《开山救母》《四郎探母》《乞丐郎君千金女》（薛平贵与王宝钏）等。小孩子们一般最喜欢看说书、耍大刀和杂技，老人们一般喜欢看戏。很多小孩子还没有戏台子高，大人们都会让孩子骑在脖子上，这时双方不再拘泥于长幼尊卑。村里老人们到现在也喜欢听戏，腿脚不好去不了远处，他们就买一个老人收音机，把声音调到最大，一边听一边干手中的活。很多老人的儿女在城里打拼难得回来陪伴，听戏是老人们打发时间的主要方式，这些戏跟他们早年在庙会上听的有很高的重合度。

2. 流水席：集体欢腾的社会整合功能

除了赶大集，村里的红白喜事，以及各种节日的欢庆活动，是孩子们的心头爱。这些欢庆活动属于周期性、制度性的闲暇活动。

安季田老人作为村里德高望重、经常主持红白喜事的话事人，给我详细描述了各种红白喜事的流程。村里每一家举办红白喜事，其他人就会收到帖子，在流水宴席的前一晚，聚会就已经开始了。由于流水席的食物供应量很大，全村大部分妇女会聚集起来，带着自家不用的锅碗瓢盆去帮助准备宴席的食材，包括杀鸡、宰鱼、剁肉、切菜，这几乎是约定俗成的规矩。下次自家办酒席的时候，别家也会赶来支援。男人们会帮忙打造临时的大灶台，干些重活。大家边干活，边聊天。孩子们也会加入这个聚会。如果是喜事，男人们、妇女们聊天的时候，会讲一些新婚夫妇的趣事，并趁机讲一些尺度很大的荤段子，不避儿童。很多关于爱情、婚姻、性的知识是通过办喜事的过程传递给儿童的。第二天，村里最会炒菜的人当大厨，大厨一般不收报酬，但主家会塞红包表示感谢。

你不以前都很团结啊，今次你帮我，下次我帮你，家家户户遇到嫁娶出丧的时候，都互相帮忙，也不浪费，瓢子碗子的也不用买多了，吃剩下的东西大家都兜着走。你看现在都不兴这个了，都包给饭店忙活了，包给饭店省事是省事，不热闹啊，一桌子酒菜好几百，还不好吃，忒浪费，也没有什么意思，吃完饭呼呼隆隆都走了，就是走个过场。（安季田 – 1936 – 男 – 半文盲 – 农民）

如果是白事，老人快要去世之前就要赶紧穿"孝衣"，并请村里最有名望的老人担当主事人，帮忙张罗白事的各项仪式。安季田老人现在在村里就担任这个角色。他熟悉白事的礼仪风俗，帮忙联系各种需要的人手，比如吹鼓手、超度的道士、哭丧妇女队等。下葬当天，逝者的家人要披麻戴孝、"鬼哭狼嚎"。村里的小孩子们就会跟在队伍后面看热闹，他们对"死亡"懵懵懂懂，但并不恐惧。孩子们跟着大人完成整个仪式，可以慢慢消除对死亡的恐惧，把生老病死的观念内化为一种落叶归根、命中注定的自然过程。村里的老人如果得了大病，是不会治的，他们宁愿回家"等死"，也不愿意花"冤枉钱"。主持过很多白事的安季田老人早已看淡死亡，"阎王要你三更死，谁敢留你到五更"。很多老人在感觉可能"往生"的头几年，会早早买好寿衣、订好棺材、选好坟头，然后像以前一样平静生活，等待死亡。当然也有比预计死亡时间晚很多年的，这样的老人总会自嘲"我等死都等好几年了"，别人也会打趣他"老不死的"。

"到死也没给人添麻烦"：村里有个姓朱的老妈子（老太太），活到100岁没病没灾的，跟平常一样就自然没了（死了），你说人这样死了多好，这是有福的人。她儿媳妇说，有一天，她在天井里晒着太阳，猛失精（突然）感觉自己待要（马上）不行，马上喊儿媳妇，"快给我穿上衣服（寿衣）"，儿媳妇给她穿上衣裳，（老人）躺在床上没多久就合了眼了，你说多便宜啊，到死也没给人添麻烦，自己也不受罪，你说多好！村里谁说起来不羡慕啊，没病没灾没痛的，说没就没，一点也不麻烦人。（安季田 – 1936 – 男 – 农民）

这种丧在当地叫作"喜丧"，年过百岁而寿终正寝，不仅不是悲伤的事，反而是全村的喜事，全村人都觉得这是村里人有福气，是村里水土好才出寿星的象征，这种百岁老人已经不是凡人，是"寿星高照"了。如果村里出现了 90 岁以上的老人，全村人都会当"宝贝"，跟着高兴。安伯田 100 周岁生日的时候，全村人都来道贺，族中学历比较高的孙辈安仁义为其致辞：

> 你们的大爷爷，生于 1918 年。他经历了"中华民国"军阀乱战、抗日战争、解放战争、国家成立、"文化大革命"、改革开放，历经一个世纪，跨越千禧年。老人家处变不惊、临危不乱，乃我后辈之范、之楷模。岁月蹉跎迭易，他老人家是一本厚重的书，也是一本活字典。他聪明、帅气、节俭、沉稳，70 岁能走高跷，表演节目；80 岁学剪纸，活灵活现；90 岁开始学画画，拿蜡笔在废草稿纸、硬纸箱上面画花鸟草木，飞禽走兽，栩栩如生。他的长寿，是子孙的骄傲，也是我们族人的骄傲。恳望后辈们以此为荣，在自己岗位上，奋进自强，遇事不乱、不惊，心怀坦荡，放眼大度，大气为人，孝顺长辈，体恤下辈，保重自己，像你们大爷爷一样，轻松度百岁。(安仁义 –1959– 男 – 高中 – 工人)

除了红白喜事，孩子们也非常喜欢过年过节，主要是因为食物的充裕和他们享有的特权。尤其是在过年这天，再穷的人家即使买不起肉，炒菜也会多放点油。糖块、瓜子比较稀罕，只有过年才能吃到，小孩挨家挨户地拜年，冲在前面，给长辈磕头拜年，可以抢到一些糖果。大人过节的时候为了节日圆满的意头，也会格外慈爱，容忍孩子的任性，过年哪怕摔碎了东西，也会得个"碎碎平安"的安慰。孩子们还会放鞭炮，帮大人大扫除、挂门神、贴春联、插松柏灯，给日常事物赋予象征意义。元宵节时大人小孩会一起把萝卜挖空，做萝卜灯。为了做萝卜灯，孩子们白天要去山坡里找灯草搓成灯芯，还要掌握煤油的分量，这是亲子一起玩乐的难得时刻。

过年需敬天地，祭列祖，走亲访友，拜年祝贺。鲍村的家族祭祖叫作"送家堂"，只有成年男性才有资格参加。大年初三下午定下好时辰，族中男子聚集，点燃鞭炮，祭拜完毕，才算完成最重要的仪式。族中各户也必须在大年三十设立牌位，"供养"祖宗。牌位一般由长子亲写，祭祀的食物也必须由长子亲手准备。大年三十晚上给祖宗敬酒、烧纸时，孩子们则必须跟着磕头，并向祖先祈福。大人一般会说，"快点，有什么愿望赶紧许，求祖先保佑、成全"。现代人会觉得这是一种功利性的交换，但实际上孩子们懵懵懂懂，是在表达一种对未来的期许，而且仿佛觉得有人庇佑，美好的愿望真能实现一样。

各种各样的聚会和节日，把大家召集起来共同行动，激发起一种欢腾的状态："激发对不完美生活的宽容和热爱，并把生命的快乐喊出来、叫出来，热烈疯狂地唱起来、跳起来，在反常的表现中了解正常的规范，在幸福的激情中调整偏离的心态，达到自我调节和教育的目的。"[1] 这种大人小孩同乐的制度性闲暇、狂欢，是对单调乏味的世俗生活的补偿，把个体从日常事务中解脱出来。喊声、歌声、舞蹈……庄稼人尽情地宣泄一年的疲惫，寄托未来的憧憬、增加现实的活力，在与其他人的融合、交流中找到生命短暂的快乐，重新生出生活的希望和力量。

3. 个人闲暇与公共闲暇的结合

前文记述了鲍村闲暇生活的三种形式：为了玩耍的集体游戏，以叙事为特征的拉呱，生计和自由兼具的公共闲暇活动。在这几种形式里，生计、个体自由、公共自由的关系呈现比较复杂的互动关系。

儿童游戏属于与生计无关的纯粹自由形式，孩子们在游戏的过程中逐渐掌握了攻击性的收放自如，并享有大人宽容的特权。尽管儿童的游戏含有一定的暴力性特征，但大人们反复强调"打人不打脸"等不伤人的原则，孩子们的游戏仍然是安全但有生命力的。后来由于战争的因素，儿童游戏被军事化，但儿童用自己的"游戏"天性消解了战争遗留的暴力和创伤，保持了游戏的自由本性。

村民日常的闲谈、聊天，主要以叙事为特征。叙事的生命体验达成的人际关系，具有天然的道德教育力量。这种闲谈既是劳作之后的放松，也是对日常劳作之外的世界的想象和超越。叙事的文化，就是说话的文化，它是乡土文化和道德教育的根基。

前两种闲暇生活带有松散的公共性，更多地呈现了个体自由的特征。

---

① 黄晓萍：《说话的文化》，中华书局，2002，第278页。

但集市、庙会、仪式和节日作为制度化的闲暇活动，为乡村提供了具有自由经济和情感联结特征的公共生活，这是一种更为充分的、具有公共性的自由形式，是不排除劳作、生计的自由形式，甚至赋予了生计、劳作的个体自由价值。无论是集市还是庙会，老人们都有一种情感和精神上的依恋，他们描绘了一幅能够容纳差异的自由交换，又有情感连带关系的景象，其实就是人生的自由意象，就像"爵士乐的即兴演奏，每个人任意发挥自己的自由个性，但又随时保持接纳性的敏感，与其他队员互相激励和呼应"①。这种公共生活代表的生活方式，是一种有秩序的、热闹的、有人情味的公共自由，是农村自由经济和市井文化的灵魂，是制度教育的最好形式。乡土社会固有的闲谈、集市和庙会、传统节日仪式等，为这种公共性的自由教育提供了重要参考。

　　"闲暇是全部人生的唯一本原。假如两者都是必须的，那么闲暇比劳作更为可取，并是后者的目的……闲暇是一种不需要考虑生存问题的心无羁绊的状态。"② 在亚里士多德那里，闲暇的目的不是享乐，最有价值的闲暇是过一种理论生活，脱离现实进行"热烈而动人的沉思"，并"在这种状态中，观察者与受苦难者的上帝合二为一，在他的死亡中死去，又在他的新生中复活"③。与其说这种闲暇是"理论的""沉思的"，毋宁说这是一种"神性的"，脱离日常生活，与体力劳动、功利目的无关的闲暇。这种闲暇是上层阶级的特权，是一种劳动与自由对立的闲暇，忽视了劳动人民也有精神上的"闲暇"。很多人带有偏见地认为忙于生计的乡下人的闲暇生活是贫乏的、庸俗的、不纯粹的，不能算一种精神生活，甚至不是现代人的公共生活。但从我的田野调查来看，乡土社会在生计之外创造了一种"说话的文化"，人们在说话中体谅（说谅），在说话中顺气，在说话中过一种道德和精神生活。这种闲暇与生计、世俗生活有一定的联系，比如赶集、祭祀、红白喜事，但已经超越了生计，而且形成了不建立在经济剥削之上的平等互惠的互助道德，形成了情感和精神的归属，让每个人都可以在辛苦的劳动之外安身立命。

---

① 特里·伊格尔顿：《人生的意义》，朱新伟译，译林出版社，2012，第98页。
② 亚里士多德：《政治学》，颜一、秦典华译，中国人民大学出版社，2003，第269页。
③ 伯特兰·罗素：《西方哲学史》，何兆武、李约瑟译，商务印书馆，2005，第60页。

第三节　对精神世界的敬畏与神往

行文至此，我们可以做出论断，乡土文化是行动的文化、说话的文化。说话的文化，自然不是"文字"的文化，费孝通认为，"最早的文字是庙堂性的而不是乡下人的东西，文字不是乡土社会内生性的需要，因为在生活中不怎么用得到"①。然而，文字在日常生活和交流中不被需要，不代表在精神上不被需要。在我的田野调查中，大部分没有正经读过书的老人都表达了对文字和读书、爱情和天理的神圣性崇拜，给我们提供了理解乡土社会的新视角。

一、对文字和读书的渴求

儒家文化一直有读书、向学的传统，"万般皆下品，唯有读书高……朝为田舍郎，暮登天子堂；将相本无种，男儿当自强……莫道儒冠误，诗书不负人；达而相天下，穷则善其身"②"三更灯火五更鸡，正是男儿读书时；黑发不知勤学早，白首方悔读书迟"③"书中自有黄金屋，书中自有颜如玉"④ 等劝学名句流传甚广。科举是寒门贵子"学而优则仕"的必经之路。不过，这些话常被精英学者用来批判底层老百姓对读书的"实用"和"功利"态度，"中国传统乡村民众具有实用主义思维……使他们的教育观念呈现强烈的实用化倾向，他们对于教育的思考都是基于当下的需要，而非子女未来的生活或者素质的提高……既不是为了博取功名，也不是为了修养德性"⑤。这种观点既高估了传统乡土社会有机会读书的农

---

① 费孝通：《乡土中国》，人民出版社，2008，第23—24页。
② 语出汪洙《神童诗》。
③ 语出颜真卿《劝学诗》。
④ 语出宋真宗《励学篇》：富家不用买良田，书中自有千钟粟；安居不用架高堂，书中自有黄金屋；出门莫恨无人随，书中车马多如簇；娶妻莫恨无良媒，书中自有颜如玉；男儿若遂平生志，六经勤向窗前读。
⑤ 汤美娟：《乡村教育早期现代化的底层叙事：基于苏北 M 村的田野调查》，《教育学术月刊》2016 年第 5 期。

家子弟的数量，也低估了更广大的完全没有读书机会的普通人对文字纯粹的精神性需要、对不可达至的另一个世界的向往。

1. "偷字"：对读书作为天职的认可

1905 年清廷下诏停止科举，山东各级新式学堂开始普及。民国政府多次提出改良私塾、普及国民小学的要求，但是私塾一直未能禁绝。鲍村的私塾一直延续到抗日战争爆发前。私塾先生是村里朱姓的晚清童生，教村里的小孩识字，读读《三字经》《百家姓》《千字文》《庄农日用杂字》，其中最受农民欢迎的是《庄农日用杂字》[①]。私塾就设在村里的家庙中，庙里还敬着神。当时国民政府规定小学堂讲台正面墙上，要左边挂"礼义"，右边挂"廉耻"，中间挂孙中山遗像，但家塾显然没有做到。据村里老人回忆，朱先生是"戒尺底下出良才"，孩子们对他又敬又怕。

不过，能上这个家塾的农家子弟是非常少的，田字辈四兄弟只有老二安仲田上了三年私塾，其他人都靠自学认得些字。时年 100 岁的安伯田老人作为家中的老大，很小就要担起照顾弟妹、维持生计的重担，从来没有机会上学。越是如此，他越羡慕那些在私塾读书的孩子。一有机会，他就去村里的私塾旁边，趴在窗子上"偷听"，凿壁偷光般地学了《三字经》《千字文》《百家姓》等童蒙教材，到现在仍熟读成诵。安伯田老人在我面前颤颤巍巍但却一字不错地背诵《三字经》时，我能感受到他对刻在生命里的文化记忆的情感认同。

已过世的安仲田老人是四兄弟里唯一上过私塾的人，也是村里为数不多的读书人。家里节衣缩食送他去读书，因为他从小表现出了对于读书的兴趣和过人天赋。安叔田老人说，"我哥很小就非常聪明，老人都说他是读书的料，路上哪怕一个纸片也要捡起来看看，没事就拿着木棒在地上写写画画"。在读私塾的五年里，人人都夸他用功，说他以后一定有出息，因为他"走着坐着，只要不劳动，手里就捧着一本书，哪怕上个茅房，也要夹着一本书"（安叔田 - 1930 - 男 - 半文盲 - 农民）。安仲田的毛笔字写得非常好，是在私塾里认真练过的，每到过年，他都会给村里人写对

---

① 作者是山东省临朐县胡梅涧村人，姓马名益著，字锡朋，生于康熙年间，曾遍访农家，集纷杂农事于一书。全书 474 句，每句五字，天字韵，一韵到底，通俗易懂，易记易诵，有"五字经"之称。内容皆农家生活经验，春耕、夏锄、秋收、冬藏无所不有，饮食起居、婚丧嫁娶、梭织蚕桑样样皆至，涉面广泛，记录准确，为农家日常实用百科全书。一经问世，便广为流传，产生深远影响，曾为农家儿童的启蒙读物。

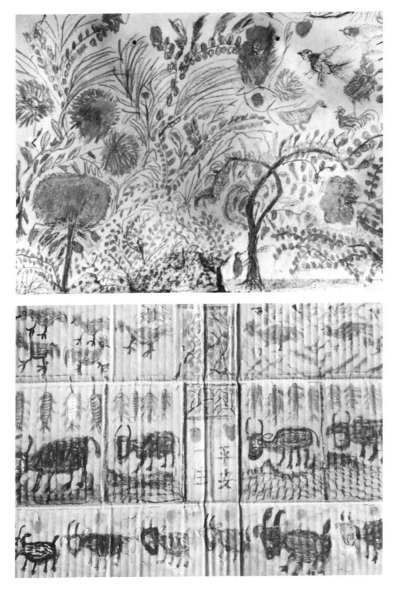

图 2 - 1　安伯田老人 100 岁时的涂鸦字画

联。不过，家里也并不期望他通过读书能改变命运。"读书改变命运"是
现代人的观念，对于乡下人来说，"农村孩子，书能读一点是一点，出来
能干什么，那是命，不能强求"（安叔田 - 1930 - 男 - 半文盲 - 农民）。

安仲田上完私塾，很快在抗战时期入了儿童团当小团长，17 岁时参军，后来去当地解放区委当文书。由于他的革命经历，1946 年国民党逮捕了安振盛夫妇，为赎身他们耗尽家财，以致家道中落。新中国成立后，安仲田幸运地保全了性命回到了家，任某县公安局局长，又成为振兴门楣、帮衬家族的主力，这是全家人都未曾想到的。

老三安叔田也没上过私塾，但他跟着上私塾的哥哥学，很快也略通笔墨。1946 年后，安叔田跟着父亲安振盛走街串巷做买卖，见多识广，新中国成立后在村供销社任职，80 年代后自己在村里开了个小卖部，虽不赚钱，尚可糊口。"文革"时期，安氏一族家庙被毁、家谱被烧，90 年代安叔田凭借回忆将家谱及祖宗序言尽数誊出，安氏后世子弟才得以重新了解祖宗传承。虽然他没有上过私塾，但家里放着一个老字典，没事就学，即使他平时种田，生活中基本用不着。安叔田老人对读书好的孩子有一种特别的洞察，他认为，学习不是靠教的，不想学的人，刻意地教也没用，除了刻苦，还要看人是否有"灵头"、有"兴趣"，读书好关键要看兴趣和灵性，要靠脑子和心，只是哼哧哼哧硬啃书本和听课的是老实孩子，但不一定是"读书的料"。

得为（刻意）地教呢，也得（小孩）听你的。我哥（仲田）小时候，你看他头扑棱扑棱（形容好动），很精神，但不是调皮人。他的老师说，上课的时候，他最调皮，有时候看着是听课，其实是走神了。当老师的都知道，越是这样，说明他会了，心里有数，听懂了他就摇头摆尾的，他心里有，会了就有。光坐在那里哼哧哼哧使劲学的，就像啃骨头啃不动似的，白搭。啃不动那种，一看动作就看出来了，老实听的，到末了还不一定学到东西。（安叔田 - 1930 - 男 - 半文盲 - 农民）

老四安季田出生时正赶上抗日战争爆发，家里穷得叮当响，更没有机会读书。但他说自己从小就是个学习迷。解放区有成人"夜学"和扫盲速成班，安季田只要有空就去。对于他来说，读书和学习是一种"个人生成"的东西，不是靠打出来的。

我从小就是个学习迷，一个字我也不放过。

我偷的字比你学的字还多。我上夜学的时候，有个朋友也天天去，还是一个字也不会写，啥也不认得。

这个学习啊，是个人生成，个人的脑子灵头，有兴趣才行，不是教的，也不是打出来的。（安季田－1936－男－半文盲－农民）

安季田常年在堂屋的大桌子上放着一个破旧砚台、一支笔头粗糙的毛笔、一沓旧报纸，没事就练练字。问他为什么要学写字，他说："不认字写字怎么能行，肚子里没点墨水，斗大的字不识一个，连自己的名字都不会写，这个人根本不中用！"对于他来讲，对文字的热爱是一种天职，连自己的名字都不会写是件丢人的事。不认字，那是"睁眼瞎"，即便看得到世界的光，心也是暗的。从他的语气中，我明显能感到，这不是功利性的，这是发自肺腑地对文字作为"人"之存在价值的朴素认可。

2. "学好"：对天道传播者的心灵托付

中国素有尊师重道的传统，作为孔孟之地、管鲍之乡，鲍村的这种氛围尤其浓厚。村里老人对于教师有着无条件的信任。安季田老人讲，孩子入学之前，父母都会嘱咐"一定要听老师的话啊""老师说啥你做啥，别白文（反对）"，即便孩子在学校里受了委屈，家长也会先指责孩子，"老师能有错吗，你一定是在学校不学好才挨熊（训）"。现代人听到这些话可能会批判这是对于教师权威的盲目迷信、对于专制制度的奴性认可。我问老人们，他们真的觉得老师没有错吗？老人们的态度是，即使老师错了，也要去听老师对的话，也就是"从善如流"。

老师错了，你听对的就是，对着干，不就是不学好吗。

人无完人，谁都会有错啊，错了也是老师啊。（安季田－1936－男－半文盲－农民）

跟着老师都是学好，哪有跟着老师故意学孬的。

你都不信任老师，老师怎么教到你心里去。（安叔田－1930－男－半文盲－农民）

老人们对于道统化身的老师有着天然的尊敬，对教师权威的反抗，意味着"大逆不道"，是"不学好"。只有首先对老师心悦诚服地信任，交出自己的心，怀着一颗朝圣的心、敬畏的心，别人才会"教到你心里去"。至于老师具体的错误，那都是可以自己灵活选择不去学的，完全可以自己挑"老师好的地方去学"。

老一辈人对教师的尊重还体现在他们遇到老师时的态度。老人们都说，无论是什么老师，不管熟悉不熟悉、年纪多大，知道对方是老师时，哪怕是比自己小的"后生"，也要主动叫先生。谁家的孩子考了师范学校，当了老师，老人们会说，"谁家的孩子有出息，当了先生了"。先生意味着，你的学识、境界是比我高的，哪怕你年龄比我小、经验比我少、手艺比我差，我也要承认自己不如你。

> "当好了先生是大功德"：你别看我年纪大，我见了老师也得叫先生，小年轻的当老师，也得恭敬地叫人家先生。什么人能叫先生啊，当老师的、当医生的，那都是"父母心"，都是大善人才能当老师、先生。病人的命、学生的前途都在他手上。当好了先生，那是大功德。误人子弟不行，老话讲，"不敬老师，天诛地灭；误人子弟，男盗女娼"，你看这个老师的作用多厉害！不好好当（老师）肯定不行，有报应。（安叔田－1930－男－半文盲－农民）
>
> "人人都尊敬文化高"：（20世纪）50年代，咱庄里王子山会俄语，那时候在毛泽东思想专队演节目。一到春节的时候，这里也去，那里也去，唱俄语歌。在咱整个县里，他就算是知识很高了。你看，俄语啊，有几个人会啊，溜溜哇啦的，唱的啥也没人能听懂，那算是很高了。虽然听不懂，但人人都尊敬他，文化高啊。（安仁金－1950－男－初中－农民）

在生活中与老师打交道的时候，老人们说也要特别注意尊敬老师。老师如果有家访，男主人一定要在家亲自相迎相送。老师来家里之前，主家一定会扫洒得当、沐手更衣，拿出最好的精气神来面对老师。村里宴请有敬酒的习俗，一般主人主动敬酒，对方都不会推辞，但如果留老师在家吃饭，老师可以不喝酒，主家绝不会责怪，而且会主动提出老师不能喝就以茶代酒，绝不可灌醉老师，不能以日常对客的俗礼来对老师，更不可损了老师的面子和尊严。

> 老师要是来家访，一定要穿得干干净净、体体面面的，家里也要

拾掇拾掇，这是尊敬人家。绝对不能裤腿脚子卷着，穿着个背心、拖鞋就见老师。

一定得留老师在家里吃饭，正儿八经地炒菜、买酒，当大客伺候。给老师敬酒，不能灌人家，也不像平常席上那样还有划拳什么的，那是俗人干的，自己家里人行，对老师不行。老师不喝酒的要给人冲上好茶，得给老师留面子，不能让老师下不来台啊。当父母的不尊敬人家老师，孩子怎么尊敬。人家老师专门来一趟，说明人家对孩子上心，他要是不负责任，说不管你也没办法，能家访的都是有心的老师，你得好好待人家。

我就跟孩子说，学习不好是一回事，没有那个脑子没办法，但老师一定得尊重，以后无论干啥，不能忘了老师，不能给老师丢人，得报答人家。（安仁恒–1947–男–高中–基层干部）

李弘祺认为，读书人"深信价值观与知识可赋予人一种世俗权威无法玷污的内在力量"①。在乡土社会，只有教师这个职业享有这种带有精神特权的普遍尊敬。这既是乡土社会对文字、读书神圣性崇拜的延续，也是对教师身负教育天职、承担巨大精神责任的情感认同。

3. "出息"：顺应天命的功德观

老一辈村里人对于学习、读书的神圣性敬畏，还表现在他们并不像现代人那样，有"读书改变命运"的期待。他们说，那绝对是"痴心妄想"，读书是"有一点算一点"，命运不是可以去预测和控制的事情。

庄户人家，根本想不了那么远，能读上书认到字就恣（幸福）得不得了。（安叔田–1930–男–半文盲–农民）

没有料的就是没有料，怎么催也没有用；有料的，根本就不用操心。（安仁金–1950–男–初中–工人）

能读多少算多少，读得出来就读，读不出来就家来（回家）干活，这都是命。（安仁恒–1947–男–高中–基层干部）

他们对于孩子读书没有明确的目的性，对自己的家庭资源有充分的自

---

① 李弘祺：《学以为己：传统中国的教育》，香港中文大学出版社，2012，第29页。

知之明，知道孩子即使读书很好，也未必能成大器。即使这样他们也要尽可能让孩子读书，因为读书可以使孩子"明事理"。这种乐天知命的态度表现在他们对孩子读书的过程完全不干涉、不控制。一方面他们并没有这个能力，更重要的是他们认为，学习不但完全是"为自己学的"，而且完全是要靠自己学的，这恰与中国儒学传统的"学而为己"① 暗合。

　　这个学习啊，完全是各自人的事情。（安仁恒－1947－男－高中－基层干部）

　　别指望老的教，学习不是指望着别人教的，是自己学的。

　　根本不用问，这就跟牛耕地一样，愿意犁的你往回拉都拉不动，不愿意犁的你用鞭子抽它也不动弹。（安叔田－1930－男－半文盲－农民）

　　好学生，放学回来，根本不用催，回来放下书包做作业，做完作业才出去玩呢。那些回来书包一扔，嗖的一声就没了影的，心根本就不在学习上，教也白搭，也就是跟着学俩字，当不了睁眼瞎算完。（安仁金－1950－男－初中－工人）

乡亲们对"学习"的具体目的和过程持顺其自然的态度，认为孩子上学读书就是为了"学好"，那"好"是什么呢？我和老人们有如下颇有趣的对话。

　　我：学好是什么意思呢？"好"是什么好？

　　安叔田："学好"就是"有出息"。

　　安季田："学好"就是"成才"。

　　我：出息、成才是什么意思呢？

　　安叔田：你这个闺女怎么打破砂锅问到底呢？好就是好啊，走正道啊。

　　我：还有邪门歪道啊？

　　安季田：怎么没有。不成才的有的是。你看现在有多少街皮

---

① 语出荀子《劝学》：古之学者为己，今之学者为人。君子之学也，以美其身；小人之学也，以为禽犊。

（意为游手好闲的人），那个小青年，天天什么也不干，打扮得人五人六的，好像个人物似的，啥也不会干，重的提不动、轻快的不愿干，光在家里吃老子（啃老）。还有那娶了媳妇忘了老子的，拉巴（养活）大了多不容易，老了老了不擦（回）了家里，回来连声爹都不叫，又不指望着你过富，叫声爹不会吗！

老人们没有告诉我什么是学好，但描述了什么是学坏，那就是成为一个好吃懒做的寄生虫，不管爹娘忘了本，甚至连爹妈都不叫。那"学好"是不是就是自食其力、孝顺爹娘呢？老人们说不是，"那都是应该的"，"你得对人有用"，"不是说学以致用吗"，"得做贡献啊，不是说为国家做贡献吗"，"得为老百姓办点实事"。他们对读了书做了官但不为民谋福利的贪官深恶痛绝，"当官不为民做主，不如回家卖红薯"，"那根本就是忘了本"。老人们的"好"，其实已经超越了"本分"的观念，自食其力、孝敬爹娘那是本分，读书成才、长出息、成大器是要学以致用，对别人有用，成为对社会有贡献的人。这样看来，学成归来首先不是衣锦还乡，而是意味着对别人有用。传统耕读教育的"用"，其实是对他人的"功用""功德"，而非仅仅对自己的"实用""功利"，很多人对这一点都存在很大的误解。

二、恩义式婚姻的情感张力

"爱，不是肌肤之亲，不是一蔬一饭，而是一种不死的欲望，一种甜蜜的创伤，一种疲惫生活中的英雄梦想。"[①] 除了文字，乡土人难以企及却深深向往的世界，还有美和爱情。20 世纪初三代人的婚姻全部是"父母之命，媒妁之言"，尽管很多夫妇最后也都相濡以沫、白头偕老，但那个人并不是年少心动的他（她），有的人反抗过，最终没有成功。这些人中约 1/3 的婚姻过得并不幸福，堪称怨偶，但最终都没有选择离婚。比起文字，爱情于他们是更遥远的东西。然而，他们依然信仰它、憧憬它，终其一生地以自己的方式歌颂它。

---

① 余杰：《杜拉斯：爱是不死的欲望》，《外国文学动态》1997 年第 3 期。

1. 没有青春期的乡土社会

乡土社会的少年是没有青春期的，或者说，他们的青春期并不像城市少年那样激烈，而是在不知不觉中平稳度过。农村孩子们对于生老病死、性知识（比如动物的发情活动）早已习以为常，而且心理上早早承担了家里的生计责任，青春期根本不属于他们。没有青春期，不代表没有爱情的萌芽。十三四岁的少男少女到了产生情愫的时候却无可寄托，因为八九岁之后，少男少女就开始被隔离在不同的空间。八九岁之前，村里大人基本上是放任男孩、女孩一起玩的，游戏的队伍里有很多"丫头"。到了八九岁，男孩子扎堆一起玩、一起劳动；女孩子则主要被关在家里学习女工，做家务活，并被灌输"居家""贤惠""自爱"等各种观念。尤其是夏天，女孩更不会随便被放出来，不能跟男孩子混在一堆。

（女孩）不能乱串门子，讨人嫌。不能往男孩子堆里扎，尤其不能跟街皮接触，否则找不到"好主"（意为嫁不到好人家）。

村里有个闺女喜欢到处串门，妇女们凑在一起就笑话她像"散养的鸡"，嫁了人，兄弟媳妇们也经常挤对她，说她"野心"，"屁股上跟长了刺一样，关不住"。（安仁守 - 1946 - 女 - 初中 - 农民）

一般来说，孩子十五六岁时身体已经开始发育，大人们开始帮他们物色对象、准备婚事，并不断告诉男孩子要娶什么样的女子进门、女孩子要嫁到什么人家。婚姻的选择标准，首先是门当户对，男的必须能养家糊口，忠厚老实；女的必须勤劳朴素，孝顺老人。由于安家在村里每年打粮食最多，村里人说："谁家打粮食也打不过你们，种的那个好啊，有粪、有牛、有驴，还有猪，牲口粪一年能锄两三茬子。"在村里很多穷汉打光棍的时候，田字辈四兄弟都说上了媳妇。

对于儿媳妇的人选，能生养、能劳动、骨架大、勤快能干、孝顺的女子是老人们最看中的，瘦弱矮小的女子在当地并不受欢迎。老大安伯田的媳妇来自贫农家庭，很温柔，从不骂人；老二安仲田的媳妇本家在邻村开大油坊，家里有个大骡子；老三安叔田的媳妇本家是邻村数一数二的富户；老四安季田的媳妇本家不富，安稳本分。安伯田就讲到他帮二儿子挑儿媳妇的标准是孝顺、能干。

　　安仁盈不到18岁就去区里当文书了，跟着政府抗日，工作不安全啊，我就想着赶紧给他说上个媳妇。我和村里的朱恩弦从小在一起长大的，知根知底的，互相摸到脾气了。他有个闺女叫家芳，长得也很棒。我想着儿子都不在跟前，上了年纪没人管了怎么办，这个闺女又老实又能干，又是老伙计的闺女，我就和老伙计商量商量，把儿子的婚事就定了。（安伯田 - 1918 - 男 - 半文盲 - 农民）

少男少女们还在懵懵懂懂，甚至不知道害羞，没有施展他们的青春魅力追逐爱情的时候，婚姻就在父母的决定下，伴随着性、孩子降临在他们头上了。也正是因为这样，他们来不及发出的青春信号，来不及施展的青春美都被永远地封存了。即使他们成了男人、女人和父亲、母亲，可是他们的青春期性心理没有机会成长，也就永远停留在了少年时期。安仁贤和妻子刘婷也是经长辈介绍结婚，刘婷非常孝顺能干，年年都是村里的"模范媳妇"，但夫妇两个一辈子动不动就吵架。安仁贤虽然工作上很优秀，但回到家里，从来不干家务活，还动不动就因为一点小事发脾气，因为父亲包办婚姻"心里窝火了一辈子"。

　　我最不喜欢跟你大娘出去买衣服，你大娘不爱、不会打扮。出去逛街吧，她左推右推、嫌这嫌那，买件衣服还不够生气的呢。我又不是没有钱，她整天穿得灰不溜秋的，不精神。（安仁贤 - 1956 - 男 - 高中 - 工人）

安仁贤的妻子刘婷也很委屈："我不是心疼那些钱吗，我还得天天干家务，动不动就得上坡锄地、拔草，一件衣服好几百，没有必要。再说打扮得花里胡哨跟妖精似的，人家笑话。"（刘婷 - 1955 - 女 - 小学 - 农民）尽管刘婷是村小教师，有文化，但她也不敢、不会打扮自己，尽心尽力照顾丈夫、公婆，却得不到丈夫的欢心，在审美情趣上与丈夫有很大的差异，两个人说不到一块儿去。

老一辈人在爱情和亲密关系上的笨拙、缄默、羞赧多少与青春期的性心理没有得到发展有关，他们没有体会过自由恋爱的动荡、痛苦，很难体会爱情的甜蜜和美好，更不知道怎么去对待异性。男人不会表达感情，女人不会"勾引"男子。"万恶淫为首"，男人的轻佻和女人的搔首弄姿是乡土社会的羞耻和禁忌，肆无忌惮地展示美和表达爱几乎是一种罪过。爱好和平、安稳的乡土秩序，鼓励并一手"策划"送走了儿童的青春期。上一代人的男欢女爱缺乏激情，是没有青春期的乡土社会的必然。

2. 夫妇有恩义的搭伙式婚姻

没有激烈痛苦和甜蜜碰撞的青春期，乡村的少年们早早就成家立业了。老人们说，"成家了，男孩子才能收收心，定定心性"，婚姻就是为了安定他们可能出现的青春期的动荡、叛逆、越轨、不安，否则会冲击稳定和谐的乡村秩序。虽然给儿女包办婚姻有时会遭到他们的反对，但最后的结果都是儿女妥协。安叔田讲起他给儿子安仁贤介绍对象，安仁贤不愿意去登记，最后在叔叔大爷们的劝说下才心不甘情不愿去登记的事。

> "两边大人就替孩子做了主"：安仁贤高中毕业回家在村里当赤脚医生。我在供销社卖东西，社旁边是村里的小学，小学老师刘婷上下班也经常在供销社旁边经过，远远地就喊我大爷，非常热情有礼貌，而且长得很壮实，肩大胯大脸盘大，长得很立正，一看就喜人，经常来往。刘婷又有文化，干农活、教学都是好手，村里人人都夸，正好我儿子也识字，闺女品性也好，刘婷他哥哥跟我也很熟，对撮合这件事情很热乎，两边大人就替孩子做了主。
>
> "爷们儿押着他去登记"：我领儿子仁贤去一看，仁贤不愿意了，嫌人家长得矮、长得胖。他没有相中，但是窝窝囊囊也不敢说不行。这不是登记时间就定好了，前天晚上仁贤又不愿意了，就是不去登记，跟我犟嘴，说不去啊，就是不愿意要这个媳妇啊，吃饭的时候当着老的（父母）面，哐当一声把茶碗给摔了，闹脾气。你说我那个生气，"你不愿意怎么不早说呢，又不是不知道利害，不去登记，怎么跟人家闺女说！不愿意也得愿意"，哐当一声，我也把茶碗摔了，爷俩在饭桌上吵吵。没法治了，我把兄弟们都请来，仁贤的叔叔大爷一起劝，第二天早上爷们儿"押"着他去登记。（安叔田 - 1930 - 男 - 半文盲 - 农民）

安仁贤对父亲没有尊重他的意愿而包办婚姻的事情耿耿于怀。虽然妻子刘婷孝顺能干，是个贤妻良母，可他还是经常发火，刘婷说他"说话能毒死人，不会体贴人"，夫妻两个吵吵闹闹一辈子。安叔田并不后悔给儿子包办婚姻，他对这个儿媳妇非常满意，"换了别的闺女也是吵吵，我的儿子我知道，脾气不好，咱们庄户人家，能找个老师不孬了"。（安叔田 – 1930 – 男 – 半文盲 – 农民）

尽管老一辈人的婚姻基本都是"先结婚，后恋爱"，有很多口角、吵闹，但都能同甘共苦、风雨同舟，"搭伙过日子"，属于一种亲情式的爱情。安伯田的妻子走得比较早，他一想起老伴就淌眼泪，虽然儿女们都很孝顺他，但他有时候想起老伴还是觉得空落落的，觉得老伴没有跟自己一样享儿孙的福。

> 孩子他娘走得早啊。跟着我一天福也没有享过啊，光跟着我受苦了。现在日子好了，就剩下我一个，儿女们都很有出息，她也看不见啊，没享到福啊。你说我活这么长，我就觉得对不住她啊。（安伯田 – 1918 – 男 – 半文盲 – 农民）

安季田与妻子在 50 岁的时候就分床睡了，因为安季田爱打呼噜，经常吵着妻子睡觉，他心疼妻子睡不好觉就分床了。冬天堂屋里很冷，他每次都帮妻子暖好被窝，再去另一张床睡觉；每天早上都一大早起来，先把炉子生好，屋子里暖和了才喊妻子起床。妻子临终前在病床上瘫痪了一个月，大小便都不能自理，安季田每天亲自给妻子换屎、换尿、擦身、按摩，就是不让其他人伸手。妻子去世的时候，安季田哭得老泪横流。

> 我老伴打 17 岁花轿抬进门，一辈子没有人说孬的，从来也不串门子，也不骂人，给我生养了五个孩子，受了多少罪啊。年纪大了得了一身病，晚上疼得嗨哟，我心里不好受啊。早走了少受点罪啊，可是看不见孙子娶媳妇了。我早就跟老伴一起修好坟了，等着抱上重孙子，我就能合眼了，能下去陪她了。（安季田 – 1936 – 男 – 半文盲 – 农民）

老一辈人虽然不会表达自己的感情，但"夫妇有恩义"，他们相互之间有恩情，是生活上相互扶持的老伴，互相感念对方在家庭中的付出和牺牲，互相照顾和关心对方的身体，虽不浪漫但很实在，是一种恩义式的爱情。

3. 悲剧性的民间情爱文化

传统婚姻里缺乏的现代式浪漫，都在民间文学里补了回来。老人们爱给小孩子们讲才子佳人、神仙眷侣的故事，小孩子们也特别爱听。老人们常讲的故事有《牛郎织女》《七仙女下凡》《梁山伯与祝英台》《寒窑记》《陈世美与秦香莲》《孟姜女哭长城》《白蛇传》《霸王别姬》……细细数来，这些大人们津津乐道的、孩子们听的最多的爱情故事，全是悲剧。

老人们为什么喜欢这些爱情悲剧，而不是从皆大欢喜的喜剧故事比如美满的姻缘、上天的恩赐、好人最终得到好报的圆满中寻求安慰呢？谈到爱情这个话题，他们也没有说出个所以然来，都很腼腆，只是说这些故事都是从小听到大的，自然而然也就知道了。我无法帮老一代人回答这个问题，只能借助对这些爱情悲剧的分析来解释这种现象。

费孝通认为，夫妇一方面共同享受生活的乐趣，另一方面共同经营一件极重要又极基本的社会事业，若不能两全其美，就得牺牲一项，在中国传统社会里是牺牲前者，夫妇不但不言相爱，而且把婚姻看得十分严肃，甚至带着一些悲壮的调子；夫妇感情生活的未尽发展是中国传统文化的一个弊病。[①] 民间爱情悲剧恰恰带着一种"向死而生"的味道，充满了求而不得又得而不久的、美好易逝的、无论是人还是神仙都永恒痛苦的宿命意味。尽管命中注定是悲剧，但故事中的主人公都在不断与身份等级、道德束缚进行抗争，甚至不惜以生命为代价。中国传统农耕的方式限定了人们只能依赖自然而不能征服自然，人伦道德倾向于让人顺从而不是斗争，个人的自由意志往往无法得到充分的体现，也唯有悲剧作为一种艺术化的宗教才能给予麻木、压抑的心灵以沉重叩击。尼采在《悲剧的诞生》里论断，悲剧是最高的艺术，只有悲剧才能净化人的心灵和感情。

> 悲剧的伟大力量，能够鼓舞、能净化、能激发一个民族的全部生机，成为防治疾病的万灵之药，成为最强悍不屈和最顺天由命的民族性之间的调和剂……悲剧通过悲剧英雄，救济我们于强烈的尘世眷恋，亲手指点、提醒我们还有一种彼岸的生存和一种更高的快乐；奋

---

① 费孝通：《生育制度》，商务印书馆，2009，第 95、101 页。

斗英雄早有预感，准备以死亡，不是以胜利，来接受……通过毁灭和否定的路，将引向一种最高的快乐。[①]

没有经历过痛苦的爱情，很难助益人自主性的成长。没有青春期的前几代人，他们没有经历"虫蛹"的阶段，从一个小毛毛虫长成了大毛毛虫，很难再化蝶飞进另一个世界。因此，他们体内总是带着一团未发育的"蛹"，随时在悲剧的痛苦中汲取力量，实现精神补偿。爱情，就是一种超越性教育，错过了青春期，人们也就失去了成长中非常重要的情感和灵魂教育，在乡土社会里，只有爱情悲剧可以弥补人们心中的遗憾。我的分析虽然无法从谈到爱情就三缄其口的老人们那里得到证实，但老人们听的戏文、喜欢讲的爱情故事都具有悲剧意味，却是事实。

三、对神灵与自然的敬馈

在文字和爱情之外，人们还有一个完全接触不到的神秘世界，只能通过灵媒接上头，这属于民间信仰的一部分。死者的灵魂属于死灵，祖先的灵魂是祖灵，人以外的生命形式是精灵，这些灵魂形式寄托了人们对于彼岸世界的好奇、恐惧、向往、归属感。

1. 问卜：来自祖灵的道德审判

在传统社会，很多人都是相信鬼神的，遇到一些无法解决的事情，人们会去鬼婆处问个究竟，以求心安理得。村里有一种问卜，是通过鬼婆把已经去世的亲人、朋友的灵魂召来，问问事情或怀念旧人。在这种问卜的场合，有时候是全家都去的。不过，这种问卜要过了正月十五才开，过年是不开的，人死100天以内也不开。问卜有时候会去鬼婆家，有时也会把鬼婆请到家里来。一般是在客厅大桌子上摆一碗麦子，以红纸相覆，插上三炷香。鬼婆念念有词，突然进入一种迷离状态，就是通了灵了。这时候有什么想问祖灵的话就可以问了，鬼婆就会代表祖灵说话，"鬼婆点上炷香，乱七八糟说些话，哪个上来了，哪个上来了，你爷爷上来了，你奶奶上来了，就可以问了"。

一般来说，老人去世后的三年内，在丧礼之外要办一个南无阿弥陀佛

---

① 弗里德里希·威廉·尼采：《悲剧的诞生》，周国平译，三联书店，1986，第85—86页。

超度礼，超度礼有时也可以跟丧礼办到一起。但超度礼要请超度法师，花费不菲，因此很多儿女只办丧礼，等有钱了再办超度礼。安家有一户比较穷，老人去世了好几年，超度礼也没办。据说，如果子孙不给去世的父母办超度仪式，老人从阴间上来后，都会指责儿女，说"不会放过你们的"。但这户人家的老人上来，就安慰儿女，通过鬼婆跟儿女说，"我的儿子现在过得很艰难，我的孙子上大学需要钱，家里没钱，现在不办阿弥陀佛。我的大孙子笨啊，在社会上找吃的难，我的小孙子就好了，去北京上大学了"（安仁芳－1942－女－初中－农民）。安仁芳觉得鬼婆连这家人的孩子谁上学、谁不上学都知道得一清二楚，非常准。作为现代人，从小接受无神论教育的我认为这里面必定有什么秘诀和门道，再三追问老人，是不是鬼婆可能在村子里有内线，偷偷问过知情人或者说用一种特殊的方法在骗人，但安仁芳老人觉得不用怀疑，这是别人在"积阴德"，"就算是骗，也骗得心安理得"。

安仁守的妈妈也曾经"上来过"，母女二人通过"阴阳对话"化解了之前的恩怨。安仁守是老大，妈妈偏袒弟弟妹妹，对作为老大的她打骂最多，但妈妈去世前，安仁守是伺候在病床前最久的。她在问卜的时候终于听到了妈妈生前一直没有对她说出口的谢意和歉意。

> 以前我没钱，小妹家比我们家有钱，而且舍得给爸妈买吃的买喝的。小妹妹住得很远，老妈病了没法过来伺候。都是我在跟前天天伺候，换屎换尿，每天都给她洗澡。以前我挨老妈的训最多，我是老大啊，干最多的活，弟弟妹妹都是我带大的，老妈还经常不满意我这，不满意我那。到老的时候，还是我伺候她。
>
> 我妈也（从阴间）上来过，上来说对不起我，以前老是打我、骂我，对我不好。我妈说："我老了，是你这个大闺女伺候我，照顾我最多。"（安仁守－1946－女－初中－农民）

安仁守老人说这个的时候，脸上带着满足的表情，仿佛一辈子未解开的母女怨恨的死结终于解开了，她对家庭的付出、对母亲的爱终于得到了认可。姑且不论鬼婆通灵的准头和实现手段，我们可以从安仁芳、安仁守老人的叙述中发现，阴间的祖灵在这个过程中化身为道德审判力量，凭借死者的神秘性，回到阳世对不肖子孙进行指责，对孝顺子孙进行赞扬，将所传达的道德观念合理化，对在世子女进行道德教育，重建家族的道德秩序。

亚当·斯密认为，原始宗教是在精确理性和科学时代到来之前，表达对符合天性的道德准则的认可和确认，人们在日常生活中判断行为功过的普遍法则就逐渐被看成是无所不能的神的规则，是集体良心的凝结，神会在来世报答遵守这些规则的人和惩罚违反它们的人。[①] 涂尔干认为，"所有宗教仪式，表面上是强化信徒与神之间的归附关系，实际上强化的是作为社会成员的个体对其社会的归附关系……仪式首先是道德的和社会的……在道德上重塑个体和群体"[②]。民间宗教内含着人们对天性道德的神圣认可和确认。不管宗教生活以什么样的形式出现，不管个体在理性上是否真正相信，他们都努力说服自己相信，并从中获得支持性的道德力量，把现世解决不了的问题、想不通的事、未了的心愿、未表达的爱、未解开的怨，通过灵媒彻底解决，求得在世安心，并形成一种"举头三尺有神明"的主动的道德自律。

2. 农事信仰：对自然的仪式性回馈

除了祭祀和感谢祖先，农民也感谢天气、土地、社会对丰收的恩惠，按照农业生存、气候的节律，进行春种、夏锄、秋收、冬藏的农业祈福仪式；与自然神和社会神对话，表达一种节省人力、物力，保持天地人之间的和谐关系。[③] 在农事信仰和仪式中，最重要的是对土地的信仰。

前文提到过曾祖安振盛屡屡告诫子孙"地是骨头""地是黄金板，土能生万物"，手中有余钱便攒下来置田产。村里老人说，过年过节，人们先拜的是土地爷，祈求五谷丰登。在敬拜土地的仪式里，最热闹的是"社火"活动。现在流传的耍狮子和舞龙灯，其实是"社火"活动中的一个环节，只不过被大大简化了。前文讲过庙会和集市是乡村少有的打破家族文化束缚、实现公共社交的形式，"社火"活动是另外一个。"社火"活动需要倾注很多的人力、物力，号召很多人的公共参与，比如扎龙灯、舞龙灯，要各村出巧手能工、青年壮汉。现代社会有些商家在开业时，也

---

① 亚当·斯密：《道德情操论》，蒋自强等译，商务印书馆，1997，第199、200、207页。
② 埃米尔·涂尔干：《宗教生活的基本形式》，渠东、汲喆译，上海人民出版社，2006，第297、490页。
③ 黄晓萍：《说话的文化》，中华书局，2002，第232页。

会花钱请狮子队、舞龙队，与其说这是在祈求开业大吉，不如说这是传统"社火"活动的简化和延续。

> 你老老爷经常说啊，"地是庄稼人的骨头""地是黄金板，土能生万物"。只要你老老爷攒了钱，都是先买地。咱家的地上的粪最多，打的粮食最多。
>
> 过年过节先敬土地爷爷啊。庄头上以前有土地庙，那个香不断地有。要是碰到灾荒年，得去拜一拜啊，问问怎么回事啊，求求老天爷。过年的时候要"游'社火'"，每个庄里都要出壮汉，家家户户出一点钱交给村委，好几个村约和着（约定）一起扎个大龙灯，过年的时候要舞龙灯。咱庄比较小，都是跟着北鲍、南鲍这几个大庄一起。遇上年头好的时候，钱多了还能看到耍狮子。龙灯队、狮子队每个庄都要舞一遍，再好看没有（非常好看）。现在都是个人出钱请，有做大买卖的开业的时候，请人舞舞龙灯，耍耍狮子，没有以前热闹。（安叔田 – 1930 – 男 – 半文盲 – 农民）

除了土地神，村民最常祭拜的是灶神。由于灶王爷一年到头都守在老百姓家里，所以每到腊月二十三灶王爷升天向玉皇大帝汇报的时候，家家户户都要祭拜。每一家都要请一张灶王爷的画像，贴在锅灶旁边，两边贴对联，上联为"上天言好事"，下联为"下界保平安"。安季田老人还记得以前拜灶王爷时念的顺口溜。

> 灶王爷你听着，饭屋里你见天看着我。我顿顿省吃又俭喝，抛米撒面是一时的错。灶火窝里脏些是孩子们多，你老人家可得担待着。这糖瓜你吃不了全拿上，捎给玉皇大帝尝一尝。我这里与你把头磕，上天去千万替我把好话说。初一早点回来别耽误，到咱家吃我蒸的馍馍。（安季田 – 1936 – 男 – 半文盲 – 农民）

这些农事信仰传达出了人们对于自然的道德敬畏和感恩，通过周期性仪式慢慢传递给下一代的，还有人们对山川土地的情怀、依恋、虔诚性的亲近，与其倾注心血的事物的融合，与其所处的自然生生不息的联系。

3. 看老天爷吃饭：天人合一的土地共同体

通过各种农事信仰和周期性仪式，农民不仅对自然、天地有着发自内心的敬畏，而且对如何与自然、天地相处有一种切身性的体悟，他们"看天吃饭"，能读懂、看懂"天地"。比如安季田老人跟我说，"七月下火"之时是夏天最热的时候，之后热就会慢慢下去（暑热盛极转衰）；"三星在天"①，是农民从院子到猪圈再到屋里一边干活一边看天上星星移动的过程；"麦怕清明连夜雨""有钱难买五月旱，六月连阴吃饱饭""立了秋，哪里下雨哪里收"，这些都是跟节气有关的谚语。这些通过谚语总结的知识，都是农民的实践性的、具身性的缄默知识，它不是依靠专门的调查而发现的科学概念，而是一种不明确的对经验中某些关键性特质的感悟和直接把握。

　　你们年轻人现在都享福了，不用下力干活，拿钱买就能吃上饭，让你们回来干也不会干。你们别觉得种地简单，种地再难没有，也是个大学问。现在很多种地的年轻人，就是不会种，没有经验啊。种地不是你下得化肥多、下得力气多就收得多。你得懂得节气、懂得看天，得接地气。我看看土什么颜色，就知道该种啥、不种啥，知道下多少粪、浇多少水。有的人种地，不看时候，下了化肥了，突然来一场雨，马上给你冲了，白下了。天气热了、旱了，不能马上浇水，浇上（庄稼）都烧死了，得半夜里、大早上浇。（安叔田－1930－男－半文盲－农民）

　　天气预报都不如我准。以前连电视都没有，靠天气预报广播，黄花菜都凉了。很多顺口溜，你们都不懂。比如，"七月下火"，你觉得是最热的时候，其实天上下火的时候，表示这个热是最后一拨，马上热就过去了，就转凉快天了。"三星在天"，你知道什么意思吧？那是庄稼人干活看天，正好能从大门、猪圈和堂屋看到天上三颗星星跟着走。顺口溜我懂得再多没有，"麦怕清明连夜雨""有钱难买五月旱，六月连阴吃饱饭""立了秋，哪里下雨哪里收"，这些顺口溜

---

① "三星在天"在古典文献中确有记述，早在《诗经·唐风·绸缪》中就出现："绸缪束薪，三星在天；绸缪束刍，三星在隅；绸缪束楚，三星在户。""束薪"是在院子里整理劈柴，抬头仰望，三星还高挂在中天；"束刍"是在圈栏整理饲料，回看夜空，三星已经偏移一隅；"束楚"是在屋内扎束柴把，再望夜空，从开户之大门看过去，三星已经西垂天边。

我张口就来，光会背不行，你得会看老天爷的脸。（安季田－1936－男－农民）

生态学家利奥波德认为，在农民与土地打交道的过程中，农民与土地形成了"土地共同体"，"与土地的和谐相处和与朋友和谐相处一样，他是一个整体，不能因为你喜欢他的右手而砍掉他的左手，也就是说，在对待土地共同体时，你不能为了爱惜某种动物而捕杀它的天敌，不能为了保护河流却糟蹋牧区"[1]。从前文老一辈人对于耕种的讲述中我们可以看到，在乡土社会里，农民与自然、农民与劳动产品不是统治与被统治的对立关系，而是"合一"的息息相关的平等关系、伙伴关系。

总的来说，前文讲述了家族的问卜仪式、祖先崇拜、节日庆祝、农事信仰，涂尔干把这些仪式性的集会称为"集体欢腾"。他区分了人类生活的两种根本状态，一种是日常的、萎靡乏味的，为谋食进行的耕种、采集、捕猎等无法唤起激情的，处于社会分散联系的劳作活动中的状态；另一种是在秩序中协调、合作，共同表达集体情感的精神欢腾状态，只要欢腾开始，一切都变了，任何重要性事件都帮助他出离自身。[2] 无论是哪一种仪式，都是凡人在与自然、神的沟通中，对物质匮乏时期严格、自律生活的一丝安慰，对界限森严的等级制度、文化形式的超越。没有这些集体性的精神生活、文化活动，苦役般的劳作根本无以为系。看不到乡土生活在劳作、闲暇中所呈现的带有神圣性价值的文化特征，便无以理解这个村庄、这个家族如何在自然灾害、战乱中维系和延续了下来，无以理解平民文化和教育的真谛。

乡土耕读养育的支柱

* * * * * * * * * *

综观20世纪初安氏家族的乡土自然教育，我们发现了民间养育学的

---

① 奥尔多·利奥波德：《沙乡年鉴》，彭俊译，四川文艺出版社，2013，第172页。
② 埃米尔·涂尔干：《宗教生活的基本形式》，渠东、汲喆译，上海人民出版社，2006，第285—286页。

三大支柱：由家族共同体支持的生计劳动和养育活动；以叙事和神话为根基的个体和公共闲暇；对读书的道德敬畏、对爱情的悲剧体验、对神秘世界的崇拜和社会欢腾。

传统社会的生育禁忌与仪式具有实用性与神圣性兼具的特征：一是帮助产妇和儿童建立广泛的社会联系；二是表现神圣性的敬畏，在天、地、人、神中进行沟通和对话。这种禁忌与仪式强化了传统社会的人际互动和有机联结，对于家族的繁衍起着举足轻重的作用。苦难和无常是物质匮乏社会的基本特点，作为一种天然的教育形式，孕育了本分、节制、互助的劳作美德。自发性的亲缘共育和易子而教是乡土教育的主要形式，"教养"是儿童的道德底线。

在苦难之外，儿童广泛地参与到自然的游戏和公共世界中来，乡土社会的"说谅""圆成"是一种具有宽容儿童自由、冒险精神的公共性教育方式和美德形式；借助叙事和神话，道德教育自然而然地发生了。赶集、世俗节日也是儿童闲暇活动的主要形式，在这种公共性的闲暇活动中，成人与儿童共同接受公共性的自由教育。

苦难激发了人们对于不可达至的世界的向往，平民社会对文字、教师所承载的天理有一种朴素的道德敬畏，对情爱之永恒痛苦有着宿命性的体悟，各种神圣性的祭祀活动带给乡民"举头三尺有神明"的神圣性体验、集体联结的情感与自律性的道德精神。

第三章 集体化时代和转型初期的孩子们

　　安氏家族对于集体化时代的记忆，与实际的历史分期稍有不同。族人普遍以 1958 年全村加入合作社、大跃进开始为转折点，以 1998 年高度行政化的单位制度弱化和工人大规模下岗为集体化时代记忆的结束。对于教育的记忆，族人以 1977 年高考恢复①、1979 年计划生育②开展为时间节点。在这个历史进程中，安氏家族的 50 后、60 后、70 后、80 后、90 后五个世代人，其教育和命运发生了巨大的变化。1950—1975 年生人，兄弟姐妹众多，其家庭教育仍然在很大程度上依赖着传统。虽然接受过零散的正规学校教育，但均未接受过高等教育，社会流动非常有限，他们的教育叙事主要还是劳动记忆。75 后到 90 后普遍是独生子女，属于受学校教育影响较大的一代，他们大多接受过高等教育，是新时代的大学生，他们的教育叙事主要是学校记忆。两代人的教育记忆虽然不同，但教育观念都与传统耕读中顺应天命、顺其自然的教育观截然不同，转向了人定胜天、"读书改变命运"的强期待状态。

　　在集体劳动和单位制度时期，族人的叙事主要集中在两个方面：一方面是繁重的劳动生活和压抑的学校教育记忆；另一方面是年轻人基于蠢蠢

---

① 1977 年 9 月，教育部在北京召开全国高等学校招生工作会议，决定恢复已经停止了 10 年的普通高等学校招生全国统一考试，以统一考试、择优录取的方式选拔人才上大学。

② 计划生育在 20 世纪 70 年代就已经开始试点推广。据山东省情志记载，1976 年初，中共山东省委在济南召开全省计划生育工作会议，要求各地在安排国民经济计划的同时，要安排好人口规划，要普遍检查计划生育执行情况，采取措施，做到按计划结婚和生育。1979 年，泰县正式设置计划生育办公室。1980 年 2 月 23 日，山东省政府发出《认真搞好计划生育工作的通知》，要求在全省推行"一对夫妇只生一个孩子"的政策，提出把计划生育工作的重点转移到一对夫妇只生育一个孩子上来（山东省情网：《山东历史上的今天》，http://sdsqw.cn/today/today/200707/article_13259.html，最后访问日期：2018 年 5 月 1 日）。

欲动的浓烈感情和自由意志，与权威化象征的家长、教师、学校发生的悄然却激烈的对抗，尤其是在爱情、婚姻和"禁书"的态度上，两代人之间出现了巨大的鸿沟。在集体价值与个体价值的冲突过程中，集体化劳动的历史形塑了人们复杂、矛盾的情感特征，内化为两代人的集体潜意识。

第一节　生计形式的转变

1958 年之后，老人们的记忆指向了两方面，一方面是集体劳动、大锅饭和普遍的饥饿体验，另一方面是政治运动。不过，家族成员对于集体劳动的记忆明显分成了两种：一种是吃"农业粮"的农民的土地劳作记忆和农民合同工的工厂劳作记忆；另一种是吃"国库粮"的、生活条件较为优越的单位记忆。基于生计的劳动形式、劳动价值和社会地位在家族内部发生了明显的分层。族人对吃"国库粮"的体制内劳动产生了广泛的心理依赖和期待，并一直持续到今天。

一、"农业粮"与"国库粮"：劳动价值的分层

第 19 世田字辈四兄弟或务农，或做官，但都保持着耕种的习惯，均未离土。由于 1946 年安振盛作为解放军家属被国民党抓捕而田产散尽，安氏家族在新中国成立后被划为贫农成分，在此后没有挨批挨斗。1956 年田字辈四兄弟分家后，他们靠自己的双手陆续盖起了土坯房，分成四大支系各谋生计。安振盛夫妇跟随长子安伯田生活，其他三兄弟各立门户。安伯田终生务农。安仲田由于早年上过私塾、参过军，新中国成立后任泰县××局第一任局长，后调任临县公安局局长。安叔田早年随父做过买卖，1960 年去村供销社当销售员，并在 1979 年转为正式工，以工人身份退休，退休后在村里经营小卖部。安季田 19 岁时跟随裁缝师傅做学徒，新中国成立后在泰县针织厂做裁缝工人长达 10 年，1961 年回鲍村任大队书记兼生产队队长，一边务农，一边兼职做裁缝。虽然四兄弟工作不同，有的谋得一官半职，有的仍务农，但相互之间并无龃龉，且相互扶持。此时，安仲田"兵而优则仕"，经济收入和社会地位较高，经常对其他三兄

弟进行经济帮助，并为他们的子女介绍工作，在家族内部实现了经济扶助和道德回馈。

第 19 世、第 20 世和第 21 世族人的职业则发生了很大的变化，分为三类：一类为吃"农业粮"的农民，一类为半工半农的农民合同工，一类为吃"国库粮"的单位正式编制工。1982 年，山东省的家庭联产承包责任制形式才正式确定，"大包干"的时代到来。然而，无论是农村家庭还是城市家庭，人们对于"集体"的概念仍然延续，对于"单位""体制"的依赖顽强存在，对于"城市户口""稳定编制"的需求旺盛。虽然20 世纪 80 年代国家开始了一些初步的企业制度改革，市场经济体制慢慢确立，但依然没有动摇单位制度的根本。直到 1998 年，企业大规模破产和众多工人下岗，大家一夜之间失去了国家和集体的"庇护"，人们的集体依赖心理才开始真正瓦解，重新进入了对于生计的自主谋求和创造阶段。

1. 家族内的职业分化

第 20 世仁字辈子女中，1 人为小学学历，12 人为初中学历，6 人为高中学历，他们都有机会读书识字。男性一般都会参军，退伍后去当地乡镇企业、煤矿当农民合同工。女性大多结婚后务农或为临时工。仁字辈的很多男性都在叔叔安仲田的帮助下在企业谋得临时工的岗位，其中有一半在自己的努力或亲戚的帮助下转为正式工，还有一半或因机缘或因资质仍为合同工。无论是合同工还是正式工，他们都在 90 年代的企业破产大潮中下岗或提前内部退休了，只有少数在政府内工作的人，保住了"铁饭碗"。

安伯田的三个儿子均为当地工厂正式职工。大儿子安仁持是小学学历，经叔叔安仲田介绍入泰县陶瓷厂当临时工，主要烧瓷碗。他忠厚老实、埋头苦干，烧的瓷碗比别人又多又好，从临时工转成了正式工，并当了车间主任，年年被评为先进工作者。安仁持的妻子务农在家。二儿子安仁盈从小调皮，非常有主见，初中毕业后在家务农，18 岁时坚决要求去当兵，退伍后也经叔叔安仲田介绍去陶瓷厂当临时工。由于安仁盈长得高大、帅气，而且脑子灵活，又肯吃苦，还写得一手好字，在陶瓷厂帮工没多久，就被领导相中去了镇公社当武装部干事，历任武装部副部长、部长，镇党委副书记、党委书记等职务，退休后享受处级干部待遇。安仁盈的妻子经人介绍，为陶瓷厂工人。三儿子安仁恒高中毕业后参军，在部队里当卫生员，去军医学校进修后调入山东某市军备区干休所当卫生队队长；其妻经人介绍，为陶瓷厂工人，后被推荐为工农兵大学生，大学毕业后在某市 T 局任局长，被评为国家级先进个人。小女儿安仁芳务农。

安仲田的三个儿子也均为当地工厂临时工。大儿子安仁金初中毕业后务农，70 年代去煤矿当工人，属于农民合同工，直到快退休时，在堂兄安仁盈的帮助下转为正式工；其妻经人介绍，务农。二儿子安仁玉初中毕业后当兵，退伍转业到当地农药厂当锅炉工，他烧锅炉、修锅炉的技术非常好，深得锅炉厂上下人等的信任；其妻经人介绍，务农。大女儿安仁守初中毕业后经父亲介绍在当地供销社当销售员。二女儿安仁美初中毕业后任镇计划生育办公室主任。三女儿安仁英初中毕业后务农。四女儿安仁惠初中毕业后为煤矿正式工。

安叔田的独子安仁贤在父亲的影响下，酷爱写毛笔字，爱好花鸟鱼虫，高中毕业后顶替父职在镇供销社当农民合同工，后经堂兄安仁盈帮助调到镇办事处上班，并转为正式工。其妻为村小学民办教师，后村小撤销回家务农，是当地有名的尊老爱幼模范，当过镇里的人大代表。安叔田的两个女儿都没有上学，结婚后务农。

安季田的独子安仁义从小聪明好学，学业成绩优异，写得一手好钢笔字、毛笔字，高中毕业后当兵，在部队当文书、卫生员，退伍回来后在煤矿当农民合同工，在岳父帮忙下转入镇农业机械厂当农业合同工。80 年代他自考大专，90 年代去临县化工厂当办公室主任，1995 年单位破产后下岗；其妻经人介绍，为泰县某局局长的小女儿。大女儿安仁智高中毕业后在村里当了 10 年民办教师，村小撤销后随父学缝纫，缝纫技术顶尖，后到县针织厂当农民合同工，90 年代企业破产下岗后，在家经营小裁缝店。二女儿初中毕业后务农。三女儿初中毕业后在堂兄安仁盈的介绍下去县毛纺厂当农民合同工，90 年代企业破产后回家做小买卖。四女儿初中毕业后也经安仁盈介绍去毛纺厂当农民合同工，企业破产后转到食品加工厂当合同工。

第 21 世的 50 后、60 后族人安德利、安德禄顶替父亲的名额，谋得煤矿合同工的职位。安德瑞走了父亲当兵的路，也跟父亲一样在部队里被选中当了武警干部，就职业而言，他是第 21 世族人中行政级别最高的。70 后里，终于有女性安德玉、安德意通过考取中专获得了正式编制的工作，并且是村里人非常羡慕的教师和医生职业。同时，安德婧成为家族历史上第一个参军的女性，并在部队中考取军校，读到博士，成为家族中学历最高的女性，其职业为医生。安德功和安德嘉在初中毕业后，"不愿意下力，种田又不行"，选择了当兵，退伍后在亲戚的帮助下，转业为基层公务员。70后的学历与职业流向和社会分层开始挂钩。

前文介绍了50后、60后、70后的职业和社会分层，从中我们可以看出，职业开始分三六九等，有了贵贱之分。最差的是吃"农业粮"，靠在家种地谋生的族人越来越少，并且其被视为非常辛苦、不体面的工作，农民对自己的劳动也非常瞧不起。大部分人学历仍然不高，男孩要么通过当兵，要么靠顶替父亲的名额，要么靠亲戚帮忙，才能谋得工厂合同工的生计。农民合同工都是在工厂底层做最苦最脏的活，但是挣的钱比种地多，因此成为家族里第二等的职业。最令族人羡慕的是单位里的办公室工作、公务员工作，因其享有实际的权力，而且工资最高、"旱涝保收"，成为大家最眼红、最想争取的职业。为何会出现这种社会分层，要从1958年大跃进和吃大锅饭说起，正是从这一年开始，人们对劳动的价值评判发生了微妙但清晰的变化。

2. 传统劳动美德的消解

泰县县志记载："1958年秋，社员被迫砸铁锅、毁铁制用具、回做冶炼原料，劳民伤财，得不偿失。小学合班并校，集体食宿，师生停课炼钢铁，参加农业生产劳动。"据老人们回忆，1958年粮食大丰收，大炼钢铁运动[①]开始，耽误了后续的农业生产。

> 都要去炼铁，盆子碗子都砸个精光，啥也没炼出来。从南山上运了铁石，安上风箱、烧上煤，炼就是呀，最后铁石全变成"铁猴子"（俗称硬邦邦的东西），敲上去铛铛地，拿也拿不动，一脚蹬上去蹬不动，和煤炭渣子混在一起，变成烂石头疙瘩了。（安叔田–1930–男–半文盲–农民）
>
> 地瓜烂在坡里，一到冬天都冻住了，刨都刨不动，全都败坏了。豆子在坡里也冻了，收不到家来。（安季田–1936–男–半文盲–农民）
>
> 地瓜烂在地里也没有人敢收，心疼得不行，不同意也不行！（安仁盈–1939–男–初中–基层干部）

---

① 1958年5月，政府提出了"鼓足干劲，力争上游，多快好省地建设社会主义"的总路线。之后，全国各地遵照上级指示精神，掀起了"大跃进"的高潮。

1958 年农业耕作被耽误了，1959 年全村大歉收。同时，全国开始大规模的反右倾运动，斗争对象是"右倾"的基层干部和"走资本主义道路"的富裕中农，五类分子（地、富、反、坏、右）也跟着挨了批斗，全村人忙着阶级斗争，"闲事太多了，地又耽误了"（安季田 – 1936 – 男 – 半文盲 – 农民）。之后，村里又响应县政府的号召开始"多、快、好、省"的生产大比拼，比赛谁插地瓜秧更快。

> 去插地瓜秧，一群人提溜扑棱（形容慌慌张张、随随便便但动静很大），敷衍了事地就干完了，我一看，不是那个事啊，种地哪有这样种的！到了 1960 年，没啥吃了，都饿毁了。（安季田 – 1936 – 男 – 半文盲 – 农民）

> 刚开始的时候，集体食堂里还有点地瓜，天天煮地瓜吃，要不就摊地瓜干煎饼吃，好几盘鏊子（摊煎饼的大平锅）支起来，妇女排成一溜儿一起摊，按人口分给每一家。1960 年，食堂也没东西吃了。（安叔田 – 1930 – 男 – 半文盲 – 农民）

对食物的记忆就是对历史的记忆，很多老人都对地瓜有着非常痛苦的记忆，对油和糖有过度补偿性的食欲。

> 再也不愿意吃地瓜了。（安叔田 – 1930 – 男 – 半文盲 – 农民）
> 看着地瓜就反胃，作酸（冒酸水）。（安仁芳 – 1942 – 女 – 初中 – 农民）
> 现在见了红薯就怕。（安季田 – 1936 – 男 – 半文盲 – 农民）
> 那时候吃啥？生产队分个白菜萝卜，分很少，炒个白菜渣腐（豆面和白菜渣一起蒸），光咸，又没有油。吃惯了没有油的菜，80 年代富了之后，咱村里很多人直接把大油、白糖抹在煎饼上吃。（安仁盈 – 1939 – 男 – 初中 – 基层干部）

没有吃的又没有副业挣钱，很多人想办法离开村子。安季田去城里当裁缝，自己开缝纫店赚钱，1961 年被叫回村里当生产队长，靠挣工分养家糊口。

1958 年没办法，我只好去城里当裁缝自己开服装店，孩子她娘就缝扣子、缝扣眼、刨棉花，这才挣了点钱给孩子吃饭。那时候钱结实，做一个棉裤六毛钱。1961 年村里人眼红，不愿意了把我叫回来，只能听指挥，不听就挨批斗。1962 年村里生产队叫我当队长，我就回来当队长，挣工分①。（安季田－1936－男－半文盲－农民）

我询问了老人们如何挣工分，安季田、安叔田、安仁芳、安仁金等告诉我男劳力一般是一天 10 分，女劳力是一天 7 分或 8 分，儿童劳力是一天 3 分或 4 分。到年底的时候通过工分来分粮食，刨去粮食剩下的就是现款，但年底缺现金的仍然占一半。勤快的劳力年底通常能分到 100—200元的现款，但远远不够一年柴米油盐的日常花费和迎来送往的人情开销。安季田和安仁金都当过生产队的队长，每年年底能余下 100 多块钱，但完全不够家里开支，"吃的东西也非常简单，炒个白菜萝卜不放油，衣服也买不起"。

能干的、勤快的，一天 10 分。妇女劳力，有 8 分的，有 7 分的。小孩来干活，3 分、4 分。老百姓选出记分员，识字的、忠厚的，挣了工分，去生产队算账，到末了折合现金。你干了多少工，分多少粮食，刨去分的粮食钱，余下的就是现金。（安季田－1936－男－半文盲－农民）

年底缺款的占一半，勤快的一年才余 200 来块钱。200 来块钱，年底按 60% 开，才开 120 块钱。一年就指望这 120 块钱，走亲戚、看朋友，过年过节、人死了送礼，谁娶媳妇随分子，还得买衣裳，还得来客来人……钱根本搁不住两天就花完了。一直到 1976 年，真困难，连个裤子都买不起。（安仁金－1950－男－初中－农民）

作为生产队长的安季田和安仁金都认为，土地分给个人种更好，只有懒汉才愿意吃大锅饭。因为所有劳力保证 7 斤的粮食底线，剩下 3 斤是靠

---

① 工分是中国历史上农业生产合作社、人民公社计算社员工作量和劳动报酬的单位。工分值是劳动单位总产值除以人数后的平均值，再平摊到一年节假日除外的工作日当中，所得出的记名工价。

自己干活赚的。懒汉即使什么活都不干，为了保护人权，也要分 7 斤粮食给他。勤快的人干活多，吃的饭也多，分的粮食少，不够吃；懒汉不干活，分了粮食还吃不完。

> 大锅饭，懒汉喜欢，勤快人不喜欢。那时候你就算是懒汉，就是不干活，工分也得给！那时人七劳三，每一个劳力给 10 斤粮食，劳动给 3 斤粮食。懒汉不干一点活，也得分给他 7 斤，这叫保证人权啊。一个勤快的整劳力，干一整天分 3 成，一共 10 成。

> 集体劳动，很多人热了不干，冷了不干，这个不干，那个不干，那些懒汉就是不行。我们家里不缺，但余下不多。我那时是 20 出头的大小伙子，还是生产队长，使出命地下力。（安季田 – 1936 – 男 – 半文盲 – 农民）

> 打了粮食，先交爱国粮，得支援国防建设，剩下的老百姓才能分。按人均分配，一天 9 两粮食。不干活的，能分到 6 两 3。整劳力分到 9 两。9 两粮食不够吃，活动量这么大，哪里够吃？懒汉分 6 两 3 还吃不了呢，活动量小啊。后来改成人六劳四，懒汉不干活也要给 6 两，勤快的干整活才 9 两。

> 地还是分给个人好，（改革开放）这个政策就对了，鼓励个人大有作为，我爱种啥种啥，有粪我就上，省吃俭用多弄两个。（安仁金 – 1950 – 男 – 初中 – 农民）

一方面，农业集体劳作"出工不出力"，农民的积极性调动不起来；另一方面，频繁的运动剥夺了正常的生产时间。自 1950 年到 1976 年，村里相继开展过破除迷信运动、"反对美帝国主义侵略朝鲜、台湾"运动、镇压反革命运动、"三反五反"运动、扫盲运动、"肃反"运动、"社会主义农业高额丰产"竞赛运动、消灭"四害"运动、"五洁四无"运动、大跃进和大炼钢铁运动、纠正"共产风"运动、"反右倾"运动、"学习雷锋运动"、"四清"运动、社会主义教育运动、新"四清"运动、"破四旧、立四新"运动，直至"文化大革命"爆发，相继又有"横扫牛鬼蛇神"运动、"红卫兵"运动、"知识青年下乡"运动、"一打三反"运动、"批林批孔"运动等。26 年间，大大小小的运动有 20 多场。刚开始的时候，"大家像打了鸡血"，但"很快就撑不住了，反正地里的活干多干少都是那些粮食分，干多了活动量大还饿得慌，还不如搞运动"。到了1976年，很多农民坐不住了，"一年一年，知不道什么是个头"，"该斗的都斗了，没啥斗了，都是乡里乡亲的"。许多心思活泛的人，偷着去外面干活。安仁金"怠工"去烧焦砖，被村委会批斗，"我跟他们拍了桌子，说共产党的奋斗目标就是让老百姓吃上饭，吃不上饭说啥也白搭"。安仁金几个兄弟烧砖偷偷赚了点钱，没有买吃的喝的穿的用的，反而偷着去天津买了6块手表，1块手表10块钱，戴在胳膊上"滋得慌"（很高兴）。就这样，集体的地里越来越没有人。1980年，村里开始给村民自留地①，分地也是偷偷地分。1982年"大包干"②政策正式出台后，村里才敢正大光明地分地，农民开始种上了自己的地。

对于1958—1982年的各种历史进程，许多口述史研究都有详细记录，国家、知识分子和民众进行了很多反思。然而，这种反思往往是在经济、教育领域单独地、孤立地进行，没有把劳动性质改变的进程与教育结合起来，对于民众对待劳动态度的转变缺少细致的分析。相对于传统耕读时代，传统劳动的内在价值和美德形式被消解了，而且"翻了个儿"。

首先，劳动不再是一种"本分"，闲暇的斗争活动反而成了"日常"，"粮食烂在地里心疼也不敢收"，劳动果实被"败坏"，"插秧敷衍了事"。农民队伍里出了一批懒汉，他们不再把土地和劳作看成是生命的一部分。在工厂里，农民亲眼看到身份不同带来的区别对待，吃"国库粮"、坐办公室的"晒不到，雨不到"，依赖国家、单位提供经济、福利支持。越来越多的农民不再想"自力更生"，而是"吃、拿、等、靠"，惰性和依赖、特权的思维在农民群体中滋生。

其次，劳动的内在奖赏机制被打破了。农民付出了，土地就会奖赏他，勤劳、诚实（忠实于土地，一分辛劳一分收获）、本分是一种劳作带来的天然的正义机制。然而，"大锅饭养懒汉"，"勤快的反而挨饿"，游手好闲的没有被惩罚，勤快、诚实反而遭了殃。当农民还在饿肚子的时候，村里一些特权人士、城里的单位人却总能偷偷搞到粮票、饭票，耕读

---

① 据县志记载，1979年底，根据中共中央有关农业的方针政策，进一步加强和完善农业生产责任制，贯彻落实了自留地、饲料地的政策，调整了农业结构。

② 1982年1月1日，中国共产党历史上第一个关于农村工作的一号文件正式出台，明确指出包产到户、包干到户都是社会主义集体经济的生产责任制。

时代的"正义""公平"根基被摧毁了，人们对于"官"和斗争活动的合理性产生了怀疑。

最后，乡土社会的情感联结被剪断了。由于割"资本主义尾巴"，传统社会中的集市、庙会、宗教活动中断了①，乡土社会形成情感共同体的公共活动消失了。频繁参与的活动是不断地与左邻右舍、乡里乡亲"斗争"，挖隐私、揭伤疤、武斗……互相批斗的人都还活着，抬头不见低头见，你死我活的灵魂攻击还历历在目，恩怨不会一笔勾销，除非带到坟墓里。直到今天，村里的周姓、安姓、朱姓、王姓的很多家户仍然有"不共戴天之仇"，见面不说话，背后说狠话、下绊子的事仍然存在。各种各样的"帽子"随着"文革"后的平反被摘掉了，但实质性的情感伤害却不容易抹平，人与人之间的信任和互助关系从此彻底被改变了。

在传统社会里，劳动是一种本分，"不劳作者不得食"是一种内在的良心尺度，是一般性的神圣法则，有内在的奖赏机制和一整套敬畏天地的神圣仪式来保障。在集体劳动中，"劳动光荣，不劳动可耻"，劳动变成了一种"荣誉""姿态"。"驴屎蛋子表面光"，劳动和大公无私的姿态常常取代真才实学成为进身之阶、政治砝码，内在的良心、自然法则逐渐让位于外在的功利法则。

3. "铁饭碗"意识的延续

1982年，家庭联产承包责任制确立，农民有了自己的地，可以自由决定种什么、怎么种，农民恢复了在劳动中的自由意志。但是，农民的"铁饭碗"意识、"编制"意识、"国库粮"意识仍然顽固地延续着，因为虽然农村的"大锅饭"结束了，但城里的"大锅饭"还存在，城市的单位制度没有解体。频繁的运动、长期的集体依赖习惯已经让个体形成了身体和灵魂全部交付给集体和国家的思维模式，一时半会儿根本改变不了。

1992年，X②的单位按工龄、职位、贡献等进行福利分房，在同级别的同事都分到房子的情况下，他认为是因为自己没有给领导送礼，所以错失了分房的机会，其妻王氏跑到领导那里大闹。后来，王氏在分房之前，带着八九岁的孩子强行住进毛坯房，毛坯房内只放着一张大床和一些生活

---

① 据县志记载，1951年当地开展破除迷信活动：拉神台、拆庙宇、禁香火等。1976年10月，恢复了在"文化大革命"期间一度中断的集市贸易。

② 此处应被访者要求，完全隐去姓名、年龄、职业等信息。

日用品，大人、孩子不顾别人的眼光住了一个月。同时这样做的还有几个没有分到房子的同事。懵懵懂懂的孩子们既害怕又羞耻，搞不清楚大人们在做什么，但大人们跟单位理所当然的索要的态度、受到不公平对待的愤怒、无家可归的恐惧感都影响到了孩子，80后对待集体复杂的情感从童年时代就产生了。

90年代，市场经济缓慢发展，企业制度改革缓慢进行，但乡土社会的"铁饭碗"梦仍然存在，因为公务员和事业编制人员依然享有一些特权。市中心的实验幼儿园、实验小学、实验中学，都是干部子弟集中的地方。大的煤矿、企业均有附属幼儿园，但农民和农民合同工连照顾孩子的时间都没有。在这种制度壁垒下，农民越发不甘心，并想方设法动员一切力量，转为正式工、成为单位人。在安氏家族的50后到70后族人里，很多人依靠顶替父职的方法获得了转正的机会。没有亲戚可靠，又无门路可走的，一般都通过当兵的方式"曲线救国"，指望退伍后至少有个合同工干，或者尽其所能寻找制度的漏洞、钻制度的空子。

族人Y① 当兵退伍后按照政策规定，留在武装部的户口要转回农村老家。Y很发愁，但他"脑子灵"，去武装部对领导说，"领导啊，我刚说了对象，是个工人，我是农业户口，一转回去，这个对象就蹬了，人家就不跟了，能不能我的户口先搁在武装部，给我安排一个地方，随便什么地方都行，我能吃苦，只要够吃的就行"。这样，Y被安排到一个离家很远的矿上去打铁。他非常有"眼力见儿"，什么活都干，很快被转为正式工。

族人Z② 长得高大帅气，从小学习成绩很好，高中毕业后当兵，退伍后被安排到一个非常远的企业当合同工，一周才能回家一趟，来回要五六个小时。他的字写得很好，后被调到某企业当办公室文书，但户口还是农村的，也没有编制，虽然有才干、下苦功，但待遇比有编制的差很多。有一年，厂里给大龄青年招工，他借着职务之便，给自己填了表，"自己给自己招了工"，这才从农村户口转为城市户口，享受城里人的养老、医疗等社会福利。

90年代末，乡镇企业大规模倒闭、破产，很多合同工没有了工作。但正式工可以"内部退休"或提前买断工龄，依然享有退休金和养老、

---

① 此处应被访者要求，完全隐去姓名、年龄、职业等信息。
② 此处应被访者要求，完全隐去姓名、年龄、职业等信息。

医疗福利。1998 年，政府对中国企业下岗再就业的态度和政策①非常明确。当时的农业机械厂养了 1000 多位职工，破产后很多人需要自谋生计。仁字辈的合同工和正式工一夜之间都失去了工作，而当时他们的子女都为 80—90 后，父母都已经七老八十了，正处于最需要花钱的时候。"上有老下有小"的经济负担，加上被集体"保护"了这么久又突然失去依靠，他们内心的愤怒和无助难以言说。不过，从这一年起，很多人开始清醒，"铁饭碗"保不住了，只能自力更生。

尽管经济上的"铁饭碗"被打破了，但国家提供"铁饭碗""银饭碗""金饭碗"的那个历史时期遗留下的投机主义、功利主义和人们对单位体制既依赖又厌弃的心态却没有消失。

首先，由于城乡壁垒和城乡发展的不平衡，在人才选拔和干部提拔的过程中，领导往往把后辈的听话、顺从、圆滑，而非才干和个性品质作为提拔标准。很多族人依靠走后门、父母世袭等方式获得优势职业岗位。这就造就了一些族人利用制度漏洞进行投机的行为，至今一些族人还以此为荣，津津乐道于当时的"聪明"。我们今天所说的"精致的利己主义者"，并非当下的产物，在历史中就曾存在。

其次，由于历史原因，50 后到 80 后的几代族人滋生了"铲平主义"的不良心理。"我不好，你也别想好""死也要拉人下水""枪打出头鸟"等损人不利己的思想仍有遗存，损害了乡村和家族的道德根基。

最后，一些族人对单位制度产生了矛盾的心态，"一方面有必须照顾的集体主义精神，另一方面却有不受控制的私心；一方面有很听话却受制于人的倾向，另一方面却有不守规则的表现"②。族人对计划经济时期高度行政化的单位制度的矛盾心理、对"运动"两个字的反感，成为他们无法顺利适应现代社会的公共生活，以及无法完全达成契约精神和社会信任的原因之一。

制度具有教育意义，也具有"非教育"或"反教育"意义。传统的制度虽然消失了，但留在个人身上的文化、情感印记却在延续。族人对劳动价值观产生的投机心态、依赖倾向、特权期待、"铲平主义"，对公共

---

① 据县志记载，1998 年，山东省劳动工作会议决定全面推进全省劳动制度改革，下大力气抓好再就业工程。

② 孙隆基：《中国文化的深层结构》，广西师范大学出版社，2015，第 106 页。

生活的不信赖、情感的自利化等"非教育遗产",却远远没有得到很好的讨论、批判和反思。

二、家庭与集体生活的互动

集体劳动时代生计形式的显著变化,是伴随着妇女解放话语的兴起,大量妇女参与到劳动生产中。"作为工业化急进的副产品,女性参与工业化的进入门槛降低了,大量女性进入工业领域包括重工业和重体力行业,铁姑娘在宣传浪潮中逐渐符号化,成为批判妇女落后论的利器,并掀起一场女性挑战传统性别分工甚至挑战生理极限的运动。"① 1958 年,在国家的干预下,大量女性参与公共劳动,奠定了中国女性较高经济参与度的基础。"铁姑娘"和"英雄母亲"在这一时期大量涌现。这段历史时期对于中国妇女劳动参与率和女性解放的贡献以及人们对于妇女身体、精神损害的讨论和反思已经很多了,但关于女性大规模离开家庭参加工作对于养育和教育的影响的研究依然太少,本节会关注妇女劳动角色的变化和其与母亲照顾角色的关系。

1. 劳动母亲的养育叙事

安仁和夫妇是煤矿的工人,两个人工作都非常辛苦,家里还有一大片地,"每天咬着牙过"。生第一个孩子的时候,他们已经跟大家庭分开了,没人帮他们照顾孩子。孩子生下来第二天,安仁和就从床上爬起来拉风箱,烧火给全家人做饭,又赶上麦子成熟,顶着日头割麦子累得半死,根本没什么月子可言。生第二个孩子的时候是冬天,"系子"(尿布)根本晒不干,经常孩子尿湿了就这样湿半天。秋天的时候赶上分地瓜,孩子搁在床上天天都哭半晚上。有一次,刚好赶上大队干部晚上分地瓜,地瓜分完了还要切,切完了还得晾,一直到晚上十点多,他们只能把孩子"舍"在家里。没有人在家,大人半夜回来发现孩子已经自己爬到屋门口了,尿啊屎啊糊了一脸、一身,在地板上打了滚了。

3 个孩子,一个 8 岁、一个 3 岁、一个 1 岁,根本弄不上饭,天

---

① 金一虹:《"铁姑娘"再思考:中国文化大革命期间的社会性别与劳动》,《社会学研究》2006 年第 1 期。

天吃煎饼、咸菜、渣腐（菜渣、豆渣）。一个吃饭桌子，筷子也不知道刷还是不刷，管了这个忘了那个，孩子摸过来就自己盛。我跟孩子说，"你自己盛自己吃，迭不来管你"，有时候大的帮小的盛，有时候小的自己歪歪啦啦学着盛，用一个很长的大铁勺子，把锅盖一推，管它洒不洒的，盛上算完。孩子两三岁就会用筷子，根本不喂，自己往嘴里扒拉。（安仁和－1958－女－初中－农民）

80年代，安仁和转到煤矿去做工，上班时间实行早晚班制，时间分配是这样的：早班从4点到下午14点，晚班从20点到第二天早上6点。农村的路很难走，每天她"天还不亮，摸索着赶个路，那时候不是水泥路，是农村小泥巴路，要走半天"。

早班：

4点：起床，洗洗脸刷刷牙，4点多一点就从家里去上工。

5点：点名，上早班；开安全会议。

5点半：半小时吃饭时间；回到工作岗位上，换工作服开始上班。

6点：正式上班。

14点：下班。

晚班：

20点：从家里出发去上班。

6点：下班。（安仁和－1958－女－初中－农民）

下班回家后，安仁和要赶紧上坡薅草，薅了地瓜秧，用胳肢窝里夹着拿回家喂猪、喂羊；回来就得推磨，地瓜干子放在水里泡泡，搁在磨上转圈，转两个钟头，转得晕不啦叽的；磨完了支起鏊子摊煎饼，准备晚饭；吃饭前还得去村里井口挑两挑子水（两扁担水，四大桶）用来供全家人喝、洗菜、喂猪（猪一天就喝一桶）。冬天也得挑，赶上井台结冰，溜滑溜滑的，人都不敢走。下雪的时候，要先扫雪，才敢挑水。安仁和每天这样，像上了弦（发条）一样，一刻也不停，因此孩子们根本没有办法被细心照顾。尽管安仁和有着当"劳模"的光荣感，但对孩子有一种深深的负罪感。现在她把这些未曾给出去的母爱全都倾注在了孙子身上。

> 到了冬天，孩子经常鼻疙瘩这么厚，袖子烂了也没人缝，裤腿脚都磨烂了。冬天雨雪多，穿着老布破鞋，湿得呱呱的，脚全都是冻疮。冬天还没有钱生炉子，那个西北冽子风吹得窗户桫桫响，小孩冻得打哆嗦。（安仁和－1958－女－初中－农民）

像安仁和这样家务、农活、工作几肩挑的妇女还有很多。社会要求妇女以崭新的姿态出现在历史舞台上，抛弃以前依附丈夫、家庭生活的恶习，不要做寄生虫，"只有靠自己，靠人民，靠自己为人民服务，靠自己在革命事业中的贡献，才能解放自己，靠丈夫吃饭是旧社会的依赖思想"[1]。同时，在家务劳动上，社会给他们提出了更高的要求，"社会主义新型的家庭妇女，不仅要成为家庭中的好主妇、孩子的好妈妈、丈夫的好助手，同时也是社会活动的积极参加者……让妇女面临着无法避免的苦难"[2]，很多妇女普遍面临严重的睡眠不足、肌肉和骨骼的过度劳损等。解决这种问题的方式是，让父母或子女帮助分担家务，或请保姆，但后者显然不现实。像安仁和这种情况，即使孩子们早早地就学会了自立，她依然面临繁重的农活和家务劳动。

贺萧在《记忆的性别：农村妇女和中国集体化历史》中对陕西一带妇女在集体劳动时代的口述史提供了更为全景、详细的描述，但对这一代人母子关系的影响着墨不多。[3] 唐晓菁指出，在妇女解放的年代，无法哺育、照料孩子的痛苦与愧疚，成为那一代无数女性的生命记忆，但这些个人的情感、记忆消失在妇女就业率快速增长、妇女走出家庭的劳动与解放叙事下。[4] 事实上，由于乡村大部分女性都要承担农耕、工业生产工作，传统乡土社会育儿过程中女性身体和情感有节律的在场被解构了。1958年之前，村里妇女们的哺乳时间都在 3 年甚至以上，很多小孩五六岁才断奶。但 1958 年之后，大多数小孩 1 岁就断奶了，母亲和孩子神圣性、天

---

[1] 李静：《新中国家庭文化变迁（1949—1966）》，硕士学位论文，首都师范大学，2005，第50页。
[2] 李静：《新中国家庭文化变迁（1949—1966）》，硕士学位论文，首都师范大学，2005，第53页。
[3] 贺萧：《记忆的性别：农村妇女和中国集体化历史》，人民出版社，2017，第267—300页。
[4] 唐晓菁：《从缺席的母亲到焦虑的母亲》，"全面二孩背景下的育儿问题"学术研讨会论文集，北京，2017 年 9 月 16—17 日。

然性、身体性的纽带被割断了。50—70 后在不断的饥饿，父母不规律、经常性的不在场所形塑的焦虑中长大。

2. 忆苦思甜的恩德教育

在缺乏具身性道德情感基础的家庭中，大人和孩子之间缺乏心灵联系，抽象的道德教育就只能诉诸说教、惩罚和恐吓等"专制"形式。这是 50 后、60 后教育 70 后、80 后的主要基调，是没有办法的办法。因为大人和孩子虽然生活在同一个屋檐下，却生活在不同的道德世界，他们没有身体性、实践性的"共同生活"，缺乏基于家庭爱而产生的心灵联系，缺乏基本的默契，对彼此充满着各种各样的误解。

第一种教育方式就是苦口婆心的说教和忆苦思甜的恩德教育。50 后、60 后父母的撒手锏是"是谁把你养大的""我是为你好""老的都是向着你，还能害你吗""我整天伺候你吃得好好的、喝得好好的，你还有什么想法"……以养育之恩、父母之爱为名的说教充斥着 70 后、80 后成长的过程。父母对于家庭苦难历史的讲述、乐此不疲地"诉苦""忆苦思甜"更是年轻人的道德必修课。安德意至今还保存着她初中时的日记本，上面记载着一段爱恨交织的亲子故事。

> 妈妈不了解，也从来不问。"我整天伺候你们吃得好好的，喝得好好的……"，她不知道我宁愿吃糠菜，也不愿意承受带着利益色彩的爱！我需要的爱不是山珍海味、绫罗绸缎。即使她给了我，我也不会因此更爱她。即使她什么都不给我，却可以做一个通情达理的母亲，她一无所有我也爱她。我不要承受生命不能承受之爱。（安德意-1976-女-中专-医生）

70 后、80 后相比于上一辈来说对环境和时代的心理感知，与在动荡、饥饿、匮乏中成长起来的父辈不一样，因此他们无法切身理解父辈们的话。这种恩德教育不仅没有带来感恩，反而引发了亲子之间的道德对立。正如程巍所说，苦难史唤起的不是感激而是反感。

> 当父母在饭桌上老是谈起大萧条岁月的艰难生活，可对自出生之日起就一直衣食无忧的孩子来说，苦难家史头一遍听还算新鲜，第二遍就乏味了，到第三遍，简直就令人生厌……反复讲述自己的艰难经

历，会使讲述者本人在道德感上变得崇高，却会使毫无这种生活体验的听众感到愧疚。谁都厌倦充当这种抑郁的听众角色。一旦父母当初的苦难史变成一种絮絮叨叨的讲述，它在孩子那里唤起的将不是感激，也不是道德激励，而是厌倦和反感。①

一方面是辛苦劳作后筋疲力尽的父母对孩子的嘘寒问暖、苦口婆心，另一方面是带着内疚、愤怒又渴望纯粹的、温暖的亲子关系的青春期孩子，最后的结果只能是两败俱伤地退回各自的世界里。

　　爸爸好不容易回了一次家，可我早已经睡了。第二天早上，在半睡半醒的时候听到他跟妈妈絮絮叨叨，又有咚咚咚的下楼声。我毫无情感地接受这一切，我不知道我是否爱爸爸，我只知道他回来时，我淡淡看上一眼，然后关上我卧室的门投入自己的流浪中。我好像在拒绝什么？什么呢？
　　"这次考试……"
　　"一般般吧。"
　　"多少？"
　　"物理不及格！"我木然、硬邦邦地回答着。
　　父亲也没有再问。也许老师早已告知他成绩？也许他早已对我没有起色的成绩麻木了？我这只蜗牛，探了探头出来，又抖索地收了回去，壳里很安全。反正我跟爸爸无话可说。很早之前我的话就已经说完了，很早很早。（安德意 - 1976 - 女 - 中专 - 医生）

不只是安德意，被访的 70 后、80 后普遍与父母的感情疏离、对立、逃避，"像老鼠一样躲着猫"几乎是常态，对父母有一种带有罪恶感但又意图疏远的决绝，因为他们知道父母的爱但又做不到没有原则地服从，父母之爱变成了孩子的"生命不能承受之重"。

　　3. 两代人的情感裂痕
　　除了忆苦思甜式的说教，打骂、惩罚是这个时期父母普遍使用的管教方式。这种棍棒教育导致了两代人之间呈现或疏离或剑拔弩张的

---

① 程巍：《中产阶级的孩子们：60 年代与文化领导权》，三联书店，2006，第 87 页。

亲子关系。安德然（1984－女－研究生－大学职员）五六岁的时候，从同伴那里听到"过生日"的说法，就跑到奶奶那里喊着要"过生日"。奶奶不知道怎么气不打一处来，拿着笤帚绕着家里的石磨追着她打，气急败坏地说："做生日就是揍生日，叫你做生日，做生日就是挨揍！"从此，安德然觉得"揍生日"与挨打是联系在一起的，家人仿佛也不记得她的生日，她慢慢不再关心自己的生日了。每每看见别人快乐地过生日，安德然内心就生出失落感，对奶奶打骂她的细节念念不忘、耿耿于怀。

安德嘉（1979－男－初中－镇公务员）的童年则时刻处于父亲随时发怒并给他一顿暴揍的危险中，"永远不知道下一刻会发生什么"。他的父亲要求他绝对地服从，哪怕是在一些无关紧要的小事上。如果孩子不听话，他就会"惊颤""声色俱厉"地说："儿子就要听老子的，你看宋江跪在老子面前不让起来就不敢起来！"安德嘉觉得父亲总是在一些很无聊的事情上纠缠、较劲，有一些让人特别无语的专制幻想，任何冲突都要上升到"你要听我的，儿子要听老子的"。

> 我上小学的时候，有一次我赶着写作业，要赶紧先吃完饭，我爸就说："不行，我还没有吃，你不能吃。"他就故意不吃，坐在那里等我，来彰显他的权威。还有一次，他想带我去洗澡，但是我想在家洗澡，不想出去，他就不愿意，说"你必须要听我的"，我坚决不听，他就要动手。（安德嘉－1979－男－初中－镇公务员）

不过，安德嘉从小就特别"牛脾气""输人不输阵""吃软不吃硬"，定要殊死抵抗，"我爸不会表达自己的在乎，你要强迫别人做什么事情，那是无能的表现"。父子俩话不投机就只有打起来了。长大的安德嘉理性分析后指出，父亲的专制没有正义性的来源，父子二人不具备沟通和爱的能力。

> 我的性格是从小就吃软不吃硬。如果他这样讲，"我一个人洗澡就很无聊，陪陪我"，那就会激发我的侠义心肠，但你用"你得听我的"，没有正义性。

我认为这是对的事，你不用强迫我，我也会按照这个做。如果正义性的来源是"我是父亲的儿子"，我是不认可这个事情的。我性格里，如果是对的，全世界反对也没用，我就是坚持，你说世界就是这样的，宇宙就是这样的，那跟我没关系。

双方都有愿望但没有能力（和解），我觉得能力是很重要的东西，人和人、心对心的能力。我妈妈跟姥爷的关系不好，我妈妈和爸爸的关系不好，我爷爷和爸爸的关系不好，我和每个人的关系都很好，他们之间的关系两两之间都不好，沟通全靠我。（安德嘉 – 1979 – 男 – 初中 – 镇公务员）

另外一种教育方式就是恐吓，一是直接的言语恐吓，二是通过社会上"围观罪犯游街"的方式引发孩子的恐惧。安德慧（1988 – 女 – 初中 – 全职妈妈）一直记得五六岁的时候，当妈妈回老家看望她之后准备离开时，她撕心裂肺地哭着不让妈妈走。妈妈走了之后，她"闭着眼，张着大嘴"哭个没完没了，把大人都哭烦了。爸爸抄起桌子上的一碗茶，说"这是敌敌畏，再哭就灌你药"。安德慧不听，爸爸就故意把一点"敌敌畏"灌到她嘴里。她信以为真，哭得更厉害，而且害怕得又吐又呕。大人对男孩子则说，"你不听话，你不听话揍你""你不听话说不上媳妇"（安德嘉 – 1979 – 男 – 初中 – 镇公务员）。每次政府组织犯罪分子示众游街活动时，大人们就会借此教训小孩，"要遵纪守法啊，你看这个人枪毙了，他偷人家的东西，当贼了，你不学好也枪毙你！"（安德嘉 – 1979 – 男 – 初中 – 镇公务员）

70后、80后对这些恐吓的手段都记忆犹新，虽然长大了知道这是假的，但这种恐惧感曾经是真实的。在他们的记忆中，母亲是絮絮叨叨、没完没了的，父亲则是"板着面孔的"，动不动就采用威吓的方式，像驯服野兽一样，用外力将他们制服，即使本性并不严厉的男性，也要故意在子女面前装出这副面孔。

乡土社会对孩子"说谅"和"圆成"的宽容传统在集体劳动时代转变为"说教"、"惩罚"与"恐吓"，因为大人和孩子共同生活的道德空间已经解体。而说教、惩罚、恐吓都意图引发一种顺从权威的情感，是对依附性人格而不是独立性人格的培养，势必引起70后、80后强烈的情感对抗。平民家庭在集体劳动时代出现的劳动价值、教育方式、亲子关系的转变，涉及这个时期的苦难形式与传统农耕时代的苦难形式的对比。两代人对于社会情境和苦难的感知出现了鸿沟。

三、儿童对苦难的间接性体验

传统农耕时代的苦难是直接的、无常的，时刻交织在人的日常生活之中，儿童作为天然的劳动力必须很早就参与到生计劳动之中。在集体劳动时代，70后、80后普遍地接受了中小学教育，已无须直接参与到生计劳作中，与体力劳动隔了一层，对于苦难的体验"拐了一道弯"，这也是他们无法真正理解父母"诉苦"的原因之一。70后、80后虽然没有像在传统社会那样作为儿童劳动力直接参与到生计劳动中，但间接体会到了生活的苦难。这种苦难不是体力上的，而是情感上的，比如感受到父母忙于生计而疏于照顾的"冷锅冷灶冷菜饭"、随父母在动荡不安的家庭空间流动中学习的艰苦、父母由于经济和情感问题无休止的吵架等。

1. 寄人篱下的童年记忆

安德慧（1988 – 女 – 初中 – 全职妈妈）的父母经常吵架，在这种环境中，她从小就有一种对暴力的恐惧感和力图逃避世界的孤独感。每次在角落里望着吵架的父母，她就隐隐约约地意识到，"这两个人是靠不住的""想去依靠两个人，但这两个人靠不住啊，那就靠自己吧"。由于母亲工作忙，父亲又不怎么回家，安德慧6岁的时候就会自己做饭了。7岁上学的时候，她五六点钟就起床，给自己做好早饭，然后走路去上学。

安德然（1984 – 女 – 硕士 – 大学职员）的父母也没有时间给她做饭。父亲在几十公里以外的工厂上班，母亲1998年下岗后自己摆摊做生意，经常要一个人坐长途汽车去邻省进货，小儿子就扔在农村老家让老人带，闺女安德然大一点了能自己照顾自己，就跟在她身边在城里生活。早上安德然睡醒了，看到母亲留在锅里的冷饭菜，囫囵着扒两口吃。有时妈妈实在来不及做早饭，就会在桌上顺手放下一块钱、五毛钱，安德然就在路边摊上买点火烧（烧饼）、包子吃。后来有了方便面，安德然妈妈就批发了一箱一箱的方便面放在家里，安德然自己泡面吃。安德然妈妈的生意越做越大，也越来越忙，根本没时间管孩子，母女两个经常一天也见不着面。

安德然的热菜热饭经常是在邻居房东家里吃的。由于妈妈做生意到处跑，要经常把孩子一个人留在家里，所以她每次租房子都会认真选一个好房东。其中一个房东很善良，家里很富裕。安德然经常去串门，很得房东大娘的喜欢。房东大娘看她乖巧懂事又可怜，又不介意家里多一双筷子，自己的两个孩子也都长大成人，就把安德然当闺女一样对待。安德然就从"蹭饭"发展到"蹭睡"，午饭、晚饭经常在邻居家吃，晚上跟邻居家的敏敏姐一起睡。

　　虽然有了邻居家"施舍的"热菜热饭，安德然仍深切体会到其中的人情冷暖。"吃人家的嘴软，拿人家的手短"，她内心常常生出寄人篱下的孤独感，又非常乖巧、努力地报答房东的照顾之恩，在房东家里主动打扫卫生，陪大爷大娘说话，同时努力应对房东大女儿对自己施舍的"优越感"和母亲被抢走的"酸味"。安德然不敢跟大她五六岁的邻居姐姐结怨，对这个优越的大姐姐言听计从，甘心做大小姐的"使唤丫头"。敏敏姐虽然不喜欢这个租客女儿，但也很孤单，晚上非要拉着安德然一起睡觉，经常睡着睡着就把被子扯走。安德然大半夜醒来经常没有被子，尤其是冬天特别冷，有时她只好自己偷偷起来穿上衣服，又怕吵醒敏敏姐让她尴尬，摸摸索索穿好衣服在床上坐到天亮。

　　上初中的敏敏姐总是要让上小学的安德然陪她去上学，但两个人的学校离得很远。为了满足敏敏姐的要求，安德然五六点就起床，先陪着敏敏姐梳妆打扮完，再送她去上学，然后去自己的学校，八点上课，每次七点不到她就在学校里了。安德然记得，北方的深冬早晨乌漆墨黑的，她到了学校后又冷又饿，小卖部也没开门。她就朝着小学唯一有灯火的地方去取暖——学校烧暖气的小屋，里面有个老爷爷在烧锅炉。安德然"伺候"着这个大小姐，但内心不说什么，也从来不跟敏敏妈妈诉苦和告状。没有父母在身边照顾，她从小就学会体察人情世故，但代价是成长过程中如影随形的孤独感。

　　2. 流动的家园和托儿所

　　仁字辈族人中第一批向城里流动的家庭，都有无数次搬家的经历。在安德然的记忆中，她上大学前搬了十几次家，平均一年一次。因为父母职业频繁的变动、经济上的不稳定、房东的安全性等各种因素，找一个稳定的房子租下来并不是很容易的事情。安德然一家起初住在城乡接合部的平房里，离老家还比较近，后来慢慢搬到离妈妈单位比较近的地方。上小学时，安德然陪妈妈找房子，看中了一个很便宜的城郊平房，但后来又不租了，据说是因为那里发生过命案，安德然为此后怕了好久。安德然一家住过很多地方，但都很逼仄、狭窄，与乡土的自然环境完全不同。老家的房子虽然破旧但非常宽敞，安德然很怀念老家的生活。作为新中国第一代农民工的子女，她与父母一起经受着"流窜"中的动荡和漂泊之苦。

在这种情况下，第一批城市流动人口子女的学习环境就很难保证了。安德然的作业大多是在路边摊上完成的。起初，母亲在大马路边上撑个铁架子卖衣服，安德然就在旁边的小凳子上做作业，把书本摊在腿上，伴着妈妈此起彼伏的吆喝声、马路上的鸣笛声学习。到了傍晚，安德然就借着路灯的光看书，等晚上8点多生意打烊了，就帮妈妈收摊子一起回家。后来安德然妈妈终于在路边的楼房租到一个逼仄的楼梯口，安德然就挤在小小空间的一堆衣服上写作业，耳旁是妈妈迎来送往、讨价还价的声音，入耳入心。虽然像安德然这样的70后、80后小孩没有再直接参与生计劳动，但对于父母的苦难还是有清晰的感知的。对于父母的唠叨和说教，他们反感，但不至于发展成大逆不道的对立，这种矛盾、分裂的情感特征是70后、80后所特有的。

不仅家是流动的，托儿所也是流动的。虽然国家大力开办幼儿园，但主要还是城市人的单位福利。安德然3岁的时候，父母把她送到一个私人"育红班"。老师既当老板又当老师，托儿所就办在自己家里，学生有10多个，都是父母没时间管教的娃娃。这个托儿所经常搬家，孩子们动不动就拎着凳子、桌子到处"流窜"，教室不知道换了多少个。即使这样，父母不在的时候，托儿所仍是安德然唯一的安身之处。有一阵子，安德然得了腮腺炎，脸肿得像包子，家人把仙人掌去刺扒皮，把仙人掌肉捣成泥和在药膏里，用火烤热糊在她脸上。安德然顶着腮帮子上厚厚的膏药跑到托儿所里，结果被老师赶了出来，因为腮腺炎传染。但她不愿意回家，心里很留恋这个"流动托儿所"。

安德然就是在这种与父母分离、居住空间的不断变动中成长起来的。动荡感和流浪感内化为这一代人的人格特征，他们从小就是自己生活的"异乡人"。与传统社会直接参与生计劳动所感受到的苦难不同，安德然所体会到的是一种与父母的分离感、对人情过早的体察、委曲求全和自我压抑，是一种心灵上的自苦。

3. 贫贱夫妻百事哀

这一代人品尝到的另一种精神痛苦，是父母普遍的婚姻不幸，是从小就体会到的"贫贱夫妻百事哀"。仁字辈族人的婚姻大多经人介绍，"先结婚后恋爱"。安乐坤（1985－男－本科－企业员工）的父亲读过一点书，沉默寡言，从小就不大跟女的接触，不太懂女人；母亲是个农民、文盲，从小大门不出二门不迈，很少接触男性。安乐坤说自己的父母见面不是在打架就是在吵架，父亲经常喝醉酒回家闹，"两个人相互伤害，不管在物理上还是在语言上都会相互伤害"。

> 我爸我妈，一个是从小没有接触过女人的男人，一个是从小没有接触过男人的女人，又没有谈过恋爱，完全不懂（恋爱）。他们各自生活在各自的逻辑里，而且又在各自的世界里印证自己是对的，完全不了解对方的"物种"是怎么样的生活方式。（安乐坤－1985－男－本科－企业员工）

在这种情况下，安乐坤作为独生子成为家里所有人沟通的轴心，妈妈跟奶奶的婆媳矛盾要他去化解，爸妈吵完架闹离婚他要去调解。安乐坤"恨透了这种生活"，深恶痛绝却又无法逃避。他对家人无所期望，"不奢求他们给我什么支撑，能自己管好自己就行了""家里的长辈们互相没有沟通的能力，我什么事都要帮他们传话，连父母办离婚，也要帮他们把一切谈妥""他俩见面根本无法谈事情，鸡同鸭讲"。安乐坤的这种"斡旋"能力就在复杂的家庭生态中形成了，但他恨透了这种"斡旋"能力，宁愿生活简单一些。

与安乐坤一样，安德然也需要在父母的争吵声中学习、生活。她的母亲生意忙，还要时常回老家看望给老人照顾的小儿子、问候年迈的公婆，隔三岔五凌晨三四点起来去邻省进货，背着100多斤大大小小的包裹来回跑长途。安德然爸爸下岗后没了经济来源，又不支持妻子下海，自觉是"半个知识分子"拉不下脸帮妈妈摆摊卖东西，怕碰见同学、朋友，觉得"丢人现眼"。安德然也不好意思在同学面前说起父母的职业，怕同学尤其是自己爱慕的男同学瞧不起。

冬天的时候，我妈在马路上一边卖衣服，一边帮人擦皮衣皮鞋，给皮衣重新上色，一站就是一整天，我爸从来不去帮忙。我那时候怕同学瞧不起，上高中后从来不敢说我妈职业是什么，放学特意绕好远的路避开我妈擦皮鞋的地方，我现在很后悔，尤其是我现在有了孩子以后。我妈那时候心里应该很苦，她养活了一大家子人，自己的丈夫和闺女都瞧不起她，心里该多憋屈。（安德然－女－1984－硕士－大学职员）

安德然妈妈承担了家里所有的生计，苦苦为家庭奔波劳碌，却得不到亲人的认可，在婚姻中得不到爱和回报，内心极度的痛苦无处发泄，经常与丈夫吵架，对女儿说"自己年轻的时候瞎了眼，嫁给你爸这个没用、没良心的王八蛋"。这种在工业化进程中与利益、金钱、生计紧密相关的、脆弱不堪的婚姻，随时有结束的风险，也让从小耳濡目染的孩子们对情感和婚姻产生了过早的利益衡量，对美好恋爱的憧憬产生了幻灭。70后、80后作为自己生活的"异乡人"，他们对于苦难的体悟不是直接参与生计劳动的身体上的苦难，不是面对无常的自然的宿命感，而是动荡不安、漂泊、孤独、情感上的苦闷和矛盾。

第二节　国家和学校的身影

矛盾与分裂的特征不仅体现在人们的劳动生活、情感生活中，也体现在他们的闲暇与学校生活中。50—70后的劳动生活被各种斗争运动充斥，而他们的学校生活反而又充斥着各种生产劳动。在阿伦特的观念里，个体免于体力劳动但无法免于政治活动的"闲暇"，不是真正的闲暇，因为这种"闲暇"充满了功利性的考量，与神圣和心灵的平静无关。然而，现实生活中的"闲暇"充满着复杂性、多义性，无法用一刀切的思维去定义它。耕读社会的学校和教师作为天道的承载，代表着平民神圣性的精神需求，在轰轰烈烈的集体化、工业化进程中，人们是否延续了对于学校和教师的崇拜呢？

一、国家的儿童

在物质匮乏的传统农耕社会，儿童作为劳动力参与生产，为家族生计做出了巨大贡献，不过他们依然有完全自主、自由的游戏时间。抗战时期，儿童参与到国家救亡的社会活动中，表现出了极大的主动性和创造性，也拉开了儿童与家庭关系改变的序幕。人民公社化时期的集体劳动制度，淡化了农民个体家庭的生产功能。随着义务教育渐渐普及，儿童作为劳动力的经济价值降低，作为文化符号的象征性价值越来越为国家所重视。抗战时期，出于"救亡图存"的目的，儿童参与到国家运动中来。新中国成立后，国家延续了抗战时期对儿童闲暇和学校生活的干预方式。但儿童作为"形成中的人"，包含着不确定性，"代表希望的同时也隐含着恐惧，如果不按预定的轨道发展，可能会给权威性的国家及家庭结构带来威胁性冲击"①，抗战时期军事化的儿童生活显然不能延续。国家需要赋予儿童新的符号象征，"建设者和接班人"代替了"小先生""小战士"成为新中国儿童的新身份，"中国少年先锋队"取代了"儿童团"成为新的儿童组织。在这个时期，大人和小孩都要一起参与政治学习、宣传、教育活动，从某种意义上来说，国家和学校对儿童的影响力越来越大，平民教育中出现了越来越多的国家和学校的影子。

1. 新中国的小主人翁

抗战期间的"儿童团"成员和"小先生"，是儿童诸多身份中的一种。在现实生活中，儿童是他自己，也是家庭的儿童，还是社会和国家的儿童。新中国成立后，"建设者和接班人"的定位明晰了儿童的身份归属——国家的儿童，确立了儿童的"小主人翁"地位，这在文化价值上远远高于成人。虽然符号象征变了，但国家延续了抗战时期组织儿童闲暇生活的各种方法。对于儿童的教育，文艺活动极为有效，唱歌、画画、跳舞、诗歌、口号，是文化教育的最好形式。儿童的"小主人翁"地位表现在，他们与成人一样有合法参与政治教育和活动的权力。在村里举办的各种政策宣传、教育活动中，儿童都要与大人一起参与。

---

① 徐兰君：《儿童与战争：国族、教育及大众文化》，北京大学出版社，2015，第33页。

那时候墙上到处都写着顺口溜："大河无水小河干，社不增产社员难。母亲奶多婴儿壮，爱社如家理当然""大雨小干，小雨大干，没雨拼命干！"（安仁守 – 1946 – 女 – 初中 – 农民）

我小时候小学里经常教我们唱歌，我还记得来："年年我们要唱歌，比不上今年的歌儿多……大跃进的歌声震山河""红领巾，红旗手，打着红旗向前走！"（安仁金 – 1950 – 男 – 初中 – 农民）

街上、墙上都画满了画。两个娃娃骑拉着一个大棒锤子（玉米）往天上飞。一个小孩骑在麦秆子上吹笛子，写着"欲与天公试比高！"这是毛主席写的，我知道。俺家墙上画的是到处乱窜的火星子，还有两个洋鬼子，一个说："你看，中国着大火了！"另一个说："那是中国在炼钢铁！"（安仁恒 – 1947 – 男 – 高中 – 基层干部）

那时候教育孩子吧，党的教育政策方针是听党的话、听政府的话、听老的（父母）的话。晚上开会，在大街上支上个煤油灯就开会，大人小孩一起学习党的方针政策，小孩搬个板凳子坐着听，学习拥护社会主义社会、拥护毛主席、拥护党和政府。当地政府的党委书记、管理区总书记有时来和老百姓拉拉呱、说说话，看到有小孩认真听，领导就过去摸摸小孩的头，表扬表扬。（安仁恒 – 1947 – 男 – 高中 – 基层干部）

与儿童文化符号相配套的组织是中国少年先锋队。1949 年 10 月，中国新民主主义青年团受中国共产党的委托建立中国少年儿童队，1953 年 6 月改称中国少年先锋队（简称少先队），成为儿童参与政治活动的合法组织。据县志记载，1950—1960 年泰县各学校少先队通过丰富多彩的活动对少年儿童进行教育，先后开展了"除四害、讲卫生""植树造林""学讲普通话""为社会主义做好事""向雷锋叔叔学习""慰问军烈属""五讲四美"① "赖宁式好少年"② "学习焦裕禄精神" "学习孔繁森"③ 等

---

① 据县志记载，1981 年山东省委宣传部和教育厅要求各地把开展以"五讲"（讲文明、讲礼貌、讲卫生、讲秩序、讲道德）、"四美"（心灵美、语言美、行为美、环境美）为内容的文明礼貌活动作为建设精神文明的大事来抓。

② 据县志记载，1990 年 6 月 18 日下午，张梅同学因抢救落水儿童而献出了年仅 15 岁的生命，成为"赖宁式好少年"。县委专门召开现场会，做出了向张梅同学学习的决定，并举办报告会、展览会，弘扬了助人为乐、见义勇为的精神，把"学讲树"活动推向了新的高潮。

③ 据山东省情网记载，1995 年山东省委省政府做出《关于开展向孔繁森同志学习活动的决定》。

活动。

　　与成人世界的各种运动有所区别的是，儿童文化活动的斗争性减少了。成人天天要相互批斗并自我批斗，他们是不纯洁的，是需要反思和批判自己的劣根性的。儿童的主要价值是文化象征，他们在宏大话语里作为纯洁的化身和希望的象征，是连接理想与现实的桥梁。这也就是儿童可以被定位为"建设者和接班人"，而成人却是"劳动者"的原因，儿童在这个时期被建构为文化地位远高于成人的希望符号。

　　2. 热血少年的无序反叛

　　作为现代化和集体化的障碍，重视家族传统的儒家文化与"舍小家、为大家"的大公无私精神是格格不入的，传统的祖先祭祀等仪式性活动被冠以封建迷信之名陆续被终止。没有受过太多传统文化熏陶的儿童，在学校教育中接受了大量的新知识，又从家庭的生计劳动中脱离了出来，终于有机会释放出自己巨大的青春能量。

　　1951 年泰县组织开展破除迷信活动——拉神台、拆庙宇、禁香火等，鲍村的土地庙被拆，但家庙得以保留。1966 年 8 月，全县中小学师生参加"破四旧、立四新"活动，中小学成立红卫兵组织，相继停课。在这个时期，鲍村的家庙与祖宗石牌被毁，家谱被烧，安叔田老人凭记忆才有部分留存。80 年代初期，村里的祭祀、烧香、占卜等仪式活动有复兴的迹象，1987 年县里针对封建迷信的"抬头"进行移风易俗工作，要求建立乡规民约，把铲除封建迷信列为农村精神文明建设的中心任务。当时的安仲田已经退休回村里工作，由于当过党的干部，他在家里带头批判这些封建迷信活动，过年过节村里烧纸、祭祀的时候，他坚决不去参加，也不准自己的家人参加。这种将祖宗崇拜、烧纸烧香、土地祭祀、算卦问卜等仪式活动当作封建迷信而加以打击的文化运动，30 后、40 后对其的态度是将信将疑、半推半就的。他们并没有彻底执行这些政策，尤其是过年祭祀祖宗时，很多家庭都在自己家里偷偷拜祭。

　　　　小孩是胡闹台，祖宗的东西怎么能随便毁！

　　　　祖宗的东西不能说毁就毁了。你说算卦啊、拜神啊这些可能不准，有骗人的，但祖宗该供养的得供养，人不能忘本，那是自己的祖先，没有祖先，还能有你吗！（安季田 -1936- 男 - 半文盲 - 农民）

　　　　都是些半大孩子，懂得啥事啊，跟玩儿似的，砸的时候怪痛快，

知不道厉害啊！（安叔田－1930－男－半文盲－农民）

这次铲除传统迷信活动的主体，主要是在集体化运动中成长起来的50后、60后，尤其是60后，只是一些十几岁的"半大孩子"。他们在这个时期显示出了参与公共生活的热情和活力，但也出乎意料地爆发出了巨大的、无法控制的能量。50后、60后的童年在大跃进时期经历了无人照料、被"舍"的痛苦记忆，缺少与父母、亲人的心灵联系，在学校里要参与各种生产劳动，接触了充满着冒险、斗争、解放精神的浪漫话语，内在于儿童天性的冒险力量，指向了自己的父辈、祖辈和家乡。这个庞大的未接受过完整科学教育，又缺乏家庭情感根基，在紧张、斗争环境下长大的少年群体，在青春叛逆期，夹杂着"小主人翁"的热情，带着对英雄和超人魅力的崇拜，用一种"集体狂欢"的方式，体验了一次冒险的英雄游戏。但这些儿童活动显然未经审慎的思考。这意味着，儿童参与成人活动的底线和方式，应该予以深刻的分析和反思。

3. 儿童作为天生的冒险者

早在孩子的少年期，这种横向认同就已发生……1960年前，孩子仍是一种生物存在而非政治存在……这个相对年轻、缺乏历史经验和意识自觉的群体的政治意识不可能从其自身内部产生，而有赖于更成熟、更具有历史感的理论家从外部赋予，有赖于某些具有紧张感或冲突色彩的情景的启示。[1]

儿童是天生的冒险者。集体化时代的孩子们，是如何参与活动和走向"狂欢"状态的呢？前面我们分析了他们在童年期缺少植根于家庭教育的情感教育，在学校里缺少理性教育，还有，他们在饥荒和运动年代形成的人格紧张状态，与儿童冒险的天性、社会中的非理性因素结合了起来。儿童内在的"游戏"精神和"英雄"情结，与非理性因素结合起来，其结果很难预料和控制。成人也低估了孩子们之间的同伴意识、群体认同的力量，没有将儿童当作一种文化主体来看待。对儿童与国家、家庭关系的考量，不仅关涉儿童自身，也直接关涉现实和未来。在代际冲突不断的当

---

① 程巍：《中产阶级的孩子们：60年代与文化领导权》，三联书店，2006，第87页。

下，不对儿童参与成人活动的界限和方式进行思考，就有将儿童推向无序反叛的危险。

二、读书的实用性目光

是什么让儿童参与社会运动时陷入了一种无序的反叛状态，而失去了公共生活的严肃性和建设性呢？这个线索要到集体劳动时代儿童的学校生活中去寻找。

1. 教育与生产劳动相结合

据山东省情网记载，1958 年 3 月 22 日《大众日报》发表《全省宣传文教工作大跃进"百日奋战"计划要点》，山东文教工作"大跃进"开始；7 月 12—18 日，国家主席刘少奇来山东视察工作时指出，"学校可以搞半工半读……应该使教育与生产劳动相结合……学生是工人，工人也是学生""现在改革教育制度，就要先从师范改起，凡师范学校都要实行半工半读，不然他们就不会教人"。1958 年，中共中央把"教育与生产劳动相结合"作为党的教育方针的一项内容明确地提出来。1962 年，农业中学经过整顿，50% 以上的学校实行"农闲学习、农忙劳动"的制度，个别学校实行业余学习制度。

> 半天劳动，学工学农。学校老师领着去工厂，除了抬沙就是抬树抬土。泰县一中的学生全部去修桥，也自己造纸，去推马粪来造纸，光干活。（安仁堂 - 1960 - 男 - 初中 - 工人）
>
> 在学校里，一个土坯台子当桌子，学生自己拿板凳子，屋里又没有电灯，又没有暖气，没有炉子，没有风扇。冷了就用柴火烤火，屋子里熏得黢黑。俺这个班 40 个学生，一个小铁炉子，也没有炭啊，学校里经费不够。也就是上边检查的时候，生个炉子，平常哪有生炉子的。（安仁义 - 1959 - 男 - 高中 - 工人）
>
> 校工呢，一个厨房，支个大锅，烧一大锅水，学生吧，也没有凉也没有热的，挖一缸子就喝了。学生天天在学校吃地瓜，煮熟的地瓜，一毛钱五斤。老师买，一毛钱三斤。五分钱就给你二斤半地瓜，两顿就够吃了。学校不煮的时候，就得饿一天啊。（安仁珍 - 1964 - 女 - 初中 - 务农）

山东省情网又载，1966 年 5 月 12 日，山东省教育厅规定各类中等学校一律停授原语文、历史、政治教材，改授毛泽东著作和"文化大革命"的社论及有关文章。1966 年 6 月 25 日，省委省政府和各地党委开始派工作组进驻大中学校，领导"文化大革命"运动。8 月 30 日，省教育厅、省新华书店联合发出《关于一九六六年秋季中小学用书的通知》，规定中学历史、小学地理和常识课暂时停开，课本不再供应；中学政治、语文合并，初高中分别改学《毛泽东著作选读》甲、乙种本和时政文章；小学主要学习《毛主席语录》。在这个时期，成人荒废了劳动搞运动，而儿童荒废了学业搞劳动。

> 那时候在学校里根本不学啥。16 开的，红皮的，这么厚，光背《毛主席语录》，根本不学习知识。《为人们服务》《愚公移山》《纪念白求恩》，老三篇，背得滚瓜烂熟的。（安仁美 – 1952 – 女 – 初中 – 基层干部）

> 以前上学，得 6 岁、7 岁才上学呢。一年级，发个本子，夹到胳肢窝里，连个书包也没有。教室没有黑板，是石板，四边有个框，买个石笔，写出来还不清楚，写满了用布一擦就擦去。四清的时候，有劳动课，一天两节劳动课，给生产队割草。那时候我是劳动委员，人家割草，我称秤、记账，给大队送去。队长过几天，买上原子笔芯给学生。那时候原子笔芯可了不得了，还有生字本、演草本。演草本纸很厚啊，就是那种草纸，这里一写就阴，一使劲就破，焦黄的，没点壮气（结实）。（安仁贤 – 1956 – 男 – 高中 – 工人）

儿童与成人一样，也参与到国家工业化建设中。成人的劳作很辛苦，而孩子们在学校里也不容易。儿童虽然免于在家庭中为了生计的劳动，但是作为"建设者和接班人"，实质性地参与到了生产劳动中，劳动量并不少于大人。泰县很多桥梁、大坝等大型建筑工程，都有中小学生的劳动贡献在里面。儿童从家庭的劳动力变成了学校的劳动力，其辛苦和压抑程度并不亚于成人，但反叛和破坏的能量超过父辈。他们积极参与到集体狂欢中，是辛苦劳动之余的压力释放。

2. 回到利己主义和平庸主义

最能证明他们并不真正具有自主意识的是，这些一度反抗父辈、反抗传统的少年们，很快回到了父母的怀抱，成了听话的乖孩子，并在接下来的几年内，千方百计地谋求"铁饭碗"，或顶替父职，或找寻门路，或钻制度的漏洞成了单位人。拿到"铁饭碗"的安慰和满足，早已让他们把少年时代的反叛抛之脑后。

这种利己主义和平庸主义的典型表现是，他们没有了对于文字、读书、教师的神圣信仰。而这个进程早在对教师和读书神圣地位的批斗中就已悄然进行。据山东省情网记载，1966 年，《人民日报》发表题为《横扫一切牛鬼蛇神》的社论，山东省各大学校相继停课闹"革命"，教师被诬为"牛鬼蛇神"，遭到批斗和迫害。1968 年 1 月 14 日，所有农村公办小学下放到大队来办，国家不再投入或少投入小学教育经费，不再给教师发工资，改为大队记工分，教师都回本大队工作。此后，全省农村公办小学全部下放到大队进行管理，绝大部分农村公办小学教师被下放回原籍大队，教学质量严重下降。1973 年"白卷英雄"事件和黄帅的一封信，掀起了批判"师道尊严"的高潮，反潮流精神到处蔓延。

理论性知识、神圣性传统逐渐让位给实用性知识、技术性工作。一批在现实劳作和情感压抑中蠢蠢欲动的青少年在经历了无序反叛后，在残酷的现实面前迅速投入对生计的考量中。60—70 后中几位学习比较好的"好苗子"，由于现实所迫，在招工和继续读书的选择中，毫不犹疑豫选择了前者，都去工厂当了合同工贴补家用。

> 还是愿意当工人啊，当工人减轻家里负担，当工人有工资。我去矿上干了 3 个月的活，分了翻砂的工作，很累啊，一回来家来就哭。我高中没毕业，在厂里也是文化比较高的，干了 3 个月就去厂里干统计了。（安德禄 – 1963 – 男 – 初中 – 工人）
>
> 我高中上了不到一年，厂子来村里招工，我爹赶紧叫我回来，说还不赶快回家来，有工人指标，根本没等到高中毕业。（安仁惠 – 1964 – 女 – 初中 – 工人）

50 后、60 后对读书失去了传统的神圣性敬畏，以一种"有用性"来衡量学校教育的价值，他们对于下一代的教育和对于学校的态度，也分成了两种，一种是读书无用论，另一种是急于通过读书改变命运。读书不再是学习"天道"，而成为一种工具。

3. 教育改变命运

经历了理想主义的破灭，50后、60后的父辈对70后、80后的教育目标直接而现实：第一，读书是为了改变命运，跳出农门；第二，高度重视子女的学习成绩；第三，重新认可"听话"的价值，对子女的反叛几乎零容忍。对于学习不好的孩子，父母则直接让其辍学"找活干"，认为孩子即使考上高中也考不上大学，不如早早回家赚钱。对于学习比较好的孩子，父母则反复灌输"种地没出息""跳出农门""学习改变命运"的观念。

> 从六七岁我就教育孩子，那时候咱那个庄，真是狼都不走的地方。领着他过老娘家，路上一点也不好走，窄窄的路，全都是泥巴。我说，（儿子）无论如何你得好好读书，离开这个地方，以后咱可不要在这个庄里了。（安仁珍－1964－女－初中－农民）

> 光教育孩子啊，你不好好读书，回来下力推车子、种地，你看看推车子多累啊，褂子都磨烂了，鞋都磨破了，你不好好上学，赶紧回来。（安仁金－1950－男－初中－工人）

> 看到有别人家的孩子学习好的，得了奖状，就说：你看谁谁谁，去哪个厂里当正式工了，上了那个单位了，当了老师了，用这种话激励激励。（安仁堂－1960－男－初中－工人）

50—60后父母对于读书的态度全面转向生存、实用的目的。对于男孩来说，"既能光宗耀祖，也要传宗接代"是族人对其的主要期待，能够摆脱"面朝黄土背朝天""抛头露面、低三下四、到处求人"的日子，期待孩子能够考上大学，用文凭"换饭吃，换钱花"。50—60后族人最期待子女当医生、教师和公务员，对文凭的"时效性"也有一定的洞察，并不期待孩子读到硕士、博士。如果到了一定年龄，文凭还不能兑现成车子、房子、票子，就要让位给现实。

> 医生走到哪里都不会失业，都有人送钱，是人就会生病嘛；女孩子最好当老师，工作稳定；公务员多吃香，坐办公室的，夏天吹空调，冬天有暖气，风不着雨不着。（安仁智－1957－女－高中－工人）

> 庄户人家不用读到很高了，尤其是女孩子读到什么博士的，耽误

挣钱生孩子，女孩子还是找个好主（嫁人）更重要。（安仁惠－1964－女－初中－工人）

这一代人深谙"特权"的重要性。R[①]于 1998 年下岗后，满怀期待子女能够飞上枝头变凤凰、一朝为"官"。他艳羡当官的"特权"，觉得只有当官才能不被人欺负，一心想让子女挤入公务员阶层，在孩子小的时候就教育小孩以后长大要"当大官"。在女儿身上期待的破灭后，他又把希望寄托在孙子身上，这种官位向往里饱含着对中国"特权"阶层生活的羡慕和妒忌、理想破灭后对现实的全面妥协。

R 对于子女教育的重视主要表现为对子女学习成绩的密切关注。每逢期中、期末考试，他都会询问子女的学习成绩、名次，只要孩子学习成绩好，其他的方面他就很少过问。对于学习成绩不好的儿子，他经常打骂，希望用暴力和威严来迫使他就范，结果却适得其反。每逢高考季节，R 都会非常关心市里谁家的孩子考上了清华、北大，谁家的孩子考上了好大学，并不断用"你看谁谁家的孩子考上了什么大学""考不上大学你们就回家跟你爷爷种田吧"等话语来刺激子女上进。

50—60 后对于子女的实用性态度、高压性期待，一定程度上催生了70—80 后身上的苦学精神。"吃得苦中苦，方为人上人"成为 70—80 后的座右铭，用以激励自己熬过激烈的学业竞争，苦学成为他们唯一能够取得"成功"的途径。然而，苦学者中也不乏失败者。

三、苦学与反叛

"书山有路勤为径，学海无涯苦作舟"，苦学是很多底层家庭子弟唯一的成功途径。改变命运的急迫压抑了他们学习固有的快乐。大部分人的生活就是学校、食堂、自习室三点一线，很少有娱乐活动。休息和娱乐对他们来说成为一种奢侈，安分、听话、规矩、踏实、懂事、上进是他们的生命底色。然而，在听话的外表下，隐藏的是一颗反叛的心。

1. 两种孩子的自暴自弃

好学生总是少数，学习处于中游的孩子最多，比如安德然、安德意，

---

① 此处应被访者要求，完全隐去其姓名、年龄、职业等信息。

她们不是父母和老师的宠儿，又没有反叛的勇气，只好阳奉阴违地当着虚伪的"乖孩子"，"规矩地上学，规矩地生活，规矩地交朋友"，像被父母摆布的"提线木偶""没有生命的娃娃"。

> 从小，我就知道大人们喜欢什么样的小孩，希望我怎么做。于是，我会帮忙做家务，然后他们就夸我懂事；他们生病时，我会帮忙倒水、端药，然后他们夸我体贴。还有好多，我只是知道他们喜欢我这么做罢了。于是，他们喜欢，我就去做。而我，心中到底渴求什么，他们从来不知道，他们也不必知道。我是个乖孩子，从小就是。（安德然 – 1984 – 女 – 研究生 – 大学职员）

> 我安静地坐在教室里，像樽没有生命的娃娃，学习好坏对我来说，没有那么重要，似乎只是因为要学习，所以就学了。大家都对父母说，我是个乖孩子，让他们省了心了，他们谦虚地说哪有，后来却自豪地说，我家孩子从小就没让我们操过心，说完，还一副本该如此的眼神看向我。我不负众望，乖乖地回到卧室做功课。我规矩地上学，规矩地生活，规矩地交朋友。（安德意 – 1970 – 女 – 中专 – 医生）

也有些学习不好的孩子，父母越是高压，他们越是反叛。安德宁、安德勇、安乐乾在学校里被称为"害群之马"，经常被老师骂"一粒老鼠屎坏了一锅粥"，在家里天天被骂"没出息""不省心"。老师和父母的排斥把他们推向了网吧，逃学、打架、斗殴是他们的家常便饭。父母对他们动辄拳打脚踢，他们就变本加厉地报复父母。与苦学的"好孩子"不一样，他们初中就纷纷早恋、偷尝禁果，与早恋对象同居。然而，没有学历傍身又吃不了苦的"浪子"最终又回了头，在父母的安排下早早结婚成家，做一些并不稳定的生计（如保安、建筑工人等）。父母帮他们置办婚房、带孩子，继续包办着他们的人生。

"中产阶级小孩获得中产阶级工作是别人成全的，而劳工阶级小孩获得劳工阶级工作是他们自己造成的"，"浪子"就像威利斯笔下的自我诅咒的"家伙们"[1]。他们通过"瞧不起作为知识代言者的农村老师表达对知识权威的抗争；在课堂中制造混乱表达对关系权威的抗争；在日常规定

---

[1] 保罗·威利斯：《学做工》，秘舒等译，译林出版社，2013，第1—3页。

性作息中对规定性的时间权威表达抗争"① 等反权威、反知识、反规则的形式创造独特的自我身份认同。这些叛逆者对于主流制度尤其是学校教育持对抗态度,认为学校教育意味着混日子获得一纸文凭。他们对于"文凭无用"的"洞察"和放弃再生产了自己的"阶级宿命",最终无益于个人的阶层突破和精神成长。

2. 对闲书的禁绝与渴望

在"读书改变命运"的功利化期待中,在学习成绩决定一切的高压锅式的学校生活中,与读书无关的娱乐、精神生活一般是被禁止的。家庭和学校都不鼓励学生看课外书,尤其是与学习无关的"闲书"。革命文学之外的文学读物非常少,学校里没有多少课外书。

族中的 70 后、80 后小时候普遍没有上过幼儿园,在小学也很少看课外书。小学的班级一般会集体订阅《红蕾》《当代小学生》等官方儿童杂志。通常每个班只有一本,文学价值不高。初高中班级会订阅《中学数理化》《语文报》等刊物。《语文报》是他们最喜欢的读物。每周一次的阅读课是他们少有的接触课外书的机会。阅读课上的课外书经过老师们的严格筛选,"思想健康",但这已经是少有的阅读机会了。每到读书课,学生们就奋笔疾书,龙飞凤舞地把喜欢的内容赶紧抄到笔记本上去,就怕再也看不到了。文艺教育的稀缺,让这些有精神成长需要的孩子们,对课外书有着海绵吸水一样的文化渴求。

即使有的同学表现出了文学爱好和天赋,老师们也会觉得是"杂学"。安德民小学时没有什么课外书,就把仅有的《新华字典》和《成语词典》当宝贝,专门挑那些生僻的、好玩的字来学。字典读完了,他就找来亲戚朋友家哥哥姐姐的初高中课本阅读。安德民很会编故事、讲故事,这些都被老师"嗤之以鼻",觉得"这是歪门邪道啊,考试又不考,耽误学正课的时间"。当安德民五年级在背"落霞与孤鹜齐飞,秋水共长天一色"的时候,学校还在教"你看,阳光下的流水多么美丽啊"。作为心智超龄的孩子,小学老师并没有对他表现出特别的欣赏。

在学校里,与学习无关的书都是被禁止的。课上看闲书被老师发现会被老师骂"不务正业""心思不正"。至于言情、武侠之类的小说,一旦被家长和老师发现就会被"五马分尸"。安德然高一的时候学习成绩一

① 李涛:《底层的"少年们":中国西部乡校阶层再生产的隐性预演》,《社会科学》2016 年第 1 期。

般，又特别爱看闲书。有一次安德然的妈妈发现她在家里偷偷看小说，就把小说夺过来撕了。为此，安德然与妈妈吵了一整夜。她保存的日记记录了与妈妈撕心裂肺的争吵。

> 书！我的一切！妈妈，她毁了它！为了我的书，我整整与她吵了一夜。可是我不能怪她，因为她是我的母亲。
>
> 我用书封闭着自己，也同时摒弃了我以外的一切，让书来愉悦着自己、麻醉着自己。我很少与她谈话，郁郁寡欢。我用书给自己编织一个逃避家庭的故事，沉浸其中，我没能挣扎出世俗的泥淖，却人为制造了一堵墙横亘在我与母亲的情感世界中。我坐在撕碎的书旁哭了，想着妈妈气急败坏扭曲的脸，这是多么两难的选择。
>
> 妈妈，不是书夺走了你心爱的女儿，而是女儿就像远嫁，在踏出家门槛的时候，已经昭示着童年的不可回头，女儿已属于她自己了。
>
> （安德然－1984－女－研究生－大学职员）

成人对于闲书的禁绝并没有磨灭少年们的热情，70—80后在学校外的空间里寻找着精神空间。"文革"结束后，市面上涌现出大批量的旧书，经常被当作废纸卖，价格非常便宜。1980—1990年代，文艺出现了短暂的复兴，市面上涌现出了大批高质量的文艺作品。安德民、安德宁、安德然终于寻找到了属于自己的文艺天地。由于父母工作忙，安德然放学后就可以支配自己的时间，她全部的课外时间都花在城市各个角落的旧书摊、新华书店里。有什么书她就看什么书，从各种小人书、《十万个为什么》等科普读物、《郑渊洁童话大王》《儿童文学》《少年文艺》等儿童读物，到《故事会》《知音》《读者》等成人读物，再到各种名著、小说，她无所不看。这些学校之外的文化资源成为苦学者在读书之外的精神慰藉。

3. 对单一学业生活的抵制

"闲书"中所呈现的精神世界与学校和现实生活相差甚远，70—80后对父母师长所持有的高压期待和单一性的学业生活都有或明或暗的抵制。安德民读高一的时候（1997年），很多同学受不了死记硬背的学习方式，产生了厌学情绪。安德民总想给老师提建议增加课外阅读时间，或者在班上建立一个小"图书馆"。班里选语文课代表的时候，他在竞选演讲中呼吁"文科当自强",建议通过文学的力量激发厌学者的兴趣。安德民还保存了当时的竞选稿。

> 现实中存在这么一种错误的观点:文科的实力弱于理科。然而各位应当清醒地认识到:如今我们急需要的不是理工类人才,而是文史人才!因此,此次竞选我提出的口号是"文科当自强",这也是我此次竞选的初衷吧。文科生应该真正地广泛阅读,语文、政治、历史不是一张张的、千篇一律的试卷可以解决的!政史地本是有用的,但在这里我却呼吸不到任何清新的空气。同学们多少有些厌学情绪,不能把精力全放在学习上。学习离不开活力,我设想通过一些文学的方法,用文学的呼唤力量,唤醒诸多睡着的巨人,使我们在极高的升学率基础上再添几分青春的活力。(安德民 – 1981 – 男 – 博士 – 大学教师)

然而,安德民的竞选失败了,同学们并不响应他的号召,觉得他的建议太不现实。他对这次竞选失败耿耿于怀,把这件事情写在日记里,直到现在说起来,他对当时的同学仍有一种"哀其不幸、怒其不争"的悲愤。

> 我失败了!或许是一种自欺欺人的自我安慰让我对自己说,无所谓!而当我读着鲁迅《灯下漫谈》的时候,才有了一种茫然若失的感觉。文中的那句"我独不解中国人何以于旧状况那么心平气和,于较新的事物那么疾首蹙额,于已成之局那么委曲求全,于初兴之事就那么求全责备",也不过被政治老师当作 10 秒钟解决的选择题罢了!同学们天天抱怨学习枯燥无聊,渴望有所改观,但真给他们自由的时候,却畏首畏尾。这何异于被打开枷锁的奴隶们高声疾呼:"再给我套上枷锁吧!"(安德民 – 1981 – 男 – 博士 – 大学教师)

安德然作为 70—80 后中觉悟比较早、接触课外文化活动比较多的年轻人,对学校应试教育深恶痛绝,厌弃成人所代表的庸俗、功利文化,嫌恶社会风气的贪婪成性和功利投机的铜臭味,瞧不起父母和老师们的庸俗、无趣、枯燥、刻板、墨守成规。他觉得父辈充满了互相倾轧、尔虞我诈的肮脏,更加向往一个自由的、纯粹的世界。她在日记里抒写自己的苦闷和向往。

没有了尔虞我诈，没有了猜忌，没有了众人竭尽手段地向上爬，原来世界会如此美好，以至于连一只鸟儿也会变得神圣起来。于是我飞，我飞，我飞飞飞。

神看到了我，他慢慢地说："哦，你是人间第一位闯到天堂的普通人，你追求自由圣洁的心把你带到了这里。"

"哦，这就是天堂？这里真平静，让我留在这里吧！"

神对我说："你回去吧！"

"回去？世俗、嫉妒、鄙夷、竞争、倾轧、攻击、谣言、无耻、卑劣、下流、肮脏——人间？不，我不！"

神说："你有你的归宿，你有你的人生，你永远都是你！"

"留下我吧！教化我吧！感染我吧！让我当你的奴仆吧！我愿用我的一生去挽回一份永远的真实、自然、美好……"

神说："真实就在你心中，自然就在你心中，美好就在你心中。"

"不！我不喜欢这个虚伪的世界，我不愿回到人间。"

神对我说："相对的真实，绝对的虚假。接受它吧！回去吧！"

醒了。（安德然－1984－女－硕士－大学职员）

族中其他70—80后没有像安德民、安德然这样有机会阅读大量课外文学作品、通过写日记来释放苦学的压力，他们的精神空间被家庭和学校挤压得很小。但青年就是青年，他们在家庭以外的世界里，艰难寻找着摆脱孤独、消解怨恨、走向新生的道路。

第三节　艰难的突破性力量

"黑夜给了我黑色的眼睛，我却用它寻找光明"，诗人顾城的《一代人》和他的死亡成为50—60后一代理想破灭仍精神不死者的象征。文学成为"文革"结束后慰藉年轻一代心灵的主要形式。他们的理想主义用另外的方式被表达了出来：蠢蠢欲动的爱情，言情、武侠小说和诗歌，以及青春文学。

一、青春期爱情的魅力与道德围剿

乡土社会中的少年是没有青春期的。他们把青春投入到劳动和运动中。而处于集体化运动尾声的 70—80 后开始有了真正意义上的青春期，他们在父母和老师的眼皮子底下偷偷寻求着真正的真、善、美和爱。

1. 苦闷学业中的友谊式爱情

族中的 70—80 后们在初高中时普遍产生了对爱情的向往，有自己喜欢的人。安德婧说，高中校规十分严格，学校规定学生不能打扮出格，女生的裙子不能过膝，不能露肩，男生不能穿背心、裤衩；男女生不得留长发，不能早恋。校方一旦发现早恋就直接开除。在这种情况下，男女生之间只能通过秘密通信、课间操"眉目传情"来偷偷表达纯纯的情思。安德婧和"男友"互相写情诗，让自己的同伴转交或直接塞在他（她）的书包里。

> 假如我是急行天际的流星，
> 留下了瞬间悲壮的美，
> 我就不虚度此生。
> 假如我是美好的记忆，
> 给痛苦的人带来安慰，
> 我就不虚度此生。
> 假如我是投入潭中的一粒石子，
> 能激起你的柔情，
> 我就不虚度此生。[1]

两人秘密通着信，但当众见面时刻意保持沉默。高考的压力如影随形，他们默契地克制感情并相互鼓励，安德婧拿出自己保存的情书，字里行间没有动人的表白和热烈的情思，而是充满考试失败后互相为对方加油的"战友情"。

---

[1] 这是安德婧的高中同学张振伟抄给她的情诗。

　　在那场突如其来的雨里，周围一片黑暗，鼻子一阵阵酸楚，我知道，那不是外面的雨让我感冒着凉了。雨后的那天夜里，我咬着牙，竭力让自己振奋起来。你一切可好？继续加油，胜利已不远。至于我吗？一切也还行，只不过老师有些不相信我，说我考试会继续退步，我也有些担心。不过，无所谓，来日方长，我终将成为一个全新的我。①

　　对同伴夹杂着爱慕的友情，成为 70—80 后苦闷的学业生涯里的光。他们在光的指引下，互相鼓励，希望为对方成为一个全新的自己。对他们来说，生计太遥远，"读书改变命运"的目的太实在，只有心中的他（她）才是努力向前最大的动力。然而，父母和老师终于发现了他们的"早恋"，并对这段感情进行了联合"围剿"。

　　2. 对早恋的死亡通牒与成长的中断

　　早恋被发现的安德婧和班长张振伟接受了家长和老师的拷问。张振伟包揽了一切"罪责"，并当面答应老师不再交往。当"爱情"不再是秘密，他们反而不再压抑自己的感情。每天放学后，男孩子都送女孩子回家，分别时恋恋不舍。他们躲过师长的视线，在每月只有一天的放假时间里偷偷"约会"。家长和老师最终在他们一次失败的模拟考后下了最后通牒。说教、打骂已经不管用，他们只能赌上自己的生命，赌上父母之爱，唤回"不听话"的孩子。张振伟的父亲，虽然只有小学文化程度，很多字都不会写，为了让儿子"悬崖勒马"、对女朋友斩断情丝，仍用尽平生所学给儿子写了一封信（信中全用顿号且有很多错别字）。

　　石头、我看（你）比别人家的孩子都好、这是我的真心话、我这一生最大远（愿）望就是你们两个好好学习、都考上大学、你的爸爸从前没有好好学习、才没有文化、在这个世上没有文化人人都看不起、这是我上半辈子的亲身体会、为了你上学、不受过多的苦、你的妈妈不固（顾）90多岁的老（姥）爷、80多岁的奶奶、来城里、给你们做饭、就是为了你好好学习、你应该明白才是、有些事情我不想和你名（明）说、我怕你只到（知道）但五（耽误）了学习、你爸爸每天都在外边、东走西去、还不是为了你、爸爸去年在来（菜）

---

① 安德婧提供的与高中同学张振伟的通信。

芜告诉（高速）公路撞了车、几乎差一点丧了命、每天开着车、办的事情又多、脑子又乱、你的妈妈每天都为我提心吊担（胆）、为什么、你们两个也想想、前几天我去山西、一去就几天、车跑了几千公里、累的我浑身都痛、在山西大山路上、因为开车又累、车很为（危）险下了山沟、这一切都是我的亲身干（感）受、我为了你们两个非金（费劲）心血，咱家的钱是来只不意（来之不易）的。就拿你三哥来说、每天白黑跑车、路上查车的怎（这）么多、能争（挣）几个钱，为了你上学花钱我也不在意、没有文化在这个世上太难了、你一定听话、要好好念书、你也只到（知道）、我对你的其（期）望、我 xxx 用文字语言表达不出来的事太多太多、我也不多说、你也明白、我这个亲身体会、是我用了一晚上的时间写出来的。

最后我送你们两个几句话

没有文化办什么事情都比上天还难

如果你们不听话、我就离开人间

我说到办到、你两个看这（着）办吧！

石头、祝予祝（预祝）你们学业有成、成为国家人才。①

张振海父亲终于用这封信打动了孩子。张振伟把这封信给了安德婧，约定二人高考之前都不再见面、不再说话、不再通信。两个人从此压抑着痛苦，"形同陌路"。"失恋"的痛苦夹杂着对父母的愧疚和对前途的担忧，最终影响了他们的学习状态，二人都没有考上自己心仪的大学并最终分开。安德婧保存了这封信作为初恋的纪念。

张振伟父亲的信，历数了作为父母谋生的艰难、几乎是拿命换钱的生计的辛苦；痛陈了他们没有文化在社会上遭受的歧视、碰到的钉子；诉说了父母对孩子付出的心血和爱——不顾年迈的父母来城里照顾孩子；表达了对他们的期待，希望其学业有成、成为国家栋梁之材。这封父母饱蘸血泪写出的信，是50—60后对其曲折经历的表达和凝结，掺杂了上一代人太多的爱恨情仇。这么沉重的历史情感和道德压力高高悬在70—80后的头上，他们只能痛苦地接下来。

---

① 安德婧提供的张振伟父亲的信。

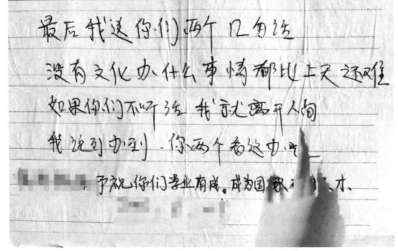

图 3-1　安德婧提供的张振伟父亲的信

3. 青涩之爱的纯粹与自制

50—60 后的爱如此沉重，与他们的成长经历相关。他们从小接受了敌对观念的教育，长大之后没有机会接受完整的学校教育，在恋爱上也遇到诸多阻碍，往往是先结婚后恋爱。他们的婚姻标准通常不是灵与肉的结合，而是对方有没有门当户对的物质条件、能否养家糊口、是不是社会普遍认可的好人。他们不太会表达自己的情感，甚至不称呼对方的名字，而是称呼"孩儿他妈""孩儿他爸",更别说牵手、拥抱了。他们结婚后奔波于生计,经常两地分居,甚至没有欢愉的性生活。

50—60后虽然有对爱情的向往,但却很难了解到与婚姻无关的爱情能量如何控制,"血气未定,戒之在色"[1],他们洞察到爱情的危险性,对孩子早恋存在本能的害怕,只能早早扼杀以绝后患。然而,他们忽略了青少年是把爱情当作纯粹之物、神圣之物来看待的。年轻人爱情的美好和魅力全在于"得不到"。父母们低估了孩子对于情欲理性克制的能力,也没有认识到爱情对于人成长的超越性价值。当安德婧和张振伟的情愫还是两个人的小秘密的时候,张振伟经常幻想未来两个人的前途是怎么样的,对未来充满信心。但是,父母的指责经常把他从幻想中拉出来,给他增加了很多情感压力,使他失去为了变成与恋爱对象相匹配的人、为了美好未来奋斗的强劲动力,最终妨碍了他们的成长。

> 我是一个十足的幻想家。我对很多事充满幻想,也有对你和我们前途的幻想,我经常借助魔鬼、机器人、动物、风雨雷电来实现我的幻想。我沉浸在幻想的时候,就对将来充满信心,所以我从没有为我们的友谊担心过。但我爸把我从幻想中拽了出来,回到现实世界。也对我们的友谊产生一种不自主的后怕,害怕友谊的湮没。爸爸经常用各种方法来加大我的压力,逼我跟你断绝往来,他看到不管用,便用软攻的做法,说我是多么听话的孩子,一定会听他和老师的话不跟你交往。虽然不管用,但让我的压力更大。我怀疑我是否能考上大学,能否和你考同一所大学。
>
> 再看看我们俩,在家长老师未插手之前,我们都很谨慎,不敢轻易说出自己的心里话,只在心里保存这份美好。但当他们插手后,面对各种压力,我们便相互表白了。我们还得感谢老师家长,但这毕竟给了我们不少压力,使我们的学习休息都搞不好。[2]

成人的介入反而催化和确认了青年男女之间的感情,并把本是谨慎的、美好秘密变成了需要解决和处理的麻烦,给青少年造成了困扰。实际

---

① 语出《论语·季氏》。
② 安德婧提供的与高中同学张振伟的通信。

上，二人之间完全没有发生过让师长们担心的性关系之类的事。他们
"早恋"的时候，也有生理悸动，但都隐约洞察到了这种力量的危险性，
互相暗示和鼓励对方超越这种冲动，甚至以克制冲动为骄傲。他们互相把
自己喜欢的诗送给对方，告诉对方"爱情要在等待中回忆""不要摘取爱
果""希望是那么刚强"。

> 花儿开了，总是要凋谢的/彩虹现了，总是要消逝的/爱情的流水
> 来了，总是要离开的/人生是多么漫长/而希望又是多么刚强/希望花
> 儿永不凋谢/希望彩虹永不消逝/希望流水永不离开/刚强的希望/注定
> 人们要苦苦地等待/在等待中去回忆/才知道/摘取爱果之后/生存就会
> 化为痛苦。（安德婧 - 1971 - 女 - 博士 - 医生）

孩子们灵魂深处的精神性需求和理性自制的能力，常常超越大人们的
认识。他们所做的"坏事"，大人们认为的"危险"，潜藏着超越了大人
们常识的高尚内容和纯粹精神。这种纯粹精神如果有幸被生命中的"重
要他人"洞察到，会成为激发他们新生的创造性力量。可惜，更多的时
候，大人们是把青春期爱情当作青少年成长过程中的拦路虎、要铲除的杂
草而对待的。这时，能遇到一个启迪生命的老师，便成为 70—80 后成长
和命运转折的关键。

二、与贵人相遇

"经师易得，人师难求"，安德然、安德宁就幸运地遇到了能够洞察
学生内在力量的老师，并帮助他们跨过了人生路上一个又一个成长的陷
阱、突破精神上的局限、完成心灵上的自我救赎。

1. 学校里的"秘密花园"

安德然是在奶奶身边长大的农村野丫头，刚到城里上小学一年级的时
候，作为班里家庭最穷的孩子、成绩垫底的学生，老师看她的眼神满是
"嫌恶"。有一次她被同桌诬陷偷东西，被班主任叫到办公室"审讯"并
推来搡去。安德然在"小偷"的阴影下度过了一年级，后来因生病转到
乡村小学。转学的第一天，面对新同学热情的询问，她竟然趴在桌子上哭
了。胆小怯弱的她遇到了人生中的第一个贵人——即将退休的、头发花白

的于老师，她正在上她人生中的最后一节课。于老师最后跟同学们告别，"以后这个班就靠你们了"，并开始点每一个学生的名字。安德然始终没有听到自己的名字，正灰心丧气的时候，于老师停顿了一会，又突然喊了一声："还有安德然！"安德然从这位第一次见面也是最后一次见面的老师那里听到了自己的名字，从那一刻开始，心里有什么东西不一样了。在城里小学遭受的痛苦和羞辱仿佛一笔勾销，"乌云还在，但满眼都是阳光"。

第一位老师给了她希望，第二位老师带着她体验了如何快乐、自由地学习。由于是乡村小学，三年级只有两个班，班里的学生有二十几个，学校管理并不严格。年轻的语文老师经常在无聊的晨读时光，把学生"撵"出教室，让学生沐浴着清晨的阳光，呼吸着新鲜的空气，伴着和煦的微风大声朗读。晨读的时候，同学们有的倚在栏杆上，有的坐在板凳上，有的跷着二郎腿……有时兴起，淘气的郭老师直接领着学生到校园里的花圃中读书上课。大家藏在花圃里的树底下，伴着鸟语花香读书，互相比谁读的声音最大，谁朗诵的最有感情。

学校的花圃成为老师和学生共同的"秘密花园"。花园的学习生活成为安德然小学时最快乐的记忆。在这个"秘密花园"里，有时学生们读累了，干脆就自己组队"围炉晨话"。郭老师常常以"抓阄"游戏的形式把所有要背诵的题目写下来，让学生抓到哪个就背哪个。每逢周末，郭老师就让学生自己办手抄报、黑板报。学生们挖空心思，在手抄报上写下最美丽的诗句、画上最美丽的图画、抄上最好笑的笑话。学生们非常郑重地对待这个事情，一笔一画生怕出错，出错了就返工直到满意为止。安德然小学毕业后，一直记挂老师。初中第一个学期，她获得了全校作文竞赛第一名。拿到奖状的第一时间，她夹着奖状奔去了郭老师家，把奖状和礼品偷偷放到老师家门口，奉上虔诚感激的心——"这个奖，是属于老师的，我以成为老师的骄傲而骄傲，没有你，就没有今天的我"。

教育有多大的可能性可以帮助学生，教师的合法性在哪里？诉诸安德然的生活史，教师和学生就像阳光雨露和种子，学生在成长的过程中遇到很多非教育的甚至反教育的恶、伤害，在成长的过程中会走弯路。有的时候可能长歪了，但只要给他阳光，哪怕一点，他一定会努力朝着阳光去生长。老师们的那点坚持所传达出的对真善美的向往、坚持，会感染学生，让他们在以后的路上抵御着负面力量，并成长为可以给予别人阳光雨露的人，有能力以德报怨，而非以恶报恶。美好的事物以及对美好事物的肯定，有说不出和想不到的力量，其中隐藏着学校教育最大的秘密。

2. 作文本上的悄悄话

安德宁的幸运是他在高中时遇到了一位经常给学生作文写评语的语文老师。虽然他学习成绩一般，但老师从不歧视他。心里苦闷的时候，他就会在作文中写下来给老师看，而老师就通过这个作文本与他对话。当安德宁觉得学习苦闷、被束缚在狭小的教室里没有自由时，语文老师告诉他："或许越是狭小的空间挤压的心灵越能包容最大的世界。"

安德宁：一次次理想的幻灭都轻轻被我们装进昨日的小口袋里，边塞边沉重地叹息，昨日的自负与不知天高地厚的少年被时间硬硬挤压在数理化课本里，化为我们抬起头仰望蓝天时的茫然，一丝美好永远不再的情愫黯然而生，我们美好的童年，我们纯真的友谊，我们沉思的生命，我们生动的岁月，都回不去了。

语文老师的评语：我一直渴望通过语言读出每一位学生的心声，跟随年轻而轻狂的心品味着属于青春的反叛与感动。其实在那一刹那我的内心涌动着无比的惊喜与激动。狭小的教室，窗户是没有阻拦的通往外面世界的另一扇门。窗外就意味着自由的空间，新鲜的空气，精彩的世界。或许越是狭小的空间挤压的心灵越能包容最大的世界。

（安德宁 - 1987 - 男 - 本科 - 留学在读）

当安德宁看到父母在生活中遭遇歧视，为父母的遭遇打抱不平、痛陈这个世界不公平的时候，语文老师告诉他，执着、坚韧比内心不平衡的压抑、挣扎更令人畏惧，现实的无奈掩盖不了世界的精彩。

安德宁：世界到底给了我们什么？它大大欺骗了善良的人们，没有理由。最可恨的是没有理由！有人欢歌笑语，钗光钿影满天飞；有人灰头土脸，默默地忍受生活的艰辛。他们不勤劳吗？不善良吗？不聪明吗？不公平！不公平！对我，对我的父母，对我的家乡，对每个这样的城市。听过太多赞词颂歌，深触到社会的各个角落，都是实实在在的触目惊心，四面河山收眼底，万家忧乐到心头。

语文老师的评语：我想如果一个人生活在永不言败的执着坚韧

里，肯定要比生活在内心不平衡的压抑、挣扎里更令人畏惧。尽管这个世界有很多无奈，我总觉得它们却无力抹杀这个世界的精彩。（安德宁－1987－男－本科－留学在读）

当安德宁感叹小鸟儿的自在、讽刺人的匆忙的时候，语文老师与他心有默契，让他保持"我就是我"的超脱，在功利社会里关注个体的价值和尊严。

　　安德宁：夜深，天黑着脸/巷子里，有几个人影闪过/一个人，流浪着/孤独地在黑暗中放声歌唱/小鸟儿，啁啾着/仿佛生命里装着整个春天/有一天/他抬起头/眯着眼睐那巨大的树冠/看见了，一只夜莺/轻轻一蹬/飞了/留下一个巨大的感叹/留在他的世界里/便只有一根枝条/轻轻地颤。

　　语文老师的评语：功利的社会中人们总习惯于心浮气躁地关注自己的价值、尊严，而缺少了那种"我就是我"的超脱。（安德宁－1987－男－本科－留学在读）

当安德宁抱怨父母的不关心、不理解时，老师告诫他："不愿表白的情感同时也是最真挚、最经得起时间考验的情感"；当他觉得自己很平庸、没有个性的时候，老师说："看一个人有很多方式方法，在所有人都能看到的方面显然没什么大不了，很多人都做得到，但是在那些被俗世忽略的地方发光，就可贵得多"；当他在高考前感觉紧张、想要放弃的时候，老师鼓励他："当人生舞台上的灯光照过来，就必须登场，哪怕演后将是悲剧！更何况青春的表面有泪有笑，而内蕴却是丰富与经历，祝你成功！"这本与老师一起谱写的秘密日记，成为他成长的最大秘密。成年的安德宁珍藏着这些作业本，每隔几年他就会拿出来翻一下，即便字迹已经模糊。"我通过这些作业本，与他对话"，遇到一些困难无处倾诉时，他也会想象自己跟语文老师对话的情景，想象语文老师可能怎么去回应自己、鞭策自己、批评自己。老师的鼓励、信任和爱早已内化为他自我觉悟和鼓励的力量。

3. 迷恋生命成长的学问

范梅南认为，教育始终存在"人与人之间，尤其是大人与孩子之间，更加个性化的亲密的学习关系"。他认为，教育是一种智慧，具有"对儿童多方面复杂的关心品质（mindfulness）"，教育的影响"隐含着人在另一个人面前的坦诚和开放性"，而教育学就是"迷恋他人成长的学问"。①在前文所述的儿童与老师的互动过程中，还有一个更为关键的教育特质浮现出来，那就是教师和儿童"迷恋自我成长"的能力。

安德然只是意外地被叫了一下名字，虽然老师可能只是出于礼貌不经意地提了一下，对安德然来说却是惊天动地的大事。她内心被压抑的、早已潜伏和涌动的生命力量一下子被"唤醒"了，她宁可相信这是老师的爱，因为她有成长的内在需要，只是缺少一个催化剂。安德然的语文老师为自己和学生创造了一个"秘密花园"，在这片天地里，老师和孩子们被彼此的快乐、自由感染，自发形成了一个互相激励的成长共同体。他们因此而喜悦，并因为这种喜悦而更加努力，慢慢形成一种成长的自我激励和奖赏的机制。老师不怕学生成绩不好影响她的考评，学生也并不想讨好老师，而是把体现成长的果实——比赛奖状，毫不犹豫地奉献给老师。一旦这种自我成长的能力形成，已无须老师作为一个实体存在。

安德宁的语文老师在学生的作文本中创造了一个精神上的"秘密花园"，共享着他们对这个世界的认识。教师因为学生对他敞开心灵而心生欢喜，也对学生敞开他的生命经验之门。学生看到了老师对他的尊重、与他的默契。他们互相迷恋这种因为"师生之爱"变得更美好的成长过程。而最终，老师内化为学生的精神力量。学生永远珍藏、呵护着这个秘密，并从中一直源源不断地汲取能量。这种因成长而结成的心灵联系，是打开儿童成长之门的钥匙。所谓"迷恋他人成长"的本质，是"迷恋自我的成长"，而且必须以形成这种自我生长的能力为最终目的。

范梅南认为，教师在儿童成长中扮演着"替代父母"的角色，协助父母完成教育责任。②而从上述师生互动的关系来看，教师恰恰扮演的是"超越父母"的角色，来完成父母无法完成的事情。当父母以功利性的眼光看待学校教育、看待读书时，教师依然扮演着类似"牧师"的角色，让学生在不公正的社会、压抑的学习生活、平凡的个性中保持着非

---

① 范梅南：《教学机智：教育智慧的意蕴》，李树英译，教育科学出版社，2001，第12、23、18、41页。

② 范梅南：《教学机智：教育智慧的意蕴》，李树英译，教育科学出版社，2001，第8—9页。

功利的"超脱"。可以说，在这里，教师是在与学生谈一场"精神恋爱"，教育的作用和纯粹爱情的作用是一样的。教师是让儿童领略内心世界美好的一面镜子，是帮助儿童赋予外在平凡世界以神圣性品质的"牧师"，而他们共同的"神"，是不言自明的自然和人性法则。尽管在社会层面，学校的神圣性已经丧失，但在教师和儿童身上，传播真善美的神圣天职和追求真善美的纯粹天性还悄然存在。

三、地下青春文学的产生

儿童具有自我成长的内在需求，这种内在需求推动着他们去寻找一切可以帮助他们成长的力量。如果没有遇到好的父母，他们可以遇到友情和爱情；如果友情和爱情受挫，他们可以遇到好的老师；如果连好的老师也没有遇到，他们还可以遇到文字、遇到书。

1. 书包里的言情与武侠

言情和武侠小说伴随着70—80后的成长。为什么他们这么喜欢武侠和言情小说？这些通俗文学有什么教育意义？它们契合了这一代人什么样的精神需求？教育学界还没有认真思考过这些问题。我让族中同龄人讲出他们对武侠和言情小说中印象最深的话，他们都不假思索地说出很多小说中的句子。安德民（1981 - 男 - 博士 - 大学教师）喜欢"侠之大者，为国为民"；安德婧（1971 - 女 - 博士 - 医生）喜欢"问世间情为何物，直教人生死相许""动心容易痴心难，留情容易守情难"；安德然（1984 - 女 - 研究生 - 大学职员）记得"一个人开心的时候，运气通常都不会太差""良药苦口，毒药却往往是甜的"；安德嘉（1979 - 男 - 初中 - 镇公务员）记得"有资格做你对手的人，才有资格做你的知己"；安德宁（1987 - 男 - 本科 - 留学在读）记得"琴棋书画诗酒花，当年件件不离它，如今七事皆更变，柴米油盐酱醋茶"；等等。

安德民说："这都是写给大人的童话。"20世纪80年代武侠和言情小说的整体特点是"反秩序"，是藐视世俗礼法、放浪形骸，其是带有自由意志、正义期盼和纯爱追求的大众读物。更关键的特点是，它们介于"正"和"邪"之间。这些书里有杀戮、有背叛、有肉欲……有很多"少儿不宜"的描写，但并非粗劣、肮脏的下流文学。这些少男少女心里悬着一把剑，他们不敢看真正的下流读物，但也不愿意顺从学校塞给他们的

"正经"教材。亦正亦邪的武侠和言情小说恰恰让他们体会到江湖世情和儿女情的复杂性。但这些书本质上也是"正"的，没有脱离"正道"，仍是追求自由、正义和纯粹爱情的，是理想主义的，是体现儿童精神的。另一方面，武侠和言情小说最主流的作家如金庸、古龙、琼瑶等，大多是20世纪20—40年代连接传统和近代历史的一代人，他们的笔下包含大量传统文学和历史的内容。对这种文学的喜爱，也代表传统在现代的一个复兴。

经历了理想破灭的50—60后一代，带着沉重的历史情感包袱教育着年轻一代，他们期待子女赶快投身到安身立命的生存竞赛中，希望孩子赶紧度过青春期的叛逆阶段。然而，70—80后并没有按部就班地顺从父辈，尽管他们在现实中用"苦学"来完成父辈的生存期望，但在爱情和文化上，他们通过各种各样的努力，寻求和创造着属于自己的精神和文化空间。

2. 拥抱伤痕与青春

武侠和言情小说虽然影响了几代人，但其毕竟不是50—80后的独特创造。50—60后的文化创造是伤痕文学，70—80后的文化创造是青春文学。"文革"之后的伤痕文学顺应了人们对于历史的反思和批判，涌现出了一大批朦胧诗人如顾城、舒婷、海子等。伤痕文学不仅影响了50—60后，也深刻影响了70—80后。独生子女一代虽然没有经历过真实、厚重的苦难，但饱尝精神上的孤独和青春的矛盾，"伤痕"也符合他们压抑、哀伤的心境。

> 他笔下的人总是会哀伤地死去，他们总是不快乐，总是会走向毁灭。我也总是不懂为什么要死去，我漠视美丽的事物的逝去，在我的世界中，我总忍不住想将他们永存，却忘了世界本就是毁灭－再生－毁灭的一个大循环。（安德意－1970－女－中专－医生）

在伤痕文学的影响下，70—80后创造了反学校文化的青春文学。以1998年第一届新概念作文大赛为标志性事件，80后的韩寒、郭敬明、蒋方舟等新一代作家登上文学舞台，青春文学在校园风靡一时。韩寒高中辍学后成为自由撰稿者，发表了《三重门》，后遭到主流媒体讨伐，同时他被媒体和父母与民众推崇的少年榜样刘亦婷、黄思路等做直接比较，引发了全民大讨论，也标志着70—80后对50—60后大规模文化反叛的开始。

安德民、安德宁、安德然都是韩寒、郭敬明的支持者，而他们的父母和老师自然地站在了世俗意义上的成功者刘亦婷、黄思路一边。两代人在家里、学校里时有讨论和交锋。当老师在课堂上说韩寒太偏激、大家要引以为戒时，安德然在她的作文中与老师有一段针锋相对的对话。

　　安德然：我喜欢韩寒，但不等于崇拜韩寒。您的话虽然有正确的，但有一点是，你不应该说任何一个人偏激，否则的话您也不免过于偏激。当一个大人反驳不过小辈时，就说他怎么怎么偏激，怎么怎么心气太盛。您在课上说"韩寒是教育制度下的一个失败者"，听了反而让人更加痛骂当今的教育。您说王朔是痞子，当然不是。他的"我是流氓我怕谁"与韩寒的"七盏红灯，照亮我的前程"有异曲同工之妙。他们这是面对反对者如潮的一种无奈。我们都很清楚这个世界上形形色色污浊的东西，隐藏在华丽表面后的"寒素清白浊如泥，高第良将怯如鸡"的局面，但真正能敢于斗争的、敢于反抗的是寥寥无几的。他们都是勇士，有缺点的勇士，尽管到最后也许会是失败者，但何以成败论英雄？浩浩乾坤立丰碑。若人们真的不再被大师的文章绊住脚，整个文学就会出现空前的繁荣。

　　语文老师的评语：我说过韩寒，也批过王朔，但我没把他们说得一无是处。我还是说，看任何事都应当一分为二，既要看到缺点，也要看到优点。当然鲁迅也有缺点，但如果像王朔说的那样，把鲁迅不放在眼里，行吗？齐白石也有缺点，把齐白石不放在眼里，行吗？王朔只抓别人的缺点，并没有看到鲁迅对中国文学的贡献，没有看到齐白石在中国书画界的影响，这能不偏激吗？他们也有好文章，这是值得肯定的。（安德然 - 1984 - 女 - 研究生 - 大学职员）

　　安德然欣赏敢于做自我的勇敢，老师说要"一分为二"地看问题，两代人最终在自己的历史语境中各说各话，无法达成共识。因为70—80后的青春文学，是以反学校文化为核心的，安德然对韩寒流露出的欣赏触碰到了学校和老师的底线。

　　3. 青春文学的反学校精神特质

　　以反学校文化为特征的青春文学在90年代后期的蓬勃发展，是70—80后独立意识的文化表达，意味着新文化创造的需要。安德然在中学时写的一首诗《谁是上帝？》充分表现了 70—80 后青春期时渴望自由和独立、追求真善美的精神特质。

美丽女神维纳斯说：
"美是无处不在的，这其中包括你自己！"
我穿上一条漂亮的碎花裙子。
老师说："臭美是造成学习下降的直接原因！"
咦，我是第一次穿新裙子呀？！

智慧女神雅典娜说：
"你思，故你在。没思考过吗？从现在开始。"
我立即反省自己，刚开始千分之一秒，
老师谆谆教导：
"不会做题的人永远考不好成绩！"
咦，智慧女神也不如老师"智慧"。

自由女神说：
"世间自由最可贵，拥有自由，你才拥有对生活的支配权！"
我赶紧"自由"地干了几件事，
第二天我被请进办公室："不稳重的人永远成不了大事！"
咦，怎么回事？

上帝说，
"你要有美丽女神的圣洁，要有智慧女神的才思，自由女神的随性……"
哎呀，真这样，
还有你上帝？
（安德然－1984－女－研究生－大学职员）

说到底，70—80 后已经悄然意识到学校、爱情、艺术的神圣价值，对抗着历史遗留下来的文化和情感包袱，准备着每一代人都会去做的、反抗父辈的文化运动。如安德宁在他的博客上所说，"奋斗的最终目标是幸福，如果没有幸福可言，一切徒劳"，他们想走一条成功与幸福相结合的路。

　　每个人都争做浪尖上的弄潮儿，我们费尽心思地证明我们比别人好，我们是强者。我们追求车子、房子、票子、位子，然后，仅有的一点本色和自然也一点点销蚀。我们为何不能安贫乐道，至少是无愧于心？为自己的事情烦恼，为明天的事烦恼，我们就变成一堆稻草。我们怎样做才是最好？成功的光环消失了，真实还在；荣耀的金身坍塌了，心灵还在；美丽的面孔消失了，身影还在；欢乐的往事模糊了，记忆还在。我们不是为比较而活着，更高的浪头不应让我们自惭形秽……奋斗不是超过别人，因为每个人的目标和审美不同。我们过多地盯着别人物质丰富的一面，便让我们的感情蒸发殆尽，若人们太功利，无论在别人的眼里多么成功，他最终都得自己承认，我是失败者。奋斗的最终目标是幸福，如果没有幸福可言，一切徒劳。（安德宁－1987－男－本科－留学在读）

　　虽然70—80后有反叛意识，有自己的文化创造，但他们远未发展成一个独立的、对自己的历史地位和使命有清晰认识的社会群体，其文化反叛很容易陷入反叛－回归模式，"年轻的反叛者经历一个心理循环后又重新回归到父辈的秩序中，秩序本身于是被再一次确认，回复到初始状态"①。如今，科学技术的飞速发展，消费社会的到来，是否能与70—80后的需求相契合，对90后、00后的教育又有什么影响？50—60后遗留的历史包袱能否在新的时代得到解决？这就是我们当下遇到的问题。

民间养育学的价值转向

＊＊＊＊＊＊＊＊＊＊＊

　　在集体劳动时代，农村的大锅饭制度和城市单位制度兴起，国家包揽了家庭的生产、教育、生育、闲暇、宗教等各种功能。安氏族人的生计形

---

① 程巍：《中产阶级的孩子们：60年代与文化领导权》，三联书店，2006，第276页。

式和劳动价值发生了等级分化，吃"国库粮"成为 50—60 后的主要职业期待，大锅饭心态一直延续到 1998 年单位制度的解体。女性大量参与到工业化建设中，并承担了繁重的家庭生产劳动、家务劳动，与母亲的抚育角色发生了比较大的冲突。"去家庭化"的趋势消解了"家庭爱"的价值，也最终损害了"公共爱"的产生。

由于乡土社会闲暇性的公共活动被频繁的、单一的斗争运动所取代，学校生活被儿童大量的生产劳动所取代，内生性的、民间性的文化创造活动停滞不前。儿童心怀"游戏精神"和"冒险意识"，并作为高尚文化符号广泛参与到成人世界的生活中。在各种社会因素的共同推动下，儿童参与成人世界各种社会活动的界限被打破，并最终走向了无序反叛。理想破灭的一代迅速回到现实的洪流中，以高度工具利己的态度，背负伤痛、矛盾的历史情感面对教育生活，并对 70—80 后一代产生了"读书改变命运"的高压性期待，催生了 70—80 后的苦学精神。年青一代的青春期叛逆被单一的学业生活所激发，他们对学校、教师、爱情、文学的神圣性需求、迷恋生命成长的天性依然旺盛地存在。两代人的价值断层，最终酝酿了一种以 70—80 后的青春文学为代表的反学校文化。

第四章　没有硝烟的教育战争

1999 年中国大学扩招①，更多的平民子弟可以接受高等教育，并有接触更广阔文化空间和成为中产阶层预备军的机会。安氏家族经历了 100 多年的历史变迁，从农民中分化出了工人，又最终出现了市场经济时代的知识无产阶层和新工人阶层。两个阶层在劳动形式、文化生产、情感特征方面与他们的父辈不同，其群体内部也呈现了不同的特征。独生子女一代成家立业、生育"独二代"后，祖辈广泛地参与到了他们的育儿实践中。两代人终于开始了迟到 30 余年的情感沟通，虽然更多的是以冲突的形式表达出来。时代变幻所造就的代际差异，也让现代养育实践呈现纷繁复杂的局面，上演着一场没有硝烟的战争。

第一节　80 后的命运分岔

集体化时代的"苦学者"和"反叛者"在经历了青春期的叛逆后，陆续回到了父辈们期待的经济秩序中，完成了 50—60 后父母对他们的实用性期望。"苦学"的孩子们在大学毕业后一般都成为一线、二线城市里有编制的"办公室人"，如医生、教师、企业文员等所谓的"白领"。"浪子们"大都是计划生育政策实施之后出生的老幺，倍受父母和祖辈宠爱，

---

① 大学扩招是自 1999 年开始的。基于解决经济和就业问题的扩大普通高校本专科院校招生规模的教育改革政策，源于 1999 年教育部出台的《面向 21 世纪教育振兴行动计划》，文件提出到 2010 年，高等教育毛入学率将达到 15%。

但大都早早辍学找生计，留在小城镇和父母身边，由父母帮忙找关系、托门路做一些底层技术、服务工作，成为所谓的蓝领。不过，白领和蓝领都属于现代的"无产者"而非"中产阶层"，因为白领和蓝领在当今社会已非区分阶层的显著标志。按照马克思的理论，"劳动方式、收入和职业都不能成为划分阶级的标准，劳动方式不能判断一个阶级是否处于被剥削地位，事实上，无论脑力还是体力劳动都是资本的雇佣劳动，都可能处在被剥削的社会地位上，都应属于无产阶级，只是随着科技的进步和大量管理职业的出现，原有的工人阶级脱离了传统无产阶级的蓝领地位，正在知识化、白领化"①。因此，他们是知识无产阶层和新时代的工人无产阶层，本研究以"办公室人"和"新工人"代替"白领"和"蓝领"的说法。

学术界通常把这两个阶层独立地、分别地来研究，然而，它们往往是一体两面的"并蒂花"，通常是一个家庭内部的兄弟姐妹。安氏家族的80后，在同一个家庭里呈现一个特别的现象：两个孩子中，一个是"好孩子"，另一个一定是"坏孩子"。安德明学习用功、性格老实，考上了专科；妹妹安德慧则从小叛逆，让爸妈头疼，高中就辍学了。安德东一直读到本科，弟弟安德勇初中辍学。安德民一直读到博士，弟弟安德宁高考失利后进入专科学校（后通过专升本考试）。安德然是家里的"乖乖女"，硕士毕业后赚钱回馈父母；弟弟安德欣则让父母"不省心"，初中辍学后在社会上"惹事生非"。安乐坤和安乐乾是亲堂兄弟，从小一起长大，安乐坤"安稳本分"，安乐乾则"游手好闲""没有安稳职业"。在我进行访谈的时候，族人也都注意到了这个现象，连声说"蹊跷"。"好孩子"们一般都是出生在20世纪80年代初的家里的老大，"坏孩子"们一般是出生在80年代末90年代初的老幺。不过事情的发展远比这更复杂，"好孩子"们在大学毕业后才开始他们的反叛，而"坏孩子"们则逐渐浪子回头。80—90后一代，社会阶层的分化表现为家庭内部的差异，学术界尚未特别关注到这种现象并对其进行深入解释。

一、"办公室人"的结构性降级

米尔斯在1951年就预言了一个没有资本却有"专业知识"的阶级的

---

① 转引自赵汇《当代西方社会"中产阶级论"剖析》，《社会科学研究》2003年第3期。

出现，并称其为新中产阶级。① 新中产阶级是一个依靠学校教育的阶级，与从事雇佣劳动的工人阶级不同，与依靠战功、分封和世袭的贵族不同，也与依靠资本运作的资产阶级不同，他们的立身之本是"专业知识"。即便他们有望跻身中产阶级，但也经历着"无产化"过程。米尔斯指出了新老中产阶级的区别，老中产拥有传统的生产资料，新中产除了"头脑"外没有有形的生产资料。从 70—80 后里 8 位大学生的收入、消费、资产情况来看，他们的固定资产都比较少，在大城市生活的人还需要父母的经济援助。出身底层的"办公室人"不能用"中产阶层"来笼统概括，他们其实是知识无产阶层或者说中产过渡阶层。

1. 知识无产阶层

20 世纪 90 年代，家庭经济、文化资本和学校教育对于阶层流动的影响初现端倪。在 70 后族人里，安氏家族走出了第一位中专毕业生安德意和大学毕业生安德婧。安德意、安德婧的父母均为市政府公务员，属于家族中最早意识到教育重要性的一批人。她们在父母的帮助和自己的努力下各自有了比较好的出路。安德婧是父母的独生女，她的母亲王胜男是工农兵大学生，是家族 30—60 后中唯一的大学生。王胜男对女儿读博士非常支持，安德婧也不负母亲所望成为家族中第一位学历最高的女性。她们的"成功"为 80 后的弟弟妹妹树立了标杆，成为父辈口中"别人家的孩子"。

80 后里专科以上学历的年轻人，大都找到了父母期待的"安稳"工作。然而，他们的"专业知识"并不能在资本大潮中被直接置换成金钱来养家糊口。作为独生子女一代，他们是从小"娇生惯养"的孩子，缺乏父辈自力更生的能力和超凡的吃苦毅力。在竞争激烈、房价高涨的大城市，他们还需要靠父母来承担学校教育的费用甚至补贴其成家立业、养育后代的费用。族中 8 位中专以上学历的年轻人一般在大学毕业 3 年后才能"养家糊口"，在整个读书、找工作、结婚、生子的过程中他们都接受了父母大量的经济支持。由于他们都在高房价、高消费的北上广等大城市工作，购房时又不得不求助于父母的经济支持（见表 4 - 1）。

① C. 莱特·米尔斯：《白领：美国的中产阶级》，杨小东译，陕西人民出版社，1987，第 83—91 页。

表 4 - 1　70—80 后中专以上学历者职业、收入、家庭资产情况

70—80 后	学历	职业	收入约数 （元/月）	当地房价约数 （元/平方米）	房屋不动产
安德意（1970）	中专	泰县某医院医生	8000	5000	全款购入 两方父母分别资助一半
安德婧（1971）	博士	上海某医院医生	15000	40000	贷款购入 两方父母资助首付
安德明（1980）	专科	青岛某私企工人	6000	20000	未购，租房
安德民（1981）	博士	南京某大学讲师	13000	20000	贷款购入 两方父母资助首付
安德然（1984）	硕士	北京某大学 基层职员	8000	40000	贷款购入 两方父母资助首付
安德贤（1985）	本科	广州某国企员工	10000	20000	贷款购入 两方父母资助首付
安乐坤（1985）	本科	上海某私企工人	8000	40000	未购，租房
安德宁（1987）	本科	出国留学在读	10000	30000	未购，租房

　　布迪厄指出，国家教育系统表面上允诺的社会身份与劳动市场真正提供的社会身份之间存在"结构性差距"，这会造成底层子弟的"结构性降级"。[①] 族中的大学生们都回落到了城市的中下阶层，我将他们称为"新生代乡土知识青年"。他们的处境比较尴尬，一方面，他们中的大部分背井离乡，退无可退，已失去"土地"这个原初的、最重要的生产资料。而"传统农耕社会是耕读继家，读书人进则仕，包含身家利益；退尚持有土地，过殷实方正的日子"[②]。与传统社会中的读书人的"进退自如"相比，他们已经变成了真正的"无产者"。另一方面，他们虽然有了专业知识和技能，但难以置换成等价的经济和政治优势。与传统乡绅不同，乡绅在传统社会里既有经济优势，又有社会地位，还是道德权威；新生代乡土知识青年文化地位较高，但经济地位和政治地位视情况而定，难以跻身中上阶层，在多元文化并存的时代也难以成为道德权威。[③] 正如米尔斯所

① 皮埃尔·布尔迪厄：《区分：判断力的社会批判》，刘晖译，商务印书馆，2015，第230—233 页。
② 刘云杉：《从启蒙者到专业人》，北京师范大学出版社，2006，第13 页。
③ 安超：《新生代乡土知识青年的反向社会流动与文化适应——"逃回北上广"现象的社会学考察》，《青年探索》2015 年第4 期。

说，"大多数老式中产阶级都拥有自己的财产；而大多新中产阶级则没有能够独立经营的财产，作为高级雇员为拥有大型资本的人工作……从财产方面说，他们的地位和普通劳动者一样；从职业收入方面说，他们是'处在中间的'……从消极意义上说，中产阶级的转变是从有产到无产的转变"①。平民大学生在经济地位上其实是"知识无产阶层"，也可以说其是中产阶层的预备军。

2. 内部矛盾的焦虑型人格

农民子弟要"跃龙门"便要背井离乡，不"外出"是无法"衣锦还乡"的。"读书改变命运"鼓励的是背井离乡的文化②，"生活在别处"就是这群背井离乡者的存在状态。安仁珍从小就鼓励儿子，赶紧离开这个"鸟不拉屎"的村庄，只有好好读书考上大学，才能到外面见世面。

> 从六七岁我就教育孩子，那时候咱那个庄，真是狼都不走的地方。领着他过老娘家，路上一点也不好走，窄窄的路，全都是泥巴。我说，（儿子）无论如何你得好好读书，离开这个地方，以后咱可不要在这个庄里了。（安仁珍 - 1964 - 女 - 初中 - 农民）

离乡求学、打拼之后，已成年但不能置产置业的年轻人仍对父母有经济依赖。地理的阻隔、无法报答父母恩情的愧疚，让族中 70—80 后大学生的情感呈现与原生家庭"生分""寡淡"，又对父母"感恩"与"愧疚"并生的矛盾特征。

> 从高中以后一直就在外面漂，与亲戚越过越远。也没有混出个人样来，过年过节也抬不起头来，不想回去，不能照顾父母怪不落忍，也没有办法，等他们年纪大了再说吧，再等两年。（安德明 - 1980 - 男 - 专科 - 工人）

> 学历虽然高，但跟家远了，每次打电话回家都没有太多话可说。每次和家人打电话，爸妈挂电话之前一般都会说，"家里都好，你不

---

① 周晓虹：《中产阶级：何以可能与何以可为?》，《江苏社会科学》2002 年第 6 期。
② 安超：《新生代乡土知识青年的反向社会流动与文化适应——"逃回北上广"现象的社会学考察》，《青年探索》2015 年第 4 期。

用担心，在外注意身体，不够钱跟我说"，我就特别受不了，不知道该怎么回答。觉得自己很无能，但我实在不想回家，爸妈天天吵架，我妈又非常唠叨。（安德然－1984－女－研究生－大学职员）

虽然距离和情感上与原生家庭生疏了，但当新世界里出现冲突和困难的时候，他们仍然本能地去寻求旧世界的保护，因为原始的、血缘的家庭联结是游子们唯一的情感支持。这时，他们就会特别矛盾、特别内疚、特别煎熬，因为他们不得已要在经济上、体力上、情感上继续盘剥父母。作为劳动家庭子女，能够"鱼跃龙门"显然需要原生家庭极大的经济支持甚至是倾尽所有。①在"跳出农门"光宗耀祖的光环之下，无力独自应对大城市生活的现实窘境，已届而立之年的"知产阶层"心情焦灼。已到成家立业之时却仍然在学校里读书、经济收入无法补贴家用、毕业后工作稳定但工资微薄、对父母恩情的回报一再延迟，承受父母多大的恩情，他们便负有多深的愧疚。同时，他们在精神上"背叛"了其所出身的底层文化，向往体面的中产阶层文化。无论是否认同学校的教育方式和父母的期待，70—80后内心都渴望"摆脱泥腿子的生活"，跻身中产阶层。

还是想留在大城市。大城市自由，有小地方没有的各种资源，就大学来说，山东一流的大学就没几所，为了孩子上学也得留在大城市。

高中的时候我跟着爸妈上了一回坡，打了一回农药，把我累的，你干一回活就知道，没有比读书更容易、更幸福的事了。我推了一回独轮车子，推了一车土坷垃给俺姥爷垫猪圈啊，那个猪圈漏了，下了雨不能往里进人，下不去脚，又臭又脏。我不会推，不稳当啊，连车带人摔了，还把脚磨了一个大泡。我从小干活就白搭（不行），也没这个体力劲儿，兴趣不在这。不是瞧不起劳动，干体力活的都很伟大，但太辛苦了。

在大城市，我也不求过富了，"小富则安"，买了一个小房子，

---

① 安超、王成龙：《经验回溯与文化反思：劳动阶层研究生的群体叙事》，《中国青年研究》2016年第8期。

这辈子能还清贷款就行。最重要的是，能做我自己喜欢做的事情，能读读书、教教学，没事看个电影、看个小说，这就知足了。（安德民－1981－男－博士－大学教师）

扈海鹂认为，寒门学子的目标就是"成功的欲望，不再是农民""竞争，并做好竞争的准备"①，这种鼓励追求新阶层和文化的过程，促使70—80后一代形成了对城市生活方式的向往，其实质是形成新的阶层身份的认同过程。钱理群指出，中产化的生活想象成了这一代人的价值观和价值标准："有房有车有空闲的经济基础，学知识懂艺术的文化品位，被标榜的尊重、友好、宽容的阶层道德"②，能够有闲暇时间并拥有属于中上阶层的生活方式。正如布迪厄所说："有能力参加音乐会并不代表听众占有了音乐文化，唯有熟稔音乐作品内在逻辑的观众才是真正的占有者，资本就像是音乐会的门票，而惯习则是对音乐的欣赏能力。"③ 70—80后向往的不仅是通过学校改变经济状态，他们也想获取原生家庭无法提供的听音乐会、逛美术馆、参观博物馆、购入大量藏书等高级文化资本。

我从小就梦想有一个书房，有一个大书柜、一个大书桌，摆满文房四宝，不管会不会摆弄，放在那里就觉得很有气氛，让人神清气爽。每次去导师家里，我最羡慕她家里四面墙都是书柜，特别壮观，这才是真正的读书人。我虽然读到了研究生，但读的书还是太少了，我打心眼里羡慕老式的读书人，钱锺书那样的，博览群书，那才是学者。可是别说书房了，北京房价这么高，为了给孩子上学买了一个小房子，亲戚朋友都搜刮了一遍，还钱得还一辈子。房子这么小，根本不可能买个大书柜，这一辈子很难实现了。（安德然－1984－女－研究生－大学职员）

"理想很丰满，现实太骨感"，70—80后在经济、情感、文化上无处

---

① 扈海鹂：《分层视野中的社会化分析——关于农村大学生生活方式转型的一种描述》，《青年研究》2006年第11期。
② 钱理群：《我所知道的部分中国青年的新动向》，《天涯》2014年第6期。
③ 转引自洪岩璧、赵延东《从资本到惯习：中国城市家庭教育模式的阶层分化》，《社会学研究》2014年第4期。

不在的焦虑，形塑了他们内部矛盾的焦虑型人格：既渴望稳定和安全，又希望有创造性和主体性；既有文化生产的雄心抱负，又受困于儿时知识匮乏所导致的文化短板，内心充满了对立成分——骄傲与自卑、希望与内疚、幸福与不安。这是发生在一个人身上隐蔽的阶层斗争和文化冲突，这意味着，"知产阶层"本身就是两个阶层，是"生活在异乡"的人。

3. 阶层摆渡者的"意难平"

"边缘""漂泊"，都市的繁华与家乡的淳朴，异乡的孤独与故土的亲切，流浪的自由与归宿的安全……生活在别处的70—80后一代，仿佛被人生悖论的魔咒缠身。他们追求中产社会的体面，却时刻面临着阶层回落的恐惧；他们怀念田园牧歌式的乡土浪漫，却生活于摩肩接踵的城市空间；他们骄傲于自己"白手起家"的努力奋斗，却要饱受他者对"底层出身"之原罪的歧视，"孤独"和"怨恨"是深植于他们内心的情绪。举个例子，族中70—80后普遍对自称"屌丝"不以为意却又对身处底层耿耿于怀。

> 我就是"屌丝"，我父母也没有背景，我就是一个纯草根。我以前的初中同学，很多大学都没上，都靠着老爹老妈在家里混得很好，有车有房，出来也是攀比吹牛，我的学历有什么好吹的，说出了来更让人笑话，再牛的学历还不是连个房子都买不起。
>
> 我到现在没有要小孩，没有上海户口，没买房子，不敢生。我在单位不比别人差，但是上海人歧视外地人，平时你能感觉出来，上班的时候客客气气，平时玩的时候不叫你，有好处也不会想到你。说白了，都说"屌丝"逆袭，那是不可能的事，在大城市没有钱、没有背景，寸步难行。（安乐坤-1985-男-本科-工人）

在医院工作的安德意和安德婧经常碰到医闹事件，她们对现代社会的医患关系很忧心。安德意觉得连小县城的风气也变了，"一切都向钱看""老百姓丧失信仰，唯利是图，缺乏信任，人跟人之间根本没有信任可言，充满了算计和怨恨"。安德婧在上海某著名大学的附属医院工作，她对医生这个职业越来越远离高尚感到非常悲愤。都说"医者父母心"，她却要让自己"狠下心来"，严格按照医学程序和检查来，生怕招惹一些存心刁难的病人。

在基层医院能不出医疗事故、保住小命已经不错了。以前妇产科的一个医生接生了一个死胎，其实这个胎儿在路上就已经憋死了，但医院为了息事宁人赔了二十几万。儿科的一个医生失手治死了一个重危儿童，差点叫家属打死了。我在医院虽然工资尚可，但工作完全没有幸福感，当一个老油条，混日子……一切向钱看的风气让很多人丧失了良心，缺乏信任，全社会的人都警惕一切，每个人心里都窝着一团火，各行各业都这样，医患矛盾只是众多矛盾的一个表现。（安德意－1970－女－中专－医生）

　　我们医学院的教育现在强调最多的不是医德，而是如何自我保护，每个人都把自己的内心包上一层厚厚的盔甲，把病患隔离出去，再也无法达到老一辈医生一心救人别无他想的崇高境界。再加上各种物质、名利的诱惑，医生已经越来越远离她本有的纯洁和高尚。（安德婧－1971－女－博士－医生）

　　也有不愿意向不良社会风气妥协的人，安德民觉得自己一直有点"不识时务"，是个"愤青"，他们因为敢于直言的脾气得罪过领导，错过了很多晋升的机会和实质的经济利益，但他不愿意妥协，"安能摧眉折腰事权贵，使我不得开心颜！爷不伺候你！"不过他的不妥协也带有无奈、"愤世嫉俗"的味道。

　　本来就是穷人的孩子，过惯了没钱的日子，不羡慕有钱人的生活。我是读书人，有点不识时务的清高，也许是穷人的倔脾气，"不炼金丹不坐禅，不做商贾不种田；闲来写幅青山卖，不使人间造孽钱"，穷不是丢人的事情。我穷，我有文化；我穷，但我有追求。从参加工作到现在，经常跟有钱人甚至有钱的知识分子一起喝酒，有很多读书人也庸俗不堪，我打心眼里看不起。我最讨厌在酒桌上跟领导迎来送往、阿谀奉承，安能摧眉折腰事权贵，使我不得开心颜！爷不伺候你！（安德民－1981－男－博士－大学教师）

　　马克斯·舍勒早在19世纪末20世纪初便预见到以功利主义和实证主义为基本特征、以追逐资本为目的的工业文明不仅形成了"孤独的人群"，而且会因为"价值的颠覆"使得"怨恨"成为工业社会的情感特征。

> 工业社会充斥着心中怀有怨恨的市民，因为世界不再是真实和有机的"家园"，不再是爱和沉思的对象，而是变成了冷静计算和工作进取的对象。人们想要追求安稳的生活却要面对瞬息万变、充满恐惧的现实；匿名化的城市生活和现代社会的信任危机使人产生孤独感；城市化进程破坏了以往的团结共同体和情感纽带，损害了对人类精神生活极为重要的亲情感和家园感。[①]

从以上对几位 70—80 后的访谈中，我们能看出他们对自己、对他人、对不良社会风气的"愤恨"，对"外人"（病人、同事、领导等）的不信任和明哲保身的自危态度。这种"愤恨"的情绪已经不是个别现象，而是族中 70—80 后在工业化进程中呈现的普遍情绪特征。这种结构性"愤恨"如何影响了他们的育儿实践，我会在后文进行分析。

二、"浪子回头"的新工人

另一批让父母"想起来就头疼"的"坏孩子"，一般出生在 20 世纪 80 年代末期和 90 年代初期，他们全部都是家庭里的老幺，没有做过一天农活，忍受不了底层工作的无聊、辛苦，在经历了年少时的反叛和青年期的游荡后，最后"乖乖"回到父母的怀抱，在父母的荫蔽下生活，但在一定程度上承担了就近养老的责任。

1. 天生反叛：学业失败者的越轨与归正

村里老人普遍反映，25 岁左右的年轻人成了"啃老族"：从小娇生惯养，长大不能吃苦，普遍没有正当职业，在社会上"瞎混""吊儿郎当"。族中 70—80 后的"坏孩子"们，大多在初中就表现出了对学校的实质性反叛，逃课、打架、早恋甚至偷窃、敲诈勒索小学生，初中毕业后他们成为父母深恶痛绝又管不了的"社会小青年"。他们在社会上屡屡碰壁后，最后由父母帮忙寻找出路、出资购房、早早嫁娶了事。作为家庭里的老幺，他们小时候没有吃过苦，也不愿意干体力活，父辈们只好千方百计地

---

① 马克斯·舍勒：《知识社会学问题》，艾彦译，北京联合出版公司，2014，第 4、9 页。

帮他们寻找体制内非编制性的办事员工作。安德嘉的基层公务员工作和安德欣的医院临时工工作，便是他们的父母费了大气力、花了大价钱换来的。安德勇、安德慧、安乐乾在父母的安排下早早结婚后，受不了父母和家庭的束缚，自己跑到大城市打工，又受不了工作的辛苦，"受不了领导的气"，工作变动频繁，收入所得仅供糊口。

表 4 - 2　第 21—22 世中专以下学历者职业、收入、家庭资产情况

第 21—22 世	学历	职业	收入约数（元/月）	当地房价约数（元/平方米）	房屋不动产
安德慧（1988）	初中	务农 全职妈妈	800	5000	全款购入 男方父母资助
安乐乾（1988）	初中	济南某公司保险 销售人员	4000	10000	全款购入 父母出资
安德勇（1990）	初中	济南某私企工人	4000	10000	贷款购入 两方父母资助首付
安德欣（1990）	初中	泰县某医院 合同工	2000	5000	全款购入 男方父母出资

二十五六岁、二十七八岁的小孩，好孩子少，娇生惯养，普遍这样。你仔细观察观察，咱庄里，周某某家的儿子，王某某家的孙子，李某某家的儿子……都是小年轻的，没有正当职业，吊儿郎当，父母给他们找活也不好好干。不干活，这山望着那山高，东混一天西混一天拉倒，靠着老的擎吃擎喝（意为衣来伸手、饭来张口），房子盖好了也说不上媳妇，还很多打光棍子的。他们不入伙，也不入群，跟老的不交流也不沟通，气得老的也不管也不问的，老的也管不了。（安仁盈 - 1939 - 男 - 初中 - 基层干部）

很多小年轻的都这样，狐朋狗友的，凑了一堆喝个酒，上个网吧，打个游戏，不干正事。以后老的死了怎么办？这不会那不会，连个锄头都不会拿，坐吃山空，保不准偷鸡摸狗。某某家的儿子小勇，就好吃懒动弹，结交了一些社会上的朋友，拦路劫街，偷人家的孩子，偷人家的大羊，叫人逮住揍了个不轻。（安仁义 - 1959 - 男 - 高中 - 工人）

这几个"坏孩子"在社会上混日子或外出打工的过程中，有过误入传销组织、投资被骗、做高利贷的中间人和追债者、参与赌博等各种经历，有着丰富的社会"阅历"。大人们起初还会管教他们，"屡教不改"后也就由他们"鬼混"，"折腾够了就会回来的""浪子回头金不换"（安仁盈－1939－男－初中－基层干部）。这些出生在1990年前后的老幺们为何与老大们的命运呈现了两极分化呢？

2. 独生子女时代的出生序效应

这种家庭内部的分化，出生序的影响是其中的一个原因。老大倾向于权威认同，老二则"天生反叛"，同一家庭中的兄弟姐妹会采取不同的策略竞争家庭资源和父母之爱，由此形塑了不同的个性。萨洛韦通过对上百位科学家的统计研究发现，儿童在成长的过程中，为在家庭中找到自身的位置，会追求截然不同的兴趣和能力，以最大限度地减少兄弟姐妹之间的直接竞争。兄弟姐妹间有同胞对比效应和差别认同倾向，先出生子女的成长策略会促使后出生子女采用相对抗的策略。先出生子女更容易认同权力、权威，凭借身高、体力维护自己的特殊地位，一般选取直截了当的道路走向成功。后出生子女处于劣势，往往会对现状提出质疑，逐渐形成革命性的个性，一般选取非传统道路赢得父母关注。先出生子女趋向于成为成功但保守的圈内人，后出生子女趋向于成为激进的圈外人，而末生子是典型的"旅行家"和"探险者"。[①] 从80—90后的情况来看，这种同胞对比效应和差别认同倾向非常明显。尤其是每个家庭的两个孩子出生时间差为4—8年，双方"竞争"家庭资源和父母关爱的重叠时间非常长。老大们的"成功"，通常被父母们拿来教育老小，这更加激发了老小们的反抗，在命运的引导下他们主动走向了老大的"反面"。

老小们一般出生在计划生育政策被严格执行之后，这意味着他们是家庭里最后一个孩子，父母不自觉地在他们的儿童期倾注了更多的期望和宠爱，又在少年期给予了过多的干涉和粗暴的管教。从"浪子"们的成长来看，他们比老大更加"娇生惯养"，又被"严格管教"。以Z为例，作为家里唯一的男孩，因为父母工作忙，他是由爷爷奶奶带大的，备受祖辈宠爱。3岁左右去邻居家串门的时候，他"喜欢扒翻别人家的东西""吃

① 弗兰克·J. 萨洛韦：《天生反叛》，曹精华译，江苏人民出版社，1999，第5、98、127、142页。

东西的时候不顾人，喜欢的菜都吃了"（安季田－1936－男－半文盲－农民），但老人并不加以训斥和管教。

> Z 小时候去人家先拉人家的抽屉，不知道找什么，每个地方都挖插挖插（摸、找的意思），手不住住功（不停手的意思）。光往胡同道子里乱钻，吃饭时候大人找半天找不到。长大了不成器，干活不好好干。（安仁智－1957－女－高中－工人，Z 的大姑）

> 特别霸拦（霸道），把菜拉到跟前，出溜出溜地（形容很快）就吃了，他爷爷奶奶捞不着吃，你不吃得这么胖！他爷爷奶奶在旁边看着，还说，这孩子这么"喜人""这么能吃"！（安仁渊－1964－女－高中－工人，Z 的二姑）

尽管小孩子调皮好动，但"去别人家不能乱翻东西""吃饭时不能只顾自己，更不能上下翻动"，这些都是传统乡土社会中饭桌上最基本的教养，小孩子一旦犯了这些错误，会被老人们当场教训、斥责、惩罚。但到了 80—90 后这一代，对于家里的老小，大人们选择了对这些教养细节睁一只眼闭一只眼，觉得"男孩子就是调皮""没啥大错误"（安季田－1936－男－农民），忽视了底线性的教养和与人相处的界限，助长了他们的恶习。

在这些孩子的童年，大人们放弃了"管教"，却在他们青春期——善与恶、独立与依赖等品性形成的人生岔路口上，进行了粗暴的干涉和管教。安德欣初中时特别爱美，而且酷爱模仿港台明星，在额头上留了一撮长长的头发并染黄，觉得这是一种个性和美的表达，但学校和老师勒令其剪掉，他坚决不剪。他的奶奶觉得男孩子"流里流气"，"你看看安德欣留这个头发像个什么样子，不行！逮住他，给他剪了""两个大人逮住安德欣，一个摁倒、一个拿剪刀咔嚓给他剪掉了，安德欣哭了好几天，闹了好几天"（安仁智－1957－女－高中－工人）。

安德慧初中时也很爱美，但学习一直不好。她的父母认为"小女孩这么小就妖里妖气的，开始'要好'（意思是爱打扮），哪有心思学习"（安仁玉－1956－男－高中－工人）。但安德慧不听，还经常与父母"犟嘴"。"恼羞成怒"的妈妈趁安德慧不在家的时候，剪碎了她最喜欢的漂亮裙子当抹布，把橱子里的衣服统统送了人。安德慧回来后简直崩溃了，觉得这个家"不能待了"，后来就明目张胆地与班上的男孩子谈恋爱，早早辍学出去闯荡人生。安德慧一直与妈妈的关系非常冷淡，靠父亲和哥哥在中间传话。找对象的时候，她嫁得远远的，"不想回这个家"，让安德慧妈妈又伤心又愤怒。

> 我看到那被剪得像"抹布"一样的黄裙子摊在那里，气得说不出话。那个时候，我就只想离开这个家。我最爱这条裙子，上面有我自己缝的蝴蝶结。还有那些我穿不上的衣服，我想一直留着，可是妈妈像扔垃圾一样地扔掉了。（安德慧-1988-女-初中-全职妈妈）

> 这个闺女从小就不懂大人的心。庄户人家穿得这么妖，涂脂抹粉的，人家笑话，而且女孩子这样容易受骗，出去也不安稳，容易出事。我这是为了她着想，这个闺女就是邪性（意为很顽固、很不听话）、心气高。从小就看出来了，拿筷子时，筷子夹得高高的，俗话说，"筷子夹得高，闺女嫁得远"，我是一点也没有得这个闺女的偶（意为福气）。（王婷-1958-女-小学-农民，安德慧妈妈）

母女各有各的逻辑，青春期的女儿认为母亲触犯了她最后的尊严和底线，剥夺了她对美的热爱；母亲怕女儿贪慕虚荣，容易招惹社会上的坏青年而"出事"。母女两个都不会"好好说话"，缺乏沟通的能力和技巧。母亲采取了极端的手段，破坏了与女儿的情感联系，最终母女关系破裂。

安德勇的父亲在他的青春期反叛中直接诉诸暴力，"拳打脚踢""揍得满满的（意为很狠），揍得像个小鸡子一样到处藏藏着"（朱芳-1963-女-小学-农民，安德勇母亲）。安德勇稍微长大一点，能够在体力上进行反抗时，"与他爸爸直接撑架子（打架），两个人在天井里扒咕喽（意为打滚）"（朱芳-1963-女-小学-农民，安德勇母亲）。初中辍学后，安德勇头也不回地离开了家自己去讨生活，中间有好几年都没回家，只跟他的哥哥安德东联系。父母觉得很伤心，"就当没生这个儿子"。二十出头的时候，安德勇在外面"混不下去了"，又回到了家里。

萨洛韦认为，在家庭中占据受惠位置的孩子，要为坚持自己的独立性付出更高的代价，如果孩子是激进分子，他很可能与父母发生严重的冲突。① 几位在家里备受疼爱的老幺，得到了更多的"爱"，与老大们相比，占据了更多的受惠位置，但父母更难容忍他们的独立性，两代人以激烈的方式伤害对方，都付出了高昂的情感代价。

3. 家庭生态平衡的多样化策略

这种家庭内部的自然分化，无形中维护了家庭的生态平衡。萨洛韦发现，家庭会进化出多样性来。如果家中子女多，同辈子女就会实行多样化策略；如果父母资源不足，也会出现多样化；后出生的孩子会通过多样化策略来吸引父母的关注，因此其智能发展呈现多样性。② "浪子"们虽然没有成为世俗意义上的"成功者"，但他们大多能歌善舞、能言善辩、会开车、会打牌、"人缘好"，很多娱乐性、文艺性的东西一学就会，比哥哥姐姐更加"多才多艺"。这一方面是因为他们社会阅历丰富，另一方面是因为他们不自觉地学了更多"花样"吸引父母的关注、寻求身份认同。相比于他们，老大们反而是"书呆子"。孩子们的能力分化，增加了家庭内部的多样性。在家庭的动态发展中，"浪子"们慢慢回归家庭承担了照顾父母的责任，"书呆子"们实现了父母的职业期望却在文化意义上背叛了原生家庭，他们各取所需、各得其所，实现了家庭内部的相对平衡。

"浪子"们大多在 25 岁左右回到父母和家庭的羽翼中。一方面，他们没有"一技之长"，又不能忍受"吃苦"和"无聊"，在社会上屡屡碰壁，各种投机性的生计活动比如赌博、放高利贷、传销等均告失败，甚至让父母为他们付出了巨大的金钱代价。他们在社会上摸爬滚打，"受尽白眼"，饱尝人情冷暖，"不愿扑腾了，心累"（安德欣－1990－男－初中－医院合同工）。另一方面，父母身体渐衰，大病小病不断，已经无法为他们"兜底"，无法"跟在他们屁股后面擦腚"，"没有力气给他们收拾烂摊子了"（安仁义－1959－男－高中－工人）。父母没有办法再为"浪子"们提供最后的安全港湾，尤其是老人们均出现过性命危机：有出过车祸的，有心脏病、高血压的，有中风的，有癌症的……在这些危急时刻，最后的血缘亲情把他们拉回了父母身边。他们通常会找一个勉强糊口的工作就近照顾父母，"真是想不到，关键时刻还能顶点用"，反而是远在大城市工作的老大们"离家远，顾不上，也怕影响他们的工作"（安仁义－

---

① 弗兰克・J. 萨洛韦：《天生反叛》，曹精华译，江苏人民出版社，1999，第 123 页。
② 弗兰克・J. 萨洛韦：《天生反叛》，曹精华译，江苏人民出版社，1999，第 123 页。

1959－男－高中－工人）。

这意味着，在 1980—1990 年代，安氏家族的阶层分化表现为家庭内部的差异，在同一个家庭内部出现了对立性的分化和命运的反转：老大是"好孩子""苦学者"，属于知识无产阶级，最终走向了反叛；老二是"坏孩子""没出息的"，属于工人无产阶级，最终"浪子"回头，成为父母的主要照顾者。

总的来说，平民家庭在 100 多年的历史中，虽然出现了知识无产阶层和新工人阶层，但这两个阶层还未形成清晰的群体意识。正是由于没有这种判断力，这两个阶层中的人还在与父辈进行着激烈的对抗，没有意识到他们是在父辈的兜底下共同面对着现代化的危机。危机的解决，需要与父辈们的联合和对父辈文化的超越，而不是两代人持续的斗争。但以现在的情况来看，只有等到 70—80 后实现完全的经济独立和文化创造后，才能有价值转向的可能。

三、生计晚熟与再家庭化

从上面的分析来看，无论是知识无产阶层还是新工人阶层，其共同特点是生计晚熟，人们进入社会自谋生计的时间远远晚于祖辈和父辈，成家后也经常需要父母的资助，包括买房子、嫁娶、养育后代等，在经济和生活上与父辈有千丝万缕的联系。他们在文化上已有独立意识，但处于摇摆、分裂、新生的阶段。生计晚熟与文化生产的矛盾性，让他们在经济和情感上仍然依赖原生家庭。

1. 作为风险兜底的家庭

国家在农村养老制度上的不健全，使家庭成为两代人共同选择的风险兜底的港湾，催生了市场经济时代的"网络化核心家庭"或者说"简化扩大家庭"。同时，50—60 后在集体化时代"去家庭化"浪潮中缺失的情感，需要从家庭中补偿回来，这使得中国正处于"再家庭化"的趋势之中。

这种"再家庭化"趋势表明了人们对"日常生活政治化"的厌倦……意味着在经历了漫长的煎熬之后，中国人终于可以回归普通人的正常生活和天伦之乐，家庭团聚与亲情和谐于是成为最大的"政治正确"。①

50—60 后一代对社会养老的现实有明晰的"洞察"，他们觉得自己一定会晚景凄凉。他们不求孩子养老，对孩子进行无条件的帮助和支持，只希望孩子能够给自己送终，死了之后能入土为安就好。

> 以后就得进养老院了，靠不了小孩。俺这一代，掐得很紧来，什么都没有，以后二胎放开了，以前生一胎的很多老人没人管啊，国家也没有说法。（安仁义-1959-男-高中-工人）
> 现在很多老人在屋里死了好几天都没人知道。俺院子里，几个老妈子（老太太），打电话响了很长时间不接，老职工就来家里看看，已经死了。以后老人有突发病的，心脏病、高血压，不得有人在身边照应着，靠护工白搭。（安仁惠-1964-女-初中-工人）
> 现在老人年龄大了都是闺女管。有一个老妈子，养了一个儿子俩闺女，叫儿媳妇撵出来，后来住大闺女家去了，闺女管她。以后得要闺女啊，儿子都是"娶了媳妇忘了娘"。（安仁智-1957-女-高中-工人）

他们看"穿"了很多子女在大城市工作的老人不仅养老无望，还得替孩子还房贷，"老了也享不到福"。

> 院子里有个老头，有两个儿子。一个儿子在北京上班，房子买了，几百万；一个儿子在城里上班，工资开不出来，房租、学费，一个月开支不小。老头老太白天带孙子，儿子儿媳妇一天来吃两顿饭，一天啃老啃两顿，老的能不管吗？有两个退休金搁不住这么多人花。这个嫌给大的多了，那个嫌小的不干活。老头子去菜市场，要人家扒下来的白菜帮，农村人都不要。他一次也要不了多少，怕丢面子，只要一两斤回来炒豆腐渣吃。（安仁金-1950-男-初中-工人）

---

① 吴小英：《"去家庭化"还是"家庭化"：家庭论争背后的"政治正确"》，《河北学刊》2016 年第 5 期。

50—60 后觉得自己晚景凄凉，无法指望孩子给自己送终；70—80 后在城市中的生活捉襟见肘，情感上漂泊无依，也需要父母的经济帮助和情感支持，因此两代人都选择了回归家庭。吴小英指出，改革开放以来，国家政策出现了明显的"家庭化"转向……国家交回一些家庭权的同时，通过将社会福利负担打包给家庭，要求家庭承担更多的责任，试图将国家与个人关系之间的种种压力和矛盾转移给家庭。[①] 城市生活的不确定性、不稳定性与非预期性，使得个人在就业、医疗、伤残、意外事故、婚姻、养老等方面的风险和变故增加，家庭成员间的相互支持成为非常重要的应对外界变化的前提。[②] 从安氏家族的情况来看，两代人的联合主要是为了对抗现代社会的风险，家庭成为现代化进程中风险兜底的安全港湾。

2. 核心家庭的网络化

在这种社会背景下，安氏家族的家庭类型出现了"反核心家庭化"的趋势，越来越多的小家庭选择了三代同堂。第 21—22 世中的 70—90 后已建立家庭的共有 13 人，除 1 人已婚未育之外，其他 12 人都育有后代。在这 13 个家庭的房产购置过程中，祖辈全部参与了协商、决策和经济资助，两代人共同应对经济和生活的风险。此外，祖辈均承担了小家庭的抚幼和家务劳动，同时儿女也在父母患病时给予了照看、安慰，承担养老的责任。这种三代合作家庭不同于传统社会的三代同堂家庭，祖辈有时候并不与孩子同住。生活在小县城的 7 个家庭，其祖辈一般住在农村的家里，白天去县城帮忙看孩子，晚上回自己家。生活在大城市的 5 个家庭会接一位老人（通常是奶奶或外婆）帮忙看孩子，留一个老人在农村老家，祖辈为了子女必须两地分居，无法团聚。新的家庭实证研究结果也与安氏家族的发展趋向一致。王跃生基于 2010 年第六次全国人口普查数据发现，中国的核心家庭化比例出现明显下降趋势，直系家庭尤其是三代直系家庭反而略有增加（尤其是在农村），只是不再固守过去严格的同居共财的管理方式。同时，城市中"抚幼"型三代直系家庭比例上升。[③] 王跃生还考

① 吴小英：《"去家庭化"还是"家庭化"：家庭论争背后的"政治正确"》，《河北学刊》2016 年第 5 期。
② 杨善华：《中国当代城市家庭变迁与家庭凝聚力》，《北京大学学报》（哲学社会科学版）2011 年第 2 期。
③ 王跃生：《中国城乡家庭结构变动分析：基于 2010 年人口普查数据》，《中国社会科学》2013 年第 12 期。

察了 1982 年以后的家庭结构变化趋势，发现全国各地城乡核心化水平峰值在 1990 年。之后，城市家庭核心化趋势变弱，农村出现了逆转——多省份核心化水平降低，直系家庭比例上升。[1]

这与家庭现代化理论认为的家庭会持续核心化的论断相悖。以古德为代表的家庭现代化理论认为，家庭变迁的趋势是从传统落后的扩大家庭转变为现代家庭。传统社会的扩大家庭妨碍了个人的自由，阻碍了工业的发展，是落后的；与亲属群体切断联系的核心家庭，最大限度地弘扬了个人主义、和平主义等价值观，满足了工业化和城市化的要求，是现代社会的主要特征，是进步的。帕森斯的结构功能主义家庭观也认为，核心家庭模式不受传统扩大家庭强制性的亲属关系的妨碍，能满足工业社会固有的职业流动和地域流动的需要，也能满足家庭儿童社会化和为家庭成员提供情感依托的需要，顺应了工业社会的变迁走向，核心家庭将成为主流的家庭结构。[2] 从安氏家族家庭结构的变化来看，三代合作家庭越来越多，并没有被核心家庭、标准核心家庭所取代。这体现了在平民社会，以家庭为单位的经济和生活逻辑依然顽强地存在着。

3. 跨代育儿组合

国家和个人同时进行着"再家庭化"，再加上"女性普遍进入劳动力市场，儿童早期保育的公共体系尚未健全，市场化的商业保育体系不仅昂贵而且缺乏规范"[3]，年轻父母对子女的照顾往往依靠祖辈，祖辈参与育儿成为普遍现象。安氏家族的新生儿家庭都出现了（外）祖父母的暂时回归，其家庭结构从夫妻核心家庭回归到扩大家庭。孩子是联结三代人关系的纽带，也是家庭互动的重要变量，往往成为引爆代际文化冲突和权力斗争的导火索。

鲁斯、哈特曼和蔡文之认为，家庭是多元文化和权力博弈的场域，但最终能达到平衡。[4] 景军在 1989—1992 年针对甘肃省大川村儿童养育和消

---

① 王跃生：《当代家庭结构区域比较分析：以 2010 年人口普查数据为基础》，《人口与经济》2015 年第 1 期。
② 吴小英：《"去家庭化"还是"家庭化"：家庭论争背后的"政治正确"》，《河北学刊》2016 年第 5 期。
③ 程福财、于贤荣：《"跨代育儿组合"与中国独生子女的养育》，《当代青年研究》2012 年第 8 期。
④ 斯蒂芬·鲁斯、海迪·哈特曼、蔡文之：《长期的性别差异》，《国外社会科学文摘》2005 年第 3 期。

费的研究发现，大川村的育儿观念和实践交织着三种不同的"文化权威力量"：国家和政府推动的科学力量；传统力量比如中医和神巫之术等各种方法；市场力量，来自电视、网络等。在同一个家庭中，由于不同代际的人带着不同时代社会文化的印记走向同一个孩子，文化冲突和融合成为必然的命题。由 80 后年轻父母和祖辈组成的"跨代育儿组合"，与祖辈的顺其自然的教育方式有何不同？这个历史过程对教育有什么影响？80后家庭内部分化出的两个阶层在教育上有什么异同？这些问题我们需要深入到三代人对独生子女二代的养育实践中去把握。

第二节　文化互嵌式的养育实践

通过学校教育出人头地的 70—80 后，既不想让孩子再经历他们年轻时候自我压抑的"苦学"，又不想他们回落到体力劳动阶层中；既希望孩子们学业有成，又希望孩子们健康、漂亮、聪明、快乐、优雅、多才多艺……这一代人对孩子的生活和教育关怀备至，尤其是年轻妈妈们对子女教育的"操心"，远远超过了当年 50—60 后父母对他们的关心程度。几乎每个家庭都有几本科学育儿经，年轻父母的科学育儿方法夹杂着 50—60 后的传统育儿经验，再加上"快乐精英"这种矛盾的综合体，最终造就了一种文化互嵌式的养育实践。

一、生活世界与科学世界

育儿对于年轻父母来说，是一件"没吃过猪肉，也没见过猪跑"的事。在成为父母之前，他们是纯粹的男孩子、女孩子，可能连哥哥姐姐也没当过，只扮演过"自己"这个角色。他们从小又没有生活在村落、家族中，失去了从生活中学习育儿的机会，没有育儿的本土知识，育儿经验变成了年轻人日常生活中接触不到的知识和规范。学校教育和书本就是他们全部外界知识的来源。求助书本和科学，几乎是他们本能的选择。随着科学育儿观念越来越流行，育儿经验从一套身体化的缄默知识体系，变成父母需要重新去学习的外在科学知识和规范。

1. 母乳变为身体外在之物

做母亲本是一件自然而然的事情，母亲的个人魅力、身体直觉和哺育本能可以帮助形成最早的母婴互动。费孝通认为，母亲的抚育和哺乳是一种"不学而能"的自然生物机能。[①] 在没有系统的科学育儿知识之前，母乳喂养是传统的育儿方式。在市场经济时代，母乳喂养变成了政府、医院和商业机构普遍推崇的"科学喂养"方式。

为了应对集体化时代母乳喂养率大幅下降的问题，1992年，中国政府将4957家城市医院纳入"爱婴医院"国家工程来宣传母乳喂养。[②] 产妇在医院就医、产检的时候，医院会宣传一整套如何科学哺乳的知识，甚至有一套科学规范，比如孩子生下来什么时候吃初乳、初乳和母乳的营养成分及功能、一天喂几次奶合适等。虽然这种通过专业知识来强调母乳重要性的方法，能够引起产妇的重视，但在国家医疗的干预和科学话语的包装下，母乳变成了母亲身体的外在之物。失去了本土知识学习机会的年轻妈妈们，不得不重新"学习"如何母乳喂养。"哺乳"成为一个技术活，变成了让年轻妈妈们非常头疼的事。医院的医生也很难再像以前的产婆们那样，"撩起胸脯现场示范""医生说这样不卫生，喂奶前一定要清洁"（安德意-1970-女-中专-医生），这让妈妈们觉得很麻烦。

> 一霎儿不会抱了，一霎儿抱着累了，尤其是喂奶；有时候躺着不会喂了，有时候压着奶了，堵着奶了，很烦，心情可不好来。（安德然-1984-女-研究生-大学职员）
>
> 喂奶是个技术活。一稍微不合适了，姿势不对，孩子就吸不出来，有时候孩子不得劲直接给咬破了，他也饿，我也着急。（侯心兰-1992-女-专科-医院合同工，安德欣妻子）
>
> 我那时喂奶都是随便一擦，都没正儿八经洗，哪有时间洗。（安德意-1970-女-中专-医生）

---

① 费孝通：《生育制度》，商务印书馆，2009，第51页。

② 北京市产妇的母乳喂养婴儿达到6个月的人数占产妇总人数的比例从1950年的81%下降到了1985年的10.4%；到1990年，这个比例是30%。参见景军主编《喂养中国小皇帝：食物、儿童和社会变迁》，钱霖亮、李胜译，华东师范大学出版社，2017，第154页。

同时，生活条件的改善和对新生儿营养的关心，使得家人都会给坐月子的妈妈们大补，鸡汤、猪蹄……让很多妈妈在第一个月哺乳的时候常因微小的脂肪粒堵塞乳腺而罹患乳腺炎，在痛不欲生的肿胀中，早早放弃了哺乳。若不给年轻妈妈大补，老人会怕儿媳妇抱怨、误解。还有一些母亲担心哺乳会影响胸形、身材而不愿意哺乳。不过，她们都声称给孩子早早断奶的原因主要是工作忙。

从安氏家族的数据来看，70后生育的4个孩子中，母乳喂养时间均超过1年，王乐琪一直到3岁才断奶。80后生育的9个孩子中，4个1岁前就断奶了，2个是3岁断奶，3个孩子从未喝过母乳，是喝奶粉长大的。相对于祖辈来说，母乳喂养率和母乳喂养年限都普遍降低。无论是大学生母亲还是工人母亲都选择了给孩子早早断奶，因为"工作太忙了"（安德意-1970-女-中专-医生），"产假只有半年"（安德婧-1971-女-博士-医生），"喂奶太辛苦了，每天半夜孩子醒来喂好几次奶，根本睡不好，白天上班顶着两个黑眼圈"（安德然-1984-女-研究生-大学职员）。王乐琪（2000-男-高中生）、周乐皓（2010-男-小学生）、于乐夏（2014-男-学龄前）都是3岁才断奶，是因为他们的妈妈是全职妈妈。3个喝奶粉长大的孩子，其母亲的工作都属于业绩驱动型的，比如卖保险、跑销售、当公关，几乎没有产假可言。安乐成的妈妈张甜从事保险行业，经常要到处跑，她说："要产假就要丢工作，又没有正式合同，你一走，老板就不要你了。"而销售工作对于外表形象的要求比较高，她怕哺乳会使身材走形，身材变得"臃肿不堪"会让客户笑话。

张甜坚决不愿意给孩子喂奶，这让公公婆婆很恼火。老人认为，母乳喂养的孩子才身体健康、"壮实、不容易生病"（安仁金-1950-男-小学-工人）。张甜害怕哺乳会导致乳房松垂，老了之后乳房像个"耷拉的茄子"。她觉得奶粉的配方已经很科学了，营养非常全面，只要给儿子喝最好的外国奶粉就可以了。她上班不能照顾小孩，又不放心老人，就让孩子的爷爷每天严格按照她写的时间表，定时、定量给孩子喂奶。我与安仁金夫妇聊天时，他们特别不高兴地抱怨儿媳妇张甜。

> 从小一口奶也没喝。他妈不给他喝奶啊，光给他喝的奶粉。打小一口奶也没喝。咱不知道是怎么回事，一直没给他喝。以前哪有给孩

子喂奶粉的，人家会笑话的。（周继芳－1953－女－文盲－务农，安仁金妻子，张甜婆婆）

他妈妈说什么外国牌子，一桶100多块钱，一个月得2000多块钱，比我的退休工资还多，三年半喝了六七万块钱的奶粉了。

（儿媳妇）给我列了一个时间表，必须按这个时间来，定时、定量。一天喝五六次，刚开始是两小勺，后来是四小勺。刚开始喝50毫升，后来100毫升、200毫升。（安仁金－1950－男－初中－工人）

一桶奶粉100多块钱，孩子一个月要"喝掉"2000多块钱。安仁金很心疼这些奶粉钱。无论是从心疼钱的角度，还是为了孙子的健康，在喂奶这件事情上，老人们倾向于母乳喂养。但年轻妈妈们越来越多地选择奶粉喂养。为了食品安全，她们倾向于购买昂贵的国外品牌奶粉。对于平民家庭来说，这是一笔不小的开支。

2. 以科学知识为武器

除了母乳喂养，市面上有一整套教母亲如何进行母婴互动的书籍。70—80后妈妈们，无论学历高低，怀孕的时候都赶紧去书店抱一大摞育儿书籍，不管学不学，"买了就放心了"（安德然－1984－女－研究生－大学职员），"放在那里有事没事可以翻一翻"（张甜－1982－女－高中－企业销售人员，安德嘉妻子）。不仅她们学，她们的母亲和婆婆也在学。安德然的母亲自从女儿怀孕后就抱着一大堆书看，带外孙的时候，嘴里天天念叨很多科学名词，比如"抚触"啊、大脑开发啊，说要多给孩子刺激促进孩子神经细胞的增长。事实上，她的"小算盘"是想帮女儿带外孙，但亲家母也很想带孙子。她是个高中毕业生，亲家母是个农民，她想借助一套科学话语，从女婿那里争取到一些好感，以便能多带一段时间外孙。尽管祖辈们不靠科学知识也养活了一大堆孩子，但在现代社会，他们开始怀疑自己那一套是否行得通。即使不愿意承认，他们也要"妥协"，以换取儿女们的好感和更多照顾孙辈的机会。

不仅祖辈以科学为武器，年轻妈妈们也会利用一套科学说辞让父母放心。安德然的儿子一生病、发高烧，老人就会非常着急，不断敦促安德然夫妇赶紧送孩子去医院。但安德然最讨厌去医院，挂号难、排队费劲，每次去给孩子抽血化验，最后都是拿相同的药回来，折腾一整天还花冤枉钱。作为一个"懒妈妈"，安德然如果觉得孩子没啥大事，就懒得动弹。

面对父母的催促和慌张，她就会装模作样地拿出一摞书，比如《张思莱育儿手册》《婴儿疾病预防和治疗手册》，翻一翻，然后煞有介事地拿着书告诉老人，根据孩子症状，这是个什么病，要怎么怎么治疗，大约几天能好，一定要多喝水等，让老人宽心。不过，安德然的"淡定"也确实主要来源于书本，她在孩子出生之前，已经把这些书翻了一遍。米尔斯认为，青年大学生已经不再依赖传统和经验，而是靠科学知识来获取优越感和话语权。

> 大学数目的激增，知识从经验型向理论型的转换，不仅培养了一个庞大的青年知识分子群体，而且使他们感到在智力上超越了主要靠经验知识的再生产来领导世界的父辈。[1]

安乐成（2013 - 男 - 学龄前）经常生病，一直负责照看孩子的安仁金老人觉得孩子生病、免疫力差，就是因为儿媳妇张甜"从小没给孩子喂奶"。张甜则认为，孩子总生病是因为"老人不会带孩子"，他们"没有严格按照我说的方法来喂养孩子"。孩子一发烧生病，安仁金不敢擅自做主张，一定马上给儿子、儿媳打电话，结果通常就是带孩子去医院打吊针。尽管很多医生都说得了病毒性疾病身体很快会自愈，不需要打吊针，但一家人都会坚持打吊针，因为打吊针"方便""好得快"，大人和孩子都少受罪。

> 时间拖久了，大人小孩都累，工作都这么忙，顾不过来。（张甜 - 1982 - 女 - 高中 - 企业销售人员，安乐成妈妈）
> 打吊针好得快，不愿意看着孩子受这么长时间的罪。（安德嘉 - 1979 - 男 - 初中 - 镇公务员，安乐成爸爸）
> 一针就解决了，喂药太费事，灌也灌不进去；再说，万一发烧久了把脑子烧坏怎么办？旧社会就有把脑子烧愣了的，烧聋了的。（安仁金 - 1950 - 男 - 初中 - 工人，安乐成爷爷）

这说明，安乐成的父母也不是笃信科学的。孩子生病的时候，大家都

---

[1] 转引自程巍《中产阶级的孩子们：60年代与文化领导权》，三联书店，2006，第36页。

不听医生的话，他们不愿看着孩子"遭罪"，都盼着"一针下去"孩子赶紧好，这样大家就都放心了，不用再因为孩子生病而自责或相互推卸责任了。

从前文呈现的代际互动来看，年轻父母的育儿知识主要来源于书本和科学知识，传统社会依赖共同体传播和实践的育儿经验基本已经"失传"了，其也不再被认为是好的、科学的。不过，年轻父母也并非笃信科学知识，或者说，他们也分辨不清楚什么是真正的科学，都是予取予用、"看人下菜碟"，权宜性地利用科学知识作为家庭权力平衡的"武器"。老人们主要通过了解科学知识来争取和维持自己照顾孙辈的权力，消除子女对自己的担心。

年轻父母对于书本和科学知识的依赖，很大程度上源于他们在校时间非常长，而学校主要以理论性知识为主，往往脱离生活。郑也夫认为，现代教育的学制太长，学生们长久地滞留在学校中，意味着他们经济上不能独立，同时与社会脱节，丧失了对社会的感知，与真实的生存割裂开来的学校教育使得青年人的责任感单薄。离开了社会生活的学习，必然是学舌和掉书袋，无法发育出智慧和洞见。[①] 从年轻父母对于科学"看人下菜碟"的权宜策略来看，这种看似纯粹而且价值无涉的"专业知识"，可以服务任何人。年轻父母对待科学予取予用的态度，对市面上各种育儿知识缺乏反思和批判性的问题，说明他们并非真正理解科学精神，只是将其作为家庭权力斗争的"武器"。

3. 餐桌上的文化变迁

食物如镜，饮食是一种深嵌于生活的惯习，决定吃什么、谁吃、吃多少也是一种文化习惯。食品消费是描绘特定人际关系的象征符码，能够表示包容与排斥、高贵与低贱、亲近与疏远等类型的社会关系，而且它如此接近我们记忆的核心，形塑了我们的性格和行为，成为自我主体的一部分。[②] 陈淑娟在一篇关于饮食和厨艺的文章中，记述了一位50后父亲与女儿的冲突。父亲拿窝窝头当早饭，看到女儿的轻蔑眼神，提醒女儿"你不要忘了你的阶级出身"，并历数他自己小时候的饥饿经历，女儿反

---

① 　郑也夫：《吾国教育病理》，中信出版社，2013，第 143 页。

② 　伯娜丁·徐、李胜：《锦衣玉食，压力饱尝：北京的独生子女》，《书摘》2017 年第 6 期。

驳道："你的阶级出身是窝窝头，我的是巧克力。"① 这种餐桌上的代际差异和冲突在农村抚幼家庭表现得尤为明显。

老一辈人经历过战乱和饥荒，仍然保留着勤俭的习惯，对吃剩菜剩饭完全不在乎。安伯田、安季田、安叔田兄弟们经常把吃剩的食物冻在冰箱里，甚至冰冻好几个月仍敢拿出来吃。儿女们每次帮父母清理冰箱、把过期的食物扔掉后，他们又会偷偷拿回来。儿女们觉得这非常不健康，但老人们不在乎，"热透了就行，吃不死人"（安季田 - 1936 - 男 - 半文盲 - 农民），"活这么大岁数了吃死也够本了，败坏粮食就不行"（安叔田 - 1930 - 男 - 半文盲 - 农民）。馒头、肉块掉到地上，他们一定会捡起来。年轻父母从卫生角度考虑会对这种行为进行制止或提醒，害怕孩子看见了会跟着学。安仁恒带孙子的时候，非常不满意儿媳经常给孩子花钱买很贵的零食或者动辄就叫外卖，买的衣服都是名牌很快就不穿了，他觉得非常浪费，"吃的都是钱""小孩子冻不着、饿不着，不碰着、不磕着就行，不用太讲究"。

> 小毛孩子不知道好歹，差不多就行，冻不着、饿不着，不碰着、不磕着。不能惯着孩子。有两身出门的衣裳，过年过节新鲜新鲜，干净就行。
>
> （我儿子）给孩子买了双鞋400多，买了一身衣服800多。我一年就一双拖鞋、两双布鞋、一双球鞋，花不了50块钱。（我觉得）给小孩买一般的衣服穿就行，小孩长得又快，太不必要了，穿不了几天都扔了，都是新的，太败坏了！我给孩子买的鞋四五十块钱，人家连穿也不穿，嫌我买得便宜。
>
> 买来的东西，吃的不如我吃的多。我怕瞎了（浪费），就我吃了。（儿媳叫）外卖，一次就要花二三十块钱，自己在家做也就两三块钱，孩子吃几口，剩下的都叫我吃了。这是光吃钱！还有比萨，30多块钱一份，不就是鸡蛋饼子上面撒点胡萝卜、火腿肠丁什么的吗！我尝了尝，还不如自己烙的油饼好吃呢。（安仁恒 - 1947 - 男 - 高中 - 基层干部）

---

① 转引自景军主编《喂养中国小皇帝：食物、儿童和社会变迁》，钱霖亮、李胜译，华东师范大学出版社，2017，第 xxvi 页。

安仁恒最发愁的就是孙子吃饭，"不断要催着、哄着""挑三拣四，吃个饭要一个多小时"，但是他也不敢太过批评孩子，"和孩子格外亲，不犯大错误就算了"。

> 　　我就愁着他吃饭，啥也不吃。喂他吃饭你得在后面催着、哄着。喂一顿饭得个把小时，吃的不如败坏的多，这样不行、那样不行，不吃鸡蛋，吃肉光吃肉皮，特别悭吃（挑食）。
> 　　当爷爷的，和孩子格外亲。有时候犯了错误我不说，孩子爸爸妈妈看见了，问我怎么不管呢？我是不敢管厉害了，自己的闺女和儿子能打能骂，但这个孙子、孙女和外甥就不舍得了，装看不见就算完了。（安仁恒 - 1947 - 男 - 高中 - 基层干部）

　　华琛认为，在 20 世纪 80 年代以前，中国家庭的孩子和大人的饮食是基本一致的，作为一种独立消费类别的儿童食品是不常见的；而现在，晚辈的食物选择权要大于长辈。[1] 郭于华认为，这种转变与中国进入全球经济体系、中国孩子的食物选择权被社会中的商业化势力牢牢掌控有关系，儿童的饮食观念从实用需求转为消费需求，更看重食品的消费文化的符号。传统节日的饮食习惯被人们淡忘，节庆食物的宗教意义消失，传统食物在道德教育中的重要性丧失了。[2] 伯娜丁·徐、李胜认为中国的父母患上了单向溺爱的"补偿综合征"，将饮食视为家庭经济状况改善的标志和表达父母之爱的特殊方式，而儿童面临着同龄人的压力，用零食来表达声望、物质财富和个人幸福并换取友谊。[3]

　　赵旭东则捕捉到食品观念变化背后更深层的社会转变，那就是现代商业和科技的发展促成了一种分离式的技术和文明，家庭用以维系亲情的日常生活纽带比如做饭、缝补衣服等都已经被技术取代了，"家庭味道"消失了。[4] 重新看两代人的"巧克力"与"窝窝头"之争，就不是一个简单

---

① 华琛：《食物如镜：中国家庭生活的过去、现在和未来》，载景军主编《喂养中国小皇帝：食物、儿童和社会变迁》，钱霖亮、李胜译，华东师范大学出版社，2017，第 195—205 页。
② 郭于华：《社会变迁中的儿童食品与文化传承》，《社会学研究》1998 年第 1 期。
③ 伯娜丁·徐、李胜：《锦衣玉食，压力饱尝：北京的独生子女》，《书摘》2017 年第 6 期。
④ 赵旭东：《家庭、教育与分离的技术——文化转型人类学的一种视角》，《民族教育研究》2014 年第 4 期。

的代与代之间关于饮食观念、消费观念冲突的问题了，"巧克力"代表的是一种分离的、可以不依赖家庭和家务劳动而存在的文化，但"窝窝头"却是传统家庭聚合文化的表现。安仁持对于儿媳总是叫外卖的拒斥，不仅是因为外卖"贵"，而且是因为这是对一种与家庭记忆无关、与劳动和情感投入无关的现代消费文明的拒斥。

二、"严母玩父"的抚育者群像

70—80后父母信仰的是为孩子提供一种"独特"的爱，把孩子培养成有个性的、有竞争优势的人。不过，这种"独特"的爱表现在教育实践中是多种观念、策略的混合物。有的父母是为孩子提供无微不至的生活照顾，有的父母是为孩子提供个性化的教育"设计"，有的父母是不断学习心理学知识，去深入了解孩子的内心。不过，这些都主要由母亲来计划和实施，父亲主要作为教育辅助者和孩子的玩伴存在，起着现代家庭"安全阀"的作用。"严母、玩父、慈祖"代替了传统社会的"严父慈母"的角色分工，出现了角色倒置的现象。

1. 绵密细致的"挽留"之爱

安乐瑶（2006 - 女 - 小学生）的妈妈是基层公务员，工作稳定，上班时间很自由。安乐瑶小时候体弱多病，她妈妈就特别紧张，平时把她的生活起居照顾得无微不至。小学午休的时候，安乐瑶妈妈会去学校给她送水果、酸奶，给她剥水果皮，再喂给她吃。"我妈好像是我们家的主心骨，从小时候起我就觉得爸爸的事情是妈妈在拿主意，家里的事情也是妈妈在拿主意，而我的事情也是如此。"安乐瑶妈妈规定她上学几点起，要穿什么衣服，周末该上什么补习班……所有事情都是妈妈布置好，安乐瑶照做。

> 我上小学二三年级的时候，学校中午会有午休，小朋友都在这时间玩耍打闹，我妈就到学校来喂我吃水果，给我剥葡萄、香蕉、芒果……整个年级都没有像我一样有个妈妈来学校喂孩子吃水果。那时候我还小，但感觉这样和小朋友不一样不太好。我把想法告诉妈妈，让她午休时间别来学校了。妈妈说怕我上学了，没人嘱咐我吃水果，对身体不好。

长大之后，妈妈这样惯着我的事情还很多。到五年级了，我妈还帮我穿衣服。因为她说我穿得慢，怕上学迟到；到现在妈妈还帮我削水果皮，因为她说知道我怕麻烦不愿意剥就不吃；吃饭时妈妈还给我夹菜，说我挑食不吃菜，嘱咐我吃这吃那。我妈无微不至的照顾，让我从小没有什么可顾虑、可争抢的，但我也逐渐成长为一个没计划性、依赖性强、能拖就拖、行动力为零、做事犹犹豫豫的人。①

在安乐蕾（1996－女－大学在读）小时候，她妈妈对她"百依百顺"，虽然对学习上的要求比较严厉，但禁不住"耳根子软"，女儿撒撒娇就妥协了。爸爸通常会帮腔，让安乐蕾"玩的时候痛痛快快玩，学的时候认认真真学""玩够了再学"。

　　从小，爸妈就对我百依百顺。今天看上了小商店的哪个饰品了，等放学就拽了爸爸去买回来，明天嘴馋了就磨了妈妈要了零花钱买来吃。对于学习方面，我不喜欢学习，妈妈的态度是监督我好好学习，但妈妈耳根子软，常常是我一撒娇她就妥协了，爸爸更宠我，他的态度是我不想学就先玩，玩够了再学也不迟。（安乐蕾－1996－女－大学在读）

安乐瑶和安乐蕾都是女孩子，父母们对她们很关爱但要求不高，比起女儿能够上一个特别好的大学、找个好工作，父母们更希望她们能上个离家近的普通大学，回小城镇找个稳定的工作，千万不要嫁太远，方便彼此照顾。

　　女孩子家，不用那么辛苦，最重要的是长大了能够找个好人家。
　　（安德嘉－1979－男－初中－镇公务员，安乐瑶爸爸）
　　现在很多女孩子读到研究生，也找不到好工作，还嫁不出去。能上个本科，在家附近找个稳定工作，我们也能照应一下，去到大城市一个人打拼太辛苦，不放心，我们也帮不上忙。（安德功－1971－男－初中－镇公务员，安乐蕾爸爸）

---

① 此段选自安乐瑶应我之邀写的教育自述《我和爸爸妈妈》。

由于每家只有一个女儿，父母们不想她们"飞得太高、飞得太远、飞得太累"，已经为她们设计好了一条安稳的发展路线。但他们也不想孩子没文化，过一种"没有品位"的生活，考大学是必须的。这种没有保留却有"挽留"的爱，背后有着父母对社会养老情况的"洞察"：现在都是闺女养老，小孩有出息跑得远、靠不住，即使不指望孩子养老，孩子能常回来陪着说说话也是好的。

> 小孩有出息跑得远，靠不住；没出息也靠不住。要是生个儿子，人家的闺女也金贵，也不愿意伺候老人。别人家的闺女也是娇生惯养的，能伺候你啊？也不会做饭什么的，根本靠不住，白搭。养闺女不指望着老了伺候，主要是到时候能常回来看看你、说说话，不是拉巴个闺女，叫人家养的。（王春兰－女－1973－初中－工人，安乐蕾妈妈）

这些父母早早看"穿"了社会现实的无奈和残酷，看到了平民大学生在大城市生活的窘迫和养闺女的好处，一早为儿女选择了一条平庸安稳的路，也为了让自己生活得安稳一些。父母这种无微不至求安稳的爱，是在对社会现实尤其是养老困境的有限"洞察"后，做出的权宜之计。

2."独一无二"的母爱

还有的父母更强调一种"独一无二"的爱。作为家族里第一个女博士，安德婧很早就接触到了更为"平等""自由"的西方教育思想。安德婧报了很多家庭教育班、父母课堂、家长学校等，一年花费逾10万元。在家族微信群里，她是新家庭教育理念的主要倡导者，经常转发很多心理学文章，传播比如原生家庭与孩子成长、童年创伤与情感教育等方面的科学育儿知识。她在收费高昂的××父母课堂里分享自己陪伴孩子成长的体会，"每一个人都是平等而独特的，世上没有一个叶子是重样的，每一个孩子都是最独特的人""父母是孩子一切问题的根源，爱与自由是唯一的答案"。在这种教育观念下，她强调尊重孩子的需要，反对孩子之间的比较。

> 要经常给孩子补充心理能量，不要害怕孩子犯错。妈妈相信你，我们理解你，你是我们的骄傲，你是妈妈的唯一，不管别人如何看你，不要去跟任何人比，无论发生什么，爸爸妈妈永远在心里支持

你。没有人能代替你在爸爸妈妈心里的重要性，不管你表现如何，我们对你的爱不变。你在妈妈眼里永远是最优秀的，谁不认可你，爸妈也认可你，父母永远理解你的感受，永远支持陪伴你。

对待孩子的钻石法则是，关怀而不干涉，尊重而不放纵，分享而不教导，邀请而不要求。孩子在父母这里要感受到无条件的爱、支持、陪伴、允许与宽容。我们可以不懂教育，我们不需要成为心理学家才能生孩子，但是看见孩子的前提，是家长看见自己。父母是孩子一切问题的根源，爱与自由是唯一的答案。（安德婧－1971－女－博士－医生，张乐睿妈妈）

张乐睿（2003－男－初中生）很感激妈妈给他的自由和宽容，让他能在轻松自由的环境中成长，但是他的学习成绩一直不好，虽然父母一再鼓励他是"独一无二"的，但他的自我认同仍然很低。尤其是在应试教育的大环境里，父母的教育理念与学校的教育理念并不相符，有时他也很担心自己未来能做什么，好像一直长不大。安德婧觉得自己的教育理念与现实格格不入，孩子也不适应学校的生活。但她并不打算放弃，唯一的出路就是给孩子换一个更为自由的学校环境，夫妇两个已打算让孩子转入国际学校或移民。

我妈妈告诉我，别人家的孩子与她并没有关系，而我是她亲手养大的孩子，一定会关注我的成长，不会拿我与其他的孩子做比较。我的母亲常说，妈妈为什么偏偏管你而不去管街上的路人呢？因为他们和我没有关系，我只关注我自己的孩子。这样的话表达了妈妈对我独一无二的关爱。

我学习成绩一般，但我妈说慢慢来，不要在意别人家的孩子有什么成就，别人发展好不好并不能影响到我的生活，只要我踏实努力，就是妈妈的好孩子。我身边有很多优秀的、多才多艺的朋友，我就很平庸。我父母只是鼓励我自己去寻找和尝试，做一些自己喜欢的事情就好，并没有拿我与其他的孩子来比较。

有一次家长会，老师让家长给孩子留言，其他同学们的父母都是"注意身体""好好学习，把握自己"什么的，我妈妈写的是，"孩子，身体健康、心情愉快、乐观生活是最重要的，你永远是妈妈的骄傲"，我觉得特别感动。①

　　这种"独一无二"的爱比较符合现代教育潮流，也是众多教育专家和心理专家大力提倡的教育观念。不过，安德婧与其说是在解决孩子的教育问题，不如说是在缓解她的父母当年"逼"她苦读所遗留下来的种种痛苦。虽然她在族人眼里是成功的榜样，但她也背负了极大的心理压力。安德婧觉得自己一直走在与幸福和成功对立的路上，恋爱和婚姻都不顺利。她的教育方式刚好走向了自己父母的极端反面，强调"爱和自由"是唯一的答案，既是在教育孩子，也是在宽慰自己。

　　安德婧一直要求自己成为一个能理解孩子心理，与孩子平等、充分沟通的妈妈，所以她一直在学习心理学的知识。这种强调母子沟通重要性的观念，是一种现代教育观念，就是"好母亲"要学会利用心理控制与沟通而非体罚，在放纵和限制中间取得平衡，比如"紧密的控制，对能力的高要求，辅以温柔的态度，愿与子女沟通、倾听子女心声，表达父母自身观点的意愿"②，这种亲密关系要求父母能够了解子女并且随时与子女一起解决问题。社会学家认为这是一种以儿童为中心（child-centered）、信赖专家指导（expert-guided）、高情绪投入（emotionally absorbing）、劳力密集（labor intensive）、高消费（financially expensive）的育儿方式。③这种观念认为，母亲是儿童的最佳照顾者，孩子的需要高于母亲的需要。在完美母亲的期待下，社会对于母亲的要求越来越多、越来越复杂。

　　当下中国社会也在提倡这种母职观念。金一虹分析了中国母亲形象的转型，指出从1990年至今，中国掀起了"母教"潮流，国家推波助澜树立"好母亲"的价值观，为了孩子牺牲自我发展、全心全意投入育儿事业的全职太太成为有身份、有地位的人，强调做母亲是自主的选择，应该勇于承担责任，抱怨是没有风度的表现。④沈奕斐分析了967篇涉及"辣妈"的文本，发现社会对于"辣妈"的宣扬强调她们在外表上要"美丽

① 此段选自张乐睿应我之邀写的教育自述。
② 林恩·贾米森：《亲密关系：现代社会的私人关系》，蔡明璋译，群学出版有限公司，2002，第57页。
③ Hays, S., *The Cultural Contradictions of Motherhood*, New Haven: Yale University Press, 1996, p. 46.
④ 金一虹：《社会转型中的中国工作母亲》，《学海》2013年第2期。

和孕产两不误"，同时要"兼顾事业和家庭"，虽然这颠覆了传统母亲朴素的形象，却形成了现代性的自我压迫。此外她们还要了解各种科学育儿知识，包括医学、心理学等，并接受当代文化对育儿的种种苛刻要求，但社会却不考虑作为母亲的女性所生活的具体环境。[①] 陶艳兰分析了流行的中国育儿杂志中对于"母职"的话语内容，发现社会舆论正建构一种理想的母亲形象：遵循育儿专家的指导、花费高昂、以家庭和孩子为重。[②] 做母亲的传统被科学的、现代的育儿观念排斥，仿佛母亲只有听从专家的意见才能养育出健康的孩子。

"完美母亲"期待背后的假设其实是"父母可以决定儿女的成功，而且他们一定要成为最优秀的父母，儿女才能成功"。对母亲的完美期待伴随着大量妇女进入就业市场，女性在照顾孩子与工作之间的冲突便不断发生。这种母职观，不但限制了母亲的认同和自我发展，而且造成了其经济依赖的不利处境。强调母亲对照顾和养育的完美承诺，使得母亲常常在与其他工作产生冲突的时候有一种"罪恶感"，她们在努力爱小孩的同时隐藏着压抑和失落。尽管安德婧笃信这种"独一无二"的个性教育的正确性，张乐睿在妈妈的关爱下也轻松地长大，但是母子两个人都不快乐。安德婧需要不断寻求心理专家的帮助来消解内心的失落和对张乐睿无法适应学校生活的担心；而张乐睿觉得自己平庸而无能，辜负了妈妈的信任和爱，一点都不觉得自己"独一无二"。母子两个人内心都很压抑，非常不快乐。

市面上有很多科学育儿书籍教导父母用一种"温和而坚定"的方式教育孩子。安德婧的书架上有很多育儿畅销书，比如《正面管教》《告诉孩子你真棒！》《好妈妈胜过好老师》《爸爸要"狠" 妈妈要疼》《发现母亲》《亲爱的安德烈》《孩子你慢慢来》等。这些育儿书固然能帮助妈妈解决一些教育实践中的方法、技巧问题，但加深了父母对于自己教育力量的执迷，让父母在乐观、坚定、温柔地对待孩子时，拒绝面对真正的问题，拒绝承认父母能力的有限性。

安德婧的痛苦在于她拒绝承认自己的痛苦，拒绝面对她和自己父母之间的问题。她推崇自由的教育，但对自己的内心实行全面的专制：要做一

---

① 沈奕斐：《辣妈：个体化进程中母职与女权》，《南京社会科学》2014 年第 2 期。

② 陶艳兰：《养育快乐的孩子——流行育儿杂志中亲职话语的爱与迷思》，《妇女研究论丛》2018 年第 2 期。

个好的、乐观的，了解孩子、愿意倾听的母亲，并把孩子置于一个乌托邦的世界——"不管你表现如何，我们对你的爱不变，你在妈妈眼里永远是最优秀的，谁不认可你，爸妈也认可你"，这让孩子远离了危机，也错过了成长的机会。安德婧把全副身心都扑在孩子身上，很少有个人的生活，而教育工作的本质，马卡连柯认为，恰恰在于成人组织好自己的生活，并帮助孩子组织好他的生活。

> 教育工作的本质，根本不在于与孩子的谈话多少，也不在于对孩子的直接影响，而在于组织你的家庭、你的个人生活和社会生活，在于组织孩子的生活……把孩子生活中的某种东西看作大事，并把注意力全部集中在这样的大事上，而把其他所有的事全都弃之一旁，这将是一个可怕的错误。[①]

安德婧对其他孩子的漠视，"为什么偏偏管你而不去管街上的路人呢，因为他们和我没有关系，我只关注我自己的孩子"，斩断了自己与公共生活的联系，而成人和儿童都渴望体验与家庭之外的广袤世界和多样化个体有更多联系。这种"独一无二"的爱将孩子和自己都禁锢在狭小的空间里，限制了双方在更广阔的世界中体验爱和自由的可能。

3. 作为家庭"安全阀"的父亲

在母亲全面负责家庭教育资源统筹的时候，父亲不再以道德和规则权威象征的角色存在，而是在养家糊口的同时，辅助妈妈开展家庭教育，比如接送孩子、在母子冲突时做调解员、给孩子鼓励、放松孩子心情、陪玩等。王舒芸认为，现代社会父亲的家庭角色是"选择性父职"。虽然父亲也参与小孩的照顾工作，但相对于母亲的"随时待命"，父亲的角色是补充性与选择性的，有可选择的时间点和特定类型的照顾内容，比如，只有在周末时，或者等到婴儿学会走路后，父亲才比较适合照顾；陪小孩玩，而不是换屎换尿，因为母亲更细心。[②] 对于爸爸"缺席"家庭教育，舆论时有批评。然而，在访谈过程中，我发现孩子们在家庭中的"温情"记忆主要来源于父亲。比如，安乐瑶提到她在爸爸每天默默接送她放学中体

---

① A.C. 马卡连柯：《家庭和儿童教育》，丽娃译，上海人民出版社，2011，第11页。

② 王舒芸：《新手爸爸难为》，远流出版社，2003，第85页。

会到了父爱；安乐硕发现父亲虽然不善于表达，但会偷偷关心她，甚至还帮她写作业。传统社会的"严父慈母"的角色分工转变为"严母玩父"，这种角色分工对于平衡教育竞赛导致的紧张亲子关系非常必要。

上学一直是爸爸接送，这个就该提到爸爸有多宠我。父爱是悄悄的，爸爸总是默默用他的行动展示着他的爱。他很不放心我，即使是很短的路程，也要接我回家。有一次我贪玩去同学家，他等了我好久，也不知道我去了哪里，就一直在烈日下等着我，事后我很后悔、很自责，偷偷在屋子里面抹眼泪。我在爸爸心中依旧是一个长不大的孩子，说白了就是爸爸怕我太傻遇到危险。[1]

爸爸虽然不溺爱我，但我提出什么要求或者想要什么东西，他都会记在心里。可能某一天我随口说想吃什么东西了，第二天或者过些日子我都忘记了，爸爸就会给我买回来。有一次我在饭桌上突然说打算买一架电子琴，想在家里也练习一下，父母当时的回答是，你自己来决定。但晚上的时候我看到爸爸在电脑上搜索电子琴，了解电子琴的情况。小学三年级的时候有一篇作文我不会写，还是爸爸给我写的，被老师当作优秀范文表扬了好久。爸爸不善于表达，也不会说什么爱我们的话，但都会用行为表达。（安乐硕-2006-女-小学生）

王乐琪（2000-男-高中生）与父亲就像朋友，得闲的时候父子俩经常一起聊聊天、弹弹唱唱。父亲在他学吉他的事情上表现得很随性、很民主，"如果你想学，我教你，如果不想，我弹给你听"。

爸爸对我的教育就是保留天性、快乐成长，以鼓励的方式教育我。我很小的时候比较淘气，经常把家里的物品弄坏，或者是出去跑一身土，爸爸只会笑而不语，从来不说我。我17岁生日时，爸爸送我一把吉他，但他并没有逼我学习。他告诉我，如果你的歌声能配上你吉他的伴奏就太好了，我看你对音乐感兴趣，如果你想学吉他，那么我教你弹，如果不想，那我弹给你听。

---

① 此段选自安乐瑶应我之邀写的教育自述。

有一天，终于也拿起了吉他开始慢慢练习，当指尖被琴弦割出一道道印记而变得红肿疼痛的时候，我又开始想要退缩了。爸爸没有逼迫我去练习，他说，想不想学那是你自己的事情。现在我已经可以弹唱简单的歌曲，爸爸每次看我抱起吉他都会有一种自豪感，不论弹得好与不好，他都不会从中间打断我。我们时常一起探讨关于音乐的话题，彼此分享不同的见解，研究一首歌曲中的细节。（王乐琪－2000－男－高中生）

从前文所呈现的70—80后父母与90—00后两代人的亲子关系来看，传统社会"严父慈母""父不亲其子"的传统已经转变为"严母玩父"的角色分工，母亲唱黑脸，父亲唱白脸，与传统社会的角色倒置，这个历史过程是如何发生的呢？心理分析学家鲁格·肇嘉在《父性：历史、心理与文化的视野》一书中，专门探讨了传统社会父亲和母亲的角色特点。他认为，由于母亲在怀孕期便与孩子建立了母子通感，加诸分娩时激素的刺激，她们比父亲表现出更多的"自然母性"，哺乳赋予了母亲天然的养育优势和"特权"。因此"母子关系，首先在它的最早阶段具有排他性特征，以至于这种关系几乎与任何其他世界分离"[1]。他把父性比喻为"武器和盔甲"，父亲作为"胜利者"和"防御者"打猎回家（养家糊口）、保卫家园，伴侣和孩子也相应地被"盔甲"所隔离。父亲的拥抱和爱是刻板的、生硬的，远不如母亲的贴心和温柔，"与雌性对待母亲的身份相比，雄性带着更多的刻板、差异与很强的攻击性来拥抱父亲这一身份"[2]。鲁格·肇嘉分析，现代男性"养家糊口"的角色是"远古猎人"角色的延续，男人本身和其伴侣都期盼男人扮演保卫家园的"胜利者"的角色。[3]

传统的安静的、勤勉的生计模式维系了父亲的权威，父亲地位的相对稳定与田园生活的相对稳定密切相关，也与传统社会的仪式和神话有关。我在第一章对生育仪式的论述中讲到，孩子出生后要通过各种仪式建立起

---

[1] 鲁格·肇嘉：《父性：历史、心理与文化的视野》，张敏、王锦霞、米卫文译，世界图书出版公司，2015，第3页。

[2] 鲁格·肇嘉：《父性：历史、心理与文化的视野》，张敏、王锦霞、米卫文译，世界图书出版公司，2015，第3页。

[3] 鲁格·肇嘉：《父性：历史、心理与文化的视野》，张敏、王锦霞、米卫文译，世界图书出版公司，2015，第3—16页。

孩子与父系家族、母系家族的社会联系。父子关系主要是文化建构的结果，强烈依赖仪式、神话不断强化的象征性权威。但工业革命和现代科学技术的发展终结了父亲的"象征性权威"。

现代父亲为孩子提供生计来源，但不再是道德榜样或直接的教育者。大工业生产的方式，使得"父亲"常常失去主动权和置业的自豪感：自己生产的产品不是自己的，甚至看不到它们。现代父亲也失去了对妻子的控制，失去了对孩子的权威以及在孩子心目中的地位，他们的工作、日常生活、感情都离孩子很远，与孩子的生活无关。父亲失去了大部分的家庭关系，他唯一要做的就是把工资带回家。在现代社会，他所能分享的东西是冰冷的，既没有在田间分享一碗汤时的温暖，也没有在葡萄园里采葡萄的喜悦……在家庭里，他变成了一个陌生人。[1] 随着科学教育学和心理学的发展，尤其是弗洛伊德的后继者更加关心母亲与孩子的关系，还强调原生家庭，而不是社会关系，父亲越发被边缘化。女权运动的兴起和对父权制的批评，使得现代母亲拒绝再做中间人，她们不再尝试将父亲和孩子联系在一起，这加剧了父亲家庭教育地位的衰落。

"父亲"是个不稳定的文化建构。如果母亲失去了文化赋予她的权威，她依然可以是一个自然母亲，而父亲失去了文化赋予他的权威，也就失去了作为父亲存在的文化确定性。学校教育接管了家庭中的一部分教育功能，父亲的角色进一步衰落了。在某种意义上，现代父亲更孤独。父亲正在"被迫"学会成为孩子的看护者，学会成为母亲的助手或者翻版。被终结的，不只有父亲，还有母亲。当家庭的养育功能越来越可以被社会代理时，父亲成为母亲的助手，母亲成为学校的助手，父职、母职以及家庭教育的功能都将面临很大的危机和挑战。父母角色的倒置和父亲家庭教育地位的衰落，是工业革命后家庭作为社会化代理的地位的衰落，是国家和学校广泛接管教育的必然结果。

三、"供养小祖宗"：代际关系的逆转

不仅夫妻的养育分工发生了逆转，祖辈和子辈、孙辈的关系也发生着

---

① 鲁格·肇嘉：《父性：历史、心理与文化的视野》，张敏、王锦霞、米卫文译，世界图书出版公司，2015，第 158—163 页。

巨大变化。"妈妈生，姥姥养，爷爷奶奶来欣赏"，我在田野观察时发现，在新生儿养育过程中，来自母系的外援力量增强，传统父系家族里"婆婆带孩子"的普遍情况发生了改变，这与现代社会家庭结构的变迁、男女平权运动的兴起、独生子女政策导向的"女儿也可以养老"对传统养老模式的冲击等因素有关。阎云翔注意到家庭生活中"女性权力"的出现，"女性通过外出工作增加了其对家庭经济方面的贡献，同时通过管理家庭经济等方式来提升家庭地位"[1]。郭于华也发现，女性在家庭经济生活中常常是握有实权的人物，"不仅仍然主内，在衣食安排、养育孩子、照顾老人等家庭生活中起主导作用，而且日益在创造收益的生产活动中与男子平起平坐"[2]。这意味着年轻女性作为儿媳的地位也会发生变化。

1. 婆婆权力的旁落

我的田野研究发现，在三代抚幼家庭中代际关系已经发生了明显的逆转。在由婆婆帮忙带孩子的家庭，"婆弱媳强"的现象也越来越普遍，年轻女性及其娘家人在小家庭养育活动中的地位越来越高。在70—80后的12个家庭里，年轻母亲主要负责监督孩子的学习，父亲主要负责养家糊口，家务劳动和琐碎的抚育工作主要由祖辈承担。祖辈一般负责接送孩子和大部分家务劳动，在带孩子的问题上，几乎没有决策权，只有执行权。甚至在一些小事上，比如吃什么、穿什么、玩什么等问题上，老人也要接受年轻父母的指导。即使他们并不同意，或心不甘情不愿，也最终会妥协。

所有小家庭在购置房产时都接受了父母大量的经济援助，但有的老人表示很后悔，不该给小家庭这么多钱，现在自己生病了都没人管。很多老人埋怨年轻人一点活都不干。虽然埋怨，但他们还是留了下来，指望儿子以后即使不能养老也可以送终。

给了几十万给儿子买房子，现在没钱了，就靠一个月3000多块的退休金。但是儿子管不了媳妇，儿子的工资一下来就给媳妇了。现在帮忙带孙子，儿媳妇一分钱都不给我。身体不好，经常看病，在大

---

① Yunxiang Yan, "Girl Power: Young Women and the Waning of Patriarchy in Rural North China", *Ethnology*, Vol. 45, No. 2, 2006, pp. 105–123.

② 郭于华：《代际关系中的公平逻辑及其变迁》，《中国学术》2001 年第 4 期。

城市没有医保，没有钱，问儿媳妇要钱就没办法。如果知道这样，我就不给那么多钱了。这个老人啊，千万别全部拿出来，我就太实诚了。这些年轻人都太没良心了。房子我都出了一部分钱，现在有病了，一点钱都不给我。现在年轻人都不干活，连个碗都不刷，光知道吃。洗衣服，都是用洗衣机，浪费电。（安仁美－1952－女－初中－基层干部）

吴小英认为，父母主动发起或积极参与子女的购房行为，其动机是为了拉近两代人之间的距离，与成年子女建立起一种"协商式的亲密关系"，这是父母采取主动策略重建一种理想的家庭关系和孝道的行为。[1]但本研究发现，这种妥协性关系离两代人之间形成亲密的互信关系还相差甚远。带孩子的老人之所以选择在家庭关系中向年轻人妥协：一是不想影响小夫妻的关系；二是自己也不确定"不听"年轻人的话会给孩子带来什么后果，"年轻人有文化，也许说的是对的"，更怕孩子出了事很麻烦；三是他们从农村来到城市帮忙带孩子，对大城市的生活充满恐惧，连出去逛街可能都不认路，也没有认识的朋友，非常孤独，在情感上极度依赖子女和孙辈。

> 父母的不安还源于一种焦虑，即他们有可能很快失去作为下一代精神导师的角色。科技的发展使理论性知识在很大程度上取代了经验性知识，而上辈人主要靠经验性知识来指导下一代。随着时代的发展，上一辈人越来越感到自己对现代物品的无知，许多时候不得不求助孩子。[2]

李晓芳对婆媳关系地位逆转的解释是家庭权力从父辈转移到子辈，夫妻关系取代亲子关系成为家庭关系的轴心，儿媳的家庭地位上升，儿媳对公婆的养老责任意识淡化。儿媳与公婆感情的好坏，更多的是看公婆在其有劳动能力时对自己的帮助有多大，如婆婆不辞辛苦帮自己操持家务、照

---

① 吴小英：《"去家庭化"还是"家庭化"：家庭论争背后的"政治正确"》，《河北学刊》2016年第5期。

② 程巍：《中产阶级的孩子们：60年代与文化领导权》，三联书店，2006，第91页。

料小孩，就可能换来较好的老年赡养。[①] 笑冬把失去家庭权威的老一代传统妇女尤其是农村妇女称为"最后一代传统婆婆"。[②] 本研究发现，50—60后的女性作为最后一代传统婆婆失去了在婆媳关系中的权威地位，这在很大程度上是她们的一种主动妥协，哪怕知道孩子在啃老、在"盘剥"她们仅剩的经济和体力资源。她们辛苦工作的终极目的就是想看到孩子或者说孙辈的幸福，哪怕苦一点、累一点也没关系。已经吃过一辈子苦的老一辈人不怕干体力活，最怕的是孤苦无依，子女和孙辈是他们在这个世界上仅剩的精神寄托。

2. 作为免费保姆的公公

当婆婆在抚幼家庭中的地位下降时，公公的作用便凸显出来。有的媳妇与婆婆关系紧张，不愿意让婆婆带孩子，就只让公公带。安仁金是孩子的爷爷，住在农村老家。儿子儿媳在县城上班。他不愿意与儿子儿媳一起住，而且老家还有农活干，但又必须要带孙子，只好每天一大早起床干完农活，再出发赶到县城带孩子，晚上再回自己家与体弱多病的老伴一起吃饭。他说，来回赶路带孩子，像个"上班的保姆"，甚至比上班的人还辛苦，连保姆都不如，只是个自愿送上门的免费保姆。

夏天我早上3点多起来，先去地里锄地，要干上2个多钟头农活再走。早上6点多，赶在孩子爸妈上班之前，冬天是7点以前。有时候真觉得受不了啊，但受不了也得受啊。夏天坡里的活得干啊，该收的麦子得收啊。3点钟起来，干到5点多，回家拾掇拾掇，洗洗脸刷刷牙，换上衣裳，6点就走，骑电动车6点半左右就到了。晚上我不在儿子家吃饭，回来和老伴一起吃，她身体不好。有时候遇上孩子爸妈加班，我回来都晚上9点、10点了。

孩子奶奶带不了（孙子），背不动。（儿子）住在6楼，孩子背着、抱着真沉。夏天的时候，孙子穿着裤头背心，一出汗，浑身热得不行。有时我用小车推，一个手提着小车，一个手抱着他。上楼你背着他，上一半楼就歇歇，把小车先提上去。冬天很少下楼。

每天收拾玩具很累啊，满屋都是。孩子喜欢玩水，弄一大盆水

---

① 李晓芳：《农村家庭养老功能弱化与代际关系转变》，《未来与发展》2014年第2期。

② 笑冬：《最后一代传统婆婆?》，《社会学研究》2002年第3期。

玩，满地都是水，还得天天拾掇，搓地板啊，怪累得慌。（安仁金 –
1950 – 男 – 初中 – 农民）

安仁金说起带孩子的事，有一肚子苦水要倒，年纪大了这么辛苦，还
是要"受着"，就这一个儿子、一个孙子，哪怕儿子儿媳对他不好，他也认
了，"这是命""孩子就是来讨债的"。另外一个老人 H[①] 作为外婆帮女儿女
婿带孩子，在大城市里生活非常不习惯，又看不惯女婿的作风，与女婿起
了冲突。她的女儿劝她回老家，说"姥姥不担歹坏"，意思是出了事姥姥承
担不了责任，奶奶就不要紧。下面记录了 H 母女二人之间的一次对话。

　　H：我带孩子很细心。
　　女儿：细心也不行。万一孩子磕倒了，摔骨折，遇到车祸怎么
样？姥姥不担歹坏，奶奶抱孩子磕了碰了，孩子爸爸就不埋怨。你别
跟孩子爸爸起冲突，一家子都相安无事就很好。
　　H：他（女婿）垃圾从来不倒一回，回来就指挥这指挥那，光知
道叨叨。给孩子洗澡吧，水这么凉，把孩子凉的，我看不惯。
　　女儿：你还是回去，让孩子奶奶看吧。我担心孩子，也担心你，
一旦出什么事，手心手背都是肉，一个亲儿子，一个亲妈，一个亲老
公，我夹在中间偏向谁的是？

从以上对话来看，母女的冲突主要是老人不满意年轻人"好吃懒
做"、在生活细节上不会照顾孩子，女婿又不尊重她的劳动。女儿虽然偏
向妈妈，但还是劝妈妈回去，让婆婆来带孩子。虽然所有人都很关心孩
子，但孩子的安全是所有人都紧张的事情。从某种意义上说，祖辈老人对
小核心家庭尤其是孙辈的情感依赖越来越强，不仅潜在地争夺养老资源，
也争夺情感支持，"如果双方都是独生子女，是双方家庭和母亲的唯一依
靠，她们互相成为潜在的竞争对手，都想尽可能地侵入核心家庭，抢占子
女剩下的爱"[②]。可以预见的是，不仅子女成为争夺的对象，孙辈的抚育
也会成为争夺的对象。

[①]　此处应被访者要求，完全隐去其姓名、年龄、职业等信息。
[②]　付萍：《当婆婆遇上妈：对现代社会中婆婆和丈母娘的关系分析》，《品牌》2015 年第 1 期。

3. 祖辈讨好与孤身战术家

祖辈带孩子的时候，通常比父母更溺爱孩子，很多时候，老人即使知道做得不对，但只要孩子反复央求，也会妥协。比如安德然的小孩于乐夏（2014 – 男 – 学龄前）睡前想吃零食，虽然安德然明确说不要给孩子买零食，但爷爷奶奶会偷着买一点给孙子，而且跟孙子说"不要说给妈妈知道"。安德然告诉婆婆，周一到周五的晚上不能给孩子看 iPad，但于乐夏反复要求看 iPad 时，老人就会答应。老人需要"讨好"孩子来维持亲密的祖孙关系，这甚至优先于孩子眼前的健康，"反正一点儿零食吃了不要紧的""看一会儿 iPad 不要紧的"。对老人来说，孩子就是宝贝，孩子的需求高于一切。尽管于乐夏在幼儿园已经学会了自己吃饭，但在家里奶奶还是坚持喂他吃饭。由于老人对孩子太"宽容"，他们的劳动虽然被小家庭需要，但教育方式却不被年轻父母认可，两代人经常为一些生活和教育上的细节发生冲突。张乐睿讲了他奶奶对他没有原则的溺爱，以及由此与妈妈发生的冲突。

> 奶奶什么都依着我让着我，小时候我就无法无天。我还记得自己爱吃零食，有一次奶奶买了一大堆零食给我吃，别的小朋友来家里的时候，我就把这些零食弄成一堆自己护起来，生怕别人拿。奶奶护短，说小孩都这样，"跟小狗子似的，拦护食"。但是我妈妈每次看到我这样，便会很严肃地告诉我要学会分享，我每次都听不进去。
>
> 有一次别的孩子带着礼物来我家做客，把好吃的给我时，妈妈一下子夺过去又还给了他，无论我如何哭闹都不依我的性子。她跟我说友谊是相互的，在任何时候都要学会分享，只有我愿意分享自己的东西，才可以享受朋友分享的东西。我去找奶奶哭，奶奶后来又悄悄拿给我吃，妈妈知道了很生气，两个人大吵了一架。（张乐睿 – 2003 – 男 – 初中生）

从两代人养育孩子的冲突中我们可以看出：第一，家庭代际的等级关系发生了改变，长辈尤其是婆婆的权力下降，家庭权力已经从祖辈手里转到了小辈；第二，夫妻关系取代父子关系成为家庭关系的主轴，年轻母亲的地位提高；第三，女方娘家人的地位提高，越来越多地参与到核心家庭的事务中来；第四，子代尤其是孙代的地位持续提高，他们成为家庭的核心，孙辈的养育出现多元竞争局面。随着家庭重心向孙辈转移，子代地位逐渐提高，他们不可避免会成为家庭情感争夺的核心，每个人都处于过度紧张和互不信任的状态。祖辈、年轻父母的爱、关心和经济资源都向孙辈流动，孙辈的教育成本水涨船高，使独生子女的教育问题更加严重。

大人对孩子的情感争夺，催生了一批善于察言观色的"孤身战术家"。Esther 认为，祖辈和父辈之间权力关系的多元性、动态性、复杂性会被儿童所充分认知、理解并应用，孩子能够利用家人对自己的爱，应对、抵制来自长辈的要求、压力和惩戒，利用祖辈、父辈之间养育观念的不同，去对付成年照顾者。比如，为了逃避祖母对自己不当行为的惩戒，孩子可能会推出母亲这个挡箭牌，当祖母因为顾忌婆媳关系而去向母亲询问真相时，祖辈对孩子不当行为的生气程度已经因为时间而降低了。[1]

我的田野观察发现，儿童在很小的时候就具有对于成人关系的洞察力，并能"见招拆招"。比如，于乐夏 1 岁半的时候便能发现眼泪能换来爸爸亲密的抱抱、连声的安慰以及他想要的零食、玩具之类，而只能从姥姥那里换来指责、厌烦、唠叨——"这么大了天天流马尿，丑丑丑"，从妈妈那里换来的是"关小黑屋"或者"打屁股"。为此，他也很"狡猾"地学会了"区别对待"：常常用"光打雷不下雨"来要挟爸爸；在妈妈这里如果"假哭"不行就"真哭"，"真哭"不行也就自己去玩了；当父母不在家的时候，他就变成了姥姥口中"听话"的孩子，不哭不闹，按时吃饭睡觉，以至于姥姥经常说"父母跟前的都是惯孩子""父母都不在家孩子听话着呢，一回来就任性撒娇"等。1 岁半的小孩已经能察言观色，面对不同的人采用不同的"战术"。他们很早就学会了"阳奉阴违""表演"，如同卢梭所说：

> 由于你把他们不能理解的义务强加在他们身上，将促使他们起来反抗你的专制，不是他们不爱你，是他们为了得到奖励或逃避惩罚而采取奸诈、虚伪和撒谎的行为。最后，他们惯于用表面的动机来掩盖秘密的动机，从而在你的手中学会不断捉弄你的手段。[2]

① Esther, C. L. G., *China's One-Child Policy and Multiple Caregiving*, Routledge, 2011, pp. 118 - 120.
② 卢梭：《爱弥儿：论教育》（上卷），李平沤译，商务印书馆，1978，第 102 页。

儿童在多重照顾框架里获取了更多的"爱"和"照顾"，但也有相应的压力和烦恼。首先，孩子可能成为家庭不当事件、不妥行为的替罪羊和受害者，长辈之间的冲突往往会以孩子为出气口，长辈通过责骂、惩罚孩子来相互取悦或示威以达到组合内部权力关系的平衡。比如安德然与婆婆发生冲突而丈夫选择站在婆婆这边，她觉得孤单无助想"扳回一局"时，就会架空婆婆带孩子的权力，直到婆婆和丈夫妥协。其次，多重照顾和深度监护也意味着孩子单独活动或自由地与其他孩子共同活动的空间与时间会被挤压，这容易导致代际关系紧张或冲突，引发儿童的不满、沮丧或愤怒。

郑也夫认为，这些是家庭生态和父母心态异常的表现。这种反常态的教育，有悖于人类在漫长进化中的生存状态及与之相适应的品格。父母的多重情感——爱、恨、怨气、梦幻、愿景、理想投身于一人，使得独生子女承受着生命不能承受之重。儿童没有了生活在一个屋檐下的兄弟姐妹，没有了互帮互助的人生第一课，日后生存所需的合作、自立精神会先天不足。[①] 成人的神经质问题和儿童的精致利己倾向，在以上的介绍中均可见端倪。

第三节　结构性的养育焦虑

尽管祖辈与年轻父母在饮食、消费等细节问题上有明显的差异和冲突，对孩子存在情感争夺等情况，但在教育和文化补偿的问题上，他们却达成了共识。中产阶层除了对孩子的学业关注以外，更加注重文化尤其是艺术教育的补偿，希望孩子能过上既成功又有品位的生活。放弃学校教育的"浪子"们尝到了"没文化"的苦果，更觉读书的重要。虽然不像中产阶层父母那样可以凭借"专业"能力为孩子学业提供助力，但他们对孩子学业的关注和控制有过之而无不及。

一、家庭教育的母职中心化

中国素有"早学""幼蒙""自课"之"理性早启"的育儿传统。学者

---

① 郑也夫：《吾国教育病理》，中信出版社，2013，第89页。

熊秉真在《童年忆往：中国孩子的历史》一书中指出，"自十五世纪（宋代）以后，每过五十、一百年，中国士子启蒙就学的年龄就要提前一年或两年……士人家庭之尤重子弟前途者，对其学识教育之肇端，总有迫不及待之感，认为捷足者卒能早登……幼蒙趋势，宋元而明清，随着科举之确立，与市场经济之活络化，愈演愈烈"①。作为对未来激烈社会竞争的预演，消费社会产生了以一种可见的、可量化的业绩来证明个体的价值观念。独生子女政策的后遗症——集全部情感于一人、唯一的鸡蛋要放在最安全的篮子里的观念，催生了父母对孩子学业成就的高期待和狂热关注。

1. 以母亲为舵手的竞赛式育儿

在孩子的学业问题上，安氏家族的两代人以及不同阶层表现出了高度的一致性，尤其是母亲登上教育前台，变成家庭教育的掌舵手、家族竞争的总设计师、资源的动员者和现场指挥者。杨可指出，这种以母亲作为"教育经纪人"参与的教育军备竞赛是现代工具理性的体现。②

张乐睿从小就比较调皮，不爱学习，作业能拖就拖，要不就随便在作业本上写写画画。他的妈妈安德婧非常担心："我当医生特别忙，还得照顾公公婆婆和孩子，这孩子没人管，又贪玩，考试这么差，以后怎么办！就这一个孩子，不好好读书以后只能干力气活！"但孩子"像个顽固的石头，死性不改"，终于有一天，安德婧对儿子的怒气爆发了。

> 我放学回来把书包一放准备往外跑。老妈一脸严肃让我先把作业写了。结果书包里的试卷掉出来，老妈一看不及格，就翻脸了。一看我装模作样地在那里写作业，气不打一处来，抓起我的书包就哐啷一声扔外面了，"不想学就别学了"，我从来没看过妈妈这么气愤。从那以后，老妈每天都要监视我写作业，给我听写听写单词，检查我背诵课文，不写完作业不让吃饭。（张乐睿-2003-男-中学生）

安德婧担心以后他们老两口过世了，孩子如果不好好学习，没有一技之长，无法在社会上立足。我问她："没有想过让他以后学一门技术或者上职业高中吗？"她说："现在的职业高中里面全都是小混混，去了能学

---

① 熊秉真：《童年忆往：中国孩子的历史》，广西师范大学出版社，2008，第97页。
② 杨可：《母职的经纪人化——教育市场化背景下的母职变迁》，《妇女研究论丛》2018年第2期。

好吗？打架斗殴的有的是。"她坚决不让孩子走这条路。

安德美（1975 – 女 – 初中 – 务农）是一位全职妈妈，她的丈夫经常出差，公公婆婆早已去世，所以她专门照顾孩子王乐琪（2000 – 男 – 高中生）的饮食起居。族中与安德美同龄的两个 70 后女性，一个是中专生，另一个是博士生，只有她学历最低。虽然安德美小时候学习也很好，但家里比较穷，还有个弟弟，父母又有些重男轻女，就让她早早下来帮家里干活了。没有读书是安德美很大的心结，"人生很大一个遗憾"，她常对王乐琪说，"学习好了才有用，学习不好不中用，做啥都白搭！连个习都学不好，做别的事也别想着中用"。王乐琪上初中的时候迷上了打游戏，天天放学回家谎称去同学家里写作业，其实是去打游戏。安德美知道后，直接去他同学家"抓捕"，当场就把游戏盘给扔了。王乐琪在同学面前丢了面子，非常恨妈妈。更让王乐琪生气的是，妈妈没有征求他的意见就给他报了奥数班。他恨妈妈，又特别同情妈妈，因为天天就妈妈一个人在家，两个人相依为命。他不想妥协，又不想伤害妈妈，只好经常跟妈妈撒谎。

> 一个电话告诉我去上课，胳膊拧不过大腿，我硬着头皮去上课了，但是我不是那么容易妥协的人，回家后大闹一场。妈妈并没有给我道歉，这让我更加生气。于是在补课的时候偷偷给老师打电话说我生病了，不能去上课，然后骗妈妈说去上课，结果在外面游荡了 2 个小时。这个方法用的次数多了，老师就给我妈打电话问我为什么总是不去。谎言暴露了，我回家挨了一顿打。可我没觉得有多错，我不喜欢现在的教育方式。（王乐琪 – 2000 – 男 – 高中生）

生活在大城市的 70—80 后父母也不甘落后，他们依靠学校教育才走出来，"千军万马过独木桥"，知道竞争的残酷，更知道大城市生活的艰难，不敢丢掉他们的立身之本，敦促孩子学习成了父母的主要责任。他们虽然无暇照顾孩子的生活起居，但可以发挥自己的"专业优势"，全面了解教育政策、考试动向，制定孩子的"个性化"学习、成长方案。为了帮助孩子成为学校教育的成功者，父母主要是妈妈们成为学校教育信息、升学信息、课外教育信息的"小灵通"。

激烈的教育竞争在孩子们还没有出生时就已经开始了。安乐泽（2013 – 男 – 学龄前）的父母在广州买房子的时候，已经把全市的重点学校摸了个底，通过网络检索、实地考察，他们对区内各大幼儿园、中小学的教学条件、教育优势了然于心，最终选择了一个私立幼儿园。虽然其学费比公立幼儿园高很多，但安乐泽爸爸（1985－男－本科－国企员工）说："公立园不学东西，小孩子天天吃了玩，玩了吃""天天呼隆着玩，不学认字、不学算术，还得额外花钱报班"。于乐夏（2014－男－学龄前）的妈妈安德然后知后觉，一开始完全不了解这些教育信息，结果在孩子要读幼儿园的时候，发现根本报不上名。原来，家长们大多提前一年就开始给孩子咨询、占坑。错失机会的安德然只好"奋起直追"。无论是主动还是被动，在教育资源分配不均的情况下，城市里的年轻妈妈们已经把教育视作工作之外的"第二职业"。

不仅年轻父母狂热地关注孩子的学业，50—60后的祖辈也竭尽所能地督促孩子认字、识数。安仁堂老人（1960－男－初中－工人）为了教5岁的安乐巍学习，专门买了一个小黑板。每学一个阿拉伯数字或汉字，安乐巍都要念三遍，然后在写字板上写一遍。如果安乐巍写得认真，安仁堂就奖励孙子一块糖或者答应他去买玩具；如果安乐巍写得不好，安仁堂就说："字如其人，字写得丑，人也会变丑。"安仁堂特意买了世界地图和中国地图挂在家里，墙上也钉着很多儿童识字、拼音、英语、唐诗的彩色图画。每次接送孩子上学、放学的路上，他也不忘教孩子认字、背唐诗。

郑也夫认为，在多子女的传统大家庭中，存在着一种不靠社会制度约束、凭借家庭选择完成的绝妙的自然分流机制。父母根据家庭生计和孩子的资质、兴趣，长时期的观察和评估来安排最适合读书的人选。这种家庭自然分流机制，可以降低家庭投入科举考试的成本，压缩应试教育的规模，降低竞争的力度，使读书人的学习不至于过分异化。然而独生子女政策改变了人口的生态，瓦解了传统的家庭分流，使得当代"科举"异常惨烈，学校教育高度异化。[①] 安氏家族两代人的不同阶层都表现出对儿童学业成绩的狂热关注，这种现象在很大程度上与独生子女政策改变了教育的多样化生态有关，传统社会多子多女的风险分担机制消失了，使得父母产生了"孤注一掷"的心理。

2. 过度早教与文化杂食主义

在学校基础教育基本普及且日趋平等，家庭通过学校教育来实现社会

---

① 郑也夫：《吾国教育病理》，中信出版社，2013，第82、87—89页。

阶层流动的愿望得不到满足之后，课外教育包括特长教育成为教育不平等再生产的新机制。伴随着儿童教育研究领域中0—3岁儿童科学成果的发现，早期教育的重要性经过"科学"的加冕，很快席卷了千家万户。

在于乐夏、安乐巍、安乐泽所在的幼儿园的街道上，遍布各种各样的早教班、培优班、艺术特长培训班。于乐夏所在的幼儿园的同学家长都给孩子报了兴趣班，包括语言开发、思维培训、启蒙认知等内容，英语启蒙成为家长们的首选，音乐舞蹈、运动体能、书法才艺等课程也很热门。安德然在接送孩子上下学的途中，经常会碰到商家发早教班的广告，宣传内容包括"轻松玩会3000个常用汉字，玩会500个英语单词，玩会数、量、形、时空等数学概念，玩会五线谱""双语学前班、欢乐英语、拼音识字、数学思维、美术、科学认知、乐器等课程，打造全人教育""百分之四十的小学员毕业后被重点小学录取"等。在安乐泽所在的社区，著名英语培训机构××教育曾多次在购物广场举办宣传活动，宣传单上的"幼儿精英教育""0—3岁为语言教育的敏感期"等宣传语夺人眼球，台上有奶声奶气的小孩现身说法，与外教进行简单的英语对话。很多家长对其投去艳羡的目光，并在宣传活动结束后积极咨询。这些早教课程的价格平均为100—200元/节，一些号称高端的课程高达400—500元/节，对于工薪阶层来说学费不菲。

安乐瑶在上小学之前，按照父母的安排学习过游泳、画画（油画、水粉、素描速写、国画等）、软笔书法、民族舞、英语、奥数……凡是有益于孩子发展的，安乐瑶父母只要听到风声，就会为她报名。但安乐瑶都是半途而废，现在她很后悔一个都没有坚持下来。

> 小时候最痛苦的事情就是被妈妈逼着学习各种特长班，像是画画、书法、舞蹈等，让我的生活失去了自由，没有自己想要支配的时间，所以都是只学到皮毛就放弃了，但是看到同学弹钢琴特别厉害、特别美的样子，又后悔当时没有听妈妈的话，没有坚持下来。（安乐瑶-2006-女-小学生）

张乐睿小学的时候曾经主动要求报班学习国画，还曾经拿过国画方面的奖项，但是他内心一点都不觉得骄傲和开心，因为他是跟着老师一步一步地画，画错了、画坏了老师直接帮忙改，"即使最后的作品张张精彩和美丽，却没有我自己的想法在里面，如今的我，已经再没有拿起过毛笔了，当我再拿起毛笔时，我可能连一朵梅花的画法都回忆不全了"。（张乐睿－2003－男－初中生）

族中 12 个三代抚幼家庭，都给孩子购买了大量的儿童绘本、识字教材、历史书籍等，无一例外。对儿童的心智开发和过度早教，体现了三代人在多元文化并存的现代社会既盲目又急切的过度补偿和文化杂食心理。我选取了三个较为典型的家庭来分析，分别是生活在北京的安德然家、生活在泰县市中心的安德嘉家和生活在农村的安德勇家。

安德然和其丈夫在孩子于乐夏未出生时，就购买了很多儿童启蒙读物，比如连环画、英文绘本、儿童唐诗等，连孩子平时玩耍的塑料地毯也是著名早教品牌的儿童启蒙明星产品，上面印有各种英文单词、阿拉伯数字等。不过，于乐夏对大部分书都不感兴趣，他最喜欢的是关于恐龙和汽车的书，百看不厌，其他书大部分就成了摆设放在家里。安德然家进门处放置了一个书架，书架上显眼处放着她从一个年轻画家处购得的山水画团扇，还放置了成套的亦舒小说集、严歌苓小说集等（见图 4－1）。安德然喜欢亦舒、严歌苓，因为她们是现代女性中独立、自主、有才华的代表性人物。她对儿子的期望也是这样，要"自强、独立、有才"，最好还要有"颜值"。

安德嘉在泰县某镇当公务员，其妻子张甜在当地某企业做销售人员，二人收入在当地处于中上水平。他们的大女儿安乐瑶 12 岁，小儿子安乐成 5 岁，都由爷爷奶奶带大。夫妇二人的工作非常忙，陪孩子读书的时间很少，但"该买的书不能少"。他们给孩子的卧室放了两个大书架，书架上整整齐齐摆放了很多书。有些书非常干净，甚至还没有拆封。这些书大体分为三类：第一类是营销、教育、心理学书籍，比如《德鲁克管理思想》《孙子兵法和三十六计》《曾国藩智谋全书》《第五项修炼》《人性的弱点》《心理咨询师基础知识》《每天学点实用心理学》《好妈妈胜过好老师》《爱的教育》《育儿百科图谱》等；第二类是宗教和传统文化书籍，比如四大名著和《现代因果实录》《妙莲老和尚说故事》《地藏菩萨本愿经》《一生最爱古诗词》等；第三类是儿童读物，包括《十万个为什么》《福尔摩斯全集》《儿童国学诵读经典》等。这些书的内容既有科学的，也有宗教的，既有传统的，也有西方的，非常驳杂。安乐瑶不喜欢阅读这些书，更喜欢看日本动漫书。5 岁的安乐成还不喜欢读书，每次爷爷教他

图4-1　安德然家的书架

读书认字，他就撕书玩，这让他爷爷非常生气。

　　安德勇（1990-男-初中-企业工人）在外面打工，他的妻子王蓉（1992-女-初中-全职妈妈）在网上开了一个淘宝店卖衣服，平常就在家里带孩子安乐巍（2013-男-学龄前）。安德勇家里没有专门的书柜，夫妇两个买的儿童读物散乱在各处，沙发上、床边都有各种儿童书的残页。他们觉得自己没有文化，也教不好孩子，就在镇里的儿童兴趣班给孩子报了名，让孩子从小学习英语、画画、书法。王蓉每到周末都亲自陪小孩去上兴趣班，风雨无阻。安乐巍画画的时候，她就在旁边玩手机。家人

图4-2 安德嘉家的部分藏书

把安乐巍的画都保存了下来，或者贴在家里的墙上，或者用手机拍下来发到朋友圈里（见图4-3）。

图4-3 王蓉陪安乐巍上兴趣班以及安乐巍的画作

安乐巍爱画画是安德勇和妻子两个人特别开心和骄傲的事情。尤其是安德勇在外面打工，手机里儿子的照片和画作就是他的精神支柱，"一想到小巍这么聪明，回到家一看孩子画的画，就什么劳累、委屈都忘了，孩子比我有出息"。虽然安德勇夫妇二人的收入并不高，而且孩子学习画画会花很多钱，但他们愿意全力支持儿子继续学习画画，"只要他有兴趣，花再多的钱我们也心甘情愿"。

从上面三个家庭的情况来看，安氏家族身处大城市、小城镇、农村的三个家庭不仅非常重视孩子的学习成绩，而且开始注重对孩子的文化品位进行培养，都从孩子很小的时候开始文化启蒙。即使是没有条件亲自教的父母，也会让孩子通过报兴趣班补偿回来，这种文化补偿心理明显而迫切。但从家庭的藏书、教育方式来看，他们虽然有明确的文化补偿意识，但缺乏有针对性的、深思熟虑的文化反思，在内容选择上囫囵吞枣，带有盲目的文化杂食特征。这种文化补偿和杂食主义与预备中产的身份和地位焦虑息息相关，也与消费社会对"焦虑"和"幸福"观念的过度开发和贩卖有关。

3. 幸福与爱的"贩卖"

从前文三个家庭的教育情况来看，年轻父母大都给孩子报兴趣班、辅导班，除了通过消费购买服务之外，也在购买一种中产阶层的身份象征。兴趣班、辅导班作为文化产品，作为地位、荣誉、身份认同、心理归属的标志，其价值不仅包含实际的使用价值，还包含符号、象征价值，这也是很多辅导班价格高昂的原因。前文讲到安乐成的妈妈不断给孩子买各种价格高昂的名牌玩具、零食、衣服，对老人买的便宜衣服嗤之以鼻，并非因为便宜商品质量差，而是因为太"掉价"了。"掉价"就是丢脸，意味着身份的降低。

商业社会不仅在贩卖焦虑，也在贩卖幸福和爱。市场经济的生产能力是以消费能力为前提的，没有消费，就没有再生产。在物质匮乏时代，节俭是美德；到了现代社会，节俭就意味着"经济灾难"，意味着企业产品的滞销。生产普遍过剩的现代市场经济，必须不断鼓励消费的享乐主义，不断让民众产生对新的生活方式、新的物质和文化产品的想象，如此才能维持内在的运转。消费社会需要不断通过广告、网络、电视塑造新的消费想象、激起新的欲望，贩卖焦虑、爱和幸福是最有效的营销手段之一。

由于预备中产家庭父母工作都比较忙，陪伴孩子的时候比较少，祖辈也要讨好孙辈，他们都需要通过消费来表现和维持和孩子的关系。比如于乐夏的父亲经常出差，跟孩子的关系淡薄，每次回家都需要买大量玩具、零食讨好孩子，或带他去吃肯德基、去游乐场玩来维持"父爱"。于乐夏喜欢各种汽车玩具，他爸爸每次出差回来就给他买一个汽车玩具。于乐夏的汽车玩具可以排成一条长龙（见图4-4）。安德勇平常在外面打工，与儿子的关系比较疏远，每次回家的时候，对儿子安乐巍的要求百依百顺，给孩子买的玩具堆满客厅。

图 4 - 4 于乐夏的"汽车长龙"

现代社会的亲子生活很难离开消费文化。伯娜丁·徐和李胜指出,儿童群体构成了庞大的消费市场:他们自身当下的消费构成了儿童商品市场;他们对父母的消费影响力推动了成人消费市场;他们的成长也塑造着未来的商品市场。这种将孩子作为消费主体的观念也必然导致一个悖论和恶性循环:以消费来维系的亲子关系必然会产生裂痕,而修复这一裂痕的唯一方法就是父母为孩子消费。① 预备中产家庭对于教育和文化产品报复性的渴望和补偿,被消费社会以"爱""幸福""焦虑"的名义驱动。这种经济理性对于家庭和亲子关系的入侵,与独生子女的过度教育合流,给父母和儿童带来了巨大的精神压力。这种高强度的精神压力需要释放的出口,网络成为父母和儿童最好的去处。

二、隐秘的童年反叛与成人驱逐

媒介也在不知不觉中影响我们了解事物的方式。我们所接触的文化,并非纯粹的文化,而是文化与媒介联姻后的产物。1985 年,波兹曼在《娱乐至死》中提醒我们要对印刷术的衰退和电视中心文化带来的公共话

---

① 伯娜丁·徐、李胜:《锦衣玉食,压力饱尝:北京的独生子女》,《书摘》2017 年第 6 期。

语的严肃性、明确性和价值的退步危险保持坦诚和警醒态度。当时他并未想到网络、手机、电脑以更强有力的力量取代电视成为人们广泛依赖的媒介。人一直在创造、享用媒介的同时又反抗媒介，避免技术对人的异化。人类是在驾驭技术的过程中逐步成长和成熟起来的。在数字媒介时代，人类是被驾驭甚至"娱乐至死"，还是可以主宰自己创造的东西，扭转这种被弱化、被娱乐、被取代的命运呢？

1. 数字原住民与电子保姆

著名教育游戏专家施皮茨尔于 2001 年首次提出"数字原住民"和"数字移民"概念，将那些在网络时代成长起来的一代人称作"数字原住民"。他们生活在一个被电脑、视频游戏、数字音乐播放器、摄影机、手机等数字科技包围的时代，并无时无刻不在用信息技术进行人际互动。那些在网络时代之前成长起来的学习者则被称作"数字移民"。数字移民习惯文本阅读，而数字原住民则更倾向于屏幕阅读，强调速度和多重任务的重要性。[①] 与祖辈和父辈比起来，00 后和 10 后从出生起便被手机、iPad、Kindle 这些数字设备包围，他们是真正的数字原住民。

安氏家族第 22 世的孩子全部都是在网络时代成长起来的人。安乐成、于乐夏、安乐泽、安乐巍、周乐皓这几个 10 后的孩子，在两三岁的时候就已经学会了简单的手机操作。三代人凑在一起时最常见的情景是：老人看电视，年轻父母刷手机，小孩用 iPad 看动画片。电子产品是哄娃"神器"，只要把这些东西塞在孩子手里，就可以让他们立刻安静下来。大人们最担心的是电子产品会损害儿童的视力，并不忧虑孩子们会有网瘾，"用 iPad 看动画片跟用电视是一样的，以后孩子不会用电脑、手机跟不上时代"。年轻妈妈们普遍需要借助电子产品上的 App，电子绘本、音视频等资源来教育小孩。家长们会关注很多微信公众号了解教育动态。电子产品已经是 80 后家庭中的生活必需品。

对于正在上小学、中学的 00 后来说，父母会严加控制他们使用电脑、手机的时间，怕耽误孩子学习。但是孩子会千方百计地寻找机会玩电脑，比如父母不在家的时候。安仁金老人说自己的孙女上学"白搭"，玩电脑、玩游戏很在行，用手机追星很积极，但"脑子不集中"。

---

① Prensky, M., "Digital Natives, Digital Immigrants", *On the Horizon*, Vol. 9, No. 5, 2001. 参见曹培杰、余胜泉《数字原住民的提出、研究现状及未来发展》,《电化教育研究》2012 年第 4 期。

安乐瑶上学白搭，玩电脑、玩游戏有一手。我气她妈妈，你说给她弄这么好的手机干吗？周末早上 10 点才起来，早上起来睁眼就打开电脑，你说电脑有什么看头？别说安乐瑶，一人一个，大的小的都在那里拨拉手机，她妈妈、她爸爸、小蛋子（安乐成）就看电视。我跟安乐瑶说，你先写作业，不要玩手机看电视，安乐瑶不听。写作业的时候，屋里电脑开着，桌子上有手机，电脑又不关，一边看电脑一边写作业，电脑上有什么，抄一抄算完。现在的小孩诱惑太多，分散精力。

用手机追星。崇拜明星崇拜得不行了，哪个明星的生日，都是从手机、电脑上搜出来的。你现在不想看，手机都在那里摆着，以前我们想看，啥也没有。大人的工作都忙，没时间监督。（安仁金 - 1950 - 男 - 初中 - 工人）

上高中的王乐琪对电脑和游戏的情感比较复杂。他回忆第一次被好奇心驱动玩电脑的情景，谈及父亲的默许和他玩游戏时学到的很多生僻字，后来写在作文里，意外得到了老师的表扬，但最终因为沉迷游戏耽误了学习，感觉非常懊恼和后悔。

记得爸爸每次下班回来便坐在电脑前，一点鼠标，电脑上便有一个小人来回走动，这充分勾动着我的好奇心，可当时爸爸却并不希望我接触电脑。于是我在大人不在家的时候被好奇心驱使着偷偷玩起了游戏，直到一个星期后被爸爸发现。但当时爸爸并没有说破，只是观望。

有一天放学后老师对爸爸说我在作文中写出了许多没学过的十分生僻的字，而且运用得很好，爸爸知道这是因为玩游戏认识的，便默许了我的游戏生涯。不过我和爸爸都没想到的是，游戏成了一个毒瘤，在之后的日子中，为了玩游戏旷课、装病，不知耽误了多少学习，当然这是后话了。（王乐琪 - 2000 - 男 - 高中生）

施皮茨尔认为，由于网络和数字媒体的交互性、即时性、虚拟性，数字原住民呈现更强的多任务处理能力、探究能力、即时更新能力、学习迁移能力和主动性，网络新生代从小拥有更为平等和自由的交流渠道，他们有望成为新一代"数字公民"。① 从我对家族中 00 后、10 后的发展情况的调查来看，得出"数字公民"的论断仍然为时过早。无论是成人还是儿童对于网络的使用，都呈现忽视手脑结合、缺乏严肃阅读等特征，他们把网络工具作为孤立的娱乐和社交媒介在使用，数字原住民成为"数字公民"的论断仍太过乐观。

2. 成人对数字痴呆化的担心

尽管现代人已经对电脑和手机习以为常，但电子产品从诞生到被广泛使用只是几十年的事情②，电子媒介对于人和教育的影响还无法在更长的历史范围内被评判。媒介专家是最早一批表示担心的人。波兹曼早在 1985 年批判电视文化时，列举了电视节目《芝麻街》和教育课件"咪咪的旅途"的例子，指出这种"寓教于乐"的学习方式让学生认为学习是一种娱乐方式，或者说，任何值得学习的东西都可以采用娱乐的方式，而且必须这样。③ 施皮茨尔忧心儿童过早、过度使用数字媒体会造成"数字痴呆化"，即时满足带来的浅层体验和多任务处理造成的注意力分散会使得儿童大脑和神经系统发育障碍（感觉统合失调症），网络的虚拟特征会损害儿童面对真实生活的社交能力的发展，引发社交和情感障碍。④

我的小侄子敏曦（2004 - 男 - 初中生）沉迷网游"王者荣耀"。我特意加入了他的游戏队伍，想了解网络游戏成瘾的原因。在玩游戏的过程中，我发现网络游戏含有大量刺激、挑战、冒险性的"关卡"，通过"过关斩将"和升级，极大调动了儿童玩游戏的积极性，没有强大的自制力训练孩子们难以抵抗游戏的诱惑。我问敏曦为什么放学不出去玩，他说"出去也找不到人玩，同学、朋友都在家里玩电脑、玩游戏"。他们在游戏里找到了一个更加平等、自由、富有挑战性的刺激世界。学习成绩一般的小侄子，在网络游戏中展现出了极大的能动性和创造性，玩游戏的时候，他似乎"变了一个人"。

---

① 曼弗雷德·施皮茨尔：《数字痴呆化：数字化的社会如何扼杀现代人的脑力》，王羽桐译，北京时代华文书局，2014，第 150—155 页。
② 第一台计算机（ENIAC）于 1946 年 2 月在美国诞生；1973 年，马丁·库珀（Martin Cooper）发明了世界上第一部"蜂窝电话"，被尊称为现代"手机之父"。
③ 尼尔·波兹曼：《娱乐至死》，章艳译，广西师范大学出版社，2004，第 185—200 页。
④ 曼弗雷德·施皮茨尔：《数字痴呆化：数字化的社会如何扼杀现代人的脑力》，王羽桐译，北京时代华文书局，2014，第 150—155 页。

　　赵旭东认为，儿童对于电子产品的依赖，可能导致"恋机仇母（父）"情结。电脑和手机集娱乐与社会生活需求于一身，快速地取代了孩子对于母亲角色的依恋，使天然的家庭依赖感瓦解，同时母亲角色越来越多地渗透进父亲的压制性角色内涵。[①] 事实上，敏曦经常因为玩游戏的事情跟父母发生冲突。有一次，敏曦的母亲直接把手机夺过来往地上狠狠一摔。因此，敏曦老实了好几天，但很快故态复萌，他又开始偷着玩游戏。敏曦父母也经常当着孩子的面玩手机游戏、看电视剧，这让敏曦很不服气，觉得父母没有资格管他。每到过年过节家人团聚的时候，大家就各自玩手机、看电视、玩电脑……唯独没有面对面的谈心。网络不但没有将一家人聚合在一起，还使得家人间的心灵距离变得更远。

　　年轻父母已经认识到电子产品对孩子身体健康的损害，他们有控制时间的意识，但这种控制是随性的、没有规律的。4 岁的于乐夏会用手机、iPad 搜索自己喜欢看的动画片，一看就是两三个小时。在这段时间里，他的奶奶就打扫卫生、洗衣服、准备饭菜。老人对"电子保姆"有现实的需要。有时候老人突然想起来了，会打断看动画片正高兴的于乐夏，"太久了不能看了！再看眼睛就瞎了"，继而把 iPad 夺走。安乐泽两岁多时就会点击手机上的音乐、图片，他的奶奶非常高兴地对大家说，"现在的孩子太能了，才两岁就会使手机，我那时学都用半天"。

　　各个家庭在使用网络的时候，缺乏严肃的阅读。印刷文字具有排列有序、逻辑清晰等特点，文字阅读是对智力的巨大挑战，是一项理性活动，有利于心智的培养和意志力的形成。通过网络进行的"寓教于乐"和碎片化的学习方式，使得学习只有结论而没有推演过程，使得知识成为一种只有事实没有原理的"信息"，难以培养起孩子们严肃、复杂、独立思考的能力。

　　80 后父母更多的是担心使用数字产品会损害儿童视力，耽误其学习，仍没有意识到过度使用数字产品正在导致儿童手、脑、心分离。阿莫纳什维利指出，智慧、心灵和双手三者的整体运用和协调是发展的本质，缺少"双手"的教育和忽视"心灵"的教育都是不完整的。[②] 目前儿童对网络

---

① 赵旭东：《家庭、教育与分离的技术——文化转型人类学的一种视角》，《民族教育研究》2014 年第 4 期。

② Ш. А. 阿莫纳什维利：《孩子们，你们生活得怎样?》，朱佩荣、高文译，教育科学出版社，2002，第 39—40 页。

的使用惰化了他们的双手。"手"在人的进化历史中、在人之所以为人的过程中有着革命性的影响。婴儿对于世界的探索也是从手和口开始的，从一开始吃整只手到能吃到一根手指头，这是从大运动能力到精细运动能力的转变，同时表明了大脑的发展。

现在的问题是 80 后父母在数字产品和网络的使用过程中，过多注重娱乐休闲和具体知识的学习，未能动用"心灵"的力量，未能形成对工具批判性使用的态度。对孩子来说，网络、游戏代替了父母、朋友，家庭变成符号性、现代化的附属品。然而，在日常生活中，网络交流代替不了面对面的交流。在与他人面对面交流时，我们可以用耳朵听，从语调上分析内容的真实、情绪的起伏；可以用眼睛看，观察他的肢体反应、眼神变化等。这会让我们得到的信息真实有效得多，筛选信息的过程也会变得更为精确和丰富。网络这种集合声音、视频、文字的多媒体方式归根结底是"拟人"的，而不是人本身。人作为一种社会性动物，少了面对面的交流，智慧、心灵的涵养就无从谈起。

3. 身体解放与暗黑文化

儿童经由网络打开的另一个潘多拉魔盒是"性"。网络新生代比之前任何时代的同龄人都早熟，在性知识方面的储备远远超过祖辈和父辈。来自成人的过度保护和学业压力，让他们急切地寻找释放精神压力的出口，他们在父母的眼皮子底下悄悄进行着身体的放纵。医疗市场大肆宣扬的避孕药效用和流产技术让青少年身体的"冒险"更无须考虑后果。

族中几位 18 岁左右的孩子，无一例外地有过"早恋"经历，甚至有过实质性或边缘性的性行为。父母对男孩子的恋爱管得宽松一些，甚至会觉得"儿子很厉害啊，这么早就能把小女友领回家，现在媳妇打灯笼都不一定能找得到"。尤其是工人家庭的父母对男孩子谈恋爱这件事都是睁一只眼闭一只眼，只要不影响学习就行。父亲一般会提醒他们"注意"一些，但不会有更深入的对话。李乐昊（1998 - 男 - 大学在读）高一的时候与女同学偷偷交往，二人经常"煲电话粥"。妈妈发现他的手机费总是很多，就问他是不是谈恋爱了。李乐昊跟妈妈说了实话，并说女友是相貌、人品、性格都很好的女孩子，要带来给妈妈看。李乐昊的妈妈安德意以"恋爱会耽误学习"为由要求二人分手。

我不用见，你说得这么好，我肯定会喜欢她。但现在不是谈人的

时候，而是谈时间的时候。等到大学，你谈了分、分了谈，无伤大
雅，但高中的时候耗不起。谈恋爱会耽误学习，你大学谈我不管你，
现在谈不行。（安德意 – 1970 – 女 – 中专 – 医生）

李乐昊没有听妈妈的话，因为他认为"自己完全可以驾驭学习和恋
爱这两件事"，这种对生活的掌控感极大地满足了他男子汉的自尊心。他
和女友对于性的态度也远比父母更开放，他们并不觉得这是多么"羞耻"
的事，只要注意安全就可以了。爱情和性的冒险彰显着男性气概和魅力，
重要的不是爱和性的愉悦，而是反叛家庭和学校教育约束的勇气。在这一
点上，80 后父母也普遍采取了比上一代更为宽松的态度，"管不了，现在
小孩都这样，小学初中就开始谈恋爱了""睁一只眼闭一只眼"，唯一能
做的就是提醒他们学习一些安全性行为的科学知识。

身体放纵只是数字新生代文化反叛运动的先声。他们早已不满足于
80 后父母那一代人创造的青春文学，这种文学始终是印刷时代高雅文学
的代表。90 后和 00 后有一个不为父母所知的更为隐秘的网络世界，他们
追逐和创造了"邪魅文学"，与这个象征美好、纯洁、光明的世界悄悄为
"敌"。"邪魅文学"里不仅包含让成人完全看不懂的无厘头的简缩文字，
也包含悬疑、恐怖、耽美①、宫斗、穿越等各种离奇古怪的文学形式，充
满了让成人感到荒诞不经的趣味。比如，罗琳的《哈利·波特》② 系列在
李乐昊、王乐琪、安乐蕾眼里只是"低配版"的魔幻小说，比起象征正
义的邓布利多和哈利·波特，他们更爱邪魅不羁的黑巫师伏地魔和狷狂傲
慢的马尔福。几位年轻人对时下电视剧里的青春偶像剧嗤之以鼻，"那是
拍给你们怀念青春的中年人看的"。让他们着迷的不是青春文学，而是带
有邪魅、妖灵、玄幻、恐怖、黑暗气质的文学，比如《鬼吹灯》《盗墓笔
记》《死亡日记本》《格林》《暮光之城》《吸血鬼学院》《少狼》等。安乐
蕾跟我分享了她写的精灵小说，一个妖灵变成的男孩子来到她的世界，最
后与她一起离开学校去了黑色城堡。在年轻人眼中，妖灵、亦正亦邪的少
年，不一定是道德和正义的化身，但一定有魅力、有个性。他们对邪魅气

---

① 日系男同性恋漫画，主要描写美男子以及男性与男性之间不涉及繁殖的恋爱感情。
② 《哈利·波特》是英国作家 J. K. 罗琳于 1997—2007 年所著的魔幻文学系列小说。邓布利多是霍
 格沃茨魔法学校校长，是正派伟大的巫师。伏地魔是极端纯血论恐怖组织"食死徒"的领袖，是
 危险的黑巫师。马尔福是哈利·波特的死对头。

质的崇拜，是对学校和社会以成绩、道德作为评判标准的蔑视和反叛。

　　他转过头来，突然问了我一句，你相信世界上有妖精吗？

　　妖精？我有些好笑，现在还有男孩子相信童话中才有的生物，我摇摇头，世界上没有妖精的，他们太纯洁，不可能在这个肮脏的社会中存在。

　　你为什么不相信呢？他们像精灵一样守护着人们的心，每个人心中都住着一只妖精，他们让人的心纯洁，让人快乐，你为什么不信呢？他沮丧地说。

　　他似乎很难过，我看着他有些阴暗的脸，他就这么相信有妖精吗？妖精要是存在，这个社会就不会这么黑暗了。

　　我有些同情地看着他，他这么单纯，长这么大还像个小孩子一样，到了学校，能适应学校生活吗？（安乐蕾 - 1996 - 女 - 大学在读）

　　与"邪魅文学"一同兴起的是00后的火星文①。80后父母普遍表示不知道孩子在想什么，即使想去了解，也完全看不懂，"不知道那些书乱七八糟地在讲什么"，这就是年轻人想要的结果，火星文被创造出来就是为了让成人看不懂。这种形式和内容高度分离的语言从地下摇滚乐、嘻哈音乐和说唱音乐流行时就出现了，其基本特点就是借由成人完全搞不懂的语音和语义、离经叛道的内容，将成人驱逐出儿童世界。不管内容如何"反叛"和"邪恶"，反正成人是听不懂火星语、看不懂火星文的。他们对于成人世界的排斥和反抗比80后的青春文学来得更加猛烈和彻底。

　　身体和性的解放、黑色文学的流行，作为"纯洁"的对立面，成为90后和00后建构的文化反叛形式。这种将成人世界排除在外的反叛，是在创造一种与父母格格不入的生活方式，更多的是在释放压抑，并不涉及改变等级秩序和反抗社会压迫。网络将单薄的一己反叛之力整合成集体力量，填补了被过度保护的青少年群体的"情感的空白"和"意义的缺失"。压抑的儿童在父母和学校看不到的地方，在网络中通过创造新的符

---

① 火星文，是指地球人看不懂的文字，由符号、繁体字、日文、韩文、生僻字或汉字拆分后的部分文字符号组合而成。随着互联网的普及，年轻网民为求彰显个性，开始大量使用同音字、音近字、特殊符号。

号形式进行信息交流、价值共享和意义重建，希冀达成新的社会认同和发动舆论力量来影响社会现实。这是一种迥异于传统社会情感共同体的"网络想象共同体"，与传统社会正式的、有组织的、暴力式的抗争形式不同，这是弱势群体主动的、建构性的社会反抗形式，"隐喻"便是网络时代最适合弱势群体的"武器"。黑色文学、嘻哈、火星文带有明显的戏谑味道，并不直接指向他人，回避了对主流文化极端的、充满愤怒的对骂，介于反抗和娱乐之间，成为青少年反抗主流价值观的安全途径。

无论是人们对于工具的迷恋，还是人们对网络狂欢的渴求，都是现代社会"欲望"这个"潘多拉魔盒"被打开的表现。然而，缺乏科学理性的民主教育，缺乏严肃思考的可贵品质，就容易让人成为庸俗文化的傀儡。电子技术和人工智能比起历史上任何一种技术，都呈现着加速度的自我更新和进化趋势。人类这场与技术宰制、工具理性、身体欲望的拉锯战在现代社会只会表现得更为激烈。其历史功过虽还不能做出快速的评判，但其所隐含的危机却发人深省。

三、儿童照料领域的公共性危机

"家"是近代的概念，一夫一妻制的历史也不长，核心家庭是近百年的产物。"传统社会的父母不会理会专家说什么，也不担心自己的养育方式会对孩子有什么长期的影响"，[1] 但他们的孩子还是很健康地长大了。现代教育对于历史的遗忘，从根本上忽视了养育是身体化、直觉性、情感性、道德性、传承性的，人为地将传统与现代对立起来，其自身内部也潜藏着重重危机。综合安氏家族的现代教育实践，我认为这种危机表现为：技术和消费向生活世界的全面渗透所导致的身心分离；社会阶层和性别不平等的再生产；大人和小孩离开公共生活退守封闭的家庭，对彼此无限度的情感索求。

1. 身心分离

技术理性是经济和效率的福音，但对生活世界来说可能是灾难。马克思早在《1844年经济学哲学手稿》中就阐述了现代社会劳动者与劳动产品的对立以及劳动异化的问题，至今仍有启发意义。

---

① 朱蒂·哈里斯：《教养的迷思》，洪兰、苏奕君译，台湾商周出版社，2000，第125页。

　　　　劳动所生产的对象，及劳动的产品，作为一种异己的存在物，作
　　为不依赖于生产者的力量，同劳动相对立。劳动的产品就是固定在某
　　个对象中，物化为对象的劳动，这就是劳动的对象化。劳动的现实化
　　就是劳动的对象化……劳动的这种现实化为工人的非现实化，对象化
　　表现为对象的丧失和被对象奴役，占有表现为异化、外化。①

　　马克思的异化概念因揭示了资本主义生产劳动的内在危机而被广泛使
用。所谓的异化与其说是劳动与劳动产品的分离，不如说是劳动与人的创
造物、创造力的分离，人的劳动与精神、快乐的分离。我们可以用其来分
析养育劳动的一般特征。从整个安氏家族现代教育的全景分析来看，民间
养育学正经历着个体身体与心灵的分离、劳动与快乐的分离、家庭成员关
系的貌合神离。

　　首先是父母养育智慧和直觉的主体性丧失。父母养育的具身性智慧、
修身的教养让位于文字化的专业知识，父母的身体投入和心灵投入呈现专
业化、外包化的特征。"母亲不再是养育的女皇，而是科学的奴隶"②，
Christopher 注意到专业化机构对家庭权威的篡夺，教育协助机构通过对父
母能力的贬低，通过反复宣称只有它们具备最适用于儿童成长的科学知
识，以及不断地怂恿父母放弃自己教育子女的权力并转而求助它们，系统
地剥夺了父母的权威……协助性机构的繁荣，使得父母不愿再行使监管子
女成长的权力，不愿承担抚养子女的责任。③ 族中的年轻父母对于"专业
机构"的热情非常高，以智育为主的科学早教潮流渐成气候，且有低龄
化、智育倾向明显、跨阶层参与、高代价化趋势，这种高投入、高代价的
育儿实践使得族中的 80—90 后父母生育二胎的意愿极低。

　　其次是劳动与快乐的分离。当享乐离开了劳动，"生活丧失了其可能
的严肃性；公共生活变成单纯的娱乐；私人生活则成为刺激与厌倦之间的
交替，以及对新奇事物不断的渴求，而新奇事物是层出不穷的，但又迅速
被遗忘，没有前后连续的持久性，有的只是消遣"④。从整个家族的情况

---

① 卡尔·马克思：《1844 年经济学哲学手稿》，人民出版社，2014，第 47 页。
② 柯小菁：《塑造新母亲》，山西教育出版社，2011，第 6 页。
③ 马克·赫特尔：《变动中的家庭：跨文化的透视》，宋践、李茹等译，浙江人民出版社，1988，第
　　291—292 页。
④ 卡尔·雅斯贝斯：《时代的精神状况》，王德峰译，上海译文出版社，1997，第 60 页。

来看，祖辈的家务劳动被需要但不被尊重，年轻父母心安理得地"享乐"，依靠祖辈的劳动支撑。祖辈的尊严受损和情感缺失从孙辈身上得到补偿，祖辈不断地通过如食物填塞、玩具收买、放弃管教等以损害儿童成长为代价的方式获取情感慰藉。年轻父母和孩子依靠现成的、花样翻新的食品、玩具、文化产品来表达自身，但这些产品并非他们的创造物，双方都不得不借助网络、新奇的技术来填补生活中心灵联系的缺失，家庭和亲子关系被货币化。

最后，岌岌可危的亲密共同体内部呈现男性与女性的分离、儿童与成人的分离。封闭式的核心家庭结构容易导致母亲的"焦虑""负罪感"和儿童"情绪的矛盾"。Poster指出，母亲全身心地投入与孩子的关系，独自负责满足婴儿的需求，与其他女性是孤立的，婴儿稍有闪失她就会自责。父母有系统地延缓儿童性活动满足的年龄，导致了儿童的性压抑。父母会采用严苛的方式训练孩子的大小便，而婴幼儿为了获得母亲的爱，学会了放弃身体上的快感，但内心又是压抑和生气的。[①] 族中的90后和00后儿童正在通过身体解放、通过黑色文学、通过一种形式和内容高度分离的语言来反抗父母，对于电子产品和网络的依赖，也催生了一批"恋机仇母"的孩子，家庭亲子关系紧张，父亲不得不作为母亲的助手，起着家庭"安全阀"的作用。

安德欣的妻子侯心兰（1992 - 女 - 专科 - 医院合同工）经常抱怨丈夫"回来什么都不干，一头倒在床上就睡觉，把孩子当宠物，逗两下就去干自己的事了，我累死累活的，他也不看在眼里"。但有时候她也心疼丈夫工作很累、压力很大，很后悔自己把全部精力都放在孩子身上，忽视了丈夫的情感。

> 突然来了一个小生命，当爸的肯定又惊又喜又郁闷，毕竟10个月都在妈妈的肚子里，他的心情，高兴是高兴，得有个适应、过渡的过程。养孩子别太在意了，跟小狗子一样"拉巴"（养大），不要把全部注意力全都放他身上。（侯心兰 - 1992 - 女 - 专科 - 医院合同工）

---

① 参见 Neuman，R. P.，"Critical Theory of the Family by Mark Poster"，*The American Historical Review*，Vol. 84，No. 2，1979，pp. 428 - 429。

在安氏家族 12 个三代抚幼家庭中，年轻夫妻常与祖辈同住，有的夫妻因工作经常异地。年轻夫妻一起外出看电影、游玩的机会几乎没有，性生活次数很少①，性生活的质量也很低。祖辈两地分居的情况非常普遍，大多一个在大城市里，一个留在农村，祖辈也无夫妻生活可言。侯心兰跟我说，她的很多同事和朋友都离婚了，离婚原因多为一些鸡毛蒜皮的家务事。

> 你看现在离婚的，其实有什么大事啊，没什么大事。就是因为男的在外面工作，女的在家里带孩子，两人不沟通，互相不了解。（侯心兰 - 1992 - 女 - 专科 - 医院合同工）

在马斯特斯被广为引用的文章——《危机中的父母》中，83% 的受访夫妇在孩子出生后产生普遍、严重的危机感。女性常因没有做一个好母亲而内疚，父亲则经常抱怨妻子的性冷淡，由于妻子退职而引起的经济拮据问题，孩子所需的附加花费也增添了他们的苦恼，总之，父母角色毫无魅力可言。② 核心家庭内部亲密关系的强化是以牺牲妇女和儿童的公共参与、牺牲父亲的家庭参与为代价的。伴随着家庭内部角色的分化，男性进入了广阔的职业市场，而妇女和儿童越来越被束缚在家庭之中。工作领域和家务、照顾领域的分离，使得丈夫与家庭日常生活脱离，与妻子、儿女的关系日趋疏远。核心家庭的这种养育分工，不仅容易造成母亲的教育焦虑和父亲的边缘化，还容易导致家庭危机。

2. 不平等的再生产

从安氏家族的情况来看，越来越多的母亲为了敦促孩子的学习，放弃了自己的职业发展，专门在家"陪读"。教育孩子成为母亲身份认同的主要来源，这同时也给了孩子巨大的心理压力。"完美母亲"的角色期待，无视社会底层和少数族群母亲面临的阶级和文化困境，在科学育儿的标准下，她们可能被视为"坏母亲"。福柯认为，密集母职的概念形成了一种文化霸权，当有母亲企图挑战或不遵循这套霸权机制时，便容易被贴标签或定义为"不称职的妈妈"或"失败的妈妈"。这种母职的意识形态，不

---

① 在被访的 12 个家庭中，只有 8 个家庭回答了关于性生活的问题。自孩子出生后，在这 8 个家庭里，年轻夫妻性生活的频率少的一年两三次，多的一般一年十几次，但平均下来一年不超过 6 次。
② 转引自马克·赫特尔《变动中的家庭：跨文化的透视》，宋践、李茹等译，浙江人民出版社，1988，第 207—217 页。

但限制了母亲的认同和自我发展，也造成其经济依赖的不利处境，使其成为神经质、歇斯底里的女性。[①]

Griffith 和 Smith 指出，"美国式的标准家庭意识形态"使得教育体制成为阶级与性别不平等再生产的机制：国家和学校敦促家长负责孩子学习的背景工作，创造出一种鼓励学习的家庭环境，对孩子的成就展现出高期待，促使家长积极参与学校和社区的教育，而这些工作通常由母亲来完成，且只有经常在家的母亲才能扮演好这种角色。如果职业妇女缺少时间投入，便会充满罪恶感，继而又鼓励了"父亲养家，母亲照顾"的传统性别分工。[②] 族中有工作的年轻妈妈们承受着双重重担，她们一方面要保住自己的工作，另一方面要把家务、抚养子女放在首位。族中的 80 后父母们为了解决这种冲突，通常把家务劳动推给祖辈，使得祖辈的经济和体力资源被"剥削"。

安迪·格林认为，不管向劳动阶级提供教育在理论上有多么冠冕堂皇，在实际中对他们来说幸福可能是不公平的。因为它让劳动阶层瞧不起自己的生活，而不是教会他们成为可能所要从事行业中的好手。学校教育非但不会教会他们服从，反而会让他们变得偏激和难以驯服。[③] 学校教育不仅"培养学生对统治阶级文化的认同与尊重，同时还不断排斥被支配集团的历史、经验与梦想"，"对于一个下层子弟来说，学校的生活意味着与其家庭、与其血肉相连的生活的断裂"。[④] 另外，主流价值观通过国家介入、商业的宣传不断形塑"爱""幸福""有质量的陪伴"等观念，让年轻父母觉得"我应该如此生活""我应该这样教小孩""父母应该这样教我"。他们的观念一旦与主流观念相悖，往往伴随着污名，他们会觉得"我的家庭是有问题的""我的父母是有问题的""我是有问题的"，并参与到对自身文化的口诛笔伐中，加剧了弱势群体文化的消弭和文化上的不平等。[⑤]

---

① 米歇尔·福柯：《性经验史》，佘碧平译，上海人民出版社，2005，第 68、79 页。

② Alison I. Griffith and Dorothy E. Smith, *Mothering for Schooling*, UK: Routledge, 2004, pp. 150 - 153.

③ 安迪·格林：《教育与国家形成》，王春华译，教育科学出版社，2004，第 284—286 页。

④ 刘云杉：《从启蒙者到专业人》，北京师范大学出版社，2006，第 4、76 页。

⑤ 安超、王成龙：《经验回溯与文化反思：劳动阶层研究生的群体叙事》，《中国青年研究》2016 年第 8 期。

从安氏家族的情况来看，80 后父母对孩子学业的狂热关注和对艺术特长的追逐，让自己和孩子陷入了疯狂的教育竞赛和文化补偿中。人们对于学校教育的过度追逐、对于不断更新的技术和文化产品的依赖，使得成人、儿童和教育之间经历着一场深刻的异化，导致了身心的分离、劳动与快乐的分离、亲密关系共同体的貌合神离。母职至上和完美育儿理念、文凭主义再生产了性别和阶层的不平等。

3. 无限度的情感索求

现代教育导致的个体身体与心灵的分离，阶层、性别不平等的再生产并不是其最根本的危机。现代教育最根本的危机是造就了一批不愿意长大的儿童化的成人和心智早熟而生计晚熟的成人化的儿童；造就了儿童对于成人的经济依附和成人对于儿童的情感依附；儿童沦为成人的玩偶，成人沦为儿童的仆人。成人世界对于自主、创造、个性化的提倡往往是成人洞察和默认了这种依附关系后对儿童小打小闹的补偿和安慰。经历了战争、饥荒、各种运动的 50—60 后，出生在战后生育高峰时期、经历了激烈教育竞争的 70—80 后，在中国城乡对立的工业化进程中，在独生子女政策对家庭生态改变的影响下，产生了对儿童过度的情感依赖，儿童受到过度保护已是不争的事实。本研究认为，儿童正发展为一个"特权阶层"，并作为智育的机器存在。为了孩子的人身安全和排除孩子成长的风险，孩子被禁锢在家庭有限的空间里受到监管和驯化，每个人都把家庭当作充满危险的世界中的避风港湾，而不是帮助人通向广阔社会的桥梁。

孩子成了"宝贝疙瘩"，每位照顾者都不愿意成为风险的担责者。族中老人在带孩子的时候，只有"亲的份、养的份，养得白白胖胖、没病没灾就行了，没有教育的份"，孩子越来越骄纵。另外，老人也不敢管，哪怕给一个难堪的脸色，就可能会与儿子、儿媳发生口角，为了避免矛盾，他们在教育上一般不过多干涉。孩子们越来越"宝贝"，越来越不好"管"，老师和学校也越来越不敢管，管了后果可能还很严重。族中一位当老师的家长说，"有一次，一个小孩翻墙进学校，破坏了防盗窗进到教室，把班里同学的书包扔得到处都是，老师批评了她，但家长气势汹汹来问罪，要告老师当众羞辱"。老师教学时一不小心就落一个"变相体罚"的"罪名"，大声批评学生，可能就是"讽刺性呵斥"。在这种情况下，老师只能得过且过、明哲保身，放弃教育的天职。对于风险的排除，必然导致成人放弃自己的教育责任，并让孩子错失成长的机会。

卢梭在《爱弥儿：论教育》中提到父母之爱的过度和误用造就了"一些早熟的果实，长得既不丰满也不甜美，而且很快就要腐烂，造就了年纪轻轻的博士和老态龙钟的儿童"①。现代教育倾向于把年轻一代逐渐同成人世界隔离，剥夺了他们与外部世界接触的机会，增加了他们对父母的依赖性，窒息了儿童的自主性和独立性，导致了个体性的丧失，也导致了成人缺乏公共精神。

　　社会一方面把年轻人从成人世界中排除出去，另一方面又想把年轻人训练成合格的成年人；一方面推宕年轻人责任期的到来，另一方面又要求他们有责任感。这种前后矛盾、具有间断性的过程，铸造了一批顺从、随和、充满着保守安全意识的成年人。②

在这种背景下，巨婴和小大人在封闭的家庭中陷入了互相依附状态，这种基于依附而生长出的"爱"缺乏公共精神，妇女和儿童从公共生活中退出，男性从家庭生活中退出，家庭生活里失去了公共的精神，公共生活里没有了家庭的温情。对于儿童的爱，要超越私人家庭的边界，把儿童和成人重新从家庭中解放出来，引向公共生活。不过，比起传统社会和集体化时代的儿童，网络新生代取得了更多参与文化创造的机会，取得了身体和爱情相对自主的决定权利，这种进步如果加上公共生活和严肃精神生活的重建，就意味着童年和教育走向了新的时代。

岔路口上的现代教育

* * * * * * * * * *

本章介绍了在市场化经济时代，随着传统单位制度的解体、独生子女政策的实施、高等教育的扩招、国家政策对家庭观念的影响，安氏家族的70—80后产生了"并蒂花"式的社会分层——知识无产阶层和新工人阶

---

① 卢梭：《爱弥儿：论教育》（上卷），李平沤译，商务印书馆，1978，第101页。
② 马克·赫特尔：《变动中的家庭：跨文化的透视》，宋践、李茹等译，浙江人民出版社，1988，第207、272页。

层。两个阶层共生在同一个家庭中，维持着家庭的生态平衡。在现代化进程中，这两个生计晚熟的阶层都需要依靠50—60后的经济和情感支持，并与祖辈组成了网络化的核心家庭，三代人共同参与到子代的养育实践中。

依靠学校教育出人头地的知识无产阶层和重新认识到学校教育重要性的新工人阶层，在没有本土性育儿知识的情况下，同时拿起了科学和知识的武器来养育后代，使得养育经验变为外在于直觉、身体的一套专业知识和规范，也与祖辈的传统育儿方式产生了冲突。成人对孩子绵密而细致的爱，让独生子女成为"孤身战术家"。作为母亲家庭教育的助手，父亲的传统教育角色衰落，成为辅助性的"陪玩"角色，但这种角色有助于缓解紧张的亲子关系，父亲成为现代家庭的"安全阀"。祖辈在参与育儿的过程中，实现着艰难的再社会化，其家庭劳动被年轻父母需要，但不被尊重，两代人的育儿冲突以祖辈的妥协为主，但他们都在孙辈的情感索求中得到补偿。

经历了战争、饥荒、文化匮乏的祖辈和父辈，在物质和文化上都产生了"补偿综合征"。独生子女政策中断了传统家庭的自然分流机制，使得万千宠爱集于子代一身，子代锦衣玉食但压力饱尝。消费社会对于焦虑的贩卖、对于儿童消费市场的开发，使得爱与幸福观念被货币化。在对抗科技和消费对生活世界的宰制过程中，三代人都选择了电子产品和网络作为精神家园，也打开了欲望的"潘多拉魔盒"。年轻人在追逐身体解放和反"纯洁"的暗黑文学过程中构建起网络想象共同体，进行着一场父母并不知晓的网络狂欢。

然而，现代教育对于学校教育的过度追逐、对于花样翻新的技术和文化产品的依赖，使得成人、儿童和教育经历着一场深刻的异化，导致了身心的分离、劳动与快乐的分离、亲密关系共同体的貌合神离。母职至上和完美育儿理念、文凭主义再生产了性别和阶层的不平等。更为深刻的危机是，长不大的成人和过度早熟的儿童在封闭的家庭中陷入了互相的依附状态，这种基于怨恨而生长出的"爱"缺乏公共精神，妇女和儿童从公共生活中退出，男性从家庭生活中退出，家庭生活里失去了公共的精神，公共生活里没有了家庭的温情。

第五章 大器晚成：民间养育学的文化洞察及其超越

　　近代思想家章太炎在 20 世纪初提出了"俱分进化论"的观点，"彼不悟进化之所以为进化者，非由一方直进而必由双方并进。专举一方，惟言智识进化可尔。若以道德言，则善亦进化，恶亦进化；若以生计言，则乐亦进化，苦亦进化。双方并进，如影之随形，罔两之逐影，非有他也"①。相对于人类会不断进步的单向进化论观点，他提出进化不等同于进步，社会的进化是善与恶、智与愚、乐与苦同时向前进化的过程。

　　综观安氏家族的教育历史，每一代人的苦难形式、情感特征、教育理念都呈现"俱分进化"的倾向。祖辈承担的苦难是物质匮乏、辛苦劳作和命运无常，精神支柱是传统和信仰，情感包袱是逆来顺受。父辈承担的苦难是饥饿、阶级斗争和亲情的疏离，精神依靠是意识形态和偶像崇拜，情感包袱是怨恨。年青一代承载的苦难是共同体的消失和矛盾性人格，他们的精神支撑是科学、网络和对"儿童"的爱，新的情感包袱是本体性焦虑。这三个时期的教育不是相互孤立的，都是在继承前一种教育的遗产上发展的，也有某种程度上的退步和回归。

　　每一代人都有自己的文化洞察，也有不可逾越的局限，对于家族教育进行全景式的深描，并不是为了单纯呈现一种"史实"，而是为历史赋予新的意义，发现平民教育和人性发展的闪光和迷障，寻找一种更符合人性和历史发展的儿童观和教育观，预见其未来的走向。为此，我们需要重估平民教育学的价值和情境特征，从历史中汲取文化资源，以为现在和未来提供新的理解。

---

① 章太炎：《章太炎全集》（第四卷），上海人民出版社，1984，第 386 页。转引自章开沅《〈俱分进化论〉的忧患意识》，《历史研究》1989 年第 5 期。

第一节 局限性的文化洞察

安氏家族能在 100 多年的历史变迁中子嗣众多、无一夭折，且孩子长大成人后没有成为品性败坏、行为恶劣者，有几个重要的教育方式值得借鉴：一是通过"以身教""以事教"确立儿童的底线性教养——勤劳本分、自我节制、体恤他人。二是"以喻教"之言教、"以礼教"的不言之教培养儿童神圣性循规的能力。这个"规"是自然法则，是天道，是一般性的社会准则，最终形成了儿童"学而为己"的纯粹精神、"成而为人"的功德意识和对生命、对道德的集体敬畏。

一、"无规矩不成方圆"的底线性教养

"无规矩不成方圆"，安氏家族每一代人都比较认同这句话，都认为一些底线性的教养是必须要培养的，比如参加劳动的本分、吃饭的礼仪、待人接物的规矩、不卑不亢的态度等。教育家洛克是最早系统论述"教养"的人，他提出了儿童教养不是一套表现出来的外在礼仪、姿态，而是一种根据情境表现出适度、得体的能力；教养恪守的原则是"不可轻视自己，不可藐视他人"。而没有教养则表现为三种：忸怩羞怯，轻狂放肆，忽略、轻视他人的尊严和喜好。洛克认为，儿童遇到地位高的人就惊慌失措、笨拙羞怯，像失去了主心骨一样，这是没教养的表现；而对他人的粗暴、轻蔑、嘲笑、为反驳而反驳、刁难、礼节过繁（对他人戏弄的表现）都是让人难堪的没教养的表现。[①] 洛克虽然提出了教养的两个准则和没有教养的诸多表现，仍未论述教养所涉及的关键品质是什么。本研究认为，平民教育围绕着"生计劳动"形成的底线性教养，主要包括勤劳、节制和体恤。

1. 不劳作者不得食

平民教育的第一个基本教养是勤劳。勤劳作为一种本分，在平民家庭

---

① 约翰·洛克：《教育漫话》，傅任敢译，人民教育出版社，1985，第 150—171 页。

是不需要教的。在物质匮乏的社会，饥饿、艰难、自然灾难、战争、人祸、危险是品德形成最好的老师，劳动是生命的一部分，儿童也没有免于劳动的特权。他们天然地要参与到生计劳作中，成为家庭经济来源的一部分。勤劳的品质在 30—60 后身上体现为一种"不劳作者不得食"的劳动本分；在 70—80 后身上，勤劳的品质延续为一种"苦学"的拼搏奋斗精神；在 90 后和 00 后身上，勤劳的品质转化为"忠于职守"的责任意识，虽然他们不直接参与生计劳动，但谋生的危机意识仍在。

勤劳的品质在 30—60 后身上有非常好的体现。他们保持着终生劳作的习惯，"眼里有活，手上有活"，闲不住是他们的生存状态。族中田字辈、仁字辈的老人，年过花甲仍然在土地里耕耘。安伯田老人百岁时仍然纳鞋底送给族人，只要身体还能动弹就自己张罗做些简单的饭菜吃，不愿意让儿女伺候。安叔田、安季田均已年过八旬，仍日出而作、日落而息，不顾儿女的劝阻，扛着锄头种地、种菜，收获的蔬菜水果，他们自己推着小车去集上卖，挣些零花钱。他们不愿意"躺在床上睡大觉""一闲下来皮都疼""农民就是种地的，离开了地还能活啊""动弹动弹更长寿，人一不动弹，说明就不行了"。仁字辈的几位老人在城里帮儿女带孩子，经常会去捡一些瓶子攒着卖，虽然卖的钱很少，但"够自己零花，不用伸手跟孩子要"，还能为家庭尽一份力。劳动就是他们的存在状态，就是他们的历史，抛弃了这种习惯，就是在否定自身的历史，就会生出羞愧、无能、自责感。"不劳作者不得食"是传统乡土人的立身之本、基本的做人尊严和骄傲。

70—80 后在一定程度上继承了传统乡土社会的劳动品德，培养出了一种安分苦学、苦行僧式的禁欲道德，奉行"笨鸟先飞""书山有路勤为径，学海无涯苦作舟""没有一番寒彻骨，哪得梅花扑鼻香""持之以恒""脚踏实地"等朴素的苦学传统。程猛、康永久对于底层文化资本的总结——"强烈改变命运的先赋性原动力，把学习作为道德事务的道德化思维，崇尚知识、信任老师的学校化心性品质"①——非常符合"安分苦学者"的特征，因为"相比于其他阶级能在社会交换中给出金钱、文化和社会关系的实际保证，他们付出牺牲、节俭、良好的意愿、感激等美

---

① 程猛、康永久：《物或损之而益：关于底层文化资本的另一种言说》，《清华大学教育研究》2016 年第 4 期。

德，才能证明他们的抱负并获得实现抱负的机会"①。

70—80 后是从"千军万马过独木桥"的学校竞争中走出来的，危机意识和刻苦耐劳的品质是他们成长的生命底色。他们对于蜜罐中长大的 90 后和 00 后子女仍然保留着一部分劳动教育。比如安德贤的妻子张晓，为了让孩子体会父母工作的辛苦，就把孩子带到她上班的地方，让孩子帮忙整理会场、搬凳子、端茶倒水。

> 我领着孩子去单位，让他帮我整理会场。会议室的凳子非常乱，孩子见了一次就帮我摆凳子。我们开会的时候，孩子也没有闲着，帮叔叔阿姨倒水，每个人都倒，喝完就倒、喝完就倒，为了鼓励他，我就一直喝水，撑得我不行。后来我每次带他去单位，他都很自觉地帮我扫地、整理办公桌。（张晓 – 1983 – 女 – 专科 – 企业合同工）

安德然每次暑假带儿子于乐夏回娘家，并不住在县城父母家，而是领着孩子去农村老家住，跟着老人下地干活，让儿子在旁边玩耍或参与"劳动"。虽然小孩的劳动就是玩土坷垃、揪菜叶子（图 5 – 1）、"帮倒忙"，但安德然觉得要让孩子知道农民种田的辛苦。她教儿子读的第一首唐诗是《悯农》。她擦着爷爷脸上的汗对儿子说，这就是"汗滴禾下土"，并告诫孩子"粒粒皆辛苦"，吃饭的时候要吃干净，不能剩菜剩饭。于乐夏小小年纪吃饭时很自觉，不会随便浪费饭菜，说"这是老太公给我种出来的，不吃光的话老太公会伤心"。安德然家盖的棉被也是用安季田老人种的棉花"套"（缝制）的。夏天的时候，于乐夏不顾天气炎热在棉花堆里打滚（图 5 – 1）。冬天盖被子的时候，他会说这是"老太公家的棉花"。这些劳动产品不仅让于乐夏有了朴素的"劳获"观念，而且凝结着普通人的劳动情感，形成了几代人的心灵联结。

70—90 后里的一些"浪子"们在结束了青春期的反叛后，也慢慢意识到"不劳而获"非长远之计。曾经参与过赌博、放高利贷、传销等活动的几位年轻人，都很珍惜父母帮他们谋得的较为安稳的工作，不再"吊儿郎当"，在各自的工作岗位上干出了不错的成绩。他们周末还经常回到农村，帮助老一辈人干农活。

---

① 皮埃尔·布尔迪厄：《区分：判断力的社会批判》，刘晖译，商务印书馆，2015，第 533 页。

图 5 - 1 安德然带着于乐夏在农村体验生活

2. 不眼馋、莫伸手

平民教育的第二个基本教养是自我节制。儿童要从节制自己的口舌之欲开始学会控制自己的欲望。安氏家族的孩子如果没有节制自己的欲望而任性、放肆，容易被大人说"没有教养"。安季田老人小时候迫不及待地吃还没摊好的煎饼而被父母打了一耳光，是因为他没有克制自己的欲望，也根本没考虑身边人的感受。

安氏家族还常把吃饭的礼仪与孩子能不能成才联系在一起，以此来培养孩子的志向和观察孩子的人品，要成才就不能贪吃，"天降大任"还要"饿其体肤"。如果不能克己利他、节制自己的"口舌之欲"，就会被认为是没出息的孩子，会被大人斥责或其他人笑话。吃的教养是与各种道德品质相联系的。在中国传统文化中，玩物丧志、不思进取的人会被叫作"酒囊饭袋"；铺张浪费、不懂节约，那是不珍惜劳动果实，"暴殄天物"。君子要"食无求饱，居无求安"①；要追求理想，要"衣带渐宽终不悔，为伊消得人憔悴"②；有志向的人，"饭疏食饮水，曲肱而枕之，乐亦在其中矣"③，"一箪食一瓢饮，在陋巷，人不堪其忧，回也不改其乐"④。费孝通指出，传统文化倾向于对消费的数量和类型进行控制，提倡节俭，超出需要的限度就是浪费和奢侈的。

---

① 语出《论语·学而》。
② 语出柳永《蝶恋花·伫倚危楼风细细》。
③ 语出《论语·述而》。
④ 语出《论语·雍也》。

孩子如果在吃饭和穿衣上挑肥拣瘦就会挨骂或挨打。饭桌上，孩子不能拒绝大人夹到他碗里的食物。母亲如果允许孩子任意挑食，人们就会批评她溺爱孩子。随意扔掉未用完的任何东西会触犯老天爷，比如灶神。[①]

节制还孕育着正义、公平、诚实的美德。在乡土社会的交换仪式中，有"赠予"和"押回"的传统。接受礼物的人不能不加节制地接受所有的"馈赠"，一定要克制自己的欲望和喜悦，把其中一些东西送还。这意味着在人与人的交换中，付出和回报是平等的。如果不"押回"，或者下次送别人的东西和别人送给你的价值差距太大，就损害了这种自觉的"公平"。对超出需求的欲望加以满足，就是一种不节制，习惯成自然，人们就会形成对他人物品的贪欲、占有欲。亚当·斯密认为，节制是底层社会的立身之本，不节制会导致人生的失败。正是因为这样，乡土社会把"口舌之欲"与一个人是否能够成才联系起来，贪吃、虚荣都是"没出息""没料""没教养""成不了大器"的表现。

节制在70—80后身上最典型的表现就是，他们能够在学习的时候忍受学习空间的嘈杂、脏乱；能够克服学习以外的诱惑，对享乐有一种负罪感。此外，他们对于青春期的恋爱能够克制生理冲动，甚至以克服生理冲动、保持青春之爱的纯粹性为骄傲。安氏家族每一代人都严厉教导孩子不许偷窃别人的东西，70—80后虽然比上一代人更加宠爱孩子，但他们都有一个底线性教养，那就是不能"偷窃"。他们反复告诫孩子不许随便拿别人的食物和玩具。比如，安德然带孩子去超市买东西的时候，每次都告诉孩子买的东西必须要付钱；在公园或者路上捡到的东西不可以随便拿回家，哪怕是别人不要的东西，不能"眼馋"不属于自己的东西；路边有商家免费赠送的礼品和玩具不能要，要警惕"天上掉馅饼"。这些基本教养都包含着自我节制的品质。

一个人能够自我克制，也就形成了自律精神，这是自由意志的基础。邓晓芒认为，人在劳动过程中会形成一种行动意志，这种行动意志除了设定目的和最终目的之外，还可以为了最终目的而推延短期目标。为了长远目标的实现，必须忍耐和克制，要隐忍不发、养精蓄锐、步步为营、伺机

---

① 费孝通：《江村经济》，北京大学出版社，2012，第106页。

而动等，以免欲速而不达。① 节制不仅包含着对行动意志的培养，还包含着较高的智慧和理解力、超前的判断力，它意味着我们能超越功利性的目的，不为短暂的利益、诱惑和伤害所动摇，体现了人最高贵的智慧和美德。安氏家族几代人对于儿童自我节制尤其是不可贪求和占有他人之物达成了共识，这意味着他们对于这种底线性道德有着基本的洞察。

3. "体恤"与"报恩"

平民教育的第三个基本教养是体恤他人、知恩图报。事实上，节制的品质已包含"爱邻人""体恤他人"，我们之所以能够自我克制，是因为我们具有对他物、他人的理解力和判断力，能够设身处地地为他人着想，在满足自己需求的时候，不忘满足他人的需求。洛克认为，体恤和尊重他人不在于外在的礼节，那是无伤大雅之事，虽然礼节也很重要，但更重要的是对他人痛苦的感受能力和同情心。

> 儿童的所作所为，一定要与顽劣、虚骄，以及邪恶的事情绝缘，至于如何脱帽、如何弯腿等，则是无伤大雅之事。倘若你能教他们热爱、尊敬别人，那么……他们就会按照日常习惯的风尚，找到令所有人接受的表达方式。②

熟人社会中各种各样的交换仪式、祭祀活动，都帮助人从小形成与族人间的情感联结以及培养体恤能力。以生育仪式为例，哪怕是在最困难的饥荒时期，族人仍会省出一些口粮来换一些鸡蛋、小米、面条给产妇送去，这是对弱者的体恤，当然也包含着节制的美德。

体恤表现在对儿童的态度上，就是"说谅"和"圆成"的传统。对儿童非原则性的错误和冲突，成人并不采取体罚的措施。老人或邻人、村民会帮助"讲道理""打圆场"，让儿童所承受的惩罚不会过重，也不破坏管教者的权威。现代人以为传统社会中的儿童是没有"童年"的，大人更注重儿童的经济价值，把儿童当"小大人"看待。但从前述的体恤传统来看，乡土社会是能看到儿童作为"弱者"是需要保护的，属于童年的活动是有价值的，大人不能横加指责和干涉。

---

① 邓晓芒：《哲学起步》，商务印书馆，2017，第93页。
② 约翰·洛克：《教育漫话》，傅任敢译，人民教育出版社，1985，第171页。

儿童之间的相互体恤，主要表现为不可伤害他人的生命和损害他人的尊严。这种教养传统延续了下来。每一代人都时刻叮嘱儿童在游戏时"打人不打脸"：不打脸自然不能打头，就不伤害生命的根本；脸是门面，不打脸是不损害别人的面子、尊严。大人惩罚儿童的时候也是如此，打耳光尤其是当众打耳光几乎是最严厉的惩罚。孩子最怕被"打耳光"，被打之后肿着"腮帮子"面对小伙伴是特别丢人的事情，直接伤了男孩女孩的爱美之心，损害了他们在同伴前的尊严。"打人不打脸"作为家族中约定俗成并且延续下来的教育习惯，包含着体恤的美德。

由体恤引申出的品质是回报。别人对我们的痛苦施以同情和帮助，我们也要在体谅他人的基础上予以回报。族人讲"有仇报仇，有恩报恩"，不可"恩将仇报"、"不能忘本"都基于一种体恤的能力，一个典型的表现是代际的道德回馈。传统社会中有"长兄如父"的说法，长子最早承担家庭的生计重任，帮助父母养活弟妹，往往失去了自身发展的机会。安伯田作为长子，失去了读书的机会。但弟弟妹妹如果出人头地，也有义务对哥哥姐姐及其儿女进行经济和道德上的回馈。安仲田有机会成为家里唯一的读书人，他成家后尽自己所能为兄弟姐妹的儿女介绍、推荐、安排了很多就业岗位。

70—80后也继承了这种"报恩"的传统，典型表现就是他们都铭记老师对他们的恩情，并想方设法回报这份恩情。安德然把人生第一个奖状送给了对自己影响很大的小学语文老师，并写下自己的感激："这个奖，是属于老师的，我以成为老师的骄傲而骄傲，没有你，就没有今天的我。"安德宁一直保留着与老师的通信、老师批注的作文。其他70—80后族人提到对他们影响很大的老师，也是一脸虔诚和感激。

孝也是体恤美德的延伸，安氏族人延续了孝的传统美德。在家族里，老人们在生活上都得到了很好的照顾。即使是70—90后反叛的"浪子"们，他们虽然在日常生活中与父母有很多观念上的冲突，但在大事上尤其是父母有重大疾患时都会放下平时的"怨恨"，跑前忙后、不辞劳苦地照顾病重的父母。年轻人"孝而不顺"，虽然没有与上一代人达成生活方式上的共识，但"在大事上不糊涂"，尽了为人子女的责任。

亚当·斯密认为，自我克制、宽宏大量、正义、仁慈、善良是人类社会的基本品德，与此相反，贪婪、懦弱、自私、恩将仇报等是平民最为厌弃的恶习。① 勤劳、节制和体恤，以及由此引申出的节俭、正义、仁慈、回报、孝顺等各种品质，是平民教育最基本的教养和美德形式，在每代人身上都有所体现。安氏家族三代人对这些基本的道德品质虽然没有明确的意识，但对于这些一般性准则却有深刻的洞察，并在生活实践中身体力行。

二、"举头三尺有神明"的道德性敬畏

布迪厄把贵族、中产阶层、底层的文化趣味（眼光）分别表述为纯粹趣味、中产趣味、大众趣味。这三种趣味有明显的区别：纯粹趣味是神圣的、优越的、精致的、无关利害的、优雅的、讲求理解的、拒绝肤浅诱惑和集体冲动的、形式大于内容的、疏离的、自信的趣味；中产趣味尤其是上升的小资产阶级趣味是获得的、积累的、节俭的、占有的、野心抱负的、焦虑的、嫉妒的、贪婪的、矛盾的、矫饰的趣味；大众趣味是野蛮的、粗俗的、天真的、诉诸感官和感觉的、崇尚集体参与的、不拘礼节的、内容大于形式的、平庸的、略带奴性的、倾向于自然享乐的趣味。②

布迪厄认为，纯粹趣味具有贵族文化的特质，而大众文化缺乏"纯粹精神"，倾向于"自然享乐"，是平庸的文化。布迪厄的论断是对工业化时期法国社会等级分明、阶层文化差距明显的理论概括。但是，布迪厄只关注到了工业化时期的社会特征，只关注眼前的社会情境，缺乏一种"历史意识"，未能意识到在历史进程中，普通人、底层民众也是具有纯粹精神、神圣品质的。本研究认为，民间养育学除了养成一套基于天性、生计和实用的底线性教养之外，还具有一种对于读书、自然、生命、天道等神圣之物的道德性敬畏，体现了民间养育学内在的神圣性面向。

1. "学而为己"的纯粹精神

中国的精英学者对底层文化常有一种刻板印象，认为老百姓追求的是实实在在的利益，认为他们是具有功利化倾向的。"学而优则仕""学得文武艺，货与帝王家""一人得道，鸡犬升天"，现代人对"寒门贵子"的诠释，一般也采取一种功利、实用性、社会本位论的态度，"中国传统乡村民

① 亚当·斯密：《道德情操论》，蒋自强等译，商务印书馆，1997，第393页。
② 皮埃尔·布尔迪厄：《区分：判断力的社会批判》，刘晖译，商务印书馆，2015，第44—53页。

众具有实用主义思维……使他们的教育观念呈现强烈的实用化倾向，他们对于教育的思考都是基于当下的需要，而非子女未来的生活或者素质的提高……既不是为了博取功名，也不是为了修养德性"①。这种对底层文化和寒门学子的刻板印象、污名化倾向，带着傲慢的审视，无疑也是缺乏历史意识的，没有看到普通人的人性闪光点。李弘祺认为，中国教育包含"为己"的纯粹精神和"为人"的责任意识，这两者是相辅相成的。

> 儒家教育的主轴是个人的充实，而不是为了取得别人的肯定和自身的利益……教育是一种高度个人化的事务……是支撑个人在生活中达成欣然自得的境界……学习的真正成就是与理解对象融合为一体，而得以悠游于其间。
>
> 一个人固然必须全心追求个人的道德完善以及与知识的融合，也必须同时不忘自己的道德成长具有社会意义。这是儒家思想的中心理想。②

在传统社会，能够读书的平民子女很少，依靠读书改变命运的人更是少之又少。安氏族人对于读书的传统认识，并不是"读书改变命运"，而是将其作为一种"天道"来尊重和敬畏。他们敬畏文字、敬畏读书人，读书是传统社会的神圣性信仰。"耕读传家久，诗书继世长"，乡下人虽然没有机会读书，但他们寻找一切机会搜罗有字的东西，如饥似渴地学习。田字辈没有上过学的老人一直保持着将笔墨纸砚放在家中，没事就写写画画的习惯。

民间养育学对读书的纯粹目光还表现在对老师的神圣性尊重上。老一辈人对老师的尊重是对老师作为"天道"化身的尊重，是对"师者"价值的认可，是对老师心灵性的托付，而不是功利性的奉承和期待。他们也并不盲目迷信教师是圣人，而是期望孩子从善如流，怀着敬意、主动性去学习道理，只有这样才能学到老师的真本事。如果带着对老师的反感去学，就什么都学不到，同时这是一种"不通人情""不懂道理"的表现。

---

① 汤美娟：《乡村教育早期现代化的底层叙事：基于苏北 M 村的田野调查》，《教育学术月刊》2016 年第 5 期。

② 李弘祺：《学以为己：传统中国的教育》，香港中文大学出版社，2012，第 1—6 页。

　　老一辈人对于学习、读书的神圣性敬畏，还表现为他们并不像现代人那样，有"读书改变命运"的期待。他们意识到"读书"对于传家的重要性，但并没有产生靠子女读书就能翻身改变命运的奢望。他们觉得读书有没有料是"天命"，因此对于读书的孩子很少加以干预，而是顺其自然。正因如此，读书的孩子能够从学习中获得一种纯粹的乐趣。安仲田老人作为四兄弟中唯一上过私塾的人，从小便对文字有一种"痴迷"，"走着坐着都拿一本书看"，沉浸在读书的乐趣中。传统社会的"耕读传家"对于读书的态度是将其作为精神支持和对天道的敬畏。乡土社会对读书的神圣性信仰使得儿童除了生计劳动之外，仍然保存和延续着一种纯粹的精神力量，这成为家族文化精神绵延、存续的关键。

　　安氏家族的50—60后虽然在历史变迁过程中对读书、学校教育的认识越来越功利化，但对于文字、文化、艺术仍保留着神圣性敬仰。"文革"时期"读书无用论"盛行，很多50—60后没有机会读书，但仍然保持着"舞文弄墨"的兴趣和习惯，寻找一切可能的方式汲取文化的滋养。安仁持很喜欢写毛笔字，他没事就自己写写画画，"文革"期间他从垃圾堆里找到了两本书法字帖（见图5-2），这些字帖就是他世俗生活之外的精神支柱。安仁持对书法怀热爱、守恭敬，觉得从垃圾堆里抢救出来的字帖封面上的诗句——"常安泉石养清福，且续离骚遗美人"，是一种对他命运的指引和勉励。这本字帖保存至今已30余年，仍未见大的破损，可见其爱惜程度。

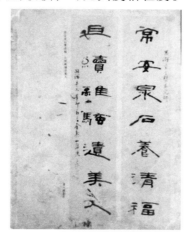

图5-2　安仁持在"文革"期间从垃圾堆抢救的字帖

"读书改变命运"是学校教育产生和大规模普及之后的现代观点。尽管70—80后对于学校教育的认识掺杂了很多实用性目的，但他们对文学、艺术的纯粹兴趣仍然保留了下来。首先，70—80后在重重阻碍下仍想方设法地阅读各种"闲书"，比如武侠、言情、童话书籍等，这些书的主流价值仍是追求自由、正义和纯粹的爱情，是理想主义的。安德然为了读"闲书"，宁愿忍饥挨饿，把父母给她用来吃饭的零钱攒下来买课外书。安德民"搜刮"一切可以阅读的只字片语，周末经常泡在县城的各大书店废寝忘食地阅读。

70—80后还在学校里幸运地遇到一些鼓励他们超越功利化目光的"人师"，这让他们对老师、对学校都保留着一种朴素的热爱和敬畏。安德宁在作文中写道："若人们太功利，无论在别人的眼里多么成功，他最终都得自己承认，我是失败者。"安德民在日记中抒发他对自由、神圣世界的向往："没有了尔虞我诈，没有了猜忌，没有了众人竭尽手段地向上爬，原来世界会如此美好，以至于连一只鸟儿也会变得神圣起来。"安德然认为自己紧张而有序的高中生活如一把锉刀慢慢磨平了生活的棱角，感叹自己丢掉了生活中最珍贵的东西，"生活的路上/我毫不犹豫地丢掉手里的石子/捡起路上黄澄澄的金子/长大了/幡然回头/望见/手里攥的全是石头/扔掉的，全是闪闪发光的宝石"。

70—80后对学校应试教育的反叛和反思，意味着他们对于读书、对于文学艺术、对于学校教育和"人师"依然保留了平民社会对于读书的纯粹目光，对于天道、学校、老师的神圣性尊重。

2. "德高自有路"的功德意识

除了一种纯粹精神，安氏族人对于读书人的道德期待是"齐家治国"，"当官不为民做主，不如回家种红薯""闲来写就青山卖，不使人间造孽钱"，读书人不应只为自己的家族谋取经济利益，还应该为社会尽一份力，这是一种"功德无量"而非自私自利的事。李弘祺认为，儒家思想乃至中国传统教育的中心理想是培养一个既能全心追求个体道德完善及与知识的融合，又不忘自己的道德成长具有社会意义的君子，唯有个人为了自己寻求本身的道德完善，社会才能最终获得裨益。个人教育成就的最终表征，是对和谐政治秩序的贡献。①

———————————

① 李弘祺：《学以为己：传统中国的教育》，香港中文大学出版社，2012，第8—9页。

尽管平民社会中的人对于读书有"实用"的目的，但人不能只为了自己，也要对别人有用，不辜负自己的学识和品德。对于老百姓来说，"功德"是比"功名"更重要的事。安氏族中一位老人去世时，由于他无私地帮助了很多族人，资助了很多后辈子弟读书，赢得了族人的爱戴。族人给他写的悼联是"心尽应无悲，德高自有路"（见图 5-3）。人们认为他功德圆满，走得无牵无挂。

图 5-3　族人为某去世老人写的悼联

　　这种"功德"意识在每代人身上都有所体现。每代读书人在经济独立后，都会尽其所能地为族人提供帮忙，完成代际的经济回报和道德回馈。安叔田作为祖辈中唯一上过学的人，成家立业后给很多族人介绍、推荐工作，恩及众人。70—80 后的一些大学生，经常给族中的年轻人出谋划策，辅导后辈学生学习，开导他们，为他们高考填志愿、选专业提供建议和帮助。

　　"功德"意识不只体现在家族的道德回馈中，也体现在他们对自己所从事的职业的敬畏、对社会责任和义务的担当上。安德婧作为医生对医疗系统医德滑坡表示深深的担忧，她坚信"医者父母心"，提醒自己"坚持到底，不忘初衷，咬定牙关不放松"，既要有医术，也要有医德：在医术上要求自己"复杂操作，更需要在反复实践中不断掌握，做好质量控制"；在医德上"要有精气神，要有推己及人、海纳百川、慎独自律的圣人情怀"。安德民一直不愿意向不良社会风气妥协，"不识时务"，宁愿"闲来写就青山卖，不使人间造孽钱"，也不愿意"摧眉折腰事权贵"，保持了知识分子的清高和慎独。刘云杉认为，知识分子"有'游于艺'的精神和戏谑气质……有恪守知识的操守，一定要'造次必于是，颠沛必于是'，有'富贵不能淫，贫贱不能移，威武不能屈'的近乎宗教奉侍的精神"①。现实的磨难让平民家庭的读书人在肉体和灵魂上流离失所，失意的人生也可能造就他们更深刻的洞察力和深切的同情心，在生命体验和思想感悟的深度上超越一部分人，虽然他们突破不了物质和文化匮乏的桎梏，但已经在最大限度上超越了功利主义，培育了向生命最高理想迈进的自由、审美意志。② 他们绝非布迪厄笔下没有"纯粹目光"、只有"大众目光"的功利主义者。

陈平原认为，"乡村里走出来的大学生……其智力及潜能若得到很好的激发，日后的发展往往更令人期待。如果读的是文史等人文学科，其对于生活的领悟，对于大自然的敬畏，对于幸福与苦难的深切体会，将成为学习的重要助力"③。底层家庭虽然无法为子女提供上流社会所需要的社会资本和文化资本，但涵养了子女独立、踏实、勤劳、吃苦、隐忍、心存敬畏、有付出才会有回报等心性品质，这对个体成长和社会发展都有重要的意义。

3. "不伤天理"的信仰持守

安氏家族对于生命、对于自然、对于祖先和天道存在一种神圣性的信仰。族中老人常说的"传宗接代""老天爷看着呢""举头三尺有神明""不伤天理""因果报应"，是他们对一种不言自明的符合天性、自然、社会的法则的"天然的臣服"，他们能洞察到这种超越阶层、超越年龄的普遍性文化特质并心生敬畏，相应地产生内在的道德自律。

首先，安氏家族对生育、生命有着天然的信仰和尊重，每代人都很注重生育。在传统乡土社会中，基本每家都生育 3 个以上的孩子。计划生育时期，50—60 后族人都想方设法地超生，除两个有正式公职的家庭外，

① 刘云杉：《从启蒙者到专业人》，北京师范大学出版社，2006，第 217 页。
② 安超：《新生代乡土知识青年的反向社会流动与文化适应——"逃回北上广"现象的社会学考察》，《青年探索》2015 年第 4 期。
③ 陈平原：《语文之美与教育之责》，《文汇报》2015 年 1 月 9 日，第 6 版。

其他家庭全部都生育了 2—3 个孩子。在中国传统中，"生"是非常重要的观念，与天地万物、宇宙法则息息相关。《易经·系辞》云，"生生之谓易"。《中庸》讲，"致中和，天地位焉，万物育焉"。梁漱溟认为，"生"是儒家传统最重要的观念，"孔家没有别的，就是要顺着自然道理，顶活泼流畅的去生发。他以为宇宙总是向前生发的，万物欲生，即任其生，不加造作必能与宇宙契合，使全宇宙充满了生意春气"①。安氏族人"传宗接代"的意识如此强烈，是与整个祖先、后嗣、家族命运连在一起的。生育不是个体的事情，而是一件必须要做的，对整个家族、对祖先、对后嗣负责的"功德"之事。如果断了"香火"，老人觉得对不起祖宗，"没有脸下去（死去）见老祖宗了"。如果能生育而不生育，族人会认为这是违反自然和天道、愧对祖宗的。

除了对于生育和生命的敬畏，族人对于祖宗、对于天道也心存敬畏。在乡土社会的"问卜"仪式中，阴间的祖灵回到阳世对不肖子孙进行指责，对孝顺子孙进行赞扬，化身道德审判力量，将道德观念合法化，对在世子女进行道德教育，重建家族的道德秩序。虽然年轻人觉得这是"骗术"，但老人们愿意相信鬼婆的说辞，认为其"挣的是良心钱"，这意味着他们对于基本准则的遵守是超越理性和现实考量的。这种敬畏是近乎祭祀的"供奉"，向神圣准则供奉自己的全部身心而不只是供品，这种敬畏基于理性的洞察又超乎理性。

亚当·斯密认为，如果一个人没有形成对一般准则的神圣性尊重和内在的责任感，那么这个人就不值得信赖。对一般准则的神圣性尊重构成了正直者和卑劣者之间最本质的区别。前者无论在何种情况下都会坚定、果断地遵守他信奉的准则，在一生中保持稳定的行为趋向；后者的行为则随心情、意愿或兴趣的变化捉摸不定。② 涂尔干认为，道德气质或纪律精神的根本就是敬畏和服从人类社会的一般准则。③ 总的来说，底线性教养和神圣性循规的意识构成了平民家庭主体性的教育智慧，这种教育智慧被康永久称作"家教"。底层或许在经济上处于弱势地位，但其有一种支撑子女成长的道德世界和文化氛围，那就是"家教"。

---

① 梁漱溟：《东西文化及其哲学》，商务印书馆，2010，第 138 页。
② 亚当·斯密：《道德情操论》，蒋自强等译，商务印书馆，1997，第 198 页。
③ 埃米尔·涂尔干：《道德教育》，陈光金译，上海人民出版社，2001，第 227—231 页。

个人的学业成就，绝不是由家庭的客观条件直接或间接决定的。说到底，家庭对子女学业成就高低的影响，首先不是来自其"社会经济地位"，而是来自民间广泛传颂的"家教"或"教养"。其中的奥秘在于，作为纯客观经济条件的社会经济地位，经常只能影响到个人见识、品位与视野，不能影响到其雄心、努力、规矩、本分乃至责任意识。恰恰是后者，也就是民间社会俗称的"家教"，构成了家庭与学校相互信任和衔接的基础。①

此外，平民家族的神圣性循规，揭示了道德信仰形成的根本途径绝非依赖一种外在的、抽象的道德知识的传授。他们对于一般道德规则的遵守不是出于理性和现实的考量，也不是出于机会主义式的算计，而是出于发自内心的敬畏。这种敬畏依赖一种长期的共同生活和周期性仪式所产生的"不言自明"的集体共识，依赖一种从身、从心的教育方式。

三、身教、喻教与礼教

平民子弟的底线性教养和神圣性循规，不只靠个人的天性和领悟，还需要实践参与、集体生活和周期性的仪式来保证。对于"不言自明"的准则的敬畏，无法依靠道德说教来实现，其是不能"说"也"说"不出的，而是要依靠身体力行的实践，叙事性的情感认同，仪式活动中的想象、启示和顿悟来实现。在实践、叙事和仪式中，集体共识的魅力向我们显现，给我们教益，我们心悦诚服地接受它。这三种没有明确道德教育意识的教育方式，需要实践性的参与智慧，需要隐喻性而非抽象性的语言，需要在集体狂欢中形成，是一种从身、从心的教育方式。

1. 默会式的身教与熏染

平民家庭劳作的品德和技能不是"教"出来的，甚至不是"学"出来的，而是在"熟习"，在一种习染、熏陶、默会式的学习中自然而然形成的。费孝通认为，熟人社会的技能、道德、情感不需要刻意地教，其是在生活中"熟能生巧"而"习"得的，最终会实现一种从俗从心不逾矩

---

① 康永久：《学业成功者的教育学》，2016（未公开发表）。

的自由。① 平民子弟的劳动品德是从参与或者间接参与劳作的过程中自然形成的。在传统社会，每个孩子都没有"特权"，都要参与劳作挣一口饭吃，"穷人的孩子早当家""庄户人家不养懒汉""没有偷懒的孩子，有偷懒的家里吃不上饭"，孩子们几乎是"看"着父母、亲人的劳作长大的，劳作的本事和意识根本不用教。"习惯成自然"的"以事教"能让儿童享受劳动的过程，形成自我掌控生活的信心，能帮助人产生与天地万物和劳动产品之间的心灵联系。从某种意义上来说，生计劳动虽然不是自由劳动，受到自然的诸多限制，但也并非"异化劳动"，劳动者付出劳动，能看到和享用自己的"创造物"，这是人生命力量的实现。

70—80 后在小的时候虽然没有像传统社会中的儿童那样作为儿童劳动力直接参与到生计劳动中，但间接体会到了生计劳动的辛苦和生活的苦难。正是由于儿童直接或者间接体会到了劳作的辛苦，他们对于直接占有和享受别人的劳动果实会有羞耻感。现代儿童往往无须付诸劳动就可以满足物质的欲望，现代成人付出劳动却看不到自己的劳动产品，他们无法在自己、自然、工具、创造物之间建立心灵联系，很难享受生命力量展开之过程的乐趣。

身体力行的"以事教"是一种缄默式的、实践性的参与，是一种不言之教。中国素有"讷于言而敏于行""智者不言，言者不智"的传统，无言、静默、安静被认为蕴含着无穷的智慧，是一种美德。李瑾在比较和反思了东西方教育之后，认为"给东亚学生贴上不参与，或孤僻害羞的标签，则是很大的谬误"②。李瑾指出，安静、沉默对于西方人而言可能等同于"疏离与漠视"或者迟钝，他们认为这是一种人格弱点，但华人很重视"选择性的沉默"，缄默本身构成了互动和交流的一部分，甚至可以带来完满、知识、选择和承诺等。日本学者 Inagaki 和 Hatano 提出了"无声的参与"的说法，认为学习的积极性不在于言语表达，而在于倾听，也可以称其为"倾听式学习"（listen-oriented learning）③。

"道可道，非常道""大音希声，大象无形"，中国的儒家、道家、佛家皆颇为重视"静坐观思""留白"，希望用一种"默观"的方式在观

---

① 费孝通：《生育制度》，商务印书馆，2009，第6—7页。
② 李瑾：《文化溯源：东方与西方的学习理念》，华东师范大学出版社，2015，第49页。
③ 转引自李瑾《文化溯源：东方与西方的学习理念》，华东师范大学出版社，2015，第269、283页。

察、体悟、自觉中习得缄默性知识，这种学习方式可以给学生反复体会、深入思考的空间，是另外一种形式的"主动参与"，是亚里士多德所说的人类的"沉思"活动。我们可以用更为中国式的表达来定义东方式的参与和学习方式——默观式参与或默观式学习，这种学习方式今天仍然值得提倡。① 现代教育提倡西方式的"参与性学习"，认为中国传统的学习方式不能发挥学生的主观能动性和创造性，将这种缄默的、熏染式的学习与活动式的参与学习截然对立，这是对"参与"的一种庸俗、狭隘的理解。

2. 意在言外的道德教化

哲学家维科指出，语言的诞生是诗性的，对万物的命名就是一种诗性的活动。黑格尔曾经把诗称为最初的语言。现代语言学倾向于认为语言是从隐喻发展出来的，离开隐喻没有语言②，最典型的隐喻就是打比方。老人们的道德信念，通常都用一种打比方的方式表现出来，而不是一种抽象的理论语言，比如"噶骨头（吝啬的人）过不富"、兄弟之间"打断骨头连着筋"、"皮笊篱不漏汤"。老人们对一般性的道德观念有情境化、实践性的理解。隐喻的第二个典型表现是讲故事，本研究记述了农耕社会"拉呱"、讲故事的三种形式，一种是能人巧匠在劳作中的闲谈，一种是人们在休息时的交流，一种是老人们绘声绘色地讲民间传说和神话故事。这三种形式都具有道德教化的价值，但却并不是为了道德教育而存在。

70—80 后也非常喜欢听各种故事、给孩子买故事书。比起祖辈，他们对民间传说的储备量不足，但对于西方童话故事知道得更多，几乎每个家庭都有《安徒生童话》和《格林童话》。70—80 后父母非常鼓励孩子们读各种童话故事，他们需要借助这种"孩子的语言"与孩子保持沟通。年轻父母们都会讲"狼外婆""小红帽与大灰狼"的故事来教孩子警惕陌生人和坏人，会讲美人鱼为了自己心爱的王子化成了泡沫，会讲三只小猪里偷懒的小猪被大灰狼吃掉了，会讲卖火柴的小女孩终于在天堂里与祖母团聚，不再承受人间的苦难……。成人对儿童讲的神话、传说、谜语、儿歌不回避道德的特殊境况，也不回避矛盾，就连"神"也会遭受苦难。

---

① 安超：《共在与建构：参与式教学的哲学溯源、理论反思与实践探索》，《北京教育学院学报》2015 年第 5 期。

② 邓晓芒：《哲学起步》，商务印书馆，2017，第 75—76 页。

隐喻提供了无数的可能性和想象空间，讲故事的和听故事的都从中体会到命运巨大的"偶然性"。它意味着这个世界是不可控的，也不具备一种放之四海皆准、百试百灵的抽象性道德原则，每个人都会遇到无数的道德困境，做出无数个抉择。儿童要在对命运偶然性的体悟和敬畏中，结合自身情况给出合适的答案。讲故事是没有答案的，它只给我们启示，答案是我们自己给出的，这就是讲故事作为一种意外道德教育的魅力。

道德教育有意思的地方，我们对一般规则的普遍性、神圣性的尊重，恰是我们在具体的道德境遇、特殊的个人命运、切己的生命感觉中形成的。讲故事能够起到道德教化作用，其根源并不在于故事具有教育性，更重要的是讲故事时人们并不是在"说教"，成人并非刻意为之，也不会讲完故事去追问孩子"这个故事讲了什么道理啊"，然后总结出个一二三让孩子牢记在心里。成人自己讲的时候也津津有味，想着怎么讲得好玩，怎么把无聊的时间打发了，有时还要添油加醋、出其不意。讲故事的人陶醉在讲的状态里，听故事的人也被这个跟平时不一样的长辈所吸引，讲故事的人被孩子们的入迷所鼓舞，越讲越带劲儿。日常生活的辛苦被慢慢淡忘了，无聊的时间就这样慢慢过去了，人们仿佛忘记了眼前的世界，苦难被抛到了九霄云外，亲密和自由在讲故事和听故事的人中间传递。

布鲁纳指出，人们总是把我们的文化源头和共同的信念用故事的形式表达出来，而这些故事之所以让我们心动，不只是因为内容精彩而已，还因为叙事时的巧思妙意。当一个儿童真的会讲自己的故事时，他就长大了。叙事对于人的意义主要包含两个方面：第一，孩子们对他们所属文化的神话、历史、民间传说、通俗故事等更有感觉，这些东西可以滋养人的认同感；第二，虚构的故事可以激发人的想象力，让人在世界中寻到一个位置。[1] 讲故事的人具有一种叙事性思维，这种思维具有心灵意义生成的作用。在叙事中，善与恶、神圣与凡俗、美与丑都辩证地存在，需要人们自己去体悟和了解。最终，孩子们会从故事中理解世界。

说到底，道德教育成功的秘诀在道德教育之外。强目的导向的道德教育使得教育者与被教育者之间有着天然的对立，被教育者对教育者有

---

① 杰罗姆·布鲁纳：《布鲁纳教育文化观》，宋文里、黄小鹏译，首都师范大学出版社，2012，第143页。

天然的情感逆反。或者说，人愿意被教育是因为他意识到对方没有在教育我，他只是在呈现自己。教育的状态本身而不是教育的实际内容，才是真正的教育得以发挥作用的关键。叙事呈现一种"偶然"的状态，具有强大的道德实践力量。同时，成功的道德教育是叙事过程中的一个"意外"。

3. 社会仪式中的心灵联结

第三种没有明确道德教育意识的教育方式是"礼"。费孝通认为，礼字从豊从示，豊是祭祀用品，示是朝天祭拜或者神灵显现、启示。礼不是靠外在的权力强制推行的，而是从仪式、教化中养成个人的敬畏之感，使人心悦诚服地服膺，人服礼是主动的。[①] 卢梭认为，古代人通过仪式、劝导、心灵感召，在神圣性事物（比如图腾）的见证下，达成庄严的契约。这种契约不容易被破坏，可以培养伟大的心灵，而理性却达不到这种效果。[②]

涂尔干通过对原始部落的研究发现，不管宗教生活以什么样的形式出现，目的都是把人提升起来，使他超越自身，过一种好于仅凭一己之力而放任自流的生活。[③] 没有公共和集体狂欢所形成的与他人的心灵联结，个体孤立地遵守一种道德法则，那可能是不长久的。依靠神话、记忆、历史、仪式等公共话语和集体生活，个体在共同体中形成对某些"不言自明"的一般法则的敬畏，获得对道德的亲密体验，这是不可教的，只能通过集体生活和叙事向我们"显现"。

同时，在神话、仪式这些象征性活动中，人与人之间的关系是一种更为积极、平等的关系。不是活动的内容，而是在这种活动中结成的关系本身具有更为深沉的教育意义。这种积极关系与规制化的道德教育不同，意味着人们对世界和他人心灵的敞开、同情和共鸣，这就是主体之间的伦理关系。在这种伦理关系中，我们是通过顿悟而不是"教学"来实现自我教育的，我们最终获得的是"启示"而非"答案"。启示降临于我们，而且每一个人获得的启示都不尽相同，双方都获得故事文本之外的事物，这便是仪式的魅力和道德教育的意义。

---

① 费孝通：《乡土中国》，人民出版社，2008，第 63 页。
② 卢梭：《爱弥儿：论教育》（下卷），李平沤译，商务印书馆，1978，第 469 页。
③ 爱弥尔·涂尔干：《宗教生活的基本形式》，渠东、汲喆译，上海人民出版社，2006，第 541 页。

第二节　匮乏之爱的情境依赖性

尼采在《道德的谱系》中区分了两种具有根本性差异的道德。一种是高贵的灵魂所具有的"自足"道德，另一种是带有奴性的、基于"怨恨"的、贪婪但又有极大能动性的民间道德。拥有第一种道德的人，"天性强大而充实，天性里包含丰富的塑造力、复制力、治愈力""生活得真诚而且坦然""行动和成长都是自发的""有一种自在自为的高贵理想"①。拥有民间道德的人往往具有"怨恨"但富有创造性，"一种最深刻和最精细的仇恨，但能创造理想、改变价值，产生一种贪婪的爱"；既有趣又邪恶，"最富有才智，也最为阴险歹毒"；经常需要一个对立的外部世界来定义、肯定自己，"对外在、他者、非我加以否认"；处于弱势地位，不得不"作伪和自欺，给自己披上道德的华丽外衣"，"是行动和幸福对立的人"。②尼采对于道德的哲学认识非常深刻。他虽然没有否定民间道德，但指出了民间道德由于处于"虚弱"地位，而不得不生长出一种"仇恨"意识，在与外部世界的对立、战争、胜利中获得自我肯定。

尼采把民间道德定义为基于"怨恨"的爱，我认为，其本质上是一种基于"匮乏"的爱。我已经用了很大篇幅来论述民间养育学的创造性，但也不能回避这种教育的情境局限性。从某种意义上来说，民间社会内生性的纯粹精神和神圣性价值比较脆弱，如果缺乏制度保障、文化滋养，民间养育学在不同的制度情境下就会走向异化，比如在农耕时期，由于物质的匮乏和团结的需要，在教育中存在非魅力化倾向，人们排斥激情和魅力的表达，缺乏自信、自我迷恋的强大心理素质；在集体化时代和现代社会，基于物质、情感、文化的匮乏，产生了浅近自利的功利化目光和禁欲式的苦行僧道德，涌现出了一大批精致利己主义者和

① 弗里德里希・威廉・尼采：《道德的谱系》，梁锡江译，华东师范大学出版社，2015，第82、81、79、101 页。
② 弗里德里希・威廉・尼采：《道德的谱系》，梁锡江译，华东师范大学出版社，2015，第76、81、79、101 页。

现代社会的原子化个人。缺乏内生性的文化传统和制度性的公共支持，民间养育学就容易陷入对外在文化的依赖中，比如外源性的意识形态或者消费主义。

一、事业合作型家庭的去魅力化养育

传统社会由于面临物质匮乏的严酷现实，需要一种强有力的道德教化来实现人与人之间的事业合作和互助。然而，这种文化有无法克服的内在缺陷，就是存在一种将儿童非魅力化的倾向，排斥以爱情和性为代表的破坏性、革命性的力量，排斥激情、个体自由和外表魅力的表达。

1. 依附教育的魅力排斥

乡土社会的家庭是事业合作型的，夫妻共同合作经营事业、抚养后代，有亲情但缺少爱情。最明显的表现就是，婚姻的标准不是考虑心灵的契合，而是考虑"门当户对"，考虑男人是不是能养家糊口，女人是不是能相夫教子、勤俭持家。与结婚和生育无关的两性关系基本上是"不道德的"。费孝通认为，罗曼蒂克式的、如火的爱情具有破坏性，对于追求稳定和团结的社会来说，是一种威胁；事业合作型的爱情是生产技术落后、劳力活和抚育负担很重的社会情境使然，社会要偏重夫妇间事业上的合作，就要压低夫妇间情感上的满足，除非社会能发展到有各种技术和设施能减轻夫妇在经济上的劳作和抚育上的责任，这是一种不得已的文化缺陷。[1]

> 恋爱是一项探险，是对未知的探索，不以实用为目的，是生活经验和生命意义的创造，但不导向经济的生产……从结果上来说，非但毫无成就，而且使社会关系不稳定，使依赖于社会关系的事业不能顺利经营。[2]

乡土社会的去魅力化倾向在儿童身上的表现就是，传统的儿童是没有

---

[1] 费孝通：《生育制度》，商务印书馆，2009，第94—96页。

[2] 费孝通：《乡土中国》，人民出版社，2008，第55页。

青春期的。青春期的美是危险的，因此必须被掩盖。成人倾向于让儿童打扮得"土里土气"，表现得没有性吸引力。如果男孩女孩在青春期过分打扮的话，会被称作"流里流气""妖里妖气""不正经"。乡土少年只有生理上的青春期，没有心理上的青春期，这使得他们对于自由爱情世界有着无限神往，却以悲剧性、毁灭性的"向死而生"的情爱故事来呈现。仔细分析的话，对情爱的排斥几乎是乡土社会的必然。带有攻击性、探索性、破坏性的自由恋爱，与乡土社会的基本道德形式，比如节制欲望、本分、团结、顺应天命，有着内在的矛盾。

去魅力化倾向主要是通过身体和情感的依附训练来实现的。族中女性负责孩子的生理性抚育，关照儿童的吃喝拉撒，甚至孩子成人后依然将其当作小宝宝来嘘寒问暖。在成人心中，儿童不是一个性成熟的个体，而是永远长不大的小孩。夫妻之间也有将关系母子化、父女化的倾向，很少用亲密的语言表达情感。对儿童的非性化培养，有助于减少代际冲突。心理分析学家认为，母爱是童年生活的象征，母爱的凝固，会使长成的人不能和异性进行正常的恋爱和正常的性生活，其他个性的发展也会受到阻碍①。父母对于儿女持续到成人时期的频繁的身心问候、生活照顾，延缓了传统儿童成长为独立个体的进程。

2. 刻苦耐劳的"美而不自知"

去魅力化教育的缺陷就是，它使得乡土儿童缺乏一种强大的自信、自我迷恋的气质，一种舍我其谁、披荆斩棘的英雄气度和革命激情，因此他们长大后也很难有丰功伟绩和变革性的文化创造。而自我迷恋、自我赞赏恰恰是一种成就伟人的创造性力量。

　　如果没有一定程度的这种过度的自我赞赏，就很少能取得人世间的伟大成就，取得支配人类感情和想法的巨大权力。最杰出的人物，完成了最卓越行动的人，在人类的处境和看法方面引起了极其剧烈的变革的人；成就巨大的战争领导人，最伟大的政治家和议员，人数最多和取得最大成功的团体和政党的能言善辩的创始人和领袖，他们中间的许多人不是因为他们所具有的很大的优点，而是因为某种程度的，甚至同那种很大的优点完全不相称的自以为是和自我赞赏，而蕲

---

① 转引自费孝通《生育制度》，商务印书馆，2009，第170页。

露头角。[1]

自信是对抗世俗生活、实现阶层跨越的重要精神品质，大多数平民家庭特别缺少对这种品质的培养，个体一旦出现自我怀疑和犹豫，就容易良机错失，导致失败。对于自我魅力和优点的怀疑使得平民子女在强大的生存性目标和父辈的高期待下，容易产生一种苦修道德。比如，70—80后的"苦学"之路不仅过程是"痛苦的"，结果也未必"尽如人意"，这类人常常被嘲笑为"书呆子"。"苦学"的精神和习惯往往造就布迪厄所说的"苦修"性情：禁欲主义，严苛态度，对法律法规循规蹈矩，限制消费，对物质有积累、储蓄倾向等，并延展到生活中的方方面面，甚至传给下一代。譬如，在语言上，他们倾向于矫枉过正，对自己和别人身上的语言错误过分警觉；在道德上，他们对自己和他人过分严苛，使得生活变成一种严格的戒律；在政治上，他们毕恭毕敬地因循守旧或谨小慎微地进行改良。

"苦修"是一把双刃剑，是美德也是预先的压力，使生活建立在与快乐、美好的对立面上，"过分注重形式和拘泥细节，具有某种狭隘的、有限的、僵化的、敏感的、平庸的和僵硬的东西……包含一种对快乐的恐惧和与身体有关的谨慎、害羞、克制……而无法感到快乐又意味着另一种失败、一种对自尊的威胁"[2]，并最终"自我剥夺"，为了变得"伟大"而把自己变成"渺小"的文化侏儒。70—80后大多走上了一条与幸福和成功对立的道路，在权力、利益的追逐过程中，常常得不到心灵的平静。

幸运的是，70—80后在学校遇到了一批真正可以对话的、以教育为天职的老师和带给他们内在超越性力量的纯粹爱情。这种力量帮助70—80后在一定程度上放下了祖辈、父辈在战争和革命中留下来的情感包袱，从而走上一条真正的幸福和成功相结合的道路。此外，变革性、反叛性的力量只有在大的社会动荡、文化转型时才会出现，在物质匮乏、强有力的共同体文化之下，很难崭露头角。但一旦遇到契机，被压抑的激情就会反弹，具有不可预测和控制的破坏力量。比如在集体化时代的

---

[1]　亚当·斯密：《道德情操论》，蒋自强等译，商务印书馆，1997，第325—326页。

[2]　皮埃尔·布尔迪厄：《区分：判断力的社会批判》，刘晖译，商务印书馆，2015，第534—537页。

很多激进运动中，稳定、平静的乡土社会对于一种神奇的近乎天赋的领袖魅力、英雄品质的憧憬，终于在革命时期有了具体的表现，甚至持续到今天。

二、强制度规训时的浅近自利

传统社会的祭祀、仪式、读书信仰是形成和强化神圣性道德敬畏的重要制度支撑，如果这套内生性的制度衰落，而公共支持性制度尚未成熟，民间养育学就容易陷入浅近自利的状态。比如，当乡土传统被严重破坏时，传统劳动的本分、内在奖赏机制和共同体互助精神慢慢让位于一种意识形态话语和功利法则，农村的大锅饭制度和城市的单位制度在某种意义上催生了乡土社会特权和依赖思想，50—60后对读书的功利性增强，"读书改变命运""吃国库粮"是他们的主要目的。现代教育虽然以个性、自由、进步、民主为目的，但对于民间养育学的公共支持远远不够。在这种情况下，70—80后父母对于子女的教育期待转向"自我实现"，但这些话语都是一种不断"进步""前进"的征服意志的表达，带有原子化的个人主义特征。

1. 去家庭化后的功利主义

集体化时代，政府大力提倡大公无私的精神，但未能通过制度、法律和文化建设确认个体基本权利的界限，再加上阶级斗争所带来的社会紧张氛围，整个社会呈现传统被打破后的道德虚无状态。在这个时期，整个家族涌现了大批如钱理群笔下的"充分使制度为我所用，为自己谋取合理化利益，急功近利、忘却初心的"精致的利己主义者[1]和充分利用制度漏洞摆脱辛苦劳作的机会主义者。族人普遍产生了对于"吃国库粮""编制""稳定""保障"的渴求，对读书、学校教育的功利性期望增强。在某种意义上，家族里这一代人"公共爱"的削弱与其"家庭爱"的缺失有很大关系。

吴小英认为，1949年之后国家的"去家庭化"进程延续了将家庭视为现代化羁绊的思路，将家庭与"私"领域挂钩而与集体生活对立，确立了"舍小家、为大家"的"褒公贬私"原则，虽然这让年轻人与女性

---

[1]　钱理群：《高校不能衙门化》，《时代人物》2012年第10期。

从父权制中夺取了更多的权力，但"个人独立于小共同体，而依附于大共同体"的模式，实际上并未使个体真正摆脱桎梏而获得自由，反而使家庭制度、家庭亲情在一部分人群中经历了去神圣性的过程，导致家庭价值的退让和亲情在政治高压下的解构。^① 对于集体化时代去家庭化进程的进步性，比如对父权制度的动摇，以及局限性，比如不尊重个体自由、蔑视家庭亲情，学者们已经有了充分的认识和反思。然而，他们未能充分反思家庭的价值，未能论述"家庭爱"与"公共爱"的关键联系。尼采曾经讲过"抽象"道德的不可靠性。

> 我们试设想不靠神话指导的抽象的人、抽象的教育、抽象的道德、抽象的正义、抽象的国家，这样一种文化，它没有固定的神圣的发祥地，而命定要耗尽它的一切潜能，要依靠一切外来文化艰苦度日。^②

事实是，能够调动我们对道德、集体、国家的情感的不是一种抽象的法律和社会的爱，也不是一种抽象的、普遍的对所有人的泛爱。只有抽象的、普遍的爱和忠诚，就只是一种外在的道德理念。而对于他人、集体、社会的爱是最细微的、最具体的生活之爱。"公共爱"靠纯粹外在的道德说教是无法实现的，也就是说，"公共爱"的根基在公共教育之外，那就是家庭。

母亲与孩子身体性的情感关系是社会维系道德、维系传统的根基，是使孩子形成对家、共同体、国家的认同的根基。前文我们分析过，母教才是父权社会和人伦秩序得以维系的关键，而其根基就是"共同生活"，就是"家庭爱"。家庭是保护原始情感、保存人"先验的善意"的地方，而政治、国家对于人而言不是天然的存在。人一开始结合的形式不是集体、城邦，而是家庭和氏族及由此形成的日常生活。

盲目"去家庭化"的进程，其根本局限是将家庭、日常生活和公共生活对立起来，将"家庭爱"和"公共爱"视为不可调和的两极。

---

① 吴小英：《"去家庭化"还是"家庭化"：家庭论争背后的"政治正确"》，《河北学刊》2016 年第 5 期。
② 弗里德里希·威廉·尼采：《悲剧的诞生》，周国平译，三联书店，1986，第 100 页。

说到底，在我们的天性中，在母亲的怀抱和甘甜的乳汁所代表的"无条件的爱"中，在日常生活的互动中，我们形成了对他人、对陌生世界无可动摇的安全感，我们从父母无条件的爱中学会了无条件地爱他人。这种最根本的爱，以及从互动中培养的了解他人的能力，才是家庭教育的基础。最终，我们会爱屋及乌，因为我们爱父母、爱亲人、爱朋友、爱国家。

集体化进程对于母爱这种天性之爱的污名化，以贬低家庭妇女在私人领域中的价值和劳动为途径将妇女推向集体生活。列宁把妇女的家务和育儿事务列为非生产性劳动，"琐屑的家事，窒息着妇女，使她变得愚蠢，使她退步，使她束缚在厨房和对儿女的哺育上，把她的劳动，浪费在极端不生产的、绞碎神经的、令人愚蠢的、令人迟钝的工作上面"①。《新中国妇女》杂志的宣传也将家务劳动与社会劳动区分开来，"社会劳动，就是在家庭以外的集体生产事业或者福利事业中的劳动"，"家庭妇女参加劳动生产……变消费人口为生产人口，由比较少的劳动变成比较多的劳动，由次要的劳动变成主要的劳动，由劳动者逐渐变成工人……是妇女解放的最高目标"，"绝大多数妇女成为社会劳动者，是实现妇女解放的第一个重要标志和特点"。② 这意味着，主流意识把母爱当作是天生的，但不是"高尚"的。然而，爱孩子是人的天性，反之则是对天性的压抑，其泯灭了人基本的恻隐之心，摧毁了对生命、爱、德性生发和保护的自然场所——家庭，有滑向威权教育和自私自利的危险。

2. 竞争性的个体主义

中国的传统文化倡导"天人合一"，集体化时代后，人与自然的关系发生了改变，征服和改造世界成为主流观念，"教育改变命运"是典型的"人定胜天"观念的表达。孙隆基认为，西方文化的深层结构具有目的意向性，是一种趋向无限的权力意志，表现为个人不断地进行过程设计，并在征服海洋、太空这类不承认空间有限的意向中，将不断成长、不断改进的意向带入到经济和社会活动中。③ 个体的"自我实现"、终身教育、学习型社会，这些话语都是一种不断"进步""前进"的征服意志的表达。

① 李静：《新中国家庭文化变迁（1949—1966）》，硕士学位论文，首都师范大学，2005，第52页。
② 李静：《新中国家庭文化变迁（1949—1966）》，硕士学位论文，首都师范大学，2005，第55页。
③ 孙隆基：《中国文化的深层结构》，广西师范大学出版社，2015，第9页。

现代教育以个性、自由、进步、民主为目的。曾经压抑自己的个性和情感、经历过激烈学校教育竞争的70—80后，对于子女的教育期待转向"自我实现"，希望孩子成为"快乐精英"。布鲁纳认为，由个人通过教育而达到自我实现是一种乌托邦式的理想，会把社会和文化逼向不可预测的险境，导致道德和法律秩序的瓦解。而教育如果只是阶层和文化再生产的工具的话，虽然可以降低不确定性，但会导致教育的停滞不前、霸权当道和常规至上。① 事实上，我们看到了教育正在朝这两个方向发展。一方面，父母通过家庭早教、学校外特长教育，期待儿童的全面发展和自我实现；另一方面，学校教育成为阶层和文化再生产的工具。

现代教育中的个性发展和自我实现仍然是通过激烈的竞争表现出来的。传统文化中的等级秩序和市场化时代的竞争思想一拍即合，催生了竞争性的个人主义。中国历史上有"胜者为王，败者为寇"的胜败之分，"万般皆下品，唯有读书高"的高低之分，"舍小我，为大我""舍小家，为大家"的大小之分，"知"（理论）与"行"（实践）的轻重之分……掩盖在个性面具下的是极端排他、强调"输赢"的竞争式的个体主义。在强烈依赖他者来定义自己的文化土壤上，很难孕育让个体充分自我呈现的教育，因为评价的取向是功利的成就取向而非个体的发展取向，最终的结果仍然是自我的遮蔽。②

"享乐"虽然没有在教育中得以实现，但在网络中得到了表达。90后和00后的嘻哈、黑色文化是另一种形式的集体狂欢。网络新生代最擅长"找乐子""写段子"，以身体的放纵和调侃的快乐缓解学习的压力，以新奇的话语创造和精神自由释放压抑的情感，以网络世界的虚拟交流代替严肃的慎独生活。他们的个体意识和情绪异常活跃，而且很容易感染相似群体。然而，"共同生活和集体狂欢，才能体会到情感共鸣的快乐，才能认识和把握社会理想，才能感受到自己精神的提升……不经历世事人情，如何懂得社会的风俗与道德？不参与各种仪式礼典，如何能体会崇高之事物？"③ 缺乏确定、普遍的道德共识，缺乏稳定、连续的集体道德生活，

---

① 杰罗姆·布鲁纳：《布鲁纳教育文化观》，宋文里、黄小鹏译，首都师范大学出版社，2012，第187页。
② 安超：《教学恐惧的实践表征与超越路径》，《教育科学研究》2016年第5期。
③ 王楠：《现代社会的道德人格：论涂尔干的道德教育思想》，《北京大学教育评论》2016年第4期。

缺乏道德敬畏的集体欢腾很容易造成社会失序。

作为一种压力释放方式的非正式反抗，容易导致霍布斯所说的"所有人反对所有人的战争"：斗争对象可能不再是主流价值观念，而指向无辜民众甚至是弱者。这种反抗情绪还会滋长毫无建设性意义的舍勒所称的"怨恨批评"，"不会对内在价值和品质做出任何的肯定、赞赏和颂扬，仅是一味的否定、贬低和谴责"[①]。网络新生代成为中国式"愤青"或网络上流行的"键盘侠"的主要群体，其反抗力量主要是一种宣泄性而非建设性的文化力量。

三、弱公共支持下的文化恐慌

从某种意义上来说，尼采对于民间道德的判断是对的。由于平民在经济和政治上处于弱势地位，一旦民间社会的内生性文化和道德基础被摧毁，他们便极其依赖一种外在文化来定义自己。传统社会是依靠长期的共同体生活、周期性的集体仪式来保障一种内生性道德的维持和延续，一旦民间道德失去了共同生活、叙事、神话、仪式等公共性的制度根基，民间社会就会陷入对外在文化的盲目依赖。这种盲目依赖在集体化时代表现为对外源性意识形态的迷信，在现代社会表现为对消费主义的依赖和过度的文化补偿与教育焦虑。

1. 文化惰性的滋生

在集体化时代，斗争力量摧毁了旧有的社会等级制度、生产关系，也摧毁了"家国同构"政治制度下的大家族体制。新中国成立后，政府通过没收家族田产、划分阶级成分、给贫农分地等土地改革方式消灭了家族制度的经济基础；通过破除封建迷信、没收祠堂，以及焚毁家谱、族碑等方式冲淡了家族的血缘关系，破坏了乡土社会赖以维持的传统。待耕种的土地和如火如荼的工业生产都需要大量的劳动力，依靠激情维持的频繁的社会运动在摧毁乡土社会的情感联结后，制造了以阶级成分为标准的等级秩序，并靠强大的意识形态输入才得以维持。正是在这个背景下，集体化时代的教育具有强国家价值介入，但家庭亲子关系疏离的特点。

---

① 成伯清：《从嫉妒到怨恨——论中国社会情绪氛围的一个侧面》，《探索与争鸣》2009 年第 10 期。

由于大量劳动力包括女性劳动力投入新中国成立后的工业化建设，代表"私"的家庭成为代表"公"的集体和国家的对立面。家庭关系由于劳动方式的转变而变得疏离，国家的托幼机构在农村尚未普及，这就导致一大批孩子未能得到妥善照管。他们缺少"家庭爱"所培养的心灵联结和沟通能力，也最终未能形成"公共爱"。而集体和国家的情感在很大程度上源于家庭里温柔的自然的情感。

> 最温柔的自然的情感的消灭，会被一种虚伪做作的情感所吞噬。难道说不需要自然的影响就能形成习俗的联系！难道说我们对亲人的爱不是我们对国家爱的本原！难道说不是因为我们有那小小的家园，我们才依恋那巨大的祖国！难道说不是首先要有好儿子、好丈夫和好父亲，然后才有好公民。①

外源性文化若对传统和家庭采取敌对态度，其作为一种抽象的外在道德，无法内化为一种内在力量，往往导致"大道废，有仁义；智慧出，有大伪"②。缺乏家庭教化而形成的道德观念往往催生道德表演和道德标榜的虚伪。当道德是一种外在而不是内生力量时，就会演变成一种"善"的伪装和工具性规则。抽象的道德和教育无法产生强大的道德力量，当传统社会的神话、仪式等滋养神圣性信仰的文化根基消失时，民间养育学就不得不依赖外源性文化度日了。

由于传统文化根基的摧毁，基于"家庭爱"而形成的情感联结缺失，平民社会依靠外源性的意识形态来寻求精神依靠，对于外在的道德力量和制度形式产生了过度的依赖，因为集体劳动和单位制度对企业正式工、事业编制人员、公务员仍像个母亲一样承包了他们的"吃喝拉撒"。国家和单位大包大揽所催生的依赖意识，让很多族人形成了将身体和灵魂全部交付给集体和国家的思维模式。传统单位制度解体，"铁饭碗"被打破后，安氏族人"置之死地而后生"，重新产生了自主谋生的能动性。虽然社会主义建设在初期走了弯路，但也遗留了可贵的文化遗产，那就是人们对于等级制度以及背后权力和意识形态的充分警觉，对于传统价值和道德绝对

---

① 卢梭：《爱弥儿：论教育》（下卷），李平沤译，商务印书馆，1978，第535页。
② 语出老子《道德经》。

主义的合法性进行质疑和批判的精神。这种质疑和批判精神在一定程度上促成了今天市场经济时代多元价值并存的状态。

2. 幸福观念的商品化表达

独生子女政策的实施，使得家庭生态和父母的心态发生了根本性的改变，现代社会的频繁流动所带来的本体性不安，让父母们惧怕风险。吉登斯指出，现代社会的频繁流动经常与人们的心理问题和焦虑有关，这是因为个体发现自己不能维持已经习惯的生活方式，由于本体性安全（existential security）的丧失，会产生本体性焦虑（existential dread）。他认为，大多数人对其自我认同之连续性及社会与物质环境的恒常性所具有的信心，以及对人或物的可靠性的信心关涉人的本体性安全。如果基本信任感没有建立或内心矛盾没有得到抑制，其后果便是存在性焦虑。现代性的特征就是降低人的信任感，导致存在性焦虑。① 由于现代社会普遍存在的本体性焦虑和不安，安氏家族三代人都退守家庭和学校教育，加上国家和市场，各路人马围绕着儿童展开了无限度的情感索求和经济利益开发。

安氏家族的预备中产阶层既没有生产资料可以依靠，职业变动频繁，又没有稳定的心理认同，其身份和地位焦虑常需要寻求各种外在的文化形式作为心理安慰，比如外在的禀赋、风度、相貌、礼仪、才艺和体育才能。这些文化形式不再作为一种兴趣或道德力量而存在，而是作为一种类似情调或生活方式的商品，他们是这些商品的毫不吝啬和毫不愧疚的消费者。

布迪厄认为，中产阶级的预备军一般都有地位焦虑，为了努力"表现得"像中产阶级，他们会产生一种过分的、补偿性的文化追逐，布迪厄将其称为"由不加辨别的崇敬引发的纯粹而空洞的良好意愿"、"文化误判（allodoxia）"，而预备中产阶层对上流文化的过度追逐和浅薄模仿，常被上流社会歧视为"拙劣的模仿者"或"忘本者"——"他们似乎只有生活方式，而没有生活"。

> 为了"表现得"像中产阶级，他们将大量的金钱投入到"合法文化产品和文化实践的次级形式中——游览古迹和城堡，阅读科学和历史普及杂志，在家里设计烹饪角、用餐角、卧室角，扩大可利用空

---

① 安东尼·吉登斯：《现代性的后果》，田禾译，译林出版社，2011，第80页。

间，制造各种形式的赝品……用各式各样的手段使得自己的家和自己看起来比真实的更好"。①

报复性的文化向往心理常常与膨胀的个人欲望相伴相生，商业社会也在不断刺激人的欲望。景军认为，整个消费文化都在建构一种"消费等于幸福"的观念，比如食品广告常使用儿童在家、郊游和生日宴会中吃流行食品的场景，将食品和高智商的成就、家庭和睦、身体健康以及童年的欢乐联系起来，建构一种"消费等于幸福"的观念。某著名儿童食品企业在中国开拓市场时，将最初的销售区域定位在大城市的大学城和高新科技区，销售策略是把产品和儿童的高成就联系起来，以科学和现代性的名义兜售产品，同时赞助和支持对中国官员和儿童照顾专家的营养教育培训。② 商业社会的各种包装手段将商品呈现为"非商品"，其所激发的幸福幻觉刺激了消费者层出不穷的欲望。当妄想无情地破灭，无限的欲望难以满足，个人失意无法消解时，"仇恨"意识就会产生：既指向自己，也指向他人，并因为仇恨而产生更多的欲望和爱的索求。

这些转变说明儿童的价值、人性的价值、亲情的价值、文化和艺术的价值越来越受到金钱和消费的形塑。货币作为客观物能用一切事物交换，从而弱化了个体的特性。这种与身份表征相关联的文化消费，使得"爱""幸福"被物质化、亲子关系被货币化了，人类价值持续受到货币关系入侵的威胁。

第三节　平民文化土壤的滋养

雅斯贝斯认为，人类现代的状态和问题，比以往任何时候都更紧迫，既有衰落和毁灭的可能性，也有创造一种真正属于人的生活、实现人的本质的可能性。"一方面，我们看到了衰落和毁灭的可能性；另一方面，我

---

① 皮埃尔·布尔迪厄：《区分：判断力的社会批判》，刘晖译，商务印书馆，2015，第370、371页。
② 景军主编《喂养中国小皇帝：食物、儿童和社会变迁》，钱霖亮、李胜译，华东师范大学出版社，2017，第 xx、149页。

们也看到了真正的人的生活就要开始的可能性……在这两种互相矛盾的可能性之间，前景尚不分明……我们时代的精神状况包含着巨大的危险，也包含着巨大的可能性。如果我们不能胜任所面临的任务，这种精神状况就预示着人类的失败。"[①] 成人有责任基于民间养育学的历史遗产和现代教育的危机，认真审视教育和人类发展的关系，对教育未来的发展做出前瞻性的解释和预测。我认为，民间养育学的发展趋势是："立"之教育，把成长还给儿童，帮助孩子在自立的基础上体现人的本质力量；"玩"之教育，成人要尊重教育的偶然性，为自己和孩子寻找、拓展身心的闲暇空间；"谜"之教育，珍视人的超越性需要并守护教育的神圣性面向。

一、"立"：把成长还给儿童

促进儿童自立和创造的劳动教育是民间养育学的第一个根基。桑内特将人的存在状态分为两种，一种是"劳动之兽"，另一种是"创造之人"。劳动之兽指的是人们像牲畜一样操劳，从事着重复乏味的苦役，将工作本身当作目的。创造之人是物质劳动和实践的判断者，他们沉浸在另一个世界里，过一种更高尚的生活。[②] 对于生活在物质匮乏状态下的劳动者或者从事异化劳动的工人来说，他们仅仅是为了生计劳动，而如果劳动产品又被剥夺的话，劳动就意味着苦役。对于现代儿童来说，他们已经无须从事一种生计性的劳动，但是仍有从事自立性劳动和创造性劳动的权利和必要。

1. 童年的神圣化与景观化危机

泽利泽在《给无价的孩子定价——变迁中的儿童社会价值》一书中指出，自 20 世纪以来，西方国家的儿童正经历着一场从经济上无用到情感上"无价"的转变，儿童成为神圣之物。然而，这种神圣化经历着异化，对儿童情感上"无价"的认识伴随着对儿童的过度保护和监管。"管不得的宝贝疙瘩"说明人们对自己孩子的情感越来越私人化的同时，对他人的孩子越来越缺乏公共之爱。社会要求我们爱孩子，家庭和父母把孩子当宝贝，结果我们只爱自己的孩子。

---

① 卡尔·雅斯贝斯：《时代的精神状况》，王德峰译，上海译文出版社，1997，第 13、19 页。
② 理查德·桑内特：《匠人》，李继宏译，上海译文出版社，2015，第 10 页。

家庭越来越私人化和核心化，儿童越发变成私人的感情资产，儿童的神圣化呈现一种异化状态，情感上的"无价"导致一种新的工具主义——强调儿童的情感"好处"，儿童从经济资产变为情感资产、道德资产。说到底，儿童还是依附于家庭和父母的，我们爱孩子是因为孩子是属于我们的，而不是基于我们对孩子的尊重。儿童沦为玩偶、宠物，成为成人情感爱抚的对象。这种疼爱，没有使人们形成对儿童普遍的公共之爱，只是改变了儿童资产的形式，使儿童变成了专属于父母的宝贝和企业赚钱的工具、国家执政的合法性借口。人们对于心肝宝贝的爱已经缺乏了公共纬度，没有让孩子获得真正的尊重。

对于儿童的神圣化，并不是因为我们爱儿童，而是因为成人在现代社会遭遇到了冷冰冰的商业文化，劳动过程被异化，精神上越发孤独而缺少公共联系和精神信仰。象征着纯洁无瑕的小天使、无忧无虑的童年代替了宗教成为成人凡俗世界之外的梦想。这种神圣化没有使儿童成为有独立价值的道德个体，没有形成一套仪式化的原则，只是成人对经济和科技宰制的社会反抗形式。

以前的儿童在经济上有用，是家庭的资产，为家庭提供第二工资，是家庭经济压力的缓冲剂，是家庭风险的承担者。对于底层阶级来说，这是抵御风险的重要方式，而且"把孩子放在家里，省了鞋底，锻炼了品行"。到了工业化时期，工厂为儿童提供了大量岗位，但中产阶级认为儿童如果为家庭提供劳动力是被父母剥削了，国家陆续立法禁止使用童工，儿童与成人的劳动日渐分离。[①] 这种国家干预在一定程度上侵犯了家庭、父母和儿童自主的权利。而且，以"雇佣劳动"和"工资性劳动"来衡量家庭劳动价值，传统社会基于情感、代际补偿等长远利益平衡的家庭劳动，基于血缘的、奉献的家庭劳动就被贬低了，这对于底层劳动家庭来说非常不利。从某种意义上说，"神圣"儿童对于底层家庭来说是奢侈的，由于儿童在某种意义上成了"包袱"，越来越多的母亲甚至不愿意承担照看孩子的负担。

卢梭认为，只有在自然生活和日常劳作中锻炼孩子的品格，让他们能够忍受酷烈的季节、气候和风雨，能够忍受饥渴和疲劳，通过自然的考验

---

① 维维安娜·泽利泽：《给无价的孩子定价——变迁中的儿童社会价值》，王水雄等译，格致出版社，2008，第51—68页。

来磨砺性情，从小知道什么是烦恼和痛苦，孩子才能获得力量，生命的本源才会坚实。否则，他们会在遥远的未来无法面对真正的危险和苦难。①杜威认为，现代人不能忽视传统劳动生活所含有的训练和品格形成的因素，因其"养成守秩序和勤劳的习惯，对于世界的责任感以及应当做这些事和生产某些东西的义务感……通过接触实际而获得的那种现实感"②。现代人应重新认识劳动和苦难对于儿童成长的价值，探讨儿童参与劳动的合理、合法形式。

　　神圣化童年的另一个危机是儿童被"商业景观化"了。德波认为现代社会是景观社会，"在现代生产条件占统治地位的社会中，整个社会生活显示为一种巨大的景观的集聚……形成了一种以影像方式为主导的景观生产方式"③，童年也成为一种文化景观。由于童年文化被赋予了特殊的文化价值，"既代表了一段珍贵美好的人生时光，又蕴含了一种无限可能的未来展望，童年时间价值的确立为童年经济价值的发掘奠定了基础……促成了童年审美经济和童年消费产业链的发展"④。以成人为受众的儿童综艺真人秀、儿童影视越来越火爆。比如，在《爸爸去哪儿了》这一节目中，"萌萌哒"的儿童成为全民追捧的对象，被过分曝光在媒体和镜头下；再如，某些翻拍的影视剧全部启用儿童演员扮演成人角色，角色与演员年龄的"反差"和"演技"吸引了大量观众。儿童的单纯和情感互动价值成为异化的成人世界的慰藉，"萌宠"儿童作为文化商品被成人需求、凝视和消费，成人却没有为儿童的长远发展和成长考虑。

　　同时，儿童消费产业如童模、童星产业往往存在着隐秘、过度地剥削儿童劳动的情况，成人色情产业也不断曝出剥削、虐待儿童的丑闻。2019年，某新闻网站曝出一位母亲让3岁的女儿当网店模特，并在其劳累"懒惰"时大肆殴打的视频。2020年韩国曝出青少年恶性集体色情犯罪"N号房"案，涉及大量未成年人。这些都揭露了现代生产模式下儿童过度劳动、非法劳动的问题。儿童处于弱势地位，往往无法获取报酬或报酬被

① 卢梭：《爱弥儿：论教育》（上卷），李平沤译，商务印书馆，1978，第25页。
② 约翰·杜威：《学校与社会》，载吕达、刘立德、邹海燕编著《杜威教育文集》（第1卷），人民教育出版社，2008，第29页。
③ 居伊·德波：《景观社会》，张新木译，南京大学出版社，2017，第13、25页。
④ 赵霞：《从童年消费到消费童年——当代童年审美经济及其文化问题》，《南方文坛》2014年第1期。

成人占有，加诸新型劳动尤其是数字劳动形式的隐蔽性，儿童作为年幼劳动力很容易被成人剥削。

2. 儿童劳动的道德界限

恩格斯指出，"劳动是整个人类生活的第一个基本条件，而且达到这样的程度，以致我们在某种意义上不得不说：劳动创造了人本身"①。劳动的价值不仅在于它是一种生计形式，也在于它包含了人的本质性力量的展开。邓晓芒认为，劳动本身有一种机制，能使人超越眼前的利益，比如留种、祭祀活动都体现了人在劳动中对长远利益的考量。人在劳动的时候要进行自由策划，要动用自由意志，这是对自然的一种超越，也是对本能的超越，而对劳动工具的制造，一开始就包含了创造性。② 在承认劳动价值的同时，我们必须承认在人类发展史上，劳动尤其是生计劳动常常是与苦难相联系的。"好人多自苦中来，莫图便益"，承受和超越苦难给予我们教益，赋予我们美德和人生意义。

> 承受苦难使人崇高……艰苦磨难是一位良师，无忧无虑的生活固然不坏，但痛苦的人生却可以使我们的人格变得深邃而成熟。苦难可以成为促使我们发展的有力激素。生活的意义常常可以在痛苦磨难中找到。③

> 锻炼和实践始终是必需的；缺少它们绝不能较好地养成任何一种习性。艰苦、危险、伤害、灾祸是能教会我们实践这种美德的最好老师。但是没有一个人愿意受教于这些老师。④

事实上，儿童的成长是一件具有挑战性的事情，而且是必须付出艰苦努力的"劳动"才能实现的。消费社会对于"享乐"道德的提倡，商业消费和超前消费对于一种"即时满足"甚至超前满足的幸福价值观的提倡，会削弱人类在漫长进化历史中所形成的面对磨难的能力和意志力。只有劳动才能让儿童体会幸福不是当下即得的"东西"，是不能追求甚至是不能期望的，而是我们在付出努力时的副产品。儿童参与劳动，在终极意

① 《马克思恩格斯文集》（第9卷），人民出版社，2009，第550页。
② 邓晓芒：《哲学起步》，商务印书馆，2017，第228—231页。
③ 马斯洛等：《人的潜能和价值》，林方主编，华夏出版社，1987，第404页。
④ 亚当·斯密：《道德情操论》，蒋自强等译，商务印书馆，1997，第184页。

义上是去理解活着就要受苦，并与他人一起受苦，最终产生自我和人性的觉醒，能够主动、喜悦地去体验和超越世间的苦难。

但是，现代社会存在过度消费儿童的现象，在儿童保护的法律制度不够完善、儿童合法劳动界限不够清楚的情况下，很多底层家庭的儿童卷入过度的生计性劳动尤其是"童年表演"的商业化浪潮中，沦为父母的摇钱树，这极大地损害了儿童的身心健康，却缺乏相应的监管和惩治。因此，对于儿童劳动形式和界限的探讨是当务之急。这意味着，儿童劳动要与成人的生计性劳动区分开来，防止把儿童劳动窄化为体力劳动，甚至出现"以劳动代教育"的倾向。儿童劳动教育在历史上曾经走过弯路，比如，把劳动简单地等同于体力劳动，将脑力劳动与体力劳动对立，或者把劳动作为一种惩罚，给人带来痛苦和耻辱体验而导致人远离劳动本身[1]；再比如，历史上的"以劳动代教育"，把文化教育和劳动教育二者平行并立，结果导致双方争夺教育时空等资源性因素，严重影响了教育质量[2]。把劳动视作人性改造和惩罚的手段，会让儿童轻视、抵制劳动，而不是喜欢、热爱劳动。为此，儿童劳动要确立"教育性"或者说"成长性"的道德底线。

马克思在论述青少年劳动时指出，"除非同教育结合起来，绝不容许任何一个父母和任何一个雇主去使用青少年的劳动"[3]，我们有必要重新认识儿童劳动的"成长性"道德底线和教育本身就存在的劳动特性。所谓教育性劳动，其实是针对儿童的有意义的、身心合一的劳动，这与成人世界谋生的生计性劳动和利益交换的雇用性劳动不同，其关键特征是生长性、创造性和社会性。儿童劳动要看是否有助于儿童长远的发展，要以成长价值而非经济价值来衡量。能够超越短期自利，给儿童个体和社会带来长期回报的，才能视为儿童的教育性劳动，才是儿童劳动的合理形式。

3. 教育性劳动：儿童劳动的合理形式

现代人已认识到儿童远离劳动的危险，亦有有识之士重新呼吁儿童的传统道德责任，让儿童参与到真实性的生产性劳动中，通过劳动帮助儿童

① 弓立新：《如何认识与开展新时代劳动教育——专访北京师范大学檀传宝教授》，《少年儿童研究》2019 年第 3 期。
② 康永久：《现代科学并不是教育与生产的唯一结合点》，《教育研究与实验》1993 年第 2 期。
③ 卡尔·马克思：《就若干问题给临时总委员会代表的指示》，瞿葆奎译，《全球教育展望》1983 年第 3 期。

自力更生，形成纪律感、职责感等。人类学家怀廷在田野研究中发现，农耕社区的儿童劳动会给他们一种价值感和被他人需求的感觉。厄尔德提出，儿童任务能够增加儿童的独立性和在金钱管理方面的成熟度，给他们一种归属感和使命感，为超出自我的事项负责，虽然没有人倡导重返儿童剥削的时代，但是人们已经越来越多地认识到，克己的成人和无责任的儿童给双方都带来了挫败感。[①]

卢梭认为，体力劳动和身体锻炼能磨炼性格和保持健康，而那些最长寿的人，差不多能在所有最受得住劳累和最爱干活的人当中找到。[②] 传统社会的劳动美德比如自食其力、节制、勤俭、互助对人类仍具有普遍性意义。儿童参与非生计性劳动对他们的发展有着积极的意义，但是，儿童合法性的劳动有哪些形式，其道德底线在哪，儿童的"真实性的生产劳动"包含哪些活动，都是含混不清的命题，没有得到充分的讨论和界定。

美国学者罗杰斯和斯坦丁将劳动分为 10 个类别：家务劳动、非家务劳动、非薪酬劳动、契约或包身工的劳动、雇佣劳动、边缘经济行为、学习、懒惰和事业、休闲娱乐、生殖活动。[③] 但这个分类太过随意，在内容上有太多重叠。联合国教科文组织区分了三种儿童劳动的形式：第一，家庭内无报酬的劳动，比如家务劳动、农业或牧业劳动，以及手工艺或家庭手工业劳动；第二，户外家庭内劳动，包括农业或牧业劳动、家务服务、建筑劳动及其在非正规经济中被雇用的个体劳动；第三，家庭外劳动，涉及被他人雇用，包括包身工和奴隶、学徒、职业技工等从事的劳动，商业、工业和矿业中的非技术性劳动，以及家务劳动，这种劳动可能还包括乞讨、卖淫和色情生意。[④] 然而，界定这些劳动哪些是合法的，哪些是非法的；是有偿工作还是无偿工作；报酬是货币形式还是实物形式都很复杂。

对于儿童劳动的划分要考虑教育的根本目的。教育哲学家比斯塔在《教育的美丽风险》中提出，教育的目的主要有三个：资格化、社会化和主体化。资格化涉及知识、技能的获得；社会化涉及通过教育让儿童成为

---

① 转引自维维安娜·泽利泽：《给无价的孩子定价——变迁中的儿童社会价值》，王水雄等译，格致出版社，2008，第 208 页。
② 卢梭：《爱弥儿：论教育》（上卷），李平沤译，商务印书馆，1978，第 43 页。
③ 艾莉森·詹姆斯等：《童年论》，何芳译，上海社会科学院出版社，2014，第 95—96 页。
④ 艾莉森·詹姆斯等：《童年论》，何芳译，上海社会科学院出版社，2014，第 95—96 页。

社会中的一员；主体化涉及儿童主体性比如解放、自由、责任等品性的自我生成。[1] 对儿童有益的劳动应该是教育性劳动（从成人角度来说）或者说成长性劳动（从儿童角度来说），须包含三种类型：一是帮助儿童获得独立生存能力的自立性劳动；二是引导儿童参与公共生活的、非生计性的公益性劳动；三是展现儿童主体性的创造性劳动；三种劳动包含的内容和意义如下。

第一，自立性劳动。自立性劳动是儿童的底线性劳动，旨在帮助儿童形成独自面对世界的意愿和能力，主要涉及帮助儿童自立的自我照料性劳动，包括力所能及的家庭和学校劳动、社会体验性劳动、职业锻炼性劳动。

自我照料性劳动包含吃饭、做饭、穿衣、洗漱等照料自己的劳动。力所能及的家务劳动代表儿童作为家庭的一分子，有义务参与到家庭的建设之中。学校劳动包含学校和班级的一部分卫生清洁等劳动。此外，学校可以根据情况开设缝纫、整理、烹饪、营养、编织、消费等家政课，理财、养生、急救、电工等劳动技术课等鼓励学生进行自我服务性劳动。

社会体验性劳动是父母、学校帮助儿童了解社会生活和谋生的体验性劳动，比如对父母生计劳动的辅助性帮助，如农业生产、放牧等，其教育意义大于经济意义。这种劳动不宜过多，且应以无偿劳动为主。

职业锻炼性劳动主要包括与职业生涯发展相关的劳动，比如劳动实习、职业学习等。家庭、学校、社会应开发针对青少年各个年龄阶段的职业生涯课程，帮助儿童了解各种职业的性质特点、求职方式、面试技巧等，为儿童未来的职业规划和职业发展做准备。

第二，公益性劳动。公益性劳动是帮助儿童参与公共生活、进行公共服务的无偿劳动，旨在帮助儿童参与社会生活而成长为现代公民。家庭和学校应定期组织儿童参与到社会的公益性劳动中来，比如所在社区的清洁和美化活动、儿童福利院和敬老院等公益组织的志愿活动、以保护环境为目的的环保活动、预防青少年犯罪的宣传活动、展览活动等。在学校生活中，儿童也可以开展公益性的互助劳动，著名教育家陈鹤琴提出的"活教育"课程体系中就包含了多种多样的儿童互助活动，如儿童服务团。儿童服务团是各个学段都可以设立的组织，由全体儿童组成。全校自治互

---

① 格特·比斯塔：《教育的美丽风险》，赵康译，北京师范大学出版社，2018，第12、30页。

助组织还包括小警察局，让小朋友们轮流做警察，因为要律人，所以不得不先律己，可以收到自治的效果。平时学校会有定期的游艺集会，如夕阳会、月光会、醒狮团等。这些儿童组织和儿童社会活动，可以帮助儿童了解个人与社会的关系，培养儿童服务团体的能力与兴趣。

第三，创造性劳动。创造性劳动主要是指儿童在学校内外进行的精神性劳动，旨在帮助儿童在社群中动用理性意志和个体情感进行创造和发明，"将新事物带入世界，生成人自己的、独特的回应……作为独特的存在进入世界"①。学习是儿童创造性劳动的重要形式，或者说，学校是儿童创造性劳动的主要社会场域。学校之外的创造性劳动涉及儿童的文化和科技创造，比如儿童的文学创作、美术创作、音乐创作、演艺活动等。国家和社会应建设更多公益性的儿童博物馆、儿童艺术馆、儿童科技馆等，用以展现儿童的精神创造物。另外，儿童在校外的创造性劳动可以在成人监护下给予报酬，作为儿童劳动的合法收入，但需要法律和制度上的监督和保障。

匠人所从事的手工劳动以及手工作坊形式的活动在工业社会日渐消弭，儿童的创造性劳动、匠艺劳动应该重新回归到教育视野中来。在第一章介绍乡土教育时，我们可以发现平民社会的能工巧匠不但能得到人的尊敬，他们的"活计"也非常吸引儿童。匠艺劳动绝对不是一种与精神活动无关的机械性重复劳动，而是大脑和手高度结合的产物，对于网络时代疏于大脑之外身体器官训练的孩子来说，是一种绝佳的锻炼方式。

杜威认为，儿童具有制作的本能——一种建造的冲动，也有表现性的冲动，比如艺术本能，儿童喜欢手工制作、实验、纺织、缝纫、建造房屋、打猎等技艺性活动。杜威提倡把木工、金工、纺织、缝纫、烹调引入到学校教育中，将其看作生活和学习的方法。重视这些"作业"的社会意义，是儿童理解力和创造力得到提升的方式。② 不管是教育还是制造，好的"作品"都包含了非凡的智力劳动，都带有批判性创造的意味。未来的家庭和学校，应该给儿童创造更多参与集体性手工劳动的机会。

---

① 格特·比斯塔：《超越人本主义教育与他者共存》，杨超、冯娜译，北京师范大学出版社，2020，第69、70页。
② 约翰·杜威：《学校与社会》，载吕达、刘立德、邹海燕编著《杜威教育文集》（第1卷），人民教育出版社，2008，第46、31页。

让儿童参与劳动，不是为了劳动本身，也不是把劳动作为人性改造和错误惩罚的工具。劳动就像一个细胞，包含了一切发展的可能性，在什么地方就开出什么花来。劳动的价值在于其有跟其他事物广泛结合的能力，包含了一切矛盾和发展的萌芽。因此，最重要的是可以给儿童提供各种各样参与自立性劳动、公益性劳动、创造性劳动的机会，从而使得儿童可以自己从中创造出价值。

二、"玩"：基于顽皮的闲暇教育学

民间养育学的第二个根基是闲暇教育。马克思提出，"自由时间"包括"受教育的时间""履行社会职能的时间""进行社交活动的时间""发展智力的时间""自由运用体力和智力的时间""休息时间"[1]，并区分了三种休闲的层次：休息、娱乐和个人应在艺术和科学方面取得发展的活动。[2] 马克思没有把人的社会活动尤其是政治活动排除在闲暇领域之外，没有将劳动和闲暇对立起来。相反，他认为劳动解放的核心不仅在于减少劳动时间、增加闲暇时间，而且更在于使劳动本身成为目的、成为消遣[3]。从某种意义上说，自主、自由的劳动也可以算是闲暇活动，闲暇意味着得到自由和快乐的许可，可以"放飞自我"。我认为，闲暇应该包含个人闲暇和公共闲暇两种形式，这在第一章对于"闲暇的三种形式"中已有相关论述。在此，我做出进一步的界定：个人闲暇的特征是，个体拥有自由出入个人空间，进行自由活动，保留秘密、隐私的权利；公共闲暇的特征是，个体拥有自由出入公共空间、与他人进行交往活动的权利。是否与陌生人建立长期联系、进行长期交谈是公共闲暇的主要特征。

1. 警醒排除风险的风险

从安氏家族对独生子女二代的教育情况来看，家庭和学校教育都在千方百计地排除儿童成长的风险。在生活上，祖辈和父辈给予了儿童无微不至的照顾；在教育上，父母配合学校进行了一系列的教育设计。然而，这

① 《马克思恩格斯选集》（第 3 卷），人民出版社，2012，第 306 页。
② 宁全荣：《马克思休闲理论及其当代价值》，《哲学动态》2017 年第 6 期。
③ 陈学明：《"西方马克思主义"命题辞典》，东方出版社，2004，第 284 页。

种排除风险的教育，"试图使教育成为一个运行完美的机器的做法，在多数情况下，为此付出的代价会很高，最终都使得教育转而反对其自身"①，"如果我们去除教育风险，那也意味着我们真有机会去除整个教育了"②。对于风险的强控制，必然带来教育者为了规避风险而逃避责任，时常处于戒备状态，在心中筑起高高的篱笆，将任何威胁孩子的事物和我们觉得不适合孩子的活动，以及可能让我们承担责任的危险挡在外边。比如，学校怕孩子出事，户外活动越来越少，儿童用以玩耍的闲暇越来越少，使得儿童越来越求助于网络和游戏来打发空闲时间和实现同伴交流。孩子的独处时间要么是上网，要么是与老人一起看电视。在这种惧怕危险和风险的教育观念中，加诸城市空间设计的成人化，儿童的闲暇活动越来越缺乏野性、缺乏生命力、缺乏真正自然、自由的闲暇空间。

首先，现代城市是属于成人的，而不是儿童的。由于城市的空间主要是成人根据自己的需要设计的，这就严重压缩了儿童享有充分闲暇空间的权利。为了保护"神圣"儿童的安全，孩子被"驱赶"到专门为儿童设计的公共空间，如游乐场和商业活动场所。广阔的外界被看作一个危险的地方，儿童只能在大人的陪护下逐渐涉足这些危险，儿童慢慢从街头消失。儿童的娱乐活动呈现制度化和商业化的发展趋势。这种组织化的娱乐休闲活动，很少是出自儿童的自愿，而且具有高度结构化、严密监视化与计划缜密性等特点，孩子可以与同龄人、邻居进行互动的时间越来越少。

同时，在摄像头密布的时代，城市空间日益处于严密的监控之下。这种社会越来越像福柯笔下的"全景敞视监狱"，处于细化的、看不见的，但又快速、精确的监视之中，"现代性的儿童，在学校、在街头甚至在家中，成了监管他们自己的警察"③。对于现代儿童而言，城市已经从公共空间发展为私人的成人空间，几乎没有儿童自主的闲暇空间。

2. 尊重儿童的秘密世界

儿童的闲暇不单单是儿童放学、完成作业后拥有的业余时间，还应从儿童是否能自主安排，且拥有一种特殊的个人私密性经验来看儿童是不是拥有真正的闲暇。在现代社会中，儿童的个人闲暇空间已经所剩无几，仅

---

① 格特·比斯塔：《教育的美丽风险》，赵康译，北京师范大学出版社，2018，第3页。
② 格特·比斯塔：《教育的美丽风险》，赵康译，北京师范大学出版社，2018，第3页。
③ 艾莉森·詹姆斯等：《童年论》，何芳译，上海社会科学院出版社，2014，第51页。

存一些建制化、商业化的室内活动。受到严密监视的组织化的闲暇活动，其中往往充满了各种各样的儿童玩具。但是儿童游戏玩耍的本质是与别人一起玩，而不是和什么玩具玩。玩具虽然是游戏中的一个要素，但其重要性次于玩耍的社会意义。事实上，儿童是可以"以万物为玩物"的，甚至父母也是他们的玩具。在不同的时代，棍子、石头、废旧轮胎、衣架、凳子、易拉罐、气球、衣服都可以成为玩具，玩具随时能够被制造出来，没有固定意义上的玩具和非玩具的差别。然而，玩具现在被界定为属于儿童和童年文化的东西，而且专门的儿童玩具往往都很贵，对劳工家庭来说非常不利。

在这种组织化的闲暇中，我们已经很难见到光着身子到处乱跑、玩得不亦乐乎的孩子，打架的孩子，搞得浑身泥巴的孩子了。父母将一些传统的看似暴力的游戏都排除在外，比如扔石头、砍杀、捏死虫子、打架之类的活动。人为排除了这些"暴力""不安全"的因素，儿童也就难以学会暴力和伤害的分寸，也感受不到真正的"合作"是什么。儿童与生俱来的野性、攻击性得不到合理释放，没有在一些"粗野"的游戏里学会使用自己的攻击性，了解不到这种攻击性的破坏力，往往会在特殊情境下诉诸极端的暴力手段。

缺乏隐私的城市空间，意味着儿童除了参与上培训班、写作业、看书等成人规定的严肃的闲暇活动之外，缺乏一种特殊的个人隐私感，没有做秘密白日梦的机会。范梅南认为，缺乏个人隐私、秘密空间的儿童会转入地下，过上一种双重性、紊乱的生活。[1] 儿童小说《德米安》就描述了儿童所处的双重性世界。第一个世界是德米安的家，"柔和的光泽、光明、清纯都属于这个世界，有着温和的话语、洗干净的手、整洁的服装和良好的习俗"。但德米安却发现了另一个荒诞、杂乱的世界，"完全是另一种样子，另一种气味，另一种语言，有女佣，有杂役，还有怪谈和丑闻，有摸不着边的令人好奇的恐怖、迷惑、杂乱的暗流，屠宰场啊，监狱啊，醉汉啊，骂街的女人啊，下崽的母牛啊，病倒的马匹啊"[2]。事实上，我们忽略了儿童闲暇时间所从事的游戏，是与冒险、探索和对未知的体验相关联的。甚至，他们要去主动接触邪恶、肮脏的东西，也必然会产生隐私和

① 范梅南：《"秘密"的教育学意义及其教育实践》，《思想理论教育月刊》2006 年第 6 期。
② 河合隼雄：《孩子与恶》，李静译，东方出版中心，2015，第 31 页。

秘密。然而，正是在闲荡中与秘密和邪恶之物的接触，让他们获得成长。

> 儿童只有在接触"肮脏之物"、出现错误或遭到失败后，才会体验到带有诗意的意外惊奇，或者说，阴沟里的橘子皮、街头的水坑、秩序的紊乱、计划的搁浅或机械故障等，才能激发儿童的创造性想象。[1]

"恶"的世界隐藏着未知的事物，充满着活力，现实的世界充满着和平，但缺乏活力，乏味、僵化。我们必须充分认识到，儿童的个人闲暇活动不完全是娱乐、休闲，还包括探索、体悟善与恶的边界，拥有属于自己的隐私和秘密，并从中成长的过程。

3. 容纳差异的公共闲暇活动

除了玩具，儿童最需要的是同伴。父母应该鼓励儿童在其自主的闲暇时间，为他们进入同伴群体和同辈文化做准备，为同辈活动提供组织安排和情感支持，最重要的是，引导他们进入公共闲暇活动。不过公共闲暇活动应该与国家政治活动区分开来。阿伦特专门指出，儿童有免于参与国家政治活动的自由，她把政治性活动排除在闲暇活动之外。前文曾讨论过在战争时期和集体化时代，儿童的闲暇活动被国家化和政治化了，脱离了闲暇的真正目的。

涂尔干对此有充分的讨论，他认为国家在教育中只应该充当家庭的助手和代替者的角色，职责是开办学校以及除学校之外的其他教育机构。而且，国家必须严格地约束自己不逾越这些限制，不应采取任何积极行动将某种既定的取向植入儿童的心灵。因为教育行动容易在一种不审慎的意义上用来为某些特定的信仰服务，使得儿童对祖国崇高的感情被分解成许多相互联系又相互冲突的、低级而又局部的感情。另外，创造共同的观念和情感，不是国家的责任。这些观念和情感应由民众自己建立，国家只能确认、维护并使个体意识、反思这些观念和情感。[2]

儿童有冒险和英雄情结，而且有做"恶作剧"的潜质。生命力需要寻找释放的渠道，这种破坏性力量未经过审慎、充分的民主生活的陶冶，

---

① 伊万·伊利奇：《去学校化社会》，吴康宁译，中国轻工业出版社，2017，第123页。

② 埃米尔·涂尔干：《教育及其性质与作用》，载张人杰主编《国外教育社会学基本文选》，华东师范大学出版社，2009，第13—14页。

有将严肃的政治生活游戏化的倾向，这种倾向很容易与激进因素结合而产生更大的破坏性力量。邓晓芒认为，儿童有作恶的愉快，《忏悔录》里奥古斯汀小时候偷梨不是因为想吃而是因为这种行为不被许可，偷吃有一种作恶的愉快，他虽然没有私心也不想占便宜，但在作恶中显示了他的能耐。儿童的生命力如果能发挥最大的效果，哪怕是最大的破坏力，他也会感到很愉快，感到自己很伟大。[1] 正是基于儿童冒险和游戏的天性，对儿童的民主教育需要借助一种更为安全和自由的途径。

现在的问题是儿童缺乏一个大规模的属于儿童自己的公共性组织。我认为，政府应该倡导建立一个非营利性、非政府性的儿童教育组织，由儿童自发参与和组织，主要通过野外活动的训练方式培养健康、快乐、有用的社会公民，有自己的章程、荣誉制度、晋级制度、户外活动制度、出版物等。这种组织带有民主政治的雏形，是公民教育的最好形式，也是儿童公共闲暇教育的最好的制度形式。未来的儿童公共组织应倡导一种积极参与公共生活、与外在世界和平共处的文化。

另外，国家的职责是建设更多适合人际互动的公共场所，比如社区花园、城市公园、集市、茶馆这种更为自由的、非组织化的人群流动场所。现在越来越多的集市被改造成了超市，城市绿地被改造成了商业中心，这些商业中心都太干净，没有交流、闲谈的场所，建造格局不利于公共生活的建立。

> 商业中心的建造格局使人们不停地走动，四处张望，用各种吸引人的东西使他们得到极大的消遣和乐趣——但时间不会太长，这种格局不会让他们停下脚步，相互凝视，聊天闲谈……大型商场可能提供一些邂逅的机会，但它们大多数都太大了，以至于无法创造统一社会阶层的正义标准，无法进行长时间的交谈，而长谈是建立行为标准的必要条件。[2]

严格来讲，这些地方只能叫公共场所，而不是公共空间，因为没有帮助三教九流的本地人聚合起来，形成本土话语。人们没有辩论、协商、交流的机会，各个阶层的人没有广泛的社会互动，公共性的闲暇互动也就无

---

① 邓晓芒：《哲学起步》，商务印书馆，2017，第 204 页。
② 齐格蒙特·鲍曼：《全球化：人类的后果》，郭国良等译，商务印书馆，2013，第 24 页。

从谈起。杜威认为，在所有事物中，交流是最为美妙的，心智、意识、思维、主体性、意义、语言、理性、逻辑、真理只有通过交流才能存在，并且它们是交流的结果。交流是一种实践的、开放的、促生性的和创造性的过程。[①] 我们不是先有了共同的理解才开始交流，而是在交流中达成了共同的理解，并最终创造一个共享但不必同一的世界，闲暇教育的最终目的就是形成一种促进差异性理解的精神。

三、"谜"：珍视儿童发展的纯粹目光

民间养育学的第三个根基是神圣性教育。现代社会的理性化思维，对于神和自然的祛魅，使得一些终极的、高贵的价值从公共生活中销声匿迹，不得不遁入个体神秘生活的超验领域，或者进入私密性的交往。事实上，人的生物性中包含着超越性的需要，个体存在对于神圣性价值的追求，这种追求是"认可和联合的渴望，是一个人对自身最优秀的一切与宇宙间永恒的一切完美地融为一体的渴望，让所有关于金钱和成功的其他动机都黯然失色"[②]。在未来的平民教育中，神圣性教育主要通过三种形式来实现：一是恢复和鼓励人类生活中的超越性需要和活动，比如仪式性活动和创造性活动（理论沉思、文学、艺术、体育活动）等；二是珍视儿童成长中的青春之美，升华其对爱情的追求和领悟；三是回归和发掘学校教育的神圣性面向。

1. 生活的凡俗与神圣性面向

涂尔干把人类生活划分为两大领域，一个领域包括所有凡俗的事物，另一个领域包括所有神圣的事物。在凡俗世界中，人过着孤单乏味的日常生活；而在神圣世界中，他和使之兴奋得发狂的异常力量发生联系。两种生活依据各自民族和文明的规则相互交替，正是这种定然的交替过程，才把人们引入到连续的、同质的绵延中去。[③] 涂尔干论述了神圣活动的构成，包括信仰、神话、教义和传说，这些神圣活动不仅表达了神圣事物的性质，也表达了赋予事物神圣品性的力量，更表达了神圣事物与凡俗事物

---

① 格特·比斯塔：《教育的美丽风险》，赵康译，北京师范大学出版社，2018，第51页。
② 戴维·布鲁克斯：《社会动物》，佘引、严冬冬译，中信出版社，2012，第92页。
③ 爱弥尔·涂尔干：《宗教生活的基本形式》，渠东、汲喆译，上海人民出版社，2006，第43、404页。

之间的关系。神圣生活的目的是促进社会成员之间的心灵联合。各种各样的心灵联合起来，构成了人们的观念、感情和集体表现，这是由世世代代的经验和知识长期积累而成的，与个体表现相比，具有无限的丰富性和复杂性。[①] 一般来说，凡俗世界和神圣世界是对立的，但人本主义学家狄尔泰认为，超越性需要比如对理解的需要、对哲学沉思生活的需要、对理论参照系统的需要、对价值系统的需要，都是人的内在需要，是我们原始的动物本性中的一部分，是人的生活基础。

涂尔干认为，人类都有一点那些作为群体灵魂的伟大观念。宗教仪式可以帮人摆脱凡俗世界的活动，逐步接近神圣世界，抛弃那些贬低其本性的卑贱琐碎的事务，使自己得到纯化和圣化。[②] 人的神圣性需要可以在仪式中获得满足。在仪式中，个体生命只服从于自由这个最高准则。人们在仪式中抛弃地位、财产、职业、年龄差别之后重生。在给定的仪式时间里，人们把一些固有的破坏性力量——仇恨、恩怨、悲伤随着集体的狂欢宣泄出去，如此才能重归心灵的平静，仪式本身具有社会自我净化的功能。

现代社会已不再提供仪式和神话，帮助年轻人与陌生世界相联系的伟大神话和神圣契约已不复存在，青少年只能去创造自己的神话，比如结成青少年帮派，创造自己的入会仪式和道德标准，举办自己的狂欢活动，来寻求一种神秘体验。但这种仪式容易形成盲目的集体情感，而无法产生道德敬畏。正如前文所讲的，神圣性活动的重要性在于形成一种道德敬畏和集体情感，没有这种道德敬畏，个人和社会稳定的价值系统无以形成。然而，超越性需要特别"怯弱"，很容易被强大的政治和文化势力剥夺，只有在促进人性发展的文化中，这种需要才能被广泛地实现，得到充分的发育。

2. 守护青春和爱情的魅力

一般来说，青春和爱情是我们凡俗生活的一部分。事实上，我们远远低估了它们在人类生活中的作用，对于儿童成长的重要性，以及它们包含的神圣性因素对于人的超越性需要的满足有多么重要。古希腊人认

---

① 爱弥尔·涂尔干：《宗教生活的基本形式》，渠东、汲喆译，上海人民出版社，2006，第43页。
② 爱弥尔·涂尔干：《道德教育》，陈光金、沈杰、朱谐汉译，渠东校，上海人民出版社，2001，第281、339、405、540页。

为，爱欲是一种广泛的、对美和卓越事物融合的渴望。柏拉图在《会饮篇》中把爱情描述为被分成两半的人重新结合为一体的尝试。① 日本心理学家河合隼雄认为爱情和性具有维系人身体和心灵、光明与黑暗的力量。②

爱情和性意识通常萌芽在青春期，而青春期所产生的心灵动荡，几乎可以用"重生"来表达。青春期充满各种冲突性和觉醒的力量，很多超越性的需要在懵懂的身体内发芽。青春期的少男少女要"独立"，必须送走儿童期的支柱，包括感情、家人。这种生命能量既美好，又危险，却又不得不经历。任何对于爱情和性的追逐，都需要强大的自我表达，而不是人格的自我压缩，甚至带有"攻击性"和"征服"的力量。这种力量带有神秘性和偶然性，是人无法完全掌控的，因此也带有神圣性质。

爱情是我们通向另一个世界的路，给我们的教育如同一道光照进心里，充满着我们整个的生命记忆，并激发我们的生命能量去让自己成长为才堪匹配的人。爱情的本质，是帮助我们与自己和世界建立一种最为深刻的、合一的心灵联结，这种心灵联结有时是我们的救命稻草，在人生很多关键时刻把我们从自暴自弃的深渊中拉出来。然而，成人很难意识到这种力量的神圣性和超越性，总是把它当作"危险"的事情看待，或者将身体和心灵、爱情和性割裂来看待。现代社会对于身体、性应用一种科学的态度来对待，应用科学性的知识来陈述我们的身体器官。将身体和心灵分开的思维方式，会使爱情和性失去其神圣性质，这就是越来越多的青少年对性满不在乎，又得了"爱无能"症候的原因。

3. 尊重教育的神圣性内核

在原始社会，儿童要经历社会性断乳，就必须要经历成年仪式。这些仪式常包括对身体极为痛苦的对待，父母的"心肝宝贝"从此之后要变成一个为部落的安全而驰骋疆场的战士，一个人要从一个世界踏入另一个世界。经历了成年礼的男孩子要搬到"公房"——远离父母、与青少年同伴共同住宿的地方，接受部落长老的教育，这也是学校教育的雏形。③

---

① 戴维·布鲁克斯：《社会动物》，佘引、严冬冬译，中信出版社，2012，第204页。
② 河合隼雄：《孩子与恶》，李静译，东方出版中心，2015，第101页。
③ 费孝通：《生育制度》，商务印书馆，2009，第171页。

涂尔干认为，这种成年礼是一连串的仪式活动，其目的就是要把年轻人引入神圣生活，人最初在纯粹的凡俗世界里度过了自己的孩童时代以后，开始脱离这个世界，迈入神圣的世界。[1] 现代学校是一种制度意义上的成年礼，把孩子从家庭拉到社会中，其重要性不在于学校传授的知识，而在于帮助青少年与同辈群体结成新的社会团体，并掌握一套不属于家庭内的知识和规则。这种教育已经具有世俗外的意义，让儿童离开熟悉的生活环境和凡俗世界，通过仪式赋予他新的身份，甚至要通过摧残他的身体来磨炼他的精神，是一种心灵上的训练，已经具有神圣性质。

涂尔干追溯了法国教育思想的起源和演进，指出学校教育在起源之时具有神圣性质，其首要目标不是功利性，不是培养实用能力，也不在于传授知识，而在于养成一种深刻的、内在的心智，触及灵魂至深至隐之处，为人指引灵魂的方向。[2] 雅斯贝斯把教育分为训练、教育与纪律、存在之交流，他认为教育的原则是"通过现存世界的全部文化导向人的灵魂觉醒之本源和根基，而不是导向由原初派生出来的东西和平庸的知识"[3]。列维纳斯强调，教育揭示的并不是现象，不是可以被我理解的事物和能够被我理解的事物，而是超越我的认知和理解力的事物，甚至超越存在和超越理性，他把这种教育关系称作"谜"[4]。这些论述都共同指出了学校教育的神圣性面向，其终极目的是培养一种深入灵魂的精神品质，正如叶芝所言，"教育不是填充一个空水桶，而是生起一团火焰"[5]，我们必须理解，教育、学习、读书在本质上有着神圣性的目的，体现着人类的纯粹精神，是一件超凡脱俗的事情。

在现实生活中，儿童和大人常玩"猜谜"的游戏，我们的方言叫作"猜魅"，大人小孩都乐此不疲地玩这个游戏，无论猜得中还是猜不中都哈哈大笑，大人时常卖关子，要说出谜底时突然又不说了。在这种"猜魅"游戏里，蕴含着教育的全部奥秘：尽管谜的内容是日常生活中的平常事物，但通过一种隐喻、语言的游戏，通过大人和儿童在闲暇生活中达成的伦理性关系，凡俗之物被赋予了魅力，揭秘的大人不再是以前面目冷

① 爱弥尔·涂尔干：《宗教生活的基本形式》，渠东、汲喆译，上海人民出版社，2006，第45页。
② 爱弥尔·涂尔干：《教育思想的演进》，李康译，商务印书馆，2016，第47—48页。
③ 卡尔·雅斯贝斯：《什么是教育》，邹进译，三联书店，1991，第3页。
④ 格特·比斯塔：《教育的美丽风险》，赵康译，北京师范大学出版社，2018，第76页。
⑤ 格特·比斯塔：《教育的美丽风险》，赵康译，北京师范大学出版社，2018，第8页。

漠的大人，他是儿童眼中全新的"陌生人"，谜一样的猜不透。二者之间不再是亲属关系，变成了真正的教育关系。教育就像猜谜，是一个对凡俗之物赋予神圣品质的过程，教育关系就是"谜"一样的关系，双方都在教育过程中展现魅力，生成新的魅力，成为魅力之物。

结论：民间养育学的文化根基与未来

综合以上所有论述，本研究得出如下结论：民间养育学主要包含基于生计的劳动教育、为了休闲娱乐的闲暇教育、基于精神需要的神圣性教育等三种形式；它们在不同历史时期有不同的体现。

（一）农耕时期：基于生计的劳动教育占主流；闲暇教育只有在满足了生计之后才有可能接触到；神圣性教育只有少部分人能够触摸到，祭祀仪式很多时候将女性排除在外。

（二）集体劳动和单位制度时代：劳动教育的内在价值发生了变化；闲暇教育的政治性取代了个体的闲暇，其并非一种真正意义上的闲暇；神圣性教育局限于意识形态和偶像崇拜，走向了非理性的形式。

（三）现代社会：劳动价值出现了阶层分化，儿童被排除在公共劳动之外，缺乏一种自立性的劳动教育；闲暇教育过于集中于私人的家庭和有组织性的商业场所，受到了严格的监控；神圣性教育随着仪式的消失和网络的发展而衰落，儿童被神圣化之后，面临着情感的异化。

具体到安氏家族来说，在传统农耕时期，主要采用强信仰、弱干预的自然教育方式。物质的匮乏和无常的苦难孕育了乡土社会勤劳本分、自我节制、体恤他人的劳作美德，个人和公共性的闲暇活动包含着"说谎""圆成"的教育传统。苦难激发了人们对神秘的、难以接触的世界的向往，族人由此对文字、读书、教师所承载的"天道"产生了一种朴素的道德敬畏，对情爱之永恒痛苦有着宿命性的体悟，各种或基于恐惧或基于恩情的祭祀活动带给乡民"举头三尺有神明"的神圣性体验、集体联结的情感与自律性的道德精神。

进入集体劳动和单位制度时代，安氏族人的生计形式和劳动价值发生了等级分化，"吃国库粮"成为安氏族人的主要职业期待。儿童的学校生活主要是参与生产劳动，乡土社会闲暇性的公共活动被频繁的、单一的政治性活动所取代，学校的神圣性价值消失了。"铁饭碗"被打破后，族人对于"教育改变命运"的期待异常强烈，学校教育的价值转向功利性质。父辈的高期待和社会竞争的激烈，催生了70—80后的"苦学"精神，从爱情、文学等方面寻找学业之外的精神滋养。年轻人与父辈的价值冲突，最终酝酿了一场以70—80后青春文学为代表的反学校文化。

市场化经济时代，安氏家族的70—80后在同一个家庭中出现了"并蒂花"式的社会分层——知识无产阶层和新工人阶层。两个阶层在经济收入和社会地位上仍处于中下阶层，在应对生活风险中，都大量依靠父辈的经济和情感支持，并与他们组成了网络化的核心家庭，三代人都参与到子代的养育实践中。年轻父母在缺乏传统育儿经验的情况下，其养育主要依靠一套科学和专业知识，并以此来平衡家庭权力关系。在现代家庭里，父亲的传统教育角色衰落，成为辅助性的"陪玩"角色，但这种角色有助于松弛紧张的亲子关系，父亲成为现代家庭的"安全阀"。祖辈在参与育儿的过程中，实现着艰难的再社会化。两代人对于独生子女绵密而细致的爱、对于儿童学业的狂热关注、对于文化补偿的热情，使得不愿意长大的成人和过度早熟的儿童在封闭的家庭中陷入了互相依附的状态。

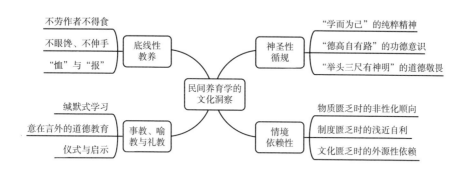

图5－3 民间养育学的文化洞察

在历史变迁过程中，安氏家族形成了自己的文化洞察和教育智慧，并在几代人之间继承和保留了下来。首先，民间养育学基于生计劳动形成了勤劳本分、自我克制、体恤他人的底线性教养；其次，形成了对于天道的神圣性敬畏，比如对读书、文字、学校教育和教师的纯粹目光和神圣性尊重，对于生育、生命、职业的功德意识，对于自然法则、一般社会准则的道德敬畏。这两者相辅相成，是整个民间养育学的文化根基和美德形式的重要体现，在历史的不同时期都有所体现。底线性的教养主要通过"以事教"的身体力行来实现，对于规矩的神圣性敬畏主要通过讲故事的"以喻教"和仪式活动的"以礼教"来实现，这三种教育是从身从心之教，是"身教"、"言教"和"不言之教"的有机结合，每一种都不可或缺。

不过，民间养育学是一种基于"匮乏"的教育，在不同历史时期面临自然、物质、制度、文化匮乏的情况下，就会存在不可克服的内在局限性，比如农耕时期排斥激情、魅力、个体自由的非性化倾向；集体化时代和现代社会的功利性目光，或坠入浅近自利的陷阱，或因为苦修而走向幸福与成功对立的道路，或只追求眼前的快乐而陷入原子化的个人主义。如果没有长期的共同生活，没有基于从身从心的"家庭爱"的情感联结，没有集体欢腾所导向的道德敬畏，民间养育学常常会产生对外在文化的依赖性，在集体化时代表现为对外源性的意识形态的强依赖；在商业社会表现为对文化消费、身份经济的强依赖，使得幸福和爱的观念逐渐货币化。

总的来说，教育、学习、读书在本质上是有着神圣性起源的。平民子弟固然在不同的时代基于生计的目的，对读书的实用价值有不同程度的考量，但基于读书作为人类纯粹精神的体现和表达，每一代人都珍视、保留了其"超凡脱俗"的一面。最终帮助平民子弟走出原生阶层、实现突破的，并非"改变命运"的紧迫与功利，而是他们始终在世俗生活中保持了对于读书之"学以为己"与"成而为人"的纯粹精神与功德意识。这种民间养育学对于平民子弟"大器晚成"之心性品质的关键态度，与"教育改变命运"的现代话语意涵有天壤之别，提醒着年轻人成长并非浅近自利、一蹴而就的事情，蕴含着成长的最终结果是成"大器"，建功立业的根基是要品行端正、德才兼备，于己、于人、于家、于民都有功德，同时，也表明成长是一件不可预期、带有很多"运气"成分，要经得诱惑、耐得寂寞、顺其自然的事情。

对平民子弟的读书心性品质与民间文化土壤的挖掘，并非忽视社会结构对于底层的限制，而是为了凸显这个群体自身蕴含的更为主体性的文化能量，"激励寒门学子超越自私或追求一己之利的社会上升观，树立更有意义的贵子或精英身份认同"①，看到平民子弟身上的多重力量和成长的多种可能，唤醒民间文化土壤中原本就有的对于读书"安身立命""安贫乐道"的本源性的信念，这种信念亦是现代社会工具主义与教育焦虑的一种解毒剂。

在中国的现代化和个体化进程中，安氏家族核心家庭的小舟在瞬息万变的社会浪潮中，由于缺乏公共支持和超越家庭、工作的社会参与，无论是大人还是儿童，都陷入了各种各样的教育和心理困境。中产阶层的父母更多地注重常规化的教育，而忽视了非规制化教育的价值。常规性家庭教育越来越规制化、专业化、科学化，而能调动儿童的冒险意识、英雄精神、伙伴情谊、创造能力的非常规性家庭教育越来越少。

可以说，当今时代核心家庭的最大教育陷阱就是难以克制的"过度"之爱。马卡连柯提出，教育独生子女要比教育几个孩子困难得多，在这种情况下，对孩子不幸的恐惧总是压在父母心头，剥夺了父母应有的平静，也很难遏制其对孩子的爱。集中到一个孩子身上的关怀，往往会超出有益的范围，使父母的爱带有"神经质"，容易把孩子培养成"暴君"和利己主义者。② 在这种情况下，中产阶层的母亲容易选择牺牲个人生活，加诸重复性的家务劳动，容易导致其社会能力退化、心理落差大和与配偶、孩子的情感冲突，最终不利于家庭教育。当父母为了确保孩子的"安稳""优秀"而不断加速时，儿童的内在驱动力就被削弱了，父母养育小孩的内在乐趣也消失了。

现代儿童之所以热衷于建立自己的秘密王国和游戏领地，恰恰是因为儿童有寻求和体验在冒险中创造的成长性需要，这却往往被成人视为要抵御的风险和危机。事实上，游戏中非真实的暴力、秘密和邪恶之物，以儿童容易接受的方式，让儿童获得善恶的互动体验，又不会直接使其受到创伤，从而使得儿童获得对暴力冲动的安全释放和理性控制。将成人世界的暴力、黑暗、非道德因素完全剔除，只会导致儿童的虚伪，引发儿童的秘密反叛。尊重、接纳、参与到儿童的游戏活动中、与孩子一起探索和冒险，才是维系亲子关系和减少亲子冲突的途径。与孩子一起冒险的前提是成人要尊重儿童保守秘密、大胆冒险、寻找同伴的基本需要。

① 周勇：《寒门学子的教育奋斗与社会上升——历史社会学视角》，《南京师大学报》（社会科学版）
2017 年第 4 期。
② A. C. 马卡连柯：《家庭和儿童教育》，丽娃译，上海人民出版社，2011，第 5、11 页。

现代意义上的家庭教育，除了常规性家庭教育之外，还应该重视非规制化的世俗外教育。教育人类学家博尔诺夫提出，教育是连续性和非连续性的统一，连续性教育是循序渐进、成人不断塑造儿童趋向完善的过程，非连续性教育是指教育过程中的非连续性事件，比如较大的、威胁生命的危机，对全新的、更高级的生活的向往的突然唤醒、号召，使人摆脱无所事事状态的告诫和对今后生活举足轻重的遭遇等[①]。非连续性教育或者说世俗外教育，其重要性不在于配合学校传授知识，而在于帮助青少年与同辈群体组成新的社会团体，并掌握不属于家庭内的知识和规则。只有成人内在地意识到非规制化教育蕴含了"对于自身唯一性、独特性的关切，对于世界之现实性的关切与责任，对于创设现实空间、多元与差异空间的关切"[②]，他们才会真正接纳儿童的"异常"，帮助儿童获得连续性与非连续性的统一。

现代社会中产阶层走出教育困境和焦虑的第一步在于"知止"，即觉知规制化教育和科学知识应用的限度，个人和教育都不是万能的，无限膨胀的个人和教育价值，反而会让自己和孩子堕入深渊。而父母们笃信的科学知识往往是去情境化的"相关性关联"阐释，并不具有普适性。教育尤其是家庭教育对于儿童人格的关键影响，是近百年来现代教育和心理科学的基本假设，一直以来很少有人挑战。然而既有研究存在方法论问题，心理学研究往往难以剔除所有因变量，"相关性关联"容易被媒体和民众过度推论为"因果性关联"。即使父母可以给孩子安排一个经济、文化地位较高的环境，儿童的外貌、天生的性格气质等种种无法预测的因素都会影响他在同辈环境中的社会化过程，也不能确保其他人对儿童的影响就是好的。即使最完美的、最具计划性的父母也无法控制众多偶然因素。事实上，过度教育是环境和教育决定论的现代变体、内涵窄化与实践误用，本质上是对儿童主体性和能动性的不信任，也是对儿童成长环境复杂性的低估。

当父母把目光从孩子身上移开，更多地关注个人和社会生活，教育反而如释重负。比起传统社会和集体化时期，现代父母和儿童有了更多自主

---

① O. F. 博尔诺夫：《教育人类学》，李其龙等译，华东师范大学出版社，1999，第 8 页。

② 格特·比斯塔：《超越人本主义教育与他者共存》，杨超、冯娜译，北京师范大学出版社，2020，第 150 页。

权和参与文化创造的机会，越是风险社会，越需要从狭窄的家庭生活中走出来。在制度性保障无法迅速建立的情况下，人们需要更多地参与到社会公共生活中寻求和重建社会情感共同体，这也是中产阶层走出个体化教育焦虑的可能出路。

基于对平民教育美德形式和文化局限性的分析，我提出未来的民间养育学包含三个大的方面："立"之劳动教育、"玩"之闲暇教育和"谜"之神圣性教育。

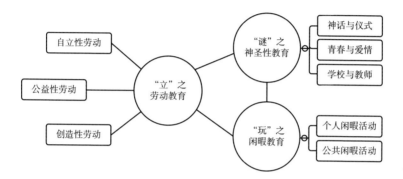

图 5-4 未来民间养育学的主要内容

1. "立"之劳动教育

提倡重新审视劳动和苦难对于儿童成长的价值，将劳动还给儿童，确立儿童劳动的合理形式，比如自立性劳动、公益性劳动、创造性劳动，旨在帮助儿童形成独自面对世界的能力和意愿。

2. "玩"之闲暇教育

成人要尊重教育的偶然性和儿童的游戏精神，帮助自己和儿童寻找更多的个人和公共闲暇空间。个人闲暇要尊重个体拥有自由出入个人空间，进行安全、自由活动，保留秘密、隐私的权利；公共闲暇要尊重个体拥有自由出入公共空间、与他人进行交往性活动的权利。闲暇教育的最终目的是形成一种促进差异性理解的精神。

3. "谜"之神圣性教育

成人要守护教育和儿童的天性和神圣性，尊重人的超越性需要，恢复人类对于超越性活动的精神需要，比如神话和仪式；要珍视青少年的青春之美和对爱情的追求与体悟，意识到青春和爱情对于人的成长所具有的超越性力量；回归和发掘学校教育的神圣性面向，对教育进行重新定义和理解。教育就像猜谜，是一个对凡俗之物赋予神圣品质的过程，教育关系就是"谜"一样的关系，双方都要在教育过程中展现、生成新的魅力，成为魅力之物。

历史越是向前，劳动教育、闲暇教育、神圣性教育三者之间的区隔就越明显，而在未来社会，这三者之间将会有越来越多的重叠。当劳动有越来越多的创造性投入，而成为人之本质力量表现的时候，劳动也可作为一种闲暇。而在闲暇活动中，个体可以投入更多的公共性劳动。劳动、闲暇中的高峰体验，可以满足我们的神圣性需要。然而，在现代社会，这三者的理论区分仍非常有必要，现代教育中劳动的异化、公共闲暇活动的缺失、神圣性教育的衰落，使得每种教育形式都未能走向成熟。忽视了任何一种教育形式，现代教育的危机都难以解决。

参考文献

［1］ A. C. 马卡连柯：《家庭和儿童教育》，丽娃译，上海人民出版社，2011。

［2］ Ш. A. 阿莫纳什维利：《孩子们，你们生活得怎样？》，朱佩荣等译，教育科学出版社，2002。

［3］ 阿尔温·托夫勒：《第三次浪潮》，朱志焱、潘琪、张焱译，三联书店，1984。

［4］ 阿诺尔德·范热内普：《过渡礼仪》，张举文译，商务印书馆，2014。

［5］ 艾莉森·詹姆斯等：《童年论》，何芳译，上海社会科学院出版社，2014。

［6］ 爱弥尔·涂尔干：《道德教育》，陈光金、沈杰、朱潜汉译，渠东校，上海人民出版社，2001。

［7］ 爱弥尔·涂尔干：《教育思想的演进》，李康译，商务印书馆，2016。

［8］ 爱弥尔·涂尔干：《宗教生活的基本形式》，渠东、汲喆译，上海人民出版社，2006。

［9］ 安超：《从阐释时代走向娱乐时代》，《中国教师》2015 年第 6 期。

［10］ 安超：《共在与建构：参与式教学的哲学溯源、理论反思与实践探索》，《北京教育学院学报》2015 年第 5 期。

［11］ 安超：《教学恐惧的实践表征与超越路径》，《教育科学研究》2016 年第 5 期。

［12］ 安超：《新生代乡土知识青年的反向社会流动与文化适应》，《青年探索》2015 年第 4 期。

［13］ 安超、王成龙：《经验回溯与文化反思：劳动阶层研究生的群体叙事》，《中国青年研究》2016 年第 8 期。

［14］ 安德烈·比尔基埃：《家庭史（第 3 卷）：现代化的冲击》，袁树仁等

译，三联书店，1998。

[15] 安迪·格林：《教育与国家形成》，王春华译，教育科学出版社，2004。

[16] 安东尼·吉登斯：《社会学》，赵旭东等译，北京大学出版社，2003。

[17] 安东尼·吉登斯：《现代性的后果》，田禾译，译林出版社，2011。

[18] 安妮特·拉鲁：《不平等的童年：阶层、种族和家庭生活》，张旭译，北京大学出版社，2009。

[19] 奥尔多·利奥波德：《沙乡年鉴》，彭俊译，四川文艺出版社，2013。

[20] 班华：《略论学习"民间教育学"》，《教育学报》2011年第1期。

[21] 包蕾萍：《生命历程理论的时间观探析》，《社会学研究》2005年第4期。

[22] 保罗·威利斯：《学做工》，秘舒等译，译林出版社，2013。

[23] 伯娜丁·徐、李胜《锦衣玉食，压力饱尝：北京的独生子女》，《书摘》2017年第6期。

[24] 伯特兰·罗素：《西方哲学史》，何兆武、李约瑟译，商务印书馆，2005。

[25] 勃洛尼斯拉夫·马林诺夫斯基：《两性社会学》，李安宅译，上海人民出版社，2003。

[26] C. 赖特·米尔斯：《白领：美国的中产阶段》，杨小东译，陕西人民出版社，1987。

[27] 曹培杰、余胜泉：《数字原住民的提出、研究现状及未来发展》，《电化教育研究》2012年第4期。

[28] 陈建翔：《孩子的爸爸去哪儿了?》，山西人民出版社，2003。

[29] 陈建翔：《相拥而舞：〈道德经〉教育美学探微》，《教育研究》2016年第2期。

[30] 陈平原：《语文之美与教育之责》，《文汇报》2015年1月9日，第6版。

[31] 陈涛：《木心：一个美学的倒影》，《中国新闻周刊》2012年第1期。

[32] 陈向明：《搭建实践与理论之桥：教师实践性知识研究》，教育科学出版社，2011。

[33] 陈向明：《旅居者和"外国人"：留美中国学生跨文化人际交往研究》，教育科学出版社，2004。

[34] 陈学明：《"西方马克思主义"命题辞典》，东方出版社，2004。

［35］陈妍、邝烨：《个人生活史对幼儿园教师教育观念和行为的影响》，《幼儿教育》（教育科学版）2007 年第 7 期。

［36］成伯清：《从嫉妒到怨恨——论中国社会情绪氛围的一个侧面》，《探索与争鸣》2009 年第 10 期。

［37］程福财、于贤荣：《"跨代育儿组合"与中国独生子女的养育》，《当代青年研究》2012 年第 8 期。

［38］程猛、康永久：《物或损之而益：关于底层文化资本的另一种言说》，《清华大学教育研究》2016 年第 4 期。

［39］程巍：《中产阶级的孩子们：60 年代与文化领导权》，三联书店，2006。

［40］戴维·布鲁克斯：《社会动物》，佘引、严冬冬译，中信出版社，2012。

［41］邓晓芒：《哲学起步》，商务印书馆，2017。

［42］刁钟伟等：《父母养育目标的文化差异》，《心理科学进展》2008 年第 1 期。

［43］丁道勇：《儿童观与教育》，《教育发展研究》2015 年第 2 期。

［44］菲力浦·阿利埃斯：《儿童的世纪：旧制度下的儿童与家庭生活》，沈坚、朱晓罕译，北京大学出版社，2013。

［45］费侠莉：《繁盛之阴：中国医学史中的性》，江苏人民出版社，2006。

［46］费孝通：《费孝通论文化与文化自觉》，群言出版社，2007。

［47］费孝通：《江村经济》，北京大学出版社，2012。

［48］费孝通：《生育制度》，商务印书馆，2009。

［49］费孝通：《乡土中国》，人民出版社，2008。

［50］风笑天：《中国独生子女研究：回顾与前瞻》，《江海学刊》2002 年第 1 期。

［51］弗兰克·J. 萨洛韦：《天生反叛》，曹精华译，江苏人民出版社，1999。

［52］弗里德里希·威廉·尼采：《悲剧的诞生》，周国平译，三联书店，1986。

［53］弗里德里希·威廉·尼采：《道德的谱系》，梁锡江译，华东师范大学出版社，2015。

［54］付萍：《当婆婆遇上妈：对现代社会中婆婆和丈母娘的关系分析》，《品牌》2015 年第 1 期。

［55］格特·比斯塔：《超越人本主义教育与他者共存》，杨超、冯娜译，北京师范大学出版社，2020。

［56］格特·比斯塔：《教育的美丽风险》，赵康译，北京师范大学出版社，2018。

［57］葛孝亿：《社会流动的教育机制探究》，博士学位论文，华东师范大学，2014。

［58］弓立新：《如何认识与开展新时代劳动教育——专访北京师范大学檀传宝教授》，《少年儿童研究》2019年第3期。

［59］郭虹：《亲子网络家庭——中国农村现代化变迁中的一种家庭类型》，《浙江学刊》1994年第1期。

［60］郭于华：《"弱者的武器"与"隐藏的文本"：研究农民反抗的底层视角》，《读书》2012年第1期。

［61］郭于华：《代际关系中的公平逻辑及其变迁》，《中国学术》2001年第4期。

［62］郭于华：《社会变迁中的儿童食品与文化传承》，《社会学研究》1998年第1期。

［63］郭于华：《社会记忆与人的历史》，《中国社会科学报》2009年8月20日，第7版。

［64］郭于华：《作为历史见证的"受苦人"的讲述》，《社会学研究》2008年第1期。

［65］哈拉尔德·韦尔策：《社会记忆：历史、回忆、传承》，季斌、王立君、白锡堃译，北京大学出版社，2007。

［66］汉娜·阿伦特：《马克思主义与西方政治思想传统》，孙传钊译，江苏人民出版社，2012。

［67］河合隼雄：《孩子与恶》，李静译，东方出版中心，2015。

［68］贺贺萧：《记忆的性别：农村妇女和中国集体化历史》，人民出版社，2017。

［69］贺晓星：《叙事资本：对教育社会史、生活史研究的一种深度理解》，《高等教育研究》2013年第4期。

［70］贺晓星：《作为方法的家庭：教育研究的新视角》，《教育学术月刊》2014年第1期。

［71］洪岩璧、赵延东：《从资本到惯习：中国城市家庭教育模式的阶层分化》，《社会学研究》2014年第4期。

［72］扈海鹏：《分层视野中的社会化分析》，《青年研究》2006年第11期。

［73］ 黄灯：《对照童年——一个母亲生养孩子的现代性遭遇》，《天涯》2011 年第 3 期。

［74］ 黄晓萍：《说话的文化》，中华书局，2002。

［75］ 黄亚慧：《并家婚姻中女儿的身份与地位》，《妇女研究论丛》2013 年第 4 期。

［76］ 黄宗智：《清代的法律、社会与文化：民法的表达与实践》，上海书店出版社，2001。

［77］ 霍夫斯泰德：《文化与组织：心理软件的力量》，李原、孙健敏译，中国人民大学出版社，2010。

［78］ 杰罗姆·布鲁纳：《布鲁纳教育文化观》，宋文里、黄小鹏译，首都师范大学出版社，2012。

［79］ 金一虹：《"铁姑娘"再思考——中国文化大革命期间的社会性别与劳动》，《社会学研究》2006 年第 1 期。

［80］ 金一虹：《社会转型中的中国工作母亲》，《学海》2013 年第 2 期。

［81］ 景军主编《喂养中国小皇帝：食物、儿童和社会变迁》，钱霖亮、李胜译，华东师范大学出版社，2017。

［82］ 居伊·德波：《景观社会》，张新木译，南京大学出版社，2017。

［83］ James Mckernan：《课程行动研究》，朱细文、苏贵民、赵南译，北京师范大学出版社，2004，第 115 页。

［84］ 卡·马克思、瞿葆奎：《就若干问题给临时总委员会代表的指示 4. 男女青少年和儿童的劳动》，《全球教育展望》1983 年第 3 期。

［85］ 卡尔·雅斯贝斯：《时代的精神状况》，王德峰译，上海译文出版社，1997。

［86］ 康永久：《回归生活世界的教育学》，《教育研究》2008 年第 6 期。

［87］ 康永久：《教育学原理五讲》，人民教育出版社，2016。

［88］ 康永久：《教育制度的生成与变革——新制度教育学论纲》，教育科学出版社，2003。

［89］ 康永久：《先验的社会性与家国认同——初级社会化的现象学考察》，《教育学报》2014 年第 3 期。

［90］ 康永久：《现代科学并不是教育与生产的唯一结合点》，《教育研究与实验》1993 年第 2 期。

［91］ 柯小菁：《塑造新母亲》，山西教育出版社，2011。

[92] 克利福德·格尔茨：《文化的解释》，韩莉译，译林出版社，2008。

[93] 克罗齐、田时纲：《一切历史都是当代史》，《世界哲学》2002 年 第 6 期。

[94] 李春玲：《当代中国社会的声望分层——职业声望与社会经济地位指数测量》，《社会学研究》2005 年第 2 期。

[95] 李弘祺：《学以为己：传统中国的教育》，香港中文大学出版社，2012。

[96] 李洁：《"人"的再生产：清末民初诞生礼俗的仪式结构与社会意涵》，《社会学研究》2018 年第 5 期。

[97] 李瑾：《文化溯源：东方与西方的学习理念》，华东师范大学出版社，2015。

[98] 李静：《新中国家庭文化变迁（1949—1966）》，硕士学位论文，首都师范大学，2005。

[99] 李李想：《中西方文化特点及其对父母教养方式的影响》，《当代教育论坛》2007 年第 12 期。

[100] 李乃涛：《自上而下的力量：道德教育的民间立场》，博士学位论文，北京师范大学，2016。

[101] 李强：《关于中产阶级和中间阶层》，《中国人民大学学报》2001 年第2 期。

[102] 李强：《生命的历程——重大社会事件与中国人的生命轨迹》，浙江人民出版社，1999。

[103] 李涛：《底层的"少年们"：中国西部乡校阶层再生产的隐性预演》，《社会科学》2016 年第 1 期。

[104] 李晓芳：《农村家庭养老功能弱化与代际关系转变》，《未来与发展》2014 年第 2 期。

[105] 李银河、陈俊杰：《个人本位、家本位与生育观念》，《社会学研究》1993 年第 2 期。

[106] 李银河、郑宏霞：《一爷之孙——中国家庭关系的个案研究》，内蒙古大学出版社，2009。

[107] 李英飞：《公民道德与自然教育——涂尔干论社会科学教育的重要性》，《北京大学教育评论》2016 年第 4 期。

[108] 理查德·桑内特：《匠人》，李继宏译，上海译文出版社，2015。

[109] 梁景和、黄巍：《西方新文化史述略》，《首都师范大学学报》（社会科学版）2010 年第 3 期。

［110］梁漱溟：《东西文化及其哲学》，商务印书馆，2004。

［111］梁漱溟：《东西文化及其哲学》，商务印书馆，2010。

［112］林恩·贾米森：《亲密关系：现代社会的私人关系》，蔡明璋译，群学出版有限公司，2002。

［113］林津如：《父系家庭与女性差异认同：中产阶级职业妇女家务分工经验的跨世代比较》，《台湾社会研究季刊》2007 年第 68 期。

［114］林磊：《幼儿家长教育方式的类型及其行为特点》，《心理发展与教育》1995 年第 4 期。

［115］刘精明、李路路：《阶层化：居住空间、生活方式、社会交往与阶层认同——我国城镇社会阶层化问题的实证研究》，《社会学研究》2005 年第 3 期。

［116］刘小枫：《沉重的肉身》，华夏出版社，2015。

［117］刘云杉：《从启蒙者到专业人》，北京师范大学出版社，2006。

［118］刘云杉：《寒门难出贵子：基础教育与高等教育的双重困境》，《中国社会科学报》2012 年 3 月 7 日，B1 版。

［119］卢卡奇：《历史与阶级意识》，杜章智译，商务印书馆，1996。

［120］卢梭：《爱弥儿》（上、下卷），李平沤译，商务印书馆，1978。

［121］鲁格·肇嘉：《父性：历史、心理与文化的视野》，张敏、王锦霞、米卫文译，世界图书出版公司，2015。

［122］鲁思·本尼迪克特：《菊与刀：日本文化的类型》，吕万和译，商务印书馆，1990。

［123］陆学艺：《当代中国社会十大阶层分析》，《学习与实践》2002 年第3 期。

［124］陆学艺主编《当代中国社会阶层研究报告》，社会科学文献出版社，2002。

［125］路德维希·维特根斯坦：《哲学研究》，陈嘉映译，上海人民出版社，2005。

［126］路书红：《生活史研究对中外教育家研究的价值》，《教育发展研究》2011 年第 12 期。

［127］吕达、刘立德、邹海燕编著《杜威教育文集》（第 1 卷），人民教育出版社，2008。

［128］罗伯特·帕特南：《我们的孩子：处于危机中的美国梦》，田雷、宋昕

译，中国政法大学出版社，2015。

[129] 罗梅君：《北京的生育、婚姻和丧葬》，王燕生、杨立、胡春春译，中华书局，2001。

[130] 罗斯·派克：《父亲的角色》，李维译，辽海出版社，2000。

[131]《马克思恩格斯文集》（第9卷），人民出版社，2009。

[132]《马克思恩格斯选集》（第3卷），人民出版社，2012。

[133] 马春华等：《中国城市家庭变迁的趋势和最新发现》，《社会学研究》2011年第2期。

[134] 马克·赫特尔：《变动中的家庭：跨文化的透视》，宋践、李茹等译，浙江人民出版社，1988。

[135] 马克思：《1844年经济学哲学手稿》，人民出版社，2014。

[136] 马克斯·范梅南：《"秘密"的教育学意义及其教育实践》，《思想理论教育月刊》2006年第6期。

[137] 马克斯·范梅南：《教学机智：教育智慧的意蕴》，李树英译，教育科学出版社，2001。

[138] 马克斯·舍勒：《知识社会学问题》，艾彦译，译林出版社，2014。

[139] 马克斯·韦伯：《经济与社会》（下卷），林荣远译，商务印书馆，1997。

[140] 马斯洛等：《人的潜能和价值》，林方主编，华夏出版社，1987。

[141] 玛格丽特·米德：《萨摩亚人的成年——为西方文明所作的原始人类的青年心理研究》，周晓虹、李姚军等译，商务印书馆，2011。

[142] 玛格丽特·米德：《文化与承诺：一项有关代沟问题的研究》，周晓虹、周怡译，河北人民出版社，1987。

[143] 曼弗雷德·施皮茨尔：《数字痴呆化：数字化的社会如何扼杀现代人的脑力》，王羽桐译，北京时代华文书局，2014。

[144] 梅珍兰：《童年的意义、困境与出路》，《全球教育展望》2013年第3期。

[145] 孟德斯鸠：《论法的精神》（上卷），许明龙译，商务印书馆，2012。

[146] 孟德斯鸠：《论法的精神》，张雁深译，商务印书馆，1995。

[147] 米歇尔·福柯：《性经验史》佘碧平译，上海人民出版社，2005。

[148] 苗雪红：《当代西方社会建构童年研究范式考察》，《教育学术月刊》2015年第3期。

[149] 莫里斯·哈布瓦赫：《论集体记忆》，毕然、郭金华译，上海人民出版

社，2002。

［150］尼尔·波兹曼:《娱乐至死》，章艳译，广西师范大学出版社，2004。

［151］宁全荣:《马克思休闲理论及其当代价值》，《哲学动态》2017 年第6 期。

［152］O. F. 博尔诺夫:《教育人类学》，李其龙等译，华东师范大学出版社，1999。

［153］P. 布尔迪约、J. − C. 帕斯隆:《继承人——大学生与文化》，邢克超译，商务印书馆，2002。

［154］潘允康:《社会变迁中的家庭》，天津社会科学院出版社，2002。

［155］潘允康、林南:《中国城市现代家庭模式》，《社会学研究》1987 年第3 期。

［156］皮埃尔·布迪厄、华康德:《实践与反思:反思社会学导引》，李猛、李康译，邓正来校，中央编译出版社，1998。

［157］皮埃尔·布尔迪厄:《区分:判断力的社会批判》，刘晖译，商务印书馆，2015。

［158］齐格蒙特·鲍曼:《全球化:人类的后果》，郭国良等译，商务印书馆，2013。

［159］钱理群:《高校不能衙门化》，《时代人物》2012 年第 10 期。

［160］钱理群:《我所知道的部分中国青年的新动向》，《天涯》2014 年第6 期。

［161］乔伊·帕尔默编《教育究竟是什么:100 位思想家论教育》，任钟印、诸惠芳译，北京大学出版社，2008。

［162］邱雪羲:《一个村落社区产育礼俗的研究》，硕士学位论文，燕京大学，1935。

［163］容中逵:《百年中国乡村变迁的实践表达》，浙江大学出版社，2010。

［164］三浦展:《阶层是会遗传的》，萧云菁译，北京现代出版社，2008。

［165］沈崇麟、李东山、赵锋主编《变迁中的城乡家庭》，重庆大学出版社，2009。

［166］沈奕斐:《辣妈:个体化进程中母职与女权》，《南京社会科学》2014 年第 2 期。

［167］石中英:《教育民俗:概念、特征与功能》，《教育理论与实践》1999 年第 5 期。

[168] 斯蒂芬·鲁斯、海迪·哈特曼、蔡之文：《长期的性别差异》，《国外社会科学文摘》2005 年第 3 期。

[169] 孙峰：《从集体记忆到社会记忆》，硕士学位论文，华东师范大学，2008。

[170] 孙隆基：《中国文化的深层结构》，广西师范大学出版社，2015。

[171] 孙文中：《教育流动与底层再生产——一种大学生"农民工化"现象的研究》，《广东社会科学》2016 年第 4 期。

[172] 覃桃：《生活史——听生活讲述它自己的故事》，《图书情报知识》2010 年第 1 期。

[173] 汤美娟：《乡村教育早期现代化的底层叙事：基于苏北 M 村的田野调查》，《教育学术月刊》2016 年第 5 期。

[174] 陶艳兰：《流行育儿杂志中的母职再现》，《妇女研究论丛》2015 年第 3 期。

[175] 特里·伊格尔顿：《人生的意义》，朱新伟译，译林出版社，2012。

[176] 涂元玲：《村落中的本土教育》，山西教育出版社，2010。

[177] 涂元玲：《一个西北村庄传统儿童玩耍和游戏活动的教育人类学研究》，《湖南师范大学教育科学学报》2009 年第 4 期。

[178] 王春光、李炜：《当代中国社会阶层的主观性建设和客观实在》，《江苏社会科学》2002 年第 4 期。

[179] 王金娜：《高考统考科目的"文科偏向"与隐性教育不公平——基于场域 - 文化资本的视角》，《教育发展研究》2016 年第 10 期。

[180] 王铭铭：《口述史·口承传统·人生史》，《西南民族大学学报》（人文社科版）2008 年第 2 期。

[181] 王铭铭：《社会人类学与中国研究》，广西师范大学出版社，2005。

[182] 王楠：《现代社会的道德人格：论涂尔干的道德教育思想》，《北京大学教育评论》2016 年第 4 期。

[183] 王庆明：《底层视角及其知识谱系：印度底层研究的基本进路检讨》，《社会学研究》2011 年第 1 期。

[184] 王庆明、陆遥：《底层视角：单向度历史叙事的拆解——印度"底层研究"的一种进路》，《社会科学战线》2008 年第 6 期。

[185] 王润平：《当代中国家庭变迁中的文化传承问题》，博士学位论文，吉林大学，2004。

[186] 王舒芸：《新手爸爸难为》，远流出版社，2003。

［187］王晓阳：《国外关于不同阶层家庭教养方式的研究》，《北京师范大学学报》（社会科学版）1993 年第 5 期。

［188］王尹成：《新泰文化大观》，齐鲁书社，1999。

［189］王岳川：《后殖民主义与新历史主义文论》，山东教育出版社，1999。

［190］王跃生：《当代家庭结构区域比较分析——以 2010 年人口普查数据为基础》，《人口与经济》2015 年第 1 期。

［191］王跃生：《网络家庭的理论和经验研究——以北方农村为分析基础》，《社会科学》2009 年第 8 期。

［192］王跃生：《中国城乡家庭结构变动分析——基于 2010 年人口普查数据》，《中国社会科学》2013 年第 12 期。

［193］王跃生：《中国当代家庭结构变动分析》，中国社会科学出版社，2009。

［194］威廉·A. 哈维兰：《文化人类学》，瞿铁鹏、张钰译，上海社会科学院出版社，2006。

［195］维克多·特纳：《戏剧，场景及隐喻：人类社会的象征性行为》，刘珩等译，民族出版社，2007。

［196］维维安娜·泽利泽：《给无价的孩子定价：变迁中的儿童社会价值》，王水雄等译，格致出版社，2008。

［197］翁玲玲：《从外人到自己人：通过仪式的转换性意义》，《广西民族大学学报》（哲学社会科学版）2004 年第 6 期。

［198］吴式颖主编《外国教育史教程》，人民教育出版社，1999。

［199］吴小玮：《童子军运动探析及启示》，《外国教育研究》2015 年第 6 期。

［200］吴小英：《“去家庭化”还是“家庭化”：家庭论争背后的“政治正确”》，《河北学刊》2016 年第 5 期。

［201］夏林清：《斗室星空：家作为社会田野》，台湾财团法人导航基金会，2011。

［202］笑冬：《最后一代传统婆婆？》，《社会学研究》2002 年第 3 期。

［203］新泰地方史志办编《新泰年鉴》，方志出版社，2000。

［204］熊秉真：《童年忆往：中国孩子的历史》，广西师范大学出版社，2008。

［205］徐兰君：《儿童与战争：国族、教育及大众文化》，北京大学出版社，2015。

［206］徐雁：《“耕读传家”：一种经典观念的民间传统》，《江海学刊》2003

年第 2 期。

[207] 许烺光：《文化人类学新论》，台湾联经出版公司，1979。

[208] 许烺光：《祖荫下：中国乡村的亲属、人格与社会流动》，台湾南天书局有限公司，2001。

[209] 许敏：《美国中产阶级"协作培养"家庭教育方式的伦理风险》，《道德与文明》2014 年第 1 期。

[210] 许琪：《儿子养老还是女儿养老？基于家庭内部的比较分析》，《社会》2015 年第 4 期。

[211] 亚当·斯密：《道德情操论》，蒋自强等译，商务印书馆，1997。

[212] 亚里士多德：《尼各马可伦理学》，廖申白译，商务印书馆，2003。

[213] 亚里士多德：《政治学》，颜一、秦典华译，中国人民大学出版社，2003。

[214] 阎云翔：《私人生活的变革》，上海书店出版社，2009。

[215] 阎云翔、杨雯琦：《社会自我主义：中国式亲密关系——中国北方农村的代际亲密关系与下行式家庭主义》，《探索与争鸣》2017 年第 7 期。

[216] 杨可：《母职的经纪人化——教育市场化背景下的母职变迁》，《妇女研究论丛》2018 年第 2 期。

[217] 杨丽珠、杨春卿：《幼儿气质与母亲教养方式的选择》，《心理科学》1998 年第 1 期。

[218] 杨善华：《中国当代城市家庭变迁与家庭凝聚力》，《北京大学学报》（哲学社会科学版）2011 年第 2 期。

[219] 伊万·伊利奇：《去学校化社会》，吴康宁译，中国轻工业出版社，2017。

[220] 余杰：《杜拉斯：爱是不死的欲望》，《外国文学动态》1997 年第 3 期。

[221] 余秀兰：《文化再生产：我国教育的城乡差距探析》，《华东师范大学学报》（教育科学版）2006 年第 2 期。

[222] 余秀兰：《中国教育的城乡差异》，博士学位论文，南京大学，2002。

[223] 约翰·华生：《行为主义》，李维译，浙江教育出版社，1998。

[224] 约翰·洛克：《教育漫话》，傅任敢译，人民教育出版社，1985。

[225] 约瑟夫·坎贝尔、比尔·莫耶斯：《神话的力量》，朱侃如译，万卷出版公司，2011。

[226] 张建成、陈珊华：《生涯管教与行为管教的阶级差异：兼论家庭与学

校文化的连续性》,《教育研究集刊》2006 年第 1 期。

[227] 张人杰主编《国外教育社会学基本文选》,华东师范大学出版社,2009。

[228] 张世英:《哲学导论》,北京大学出版社,2002。

[229] 张永健:《家庭与社会变迁——当代西方家庭史研究的新动向》,《社会学研究》1993 年第 2 期。

[230] 章开沅:《〈俱分进化论〉的忧患意识》,《历史研究》1989 年第 5 期。

[231] 赵汇:《当代西方社会"中产阶级论"剖析》,《社会科学研究》2003 年第 3 期。

[232] 赵石屏:《试论家庭的教育关系——基于现代文化变迁的视角》,《教育研究》2012 年第 11 期。

[233] 赵霞:《从童年消费到消费童年——当代童年审美经济及其文化问题》,《南方文坛》2014 年第 1 期。

[234] 赵旭东:《家庭、教育与分离的技术——文化转型人类学的一种视角》,《民族教育研究》2014 年第 4 期。

[235] 郑新蓉:《"二胎政策"引发新教育生机》,《中国德育》2015 年第 8 期。

[236] 郑也夫:《吾国教育病理》,中信出版社,2013。

[237] 钟年:《人类心理的跨文化研究》,《中南民族学院学报》(哲学社会科学版)1996 年第 1 期。

[238] 钟晓慧:《"再家庭化":中国城市家庭购房中的代际合作与冲突》,《公共行政评论》2015 年第 1 期。

[239] 周洪宇、李艳莉:《教育身体史:教育史学新生长点》,《教育研究》2017 年第 1 期。

[240] 周利敏、谢小平:《从"权力再制"到"文化再制":教育实践中的符码逻辑——伯恩斯坦符码理论框架下的教育不平等问题》,《广州大学学报》(社会科学版)2008 年第 4 期。

[241] 周晓虹:《试论当代中国青年文化的反哺意义》,《青年研究》1988 年第 11 期。

[242] 周晓虹:《中产阶级:何以可能与何以可为?》,《江苏社会科学》2002 年第 6 期。

[243] 周晓虹:《中国中产阶级:现实抑或幻象》,《天津社会科学》2006 年

第 2 期。

[244] 周宗奎：《论儿童社会化研究的发展及其趋势》，《华中师范大学学报》（人文社会科学版）1996 年第 5 期。

[245] 茱蒂·哈里斯：《教养的迷思》，洪兰、苏奕君译，台湾商周出版社，2000。

[246] 庄孔韶：《教育人类学》，黑龙江教育出版社，1989。

[247] 邹强：《中国当代家庭教育变迁研究》，天津大学出版社，2011。

[248] Alison I. Griffith and Dorothy E. Smith, *Mothering for Schooling*, UK：Routledge, 2004.

[249] Baumrind, D., "Current Patterns of Parental Authority", *Developmental Psychology*, Vol. 4, No. 1, 1971.

[250] Blankenhorn, D., "Fatherless America. Confronting Our Most Urgent Social Problem", *Population*, Vol. 51, No. 1, 1996.

[251] Chilman, C. S., "Growing up Poor", *Social Service Review*, Vol. 41, No. 1, 1967.

[252] Dienhart, A., *Reshaping Fatherhood*：*The Social Construction of Shared Parenting*, C. A.：Sage, 1998.

[253] Esther, C. L. G., *China's One-Child Policy and Multiple Caregiving*, Routledge, 2011.

[254] Hsiung, Bing-Chen, "Constructed Emotions：The Bond between Mothers and Sons in Late Imperial China", *Late Imperial China*, Vol. 15, No. 1, 1994.

[255] Hays, S., *The Cultural Contradictions of Motherhood*, New Haven：Yale University Press, 1996.

[256] Hoffman, L. W., "Cross-Cultural Differences in Childrearing Goals", In R. Levine, P. Miller, M. M. West (Eds.), *Parental Behavior in Diverse Societies*：*New Directions for Child Development*, San Francisco：Jossey-Bass, 1988.

[257] Judith Rich Harris. *The Nurture Assumption*：*Why Children Turn out the Way They Do*, N. Y.：the Free Press, 1999.

[258] Keller, H., Lamm, B., Abels, M., et al., "Cultural Models, Socialization Goals, and Parenting Ethnotheories：A Multicultural

Analysis", *Journal of Cross-Cultural Psychology*, Vol. 37, No. 2, 2006.

[259] Levine, R. A., "Ethnographic Studies of Childhood: A Historical Overview", *American Anthropologist*, Vol. 109, No. 2, 2007.

[260] LeVine, R. A., "Parental Goals: A Cross-Cultural View", *Teachers College Record*, Vol. 76, No. 2, 1974.

[261] Mark Poster, *Critical Theory of the Family*, New York: The Seabury Press, 1978.

[262] Neuman, R. P., "Critical Theory of the Family by Mark Poster", *The American Historical Review*, Vol. 84, No. 2, 1979.

[263] Pugh, A. J., *Longing and Belonging*: *Parents*, *Children*, *and Consumer Culture*, University of California Press, 2009.

[264] Wang, S., Tamis-Lemonda, C. S. "Do Child-Rearing Values in Taiwan and the United States Reflect Cultural Values of Collectivism and Individualism?" *Journal of Cross-Cultural Psychology*, Vol. 34, No. 6, 2003.

[265] Yunxiang Yan, "Girl Power: Young Women and the Waning of Patriarchy in Rural North China", *Ethnology*, Vol. 45, No. 2, 2006.

索　引

后　记

　　这是一幅以笨拙而浓烈的笔墨描摹出的几代人生存与奋斗、挣扎与梦想的成长群像。由于篇幅、学术规范和研究伦理的限制，轻飘飘的纸张远远没有反映出大家族中族人们人生的跌宕起伏。对于生于乡土长于乡土的自然的女儿、"泥腿子"的后代，我终于可以为"涧户寂无人，纷纷开且落"的乡亲们，可能永远在历史中自生自灭的乡亲们，留下些在世上走过的痕迹，这可以算是对自己30余年汲汲营营、庸庸碌碌的人生之路的一个初步的交代。我没有违背年少时的心愿，终于可以释然地来到养我长大的奶奶的坟头，给她上一炷迟到的香。现在，我可以毫无愧疚地在奶奶坟头说，我从来没有让你享过一天福，到你合眼也没有兑现儿时"长大了给家里买台拖拉机"的许诺，但我没有忘记你对我从小的嘱咐："做人要有骨气""行得端、立得正""对得起天地良心"。我自觉终于长成了一个对家族和社会有用的人，她，会为我开心吧！

　　"成器"，成长为对社会真正有用的人，不仅是奶奶对我的期望，也是我本心的愿望。在乡村长到7岁的土不啦叽又桀骜不驯的"野丫头"，进城上学遭遇了无数的歧视与打击。父母因经济窘迫、性情不和经常吵架，让我从天性开朗渐趋敏感、内向、自卑，面临多次堕落的可能，但总在关键时刻，爱我的老师们把我从泥潭中拉出来。长大后能像他们一样，为生活困顿、心灵上孤苦无依的儿童找到精神家园，是我从那时慢慢生发并愈加清晰的梦想。

　　父母的无暇过问和逃离家庭的急切，让我自主决断、自由成长，成就了我坚定的学习信念和勤奋、上进的学习品性。学校和书籍是我的避风港。为了填补心灵上的孤独，我像一只勤劳的小蜜蜂，经常流连在县城大大小小的书店里，变成了没有钱买书就天天赖在书店里、老板怎么赶都赶不走的厚脸皮姑娘。在如饥似渴而又毫无目的和章法的阅读中，我偶然碰上了苏霍姆林斯基和马卡连柯的书，作为流浪儿和边缘青少年的"父亲"和老师，他们成为影响我很深的"偶像"。那时我不断天真地幻想，长大了也像他们一样，了解、帮助、研究那些少年们，让他们再也不要经历像我这样的流离、彷徨之苦。

在高考填志愿的时候，我力排众议填报了华中师范大学的教育学专业。当时很多大学同学都是调剂到这个专业的，对这个专业充满了怨念，对就业前景忧心忡忡。在大家对"大而空的教育理论"发出"屠龙之术学了有什么用"的哀叹时，我不是没有彷徨过、动摇过、担心过，但我再次幸运地碰到了以教育为信仰的老师。开学典礼第一课谆谆教诲我们读书要怀着"平常心"而不要执着由此就能改变命运的范先佐老师，让我看到什么是真正的读书人和研究者。在保研推荐信中写下"愿意以生命为她做担保"的但武刚老师对我无条件的信任让我动容。他们鼓励我、支持我向年少时失之交臂的北京大学走去，并由此树立起更高的人生梦想。得良师若此，何以言退？！

"长大后成为你"的理想，作为一种由外而内的精神支撑，虽然帮我确立了人生方向，但仍不算一种自发的学术信仰。那时的我还没有找到一个让我"动心"的研究主题，有研究兴趣却找不到研究"本心"。北京大学教育学院的老师们践行了"独立之精神、自由之思想"的理念，以最大的智慧、耐心、宽容对待学生的成长。陈洪捷老师反复告诫我们，"大学是一个研究高深学问的地方，闲暇才能出大学问"。刘云杉老师的教育社会学课艰深难懂，让我们叫苦不迭。但她的识见与优雅又不断吸引我们留在课堂甘于"受虐"，她是我教育社会学研究旨趣的启蒙者。

然而，这一切并没有消除我情感的隐痛。家庭经济的困顿、父母情感的危机、爷爷奶奶每况愈下的身体，时常压得我喘不过气来。这个时期，我幸运地遇上了有着菩萨心肠的陈向明老师。陈老师和她的爱人金老师待我们如子女，给了我童年时期求而不得的亲情和毫无芥蒂、不求回报的爱。陈老师夫妇经常邀请学生来家里吃饭，金老师做的番茄鸡蛋面我总也吃不够。两位老师永远笑眯眯的，看到他们，我知道天永远塌不下来。我在他们那里卸下坚强的面具、多疑多思的心防，跟他们诉说我的家事、心事。在很长一段时间里，我对陈老师有着过度的情感依赖。陈向明老师是一位非常睿智、严谨、有洞察力的学者，在她手把手带着我们做质性研究的过程中，我也开始咂摸出"真研究""好研究"的味道。从她那里，我慢慢懂得教育学是一门关于爱、希望和信仰的学问，这个学科是保存真善美火种的地方，而且你越爱她、信奉她，她的深层魅力越发向你展现，你就越发为她倾心。

那时，读博士、当老师、做研究的理想已异常清晰，我打算继续申请读博士。临近毕业，突如其来的家庭变故无情地粉碎了我的梦，风雨摇坠的家快要分崩离析。远在北京的我，无比平静而悲哀地投向了为生计奔波的大军。此后工作的三年间，我深埋下了自己的渴望和梦想，尽我所能挽救飘摇的家庭。然而，午夜梦回惊醒，我心里仿佛破了一个大洞，灵魂越发残缺不全。待家庭经济终于回暖，我身上的重担减轻，心底那颗种子更不由控制、肆无忌惮地疯长起来。很多朋友劝我，在北京能谋得如此安稳的大学行政岗位，要知足，要珍惜，不要再"作"了。我并非不知生计之艰，可汲汲营营的生活值得我继续留恋吗？家庭变故的隐痛时常出现在我静默散步时缥缈的思绪里，出现在我深夜不眠的叹息里，出现在我噩梦惊醒后的眼泪中，如影随形，如蚁噬骨。一回到那个千疮百孔的家，一切教养、爱、快乐就被打回原形。这也是我多次引用夏林清的著作《斗室星空》里的话——"尽管完全熟悉使用都市文化资源及符号的方法，很少还能在我身上看到来自乡下在劳动家庭长大的痕迹……实在不敢回头与我的原生家庭相认……忘掉从前，我就只会记住，我一直都是一个充满干净、快乐、有品位、希望的中产阶级"的原因。我深以为然。

2012 年的冬天，陈向明老师转发给我一条信息，告诉我夏林清、郑新蓉、张莉莉三位老师要在北师大教育学部开展"老中青三代人对话"的质性研究工作坊。她知道这是我需要的，知道我心底深处迟迟无法解开的家庭死结。幸福的家庭是相似的，不幸的各有各的不幸。在那里，我第一次遇到了那么多与我一样彷徨无助的年轻人。我也看到了夏老师、郑老师、张老师是多么热忱、努力、无私地在这个文化冲突和融合的时代，推动着代际的互相理解和对话。她们对于时代的担当、对于实践推进的努力、带给未来的冉冉希望，让我这样一个年轻人自惭形秽、无地自容。一个寒冷的冬夜，我在回家的路上，颤抖着双手给陈老师发短信告诉她也许我知道该做什么了。为家族三代人的时代痛苦找一条出路，成为我读博的精神动力。

2013 年，我如愿以偿地来到北师大教育学部求学，并极有缘分地成为老顽童一般的康永久老师的学生。讲到人生之路上这么多于我恩义深重、无以为报的老师，虽然有爱但不免沉重。但讲到康老师，我却是无比欢脱而快乐的。之前的老师们给了我充足的、细致入微的关怀，沉重的叮咛和嘱托，美好的期望和信仰，而康老师给了我最大的自由空间和学习、思考的乐趣，让我解放了天性，放飞了自我，找回了那个自信、自由、自在的本真之我。他保存了孩童般的天性和好奇，又带着少年般的轻狂和勇气，还有着父亲般的阅历和洞察，是天生的哲学家和思想属于未来的教育者。他总是那么"毒舌"，乐此不疲地跟学生斗嘴、"吵架"。康门的读书会总是充满乐趣，也充满"刀光剑影"。师生之间经常忘记身份之别，因为一个观点吵得脸红脖子粗。吵到精彩处，我们敢跟康老师拍桌子叫板，康老师也经常被我们的"胡搅蛮缠"气得要命。作为"魅力教育学"和"先验善意"的提出者，康老师身体力行地教给我们什么是"自我迷恋"。在他的"身先士卒"下，我们慢慢拭去心镜上的尘埃，显露出"天生丽质"的妙明一面。从某种意义上来说，他就是魅力型老师，用魅力召唤魅力，用自由叫醒自由，用尊重换来尊重。

康门就如时代洪流里的诺亚方舟，是喧嚣浮躁社会里的世外桃源。在康门"赖"着的五年，是无比快乐但极其富足的五年。初入师门，康老师就对我说："我不需要你帮我做什么杂事，你只要好好读书就行。"2013年秋，在我踌躇满志地开始执念已久、苦心实现的博士生涯时，大概是上天苦我心志，赐予我一份重大的礼物——新生命的孕育。彼时彼刻惊大于喜，我的内心迅速被对学业的担忧、对师长的愧疚、对未来的担心所占据。当这些五味杂陈的情绪还没有完全被消化时，严重的孕吐和身体不适已然攫取了我大部分的精力。在辗转难眠的长夜，我无比担忧学术志业或因此断送，自我理想恐再次搁浅，无颜面对一路鼓励我、支持我、关心我走入教育研究领域的师长们。幸运的是，我敬爱的导师始终没有放弃我，从来没有责怪和催促我，不催我开题、不催我写论文。这种带着"康式傲娇"的等待给了我充分的自主，我得以做自己喜欢的研究。天知道在内心深处我是有多么感激他！我也给了孩子最好的"胎教"，与腹中胎儿一起听完了博士课程，康老师在不知不觉中还教了一个"小博士"。

2014年夏，我的孩子出生。由于一些家庭变故，"坐月子"成为我30多年人生中最难捱的日子，产后抑郁来临了。"没有在长夜恸哭过的人，不足以语人生"，但孩子吃饱了睡去时的盈盈笑意，醒来时饱满有力的啼哭，比任何镇痛剂更能抚慰我的疼痛，比任何强心剂更能激发我的斗志。我不断告诉自己我是他的母亲啊！我暂时是茫茫人海中他唯一的生命支撑啊！为了他，我要对抗生命意志的消沉。我内心无比清醒，与其说是我给予了他生命，不如说是他赋予了我第二次生命，让我重新面对以为远离了家庭就可以逃避的 30 多年的性别身份困境，并给予我坚强活下去的理由。我给他输送了生命的乳汁，他向我输送了生命的勇气。

生完孩子回到校园，学业一再耽搁。我不断问自己：我真的"一孕傻三年"吗？我的生活只能围着灶台、尿布、奶粉打转吗？读博士期间生孩子真的写不出好论文吗？为什么我处理不好家庭之间的各种复杂关系？父母和公婆也时常旁敲侧击我不会管孩子，不然为什么孩子总不见长肉，说话为什么一直比别人晚……在别人怀疑我的时候，我也经历着自我怀疑。在很长一段时间里，读书和学习始终是我寻求解脱的重要途径，是帮我从世俗生活世界抽身的那片心灵栖息地，我也不愿意放弃这片精神天地。

笼罩在家庭上空的阴霾迟迟未散，虽然一家人同舟共济再渡难关。我不断拷问自己和上天，为什么我的祖辈和父辈勤劳、善良、淳朴，灾难却屡屡降临在他们身上？他们就像陀思妥耶夫斯基笔下"被侮辱与被损害的人"，而我是目睹者，时代和命运把我们绑在了一起。郑新蓉老师不断警醒我要超越和反思原生家庭的经历，看到劳工阶层独特的文化价值。开题时，陈建翔老师的"隧道清理"和"相拥而舞"理论深深地影响了我，助我开启了对家族历史的清理之路。贺晓星老师提出的"作为方法的家庭"和"叙事资本"，带给我很多写作灵感和方法助益。我要调动极大的生命能量来面对家人和族人，想为在这个时代坚韧而卑微地活着的祖辈、父辈发声，写出他们的故事，这成为我超越学位、名声、金钱、成功的最重要的人生命题。我清醒和痛楚地自觉，不与过去有一种精神上、文化上的告别，我和家庭就会一直深陷泥潭。这是禁锢的生命要冲破牢笼的呐喊和自救。

作为让康老师操心的"开门不开题"的弟子，我对他的愧疚日益加深。这给我增添了一份折磨和自苦，有时甚至会暗自揣度：老师大概后悔招我入门吧？会不愿意再招像我这样有家庭之累的女博士吧？我的成长让康老师等得太久，我自己也觉艰险难捱。我只能跌跌撞撞地往前走，师长朋友们依然耐心地等我从沼泽中爬出来、伸展枝丫对全世界微笑。我的同门师弟程猛，我的舍友熊和妮陪伴我、安慰我，我们仨组成"妮超猛组合"共同探讨学术难题。我的老同学孔祥渊、许易与我"气味相投"，远远地鼓励我、开解我，帮我自信乐观地面对未来。我可爱的师妹杨瑶、一杰、小雨、彩虹、何芳、婉如、文旭成立"大师姐后援团"，无条件地"吹捧"我，牺牲自己的时间帮我处理论文的琐事。我的发小和挚友李振、李睿琦、尹鑫、赵鹏、陈然、陈铁、林伟刚、个个、张迪、张一飞几十年如一日地相信我、陪伴我，毫不利己、专门利人地出钱出力帮我渡过一个个难关。我的公公婆婆淳朴善良，在我读博期间承担了大量琐碎家务，任劳任怨。我的先生以一己之力承担了家庭经济重担，咬紧牙关撑起了这个家。可爱的儿子浩然，他仿佛知觉到我写论文是一件非常重要的事情，淘气而黏人的他竟然没有打扰我。有一天早上他去幼儿园前对我说："妈妈，我用积木搭了一架大飞机陪你在家写作业啊！"他们是世界上最可爱的人，我永远感激和深爱他们。

在我的博士学位论文成稿期间，康老师用那样一种单纯的抗拒痛苦和复杂的力量，以及他四两拨千斤的智慧和理性，帮我摆脱了对个人生活经验和情绪的沉湎，使我回归学术的正道。他就像一个铁匠，不遗余力地敲打我、质疑我，让我不要迷信和崇拜任何人，要"踩"在老师和学术巨人的肩膀上"打出师门"，怀揣更大的学术抱负和理论洞见，为此不介意当我的"垫脚石"和"靶子"。正是他毫不留情地捶打，把顽石一样的我在烈火中淬炼成坚铁。

博士毕业以后，我大病一场。紧绷了五年的神经突然松弛，勉力支撑我的阶段性精神目标完成，我突然失去了生活重心，陷入了很深的自我怀疑，遭遇了新的人生危机。但 2019 年夏，我极其幸运地来到清华大学社会学系，成为李强教授的博士后。李强老师有长者之风，心地宽厚、性情坚韧、为人刚正。李老师把我从人生泥沼中拯救出来，让我重拾学术勇气。年近古稀，李老师依然带着我们进社区、做调查，为清河实验不辞劳苦，讲起时事民生满怀悲悯……那种老式知识分子身上的风骨、学识、通达，融合了真正的理想主义情怀和务实求真的作风，常常让我们年轻学生自叹弗如。我最喜欢听李强老师讲上山下乡的故事，讲到他们艰苦劳动之余寻觅到一本书的困难和惊喜，我总不免对照自己的幸运，更生敬意和感激。虽然时代不同，可是苦难中的微光，总能让每个时代的年轻人，都拼命向光而行，勇敢走出暗深的柏拉图洞穴，完成灵魂的转向。

　　从顽石到坚铁的锻造过程、从洞穴出走寻找光明的攀爬过程，充满着各种苦难、艰辛和风险。而人生的意义，或许就在于对这些苦难和风险的超越。我的朋友义欢告诉我，生命在很多条件下都可以绽放，但没有哪一个条件是生命绽放所必需的，任何情境与遭遇都是生命展开的机会。"眼因多流泪而愈益清明，心因饱经忧患而愈益温厚"，愿每一朵生命之花历经风霜终能自由怒放。谨以这本记述时代、家族、个人命运纠葛的著作（尽管存在诸多遗憾），为无数怀揣梦想、跌撞前行而不忘本心的人唱出赞歌，向爱我、支持我的父母、亲人、师长、朋友，以及这个风云变幻的时代表示感谢：感谢滋我养我，饱经沧桑仍然生生不息，尚留一分淳朴自然的乡土；感谢生我育我，历尽人生苦难仍然挣扎生活，苍老得像松虬一样的父母；感谢教我诲我，读遍俗事天书仍然拥抱世界，天真善良如同稚子的老师；感谢惜我爱我，让我懂得什么是毫无芥蒂的托付生命和心灵之爱的孩子；以及，为他们记下生命之坚韧如蒲草的自己。

　　感谢全国博士后管理委员会、中国社会科学院、社会科学文献出版社在研究、写作和成书过程中提供的大力支持。庄士龙老师专业而细致地帮我编校了书稿，让这本书能以更好的面貌呈现给读者。我从他们对文字编辑工作的诚挚态度与审慎精神中获益良多。也感谢所有的读者们，敬请你们批评、指正。

　　愿这本书陪伴你们度过静谧的闲暇时光，让我们在书中相逢、对话、比肩、共进。

安　超

2018 年 6 月初稿于北师大英东楼

2020 年 12 月修改于清华大学明斋

第九批《中国社会科学博士后文库》专家推荐表 1

　　《中国社会科学博士后文库》由中国社会科学院与全国博士后管理委员会共同设立,旨在集中推出选题立意高、成果质量高、真正反映当前我国哲学社会科学领域博士后研究最高学术水准的创新成果,充分发挥哲学社会科学优秀博士后科研成果和优秀博士后人才的引领示范作用,让《文库》著作真正成为时代的符号、学术的示范。

推荐专家姓名	李强	电　话	
专业技术职务	教授	研究专长	社会学
工作单位	清华大学社会学系	行政职务	
推荐成果名称	拉扯大的孩子:民间养育学的文化家谱		
成果作者姓名	安超		

　　(对书稿的学术创新、理论价值、现实意义、政治理论倾向及是否具有出版价值等方面做出全面评价,并指出其不足之处)

　　安超在清华大学做博士后研究,由我做博士后导师。她的这本研究著作以"拉扯大的孩子"为题,以小见大,考察了一个乡村家族 100 年来在不同历史时期、不同家庭类型、不同阶层的微观养育实践,勾勒了养育文化的历史谱系图,对养育文化和养育实践进行了共时性和历时性描述,探索了平民养育学的特征、价值和局限性,发掘了民众在养育实践中的主体性文化洞察与集体智慧,也折射出中国社会生活尤其是家庭生活所发生的巨大变化,具有强烈的底层关怀和社会意识。

　　本书结构合理,观点明确,资料翔实,论证充分,研究方法运用得当。书中提出了民间养育学的三大基石:基于生计的劳动教育,为了休闲娱乐的闲暇教育,基于超越性需要的神圣性教育;归纳出了"以事教""以喻教""以礼教"三种教育方式,其试图建构的民间养育学背后的文化谱系具有重要的理论拓展意义。书中提出的"文化家谱""结构性养育焦虑""教育性劳动""公共性闲暇""竞赛式育儿"等概念颇具新意,对于当下社会大力提倡的家庭、家教、家风的文化建设具有很好的参考价值。

　　综上所述,本人衷心推荐其入选中国社会科学博士后文库出版。

签字:

2019 年 12 月 31 日

　　说明:该推荐表须由具有正高级专业技术职务的同行专家填写,并由推荐人亲自签字,一旦推荐,须承担个人信誉责任。如推荐书稿入选《文库》,推荐专家姓名及推荐意见将印入著作。

第九批《中国社会科学博士后文库》专家推荐表 2

《中国社会科学博士后文库》由中国社会科学院与全国博士后管理委员会共同设立,旨在集中推出选题立意高、成果质量高、真正反映当前我国哲学社会科学领域博士后研究最高学术水准的创新成果,充分发挥哲学社会科学优秀博士后科研成果和优秀博士后人才的引领示范作用,让《文库》著作真正成为时代的符号、学术的示范。

推荐专家姓名	刘精明	电　话	
专业技术职务	教授	研究专长	教育社会学
工作单位	清华大学社会学系	行政职务	
推荐成果名称	拉扯大的孩子:民间养育学的文化家谱		
成果作者姓名	安超		

（对书稿的学术创新、理论价值、现实意义、政治理论倾向及是否具有出版价值等方面做出全面评价,并指出其不足之处）

　　本书运用了口述史和民族志的方法,考察了百年历史变迁过程中的养育实践和五代人的成长史,发掘了民间养育学中内生性文化和制度的价值,提供了民间养育学很好的研究文本。在研究方法上,其田野研究非常扎实,为养育文化的研究提供了非常翔实、生动的资料和分析;在深描历史的过程中,揭示了"以事教""以喻教""以礼教"的实践智慧,认真梳理了民间养育学的三大基石——劳动教育、闲暇教育、神圣性教育在不同历史条件下的创造性实践,并将国内外相关理论与民族志资料进行了很好的结合;在理论发现上,"文化家谱""文化互嵌""结构性养育焦虑"等概念的提出具有新意,对当下的社会和教育现实也很有启发意义。

　　综上所述,本人郑重推荐其入选中国社会科学博士后文库出版。

签字:

2019 年 12 月 30 日

说明:该推荐表须由具有正高级专业技术职务的同行专家填写,并由推荐人亲自签字,一旦推荐,须承担个人信誉责任。如推荐书稿入选《文库》,推荐专家姓名及推荐意见将印入著作。